清华大学 中国农村研究院
China Institute for Rural Studies, Tsinghua University

农业强国建设

RESEARCH ON BUILDING UP CHINA'S STRENGTH IN AGRICULTURE

与乡村振兴战略研究

AND RURAL REVITALIZATION STRATEGIES

杨 斌 王亚华 主编

中国发展出版社
CHINA DEVELOPMENT PRESS

图书在版编目（CIP）数据

农业强国建设与乡村振兴战略研究 / 杨斌，王亚华

主编 . -- 北京：中国发展出版社，2024.1

　ISBN 978-7-5177-1411-8

　Ⅰ.①农… Ⅱ.①杨…②王… Ⅲ.①农村 – 社会主

义建设 – 研究 – 中国 Ⅳ.①F320.3

中国国家版本馆 CIP 数据核字（2023）第 247420 号

书　　　名：农业强国建设与乡村振兴战略研究
主　　　编：杨　斌　王亚华
责 任 编 辑：王　沛　贾雅楠　李　卓
出 版 发 行：中国发展出版社
联 系 地 址：北京经济技术开发区荣华中路 22 号亦城财富中心 1 号楼 8 层（100176）
标 准 书 号：ISBN 978-7-5177-1411-8
经 销 者：各地新华书店
印 刷 者：北京博海升彩色印刷有限公司
开　　　本：710mm×1000mm　1/16
印　　　张：30.75
字　　　数：480 千字
版　　　次：2024 年 1 月第 1 版
印　　　次：2024 年 1 月第 1 次印刷
定　　　价：118.00 元

联 系 电 话：（010）68990630　68360970
购 书 热 线：（010）68990682　68990686
网 络 订 购：http://zgfzcbs.tmall.com
网 购 电 话：（010）88333349　68990639
本 社 网 址：http://www.develpress.com
电 子 邮 件：174912863@qq.com

编委会

序

党的二十大在擘画全面建成社会主义现代化强国宏伟蓝图时，对农业农村工作进行了总体部署。未来几年"三农"工作要全面推进乡村振兴，到2035年基本实现农业现代化，到本世纪中叶建成农业强国。这是党中央着眼全面建成社会主义现代化强国作出的战略部署。习近平总书记强调，强国必先强农，农强方能国强。没有农业强国就没有整个现代化强国；没有农业农村现代化，社会主义现代化就是不全面的。①

本书是清华大学中国农村研究院关于农业强国和乡村振兴最新科研成果的汇编，收录了乡村振兴相关重点问题的研究报告，研究内容重点围绕乡村振兴、粮食安全、农业现代化、绿色农业、农村人口、数字乡村、乡村建设、城乡融合与共同富裕等方面，对乡村振兴重点问题进行了深入的探究，揭示和梳理了农业强国建设中亟待解决的问题，提出了具有前瞻性、系统性和有针对性的政策建议。

乡村振兴是新时代"三农"工作的总抓手。党的二十大再次强调全面推进乡村振兴。课题组以产业振兴为切入点，点明了乡村振兴的重点工作，即夯实粮食安全根基，延伸农业产业链条，拓展农业农村多功能，统筹城乡发展，构建农村三产融合发展的现代产业体系。

党中央高度重视国家粮食安全，始终把解决好十几亿人口的吃饭问题，作为治国理政的头等大事，加快推进农业农村现代化，实施国家粮食安全战略，坚持藏粮于地、藏粮于技，实行最严格的耕地保护制度。本书从保障粮食安全、粮食安全策略、耕地科技创新的角度探讨了如何守住粮食安全这条底线。

---

① 习近平：《加快建设农业强国 推进农业农村现代化》，《求是》，2023年第6期，第4—17页。

习近平总书记指出，农业强国是社会主义现代化强国的根基，推进农业现代化是实现高质量发展的必然要求。[①] 本书建立了农业机械化高质量发展的理论研究框架，分析了我国农业机械化供给侧和需求侧存在的突出问题，提出推进农业机械化高质量发展的实现路径和对策建议。"双碳"目标下，畜牧业高质量发展转型是农业现代化转型的一把钥匙。本书分析了畜牧业高质量发展的政策背景、内涵及障碍，提出了中国畜牧业高质量发展的实现路径。书中另一项研究探索了"大国小农"国情下，如何加快发展社会化服务，将现代生产要素导入小农户，提升科技水平和生产效率。

当前，我国农业发展面临日益趋紧的资源与环境双重约束，本书针对新时期农业面源污染治理的成就和问题进行了深入分析，并通过借鉴国内外经验形成了改进农业污染的对策建议。本书另一项研究从生态补偿的政策视角深入开展农业绿色发展研究，为绿色农业的发展贡献了理论价值和实践价值。

人口问题事关中华民族发展，也是国家长期发展的根基所在。习近平总书记曾多次强调，人口问题始终是我国面临的全局性、长期性、战略性问题[②]。本书立足农村人口问题，通过翔实的数据和扎实的调研追踪了中国农村人口变化情况、乡村人口生育意愿变化给农村发展带来的深远影响。基于农村老龄化速度的加快，本书研究了农村社区养老的现状与存在的问题，借鉴国内外优秀案例提出了解决方案。

数字乡村既是乡村振兴的战略方向，也是建设数字中国的重要内容。本书分析了数字乡村建设的现状，围绕农业数字化生产、乡村数字治理和数字金融减贫等方面，构建了数字乡村建设的研究框架，总结了数字乡村建设的基本做法和经验启示，为数字乡村建设提出了可行性建议。

乡村建设是实施乡村振兴战略的重要任务，也是国家现代化建设的重要内容。目前，农村基础设施和公共服务体系还不健全，与农民群众日益增长

---

① 《以高质量发展实际行动为新征程开好局起好步——习近平总书记在参加江苏代表团审议时的重要讲话引起热烈反响》，新华社，2023 年 3 月 5 日。

② 《习近平对人口与计划生育工作作出重要指示强调 推动计划生育基本国策贯彻落实 促进人口长期均衡发展与家庭和谐幸福 李克强作出批示》，新华社，2016 年 5 月 18 日。

的美好生活需要还有差距。本书探讨了如何以县城为载体推进城乡融合，一体化推进农业和农村现代化，建设宜居宜业和美乡村。本书另一项研究从土地综合整治的视角出发，分析了乡村规划推动乡村建设的基本逻辑，提供了政策工具选择的建议。

以县域为单位推进城乡融合是乡村振兴的"加速器"。本书探讨了我国城乡融合的基本现状和趋势，以县域为基本单位推进城乡融合面临的挑战和机遇，从而给出了有针对性的政策建议。本书另一项研究探究了缩小城乡发展差距和共同富裕之间的关系，分析了其中的关键经验和要害问题，总结了缩小城乡差距面临的机遇和条件，并提出了思路与对策。

习近平总书记指出，农业强国，是拼出来、干出来、奋斗出来的。要铆足干劲，全面推进乡村振兴，加快农业农村现代化步伐，为加快建设农业强国而努力奋斗。[1]清华大学中国农村研究院将继续围绕农业强国和乡村振兴的伟大使命，坚持以"三农"领域重大问题为导向，凝聚涉农研究领域专家学者的智慧，通过广泛调查和深入研究，把论文写在祖国的大地上，为加快建设农业强国、实现农业农村现代化贡献力量。

清华大学副校长

清华大学中国农村研究院院长

杨　斌

---

[1]　习近平：《加快建设农业强国 推进农业农村现代化》，《求是》，2023年第6期，第4-17页。

目 录

食物保障安全是现代化强国的根本[*]

党的二十大报告提出加快建设农业强国，在党的十九大报告提出的加快推进农业农村现代化基础上有了新的提升。建设农业强国和推进农业农村现代化是一致的，必须依靠自身力量解决基本食物供给问题，保障国家食物安全。要紧盯中国粮食安全形势，落实最严格的耕地保护制度，确保耕地数量不减、质量提高，将"饭碗"牢牢端在自己手中。

一、怎么理解农业强国与农业农村现代化的关系

凡是农业强国，必然已经实现农业农村现代化，反之，已经实现农业农村现代化的国家未必是农业强国。当今世界，已经实现农业农村现代化的国家有 20 多个，但农业强国寥寥无几。例如，日本、以色列、荷兰等国家虽然依靠自身比较优势，实现了农业农村现代化，但不能被称为农业强国，根本原因在于这些国家不能依靠自身力量解决本国国民的基本食物供给问题。一旦国际形势出现动荡，这些国家将面临很大风险。

＊ 作者：陈锡文，第十三届全国人大农业与农村委员会主任委员。本报告根据作者在"清华三农论坛 2023"上的演讲整理，经本人确认并授权。

2013 年 12 月，习近平总书记在中央农村工作会议的重要讲话中指出，一个国家只有立足粮食基本自给，才能掌握粮食安全主动权，进而才能掌控经济社会发展这个大局。靠别人解决吃饭问题是靠不住的。如果口粮依赖进口，我们就会被别人牵着鼻子走。世界上真正强大、没有软肋的国家，都有能力解决自己的吃饭问题。[①] 美国、俄罗斯、加拿大和欧盟的大国都是粮食强国。这些国家之所以强，是因为粮食生产能力强。保障国家粮食安全是实现经济发展、社会稳定、国家安全的重要基础。大国，尤其是人口大国，必须有能力解决自己的吃饭问题。党和国家始终强调，在任何情况下都必须确保谷物基本自给，口粮绝对安全。建设农业强国和推进农业农村现代化本身是一致的。习近平总书记曾深刻指出，建设农业强国要一体推进农业现代化和农村现代化。[②] 从农业强国的特点和目前世界的表现来看，只有真正能够依靠自己力量解决吃饭问题的国家才能称得上农业强国。

二、当前中国的粮食安全形势

在党和国家的高度重视、广大农村基层干部和亿万农民的不懈努力下，我国粮食产量已经连续 19 年丰收增产，2022 年更是创造了新的历史最高水平，总产量达到 68652.8 万吨（13730.6 亿斤），其中谷物产量 63324.5 万吨（12664.9 亿斤），稻谷和小麦产量分别为 20849.5 万吨和 13772.3 万吨。2022 年人均拥有的国产稻谷和小麦总量为 494.69 斤，基本做到了口粮绝对安全。但我国粮食进口数量还不少。据海关总署统计，2022 年粮食进口（包含

---

① 习近平：《在中央农村工作会议上的讲话》（2013 年 12 月 23 日），载《十八大以来重要文献选编（上）》，中央文献出版社，2014，第 661 页。

② 习近平：《加快建设农业强国 推进农业农村现代化》，《求是》2023 年第 6 期，第 4-17 页。

大豆）高达 14687 万吨，相当于国内粮食总产量的 21.4%，其中大豆进口量 9108.1 万吨。因此，从总的食物需求来看，即便做到了口粮绝对安全，我国对国际市场还存在相当大的依赖。

同时，有必要对"粮"和"食"两个概念作一些分析和对比。其实，在我国古代，"粮"和"食"是分开的两个词，据《周礼》记载："行道曰粮，止居曰食"，即行军打仗、外出经商等旅途过程中吃的干粮叫"粮"，而住在家里的日常吃饭叫"食"。食包括粮，又不限于粮的各种食物。这两个词是有区分的，食的内容更为丰富。但是，在相当长一段时间内，我国的"粮"是供不应求的。因此，也就谈不上除了"粮"以外，还有多少其他食物。久而久之，"粮"和"食"就汇成了一个单纯的指代五谷杂粮的概念。从这个角度来看，实际上人们现在对"粮食"的概念理解是有偏差的。在古代，"粮食"合在一起代表了一个人饮食中吃进去的所有东西，而如今我们的理解反而狭隘了。例如，人们经常提到 FAO（全称是 Food and Agriculture Organization of the United Nations），这个词的本意是"联合国食物和农业组织"，但我们称为"联合国粮食及农业组织"，从这个问题可以看出，我们在思想上的认识有偏差。所以，"粮食"这个概念被狭义理解后的弊端在于容易把单纯的口粮安全当成整体的食物安全，从而产生了实现口粮安全就可以"高枕无忧"的认知偏差，必须避免这种现象。在食物安全中，"粮"的安全在"食"的安全中占据主导地位，没有"粮"的安全就没有"食"的安全，但是有了"粮"的安全也不一定完全拥有"食"的安全，对此我们必须要有清醒的认识。

从这个意义上讲，尽管我国口粮供给已经绝对安全，但从食物供给来看，我国粮食仍然处于总量不足、结构性矛盾突出的状态。在国民生活水平不断提高的背景下，人们的食物消费中口粮比重持续下降，其他食物的比重不断上升。因此，虽然我国的粮食总产量已经超过 6.8 亿吨，但是我国的粮食消费量实际超过 8.3 亿吨，每年从国际市场进口约 1.5 亿吨粮食已成为常态。2022 年中央农村工作会议明确提出，要再新增 1000 亿斤（5000 万吨）粮食产能的目标。即使实现了这个目标，我们距离满足人口食物消费需求还存在 1 亿吨粮食的缺口，需要长期通过国际市场来填补。

结构性矛盾突出主要体现在两个方面。一是大的区域之间供求矛盾日渐突出。例如，南北方地区人口分布、资源分布和粮食分布的矛盾关系。南北方自隋唐以来就已经形成了"南粮北运"的格局，但是在工业化城镇化的浪潮中，"南粮北运"的格局已经被"北粮南运"所替代。最关键的问题是热和水，这是北方需要的东西，也是粮食生产所必需的。虽然南方地区的水可以往北运，但是南方地区的热运不到北方。南方地区农作物一年两熟到三熟，而北方地区农作物一年两熟或两年三熟，东北地区农作物则一年仅一熟。从一定程度上说，"北粮南运"实际上存在可持续风险。尤其是在气候变化加剧的背景下，需要抓紧研究我国人口和粮食产区的区域布局不均衡问题，因为这关系到我们子孙后代长远的生存和繁衍。同时，还有粮食主产区、产销平衡区和主销区之间的格局变化。在 20 世纪八九十年代，国家就已经根据各个地区人口和农业资源的分布状况，将省份划分为三类：一类地区是主产区，一类地区是主销区，一类地区是产销平衡区，其中，主产区是 13 个省份，主销区是 7 个省份，产销平衡区是 11 个省份。30 多年过去了，这个情况发生了巨大变化。根据 2021 年 31 个省份粮食生产的自给率数据，我们设定一个最低限度，将粮食自给率达到 110% 的定为主产区，仅有 7 个省份；将粮食自给率低于 70% 的定为主销区，共有 13 个省份。主销区增加的数量正好是主产区减少的数量。产销平衡区数量持平，但具体到省份，有非常大的变化。总体来看，升为主产区的只有新疆，调入粮食的省份数量在增加，能够调出粮食的省份数量在减少。因此，如果不抓紧健全对粮食主产区的利益补偿机制，粮食主产区和产销平衡区的数量还会进一步减少。

二是粮食供求中品种结构的不平衡问题。总体来看，我国稻谷、小麦在正常条件下供过于求，不仅库存比较充裕，而且还经常以库存的小麦和稻谷去填补饲料缺口，体现出口粮绝对安全。而油料、糖料、饲料则明显供不应求，必须通过进口来填补。目前来看，国内食用植物油的供求缺口大约是 2/3，甚至有的年份超过 2/3。近两三年，酒楼、酒店、饭店营业状况受到疫情影响，食用植物油使用量持续下降。但是，随着经济复苏，食用植物油需求量会迅速上升。食糖的供求缺口大约是 1/3。饲料的供求缺口比较复杂。首先，因为进口的大豆现在算作油料短缺，但是榨了油之后的豆粕是饲料，容易算不清楚。其次，因为近年来每年都有一定数量的库存小麦和稻谷用于补充饲料，少则 3000 万吨，多则 5000 万吨。最后，我国每年还需进口 200 万吨左右的干牧草饲料。除了进口饲料和干草之外，我国每年还要进口相当数量的肉类和奶类，进口的畜产品也作为饲料。所以，饲料缺口难以衡量。在农业资源有限的条件下，如何通过优化品种结构，加快科技进步，逐步降低油料、糖料、饲料对国际市场的依赖，是推进农业农村现代化和建设农业强国必须认真应对的问题。

2022 年，《中共中央 国务院关于做好 2022 年全面推进乡村振兴重点工作的意见》提出扩充油料种植，2023 年，中央又明确部署增加大豆油料种植。我国大豆自给率最低的时候，85% 的大豆依赖进口，风险较大。进口大豆最主要有两个用途，一是榨油，二是榨油之后的豆粕用作饲料。但我国生产的大豆大多是食用大豆，蛋白质含量高、出油率低。2022 年，我国大豆总产量恢复到 2000 万吨，但农民面临大豆滞销的困境，因为食用大豆供给充足而榨油大豆缺口较大。我国的大豆出油率低且高于国际价格，所以销售困难。因此，食物结构优化一定要细分到品种和用途。

当然，也并非必须追求食物的完全自给自足。我国的人口规模和资源禀赋决定了，在满足国民日益增长的食物需求方面，必须合理地利用国际资源、国际市场，但同时又必须清醒地认识到，对国际资源和国际市场的利用不能危及国家安全，在任何时候都不能放松保障我国食物供给安全的自主能力。近年来，对于提高我国食物供给安全的自主能力问题，党中央、国务院也作出了一系列战略部署，明确了以下四个方面：一是要落实最严格的耕地保护制度，要像保护大熊猫一样保护耕地，严防死守 18 亿亩耕地红线，并不断提高耕地面积；二是要加快推进种业自主创新为主的农业科技进步，实现种业科技自立自强、种源自主可控；三是要落实粮食安全党政同责要求，完善和加强粮食生产的支持保护政策，健全种粮农民收益保障机制和主产区利益补偿机制，调动农民和主产区的积极性；四是需要树立"大食物观"，持续抓好食物的节约和减损。

确保粮食安全，需要时刻关注一些具体问题。从国内来看，一是年度粮食产量的波动。2004—2022 年，我国实现了连续 19 年粮食增收，未来在气候变化、国际形势动荡影响下，是否还能继续保持连年增收，市场如何反应？二是国内各类粮食库存变化，包括政府的储备库存、调节库存，企业的商业库存，粮食贸易商的周转库存等。必须时刻关注库存变化。三是年度粮食进口数量和品种变化。我国 2020 年粮食进口量超过 1.6 亿吨，2021 年超过 1.5 亿吨，2022 年超过 1.4 亿吨，进口持续下降，一方面受疫情影响，另一方面与国际粮油价格上涨有关，最终会对国内粮食需求产生较大影响。四是饲料和工业用粮的变化。除了口粮之外，饲料用粮也是一样的。例如，近几年猪肉产量和价格波动幅度较大，影响市场参与主体判断，饲料需求也随着价格波动受到很大影响。五是种粮农民的家庭存粮变化。家庭存粮是最敏感的，因为农户数量众多且对政策走向反应灵敏，必须时刻关注他们的动向。

三、耕地保护问题

自然资源部公布，2022 年底，全国耕地总面积为 19.14 亿亩。第三次全国国土调查公布的 2019 年数据是 19.18 亿亩，减少了 400 万亩。这说明，2020 年、2021 年连续两年耕地增加的面积也不够弥补 2000 年减少的面积，也表明我国目前的耕地形势还比较严峻。从 2009 年第二次全国国土调查到

2019 年第三次全国国土调查的十年间，我国耕地总面积减少了 11300 万亩，平均每年减少 1130 万亩。

严格保护耕地早已被确定为国策。党的十八大以来，习近平总书记更是反复强调这个问题。比如，2013 年 12 月 12 日至 13 日的中央城镇化工作会议上，习近平总书记强调，耕地红线一定要守住，千万不能突破，也不能变通突破，红线包括数量，也包括质量[1]。随后，在 2013 年 12 月 23 日的中央农村工作会议上，习近平总书记深刻指出，保障国家粮食安全的根本在耕地，耕地是粮食生产的命根子。农民可以非农化，但耕地不能"非农化"。如果耕地都"非农化"了，我们赖以吃饭的家底就没有了。极而言之，保护耕地要像保护文物那样来做，甚至要像保护大熊猫那样来做。坚守 18 亿亩耕地红线，大家立了"军令状"，必须做到，没有一点点讨价还价的余地[2]！近年来工业化城镇化占用了大量耕地，虽说国家对占有耕地实行占补平衡，并制定相关法律法规，但占多补少、占优补劣、占近补远、占水田补旱地等情况普遍存在。特别是花了很大代价建成的旱涝保收的高标准农田也被成片占用。严守耕地红线，这个红线不仅是数量上的，也是质量上的。2020 年 12 月 28 日，习近平总书记在中央农村工作会议上强调，耕地是粮食生产的命根子。保耕地，不仅要保数量，还要提质量。建设高标准农田是一个重要抓手，要坚定不移抓下去，提高建设标准和质量，真正实现旱涝保收、高产稳产[3]。2022 年 3 月 6 日，习近平总书记看望参加全国政协十三届五次会议的农业界、社会福利和社会保障界委员时讲，耕地是粮食生产的命根子，是中华民族永续发展的根基[4]。这个问题我们一直高度重视、反复强调，但违规占用耕地现象仍然屡禁不止。从最新的国土调查结果来看，全

① 习近平：《在中央城镇化工作会议上的讲话》（2013 年 12 月 12 日），载《十八大以来重要文献选编（上）》，中央文献出版社，2014，第 596 页。

② 习近平：《在中央农村工作会议上的讲话》（2013 年 12 月 23 日），载《十八大以来重要文献选编（上）》，中央文献出版社，2014，第 662-663 页。

③ 习近平：《坚持把解决好"三农"问题作为全党工作重中之重 举全党全社会之力推动乡村振兴》，《求是》2022 年第 7 期，第 4-17 页。

④ 《习近平看望参加政协会议的农业界社会福利和社会保障界委员》，新华社，2022 年 3 月 6 日。

国耕地面积比 10 年前减少了 1 亿多亩，如果任由这个趋势发展下去，18 亿亩耕地红线还怎么能保得住？14 亿多人的饭碗还怎么能端得牢？必须要采取"长牙齿"的硬措施，全面压实各级地方党委和政府的耕地保护责任，中央和各地签订耕地保护"军令状"，严格考核、终身追责，确保 18 亿亩耕地实至名归，又要努力建成 10 亿亩高标准农田。2022 年 12 月 23 日的中央农村工作会议上，习近平总书记又讲，要坚决遏制耕地"非农化"、有效防止"非粮化"①。坚持良田粮用大原则，把良田沃土优先用于粮食生产，稳定粮食播种面积，果树苗木尽量上山上坡，蔬菜园艺更多依靠设施农业和工厂化种植。

但在实际中，耕地占补平衡依然存在占优补劣的现象，甚至耕地数量减少。因此，必须坚决落实好习近平总书记关于"要采取'长牙齿'的硬措施，落实最严格的耕地保护制度，对有令不行、有禁不止、失职渎职的，要严肃追究责任"②的要求，确保耕地数量不减、质量提高。这是相当长一段时期我们这一代人的责任，也是对子孙后代生息繁衍的责任，是对中华民族永续发展的责任。

结合加快建设农业强国，建设宜居宜业和美乡村，习近平总书记在 2022 年底中央农村工作会议上的讲话中，概述了建设中国特色农业强国的五个主要方面：一是依靠自己力量端牢饭碗；二是依托双层经营体制发展农业；三是发展生态低碳农业；四是赓续农耕文明；五是扎实推进共同富裕③。要把我国建设成为真正的农业强国，这五个方面缺一不可。其中，依靠自身力量端牢饭碗是最根本的。正如习近平总书记所讲，农业保的是生命安全、生存安全，是极端重要的国家安全。当今世界，百年未有之大变局加速演进，不确定难预料因素明显增多。只有农业强起来，粮食安全有完全保障，我们稳大局、应变局、开新局才有充足底气和战略主动④。我们必须认真贯彻好

---

①③④　习近平：《加快建设农业强国　推进农业农村现代化》，《求是》2023 年第 6 期，第 4–17 页。

②　习近平《"坚持把解决好"三农"问题作为全党工作重中之重　举全党全社会之力推动乡村振兴》，《求是》2022 年第 7 期，第 4–17 页。

习近平总书记的重要论述，落实好党中央的战略部署，在任何情况下都始终绷紧保障国家食物安全这根弦。只有这样，我们才能在全面推进乡村振兴战略的过程中，努力完成中央提出的到 2035 年基本实现农业现代化，到本世纪中叶和国家同步建成农业强国，从而为我们的社会主义现代化强国打下坚实基础。

中国式现代化下的粮食安全战略 *

党的二十大报告提出，把以中国式现代化全面推进中华民族伟大复兴作为全党的中心任务，同时提出国家安全是民族复兴的根基，要把维护国家安全贯穿在党和国家工作的各个方面。在推进中国式现代化的过程中，实现粮食安全关键要靠有效市场和有为政府。要向科技要粮食，大力支持农业科研，加强农业科技应用推广，同时要保护补贴粮食生产，增加种粮农民收入，激发农民粮食生产积极性。

一、什么是中国式现代化

中国式现代化与西方发达国家的现代化之间，既存在共性又有区别。15世纪西方出现地理大发现，尤其是18世纪工业革命以后，西方社会科学技术日新月异，经济发展一日千里。由于物质的极大丰富，西方社会首先摆脱了"马尔萨斯陷阱"，也就是说，在经济发展过程中，摆脱了过去人口增加受到土地的限制，粮食不足，进而出现战争，人口随之呈现减少的状况。物质

* 作者：林毅夫，北京大学国家发展研究院名誉院长，北京大学新结构经济学研究院院长、教授。本报告根据作者在"清华三农论坛2023"上的演讲整理，经本人确认并授权。

文化提升过程中，经济是基础。中国式现代化与西方发达国家的现代化相比，既有共性又有区别。二者的共性在于物质文明的不断提升和生活水平的不断提高。而中国式现代化又具有自身的鲜明特点，即中国共产党领导下的现代化。此外，党的二十大报告提出了中国式现代化的五个特征。

（一）中国要实现的现代化是人口规模巨大的现代化

西方现代化的时长，从 15 世纪算起至今已有 500 年，从 18 世纪工业革命算起至今也有近 300 年。但是西方式现代化直到现在为止，固然所谓物质极大丰富，但生活在高收入国家的人口直到现在只有 12 亿人，占世界人口的比重只有 15.8%。然而中国现在有 14 亿人，我们应该会在未来几年跨过高收入国家的门槛，成为一个高收入国家。当中国实现了现代化，进入高收入国家行列，世界上生活在高收入国家的人口就会翻一番甚至更多。

（二）中国要实现的现代化是全国人民共同富裕的现代化

西方的现代化固然带来了物质的极大丰富和收入水平的快速提升，但是在西方现代化过程中，收入分配不均的问题一直得不到很好的解决。法国著名经济学家托马斯·皮凯蒂在《21 世纪资本论》中研究发现，西方国家收入分配不均的情形在不断恶化，收入不平等的问题并没有得到妥善解决。而我们要实现的中国式现代化是全国人民共同富裕的现代化，而不是贫富差距不断扩大的现代化。

（三）中国要实现的现代化是物质文明和精神文明相协调的现代化

西方的现代化确实是物质极大丰富，但在这个过程中社会成员的精神生活不断空虚。由于物质生活和精神生活的割裂，西方社会出现了各种矛盾冲突。而我们所追求的现代化不仅要求物质不断丰富，而且也要求精神不断丰满，是物质文明和精神文明高度协调的现代化。

（四）中国要实现的现代化是人与自然和谐共生的现代化

西方的现代化在物质增加的过程中，也带来了环境的破坏。二氧化碳的过度排放，造成全球气候变暖，这主要是西方工业革命后西方现代化造成的恶果。而我国在实现现代化过程中，彻底摒弃西方式现代化以破坏环境为代价的经济增长模式和生活方式，崇尚简约适度的绿色低碳生活，坚持走循环经济发展的新路，希望在实现现代化的过程中，人与自然能够和谐共生，我们要实现的是生态文明的现代化。

（五）中国要实现的现代化是和平发展的现代化

西方的现代化过程充满了战争和暴力，而我们与西方国家不同，不会走扩张主义和殖民主义道路，更不会给世界造成混乱，我们走的是和平发展道路的现代化。

二、怎样实现中国式现代化

（一）实现人口规模巨大的现代化

人口规模巨大是先天给定的条件，是中国实现现代化的一个前提。而其他四个特征实际上是在中国共产党领导下，经过道路选择而实现的结果。从新结构经济学角度来看，要同时实现中国式现代化的后四个特征，最重要的是在有效市场和有为政府的共同作用之下，让企业家把各个地区在每个时点由要素和禀赋结构特性所决定的比较优势转化为市场的竞争优势。那么，如果按照这样的发展逻辑，我们就能够在现代化的过程中，实现前面讲到的五个特征。

（二）实现全国人民共同富裕的现代化

在现代化过程中，如果按照比较优势来发展，可以在一次分配达到效率和公平的统一，在二次分配进一步促进公平，以实现共同富裕。这是因为在有效市场和有为政府共同作用下，符合比较优势的产业在国内市场和国际市场具有最大的竞争力，所以，符合效率的原则。同时，和发达国家比，我国劳动力相对丰富、资本相对短缺，所发展的产业一定是劳动相对密集，每个产业所用的技术也是劳动相对密集。这种类型的产业和技术能够创造最多的就业机会，让以就业作为收入主要来源的低收入人群得到充分就业。这种发展模式效率高，能够促进经济快速发展。经济发展速度快会促使资本积累加快，劳动力从原先相对丰富逐渐变成相对短缺，而资本则从相对短缺逐渐变成相对丰富。当劳动力相对短缺时，工资上涨会加快，低收入人群具有比较优势的劳动力不断升值，而以资本作为收入主要来源的富人的资产不断相对贬值。在这个过程中，收入分配将得到不断改善。因此，如果按照比较优势发展，一次分配就能够实现效率和公平的统一，同时经济增长快，政府税收会快速增加，而且，企业具有自生能力，不用依靠政府补贴生存，政府就会有更大的财力用于二次分配，进一步缩小劳动者与资本所有者之间的差距。

20世纪80年代和90年代，我国的资本要素相对短缺，工资水平也比较低，而现在随着资本的不断积累，劳动力变得相对短缺，工资上涨的速度也非常快。在20世纪80年代，劳动工资增加得非常快，那些收入比较低的，以工资作为主要收入来源的人，他们的回报增长迅速，而相比之下，资本的回报逐渐降低。试想，在利息不变的情况下，资本的主要回报没多大变化，而工资又上涨那么快，也就是说富人的主要收入来源是相对降低的。换句话说，穷人具有比较优势的资产是他们的劳动力，富人具有比较优势的资产是他们的资本，而工资不断上涨，利息却保持不变，在这个过程中收入分配自然会不断得到改善。

（三）实现物质文明和精神文明相协调的现代化

按照比较优势发展，我国已摆脱贫困，全面建成小康社会。中国有句古语："仓廪实而知礼节，衣食足而知荣辱。"这是指在发展过程中，人民富裕后就会知晓礼节和荣辱，精神与物质就能够相互协调。当物质丰裕达到一定程度后、人们的物质需求得到满足时，精神需要或对精神生活的追求就变得尤为重要，因此，自然会重视物质文明和精神文明的协调发展。

（四）实现人与自然和谐共生的现代化

按照比较优势发展，实现了共同富裕，国民的收入水平会得到普遍提高。随着收入水平提高，人民对美好生活的期望也会随之提高，对环境和生活质量的追求会不断提升。换句话说，实现共同富裕不仅要满足大家对物质生活的要求，而且也要满足大家对生活质量和生态环境的更多追求。政府为了满足人民的期望，不断完善环境保护和生态保护的规章制度。企业会有更强的自生能力和竞争力，能够实现更好的盈利，会有更大的积极性遵守环保政策。反之，如果企业不按照比较优势发展，则缺乏自生能力，在这种状况下，企业"泥菩萨过江自身难保"，遵守环保规章制度的积极性会很低。

（五）实现和平发展的现代化

如果按照比较优势发展，我们会多生产很多产品，而且这些产品在国际市场上也会很有竞争力，我们就可以充分利用国内国际两个市场。反过来讲，如果没有比较优势的资源、产品或技术，我们就会从国际上进口。我国必然需要充分利用国际国内两个市场两种资源，这实际上会促进我国快速发展。国家的快速发展会带来我国经济规模的扩大，给世界其他国家提供发展所需要的市场，并通过贸易实现共赢，而不是像西方国家，依靠殖民掠夺实现他们的现代化。因此，我国的现代化必然是一个互利双赢、和平发展的现代化。

综上，按照比较优势发展，可以实现中国式现代化的这五个特征。事实上，按照比较优势发展也是实现乡村振兴战略的基础。农村各地应立足当地的产业基础和资源禀赋优势进行产业布局，通过培育具有一定产业基础和较强市场竞争力的优势产业，提高乡村优势产业的综合竞争力，实现乡村产业兴旺的目标。城乡同步实现共同富裕后，农村居民和城市居民对生活质量和生态环境都会产生更多追求，乡村人与自然会和谐共生，自然也会促进乡村生态宜居。同样，精神生活对城市居民和农村居民都尤为重要，乡村物质文明和精神文明相互协调，有助于实现乡风文明。农民生活条件得到改善后，他们各方面综合素质会进一步得到全面提升，乡村邻里矛盾减少会促进乡村治理有效。农村和城市会实现共同富裕，农民生活也必然随之富裕。

三、中国式现代化过程中如何确保粮食安全

按照比较优势发展的好处颇多，但存在一个矛盾，即粮食安全问题。粮食是土地密集型产品，中国是一个人均耕地短缺的国家，如果按照比较优势

来发展，粮食生产不是中国的比较优势，应该通过国际市场进口。但粮食与普通的商品是有区别的，粮食安全是整个国民经济发展的基础。党的二十大报告提出，世界百年未有之大变局加速演进，中国随时可能面临风高浪急、惊涛骇浪的考验。来自外部对中国的打压遏制，随时可能升级。在这种情况下，党的二十大报告提出要确保中国人的饭碗牢牢端在自己手中，粮食生产要能够满足国内的需要，这是国家安全战略的要求。那么，如何确保粮食安全呢？按照比较优势发展，确保粮食安全还得要靠有效市场和有为政府。

（一）加强农业科技研发

"民以食为天"，粮食生产不是中国的比较优势，应该多利用国内国际两个市场两种资源，但粮食很可能被"卡脖子"，因为在历史上经常出现粮食禁运的情形。政府在粮食安全方面的作用至关重要。"食为政首，粮安天下"，粮食是关系国计民生的重要物资，保障粮食安全是政府的头等大事。因此，政府要增强粮食安全意识，要充分利用科学技术促进粮食生产。在给定面积的土地上，要生产足够多的粮食，保障国家粮食安全，就必须在提高单产方面努力。而土地的粮食生产能力很大程度取决于科技水平。因此，政府应支持农业科研，尤其是提高土地单产的农业科研，也要注重农业科技推广，完善运用现代农业科技所需的灌溉等基础设施，让农民了解并有能力运用相关技术。土地是有限的，但是科技的潜能是无限的。高度重视农业科技研发，有助于使中国土地生产足够多的粮食成为可能。

（二）提高农民种粮积极性

我们不仅要在科技上使土地有潜力生产足够多的粮食，也要让农民有积极性使用良种、化肥、灌溉等技术来生产，这要求生产粮食的农民能够和种植其他经济作物的农民达到同样的收益。经济作物相对劳动密集，我国具有比较优势，其生产可以主要由市场决定，市场会给农民足够的激励。但是，粮食是土地密集型产品，人少地多的美国、加拿大、阿根廷等国在粮食生产上有比较优势，他们生产的粮食价格比我国低，如果粮食贸易完全自由化，价格会过低，农民种粮积极性就会不足。因此，除了科技之外，国家还必须在收益上给予粮农额外的支持。如果完全靠财政补贴，政府的负担会太重，还需要由消费者支付高于国际价格的市场价格来补偿粮农，所以，我国需要对粮食贸易有管制，通过减少进口来提高本国粮食的市场价格，农民才会有充分的积极性生产足够多的粮食。

总的来讲，要实现中国式现代化的目标，同时保障国家粮食安全，关键在于发挥有效市场和有为政府的共同作用，根据每种产业的特性采取必要的措施。若能如此，我们一定能够以中国式现代化实现中华民族伟大复兴，同时把中国人的饭碗牢牢端在自己手中。

推进乡村振兴的重点和路径 *

党的十九大提出实施乡村振兴战略，指出这是新时代"三农"工作的总抓手，党的二十大再次强调全面推进乡村振兴。乡村振兴关键在于产业振兴，需要夯实粮食安全根基，延伸农业产业链条，拓展农业农村多功能，统筹城乡发展，构建农村三产融合发展的现代产业体系。要处理好龙头企业、集体和农民三者的利益关系，用改革的办法破解"人地钱"要素瓶颈制约。

一、充分认识乡村振兴的必要性和重要性

党的十八大以来，我国农业农村发展取得历史性成就。粮食生产能力跨上新台阶，近 8 年来稳定在 1.3 万亿斤的高水平；农村居民人均可支配收入从 2011 年的 6977 元增加到 2022 年的 20133 元 [①]，城乡收入差距有所缩小；脱贫攻坚取得全面胜利，历史性地消灭了绝对贫困，农村面貌发生可喜变化。但是，我们也要清醒地认识到，农业仍然是国民经济的短板，农村仍然是现代

* 作者：杜鹰，国家发展和改革委员会原副主任、国务院参事室特约研究员、中国国际经济交流中心副理事长。本报告根据作者在"清华三农论坛 2023"上的演讲整理，经本人确认并授权。

① 资料来源：《中国统计年鉴·2022》《2022 年国民经济和社会发展统计公报》。

化进程中的薄弱环节，全面建设社会主义现代化国家，最艰巨最繁重的任务仍然在农村。主要表现在以下四个方面。

（一）确保国家粮食和食物安全矛盾突出

加入世界贸易组织 22 年来，我国从农产品净出口国转为净进口国，贸易逆差持续扩大，2021 年的逆差额扩大到 1353.7 亿美元，"大进小出"已成常态（见图 1）。分品种看，除口粮品种保持较高自给率外，油料、大豆、糖类、肉类、奶类等蛋白类食物的进口量不断增加，我国以热量计算的总的食物自给率已从 2000 年的 96.7% 下降至 2021 年的 74.1%，年均下降 1 个多百分点（见图 2）。据测算，到 2035 年我国食物自给率有可能进一步下降到 65% 左右。食物自给率持续下滑背后的深层原因在于我国农业传统竞争优势明显下降。如何打造新优势，是我国确保国家粮食安全和建设农业强国面临的现实挑战。

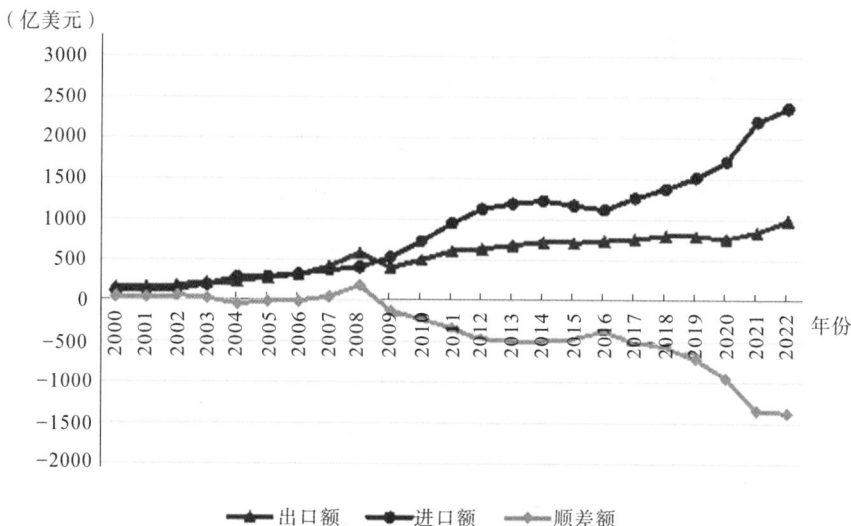

图 1　2000—2022 年我国农产品进出口额变化情况

资料来源：农业农村部。

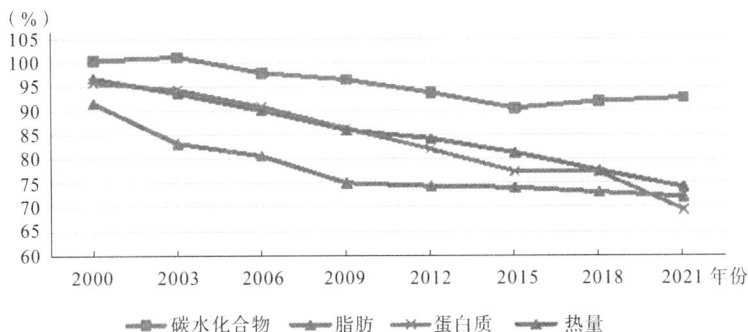

图 2　2000—2021 年我国热量自给率变化情况

资料来源：根据国家统计局食物生产数据、联合国商品贸易数据库食物进出口数据、中国营养与食品安全所食物营养成分表数据整理。

（二）农业可持续发展面临严峻挑战

据第三次全国土地调查，2019 年底全国耕地面积 19.18 亿亩，比 10 年前的第二次全国土地调查减少了 1.13 亿亩，到 2030 年耕地要保有 18.25 亿亩的压力很大。农业用水总量 3600 亿立方米，占全国总用水量的 61.5%，随着生活、工业、生态用水量增加，农业用水矛盾突出。据全国水环境普查，农业面源污染已超过城市生活、工业点源成为首位污染源。又据测算，农业产业链的温室气体排放占全国排放总量的比重超过 20%，同样面临碳排放双减压力。农产品成本居高不下，三种粮食亩均成本从 2005 年的 425.78 元增加到 2022 年的 1247.81 元，年均上涨 6.5%（见图 3）。

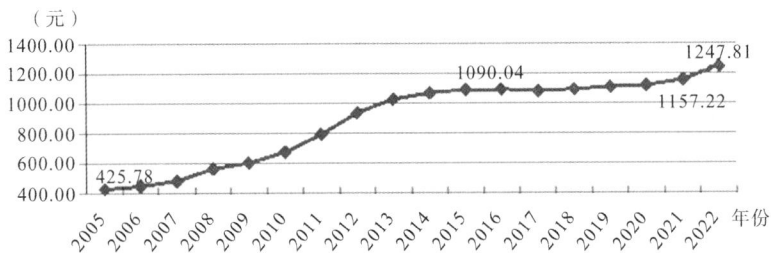

图 3　2005—2022 年三种粮食亩均总成本变化情况

资料来源：国家发展改革委价格司《全国农产品成本收益资料汇编》。

（三）农民收入增长势头放缓

由于农业净收益波动下行，特别是外出打工人员增量和增速放缓，近 6 年农民收入的增速比此前 5 年明显下降。2015—2021 年，我国农村居民人均可支配收入年均增长 6.2%（扣除价格因素），比 2010—2015 年的年均增长速度 9.6% 下降了 3.4 个百分点（见图 4）；2022 年全国农村外出打工人数 1.72 亿人，比疫情前的 2019 年减少 235 万人[①]。尤其是中西部脱贫地区巩固拓展脱贫攻坚成果的任务十分繁重，亟待拓宽农民就业和增收新空间。

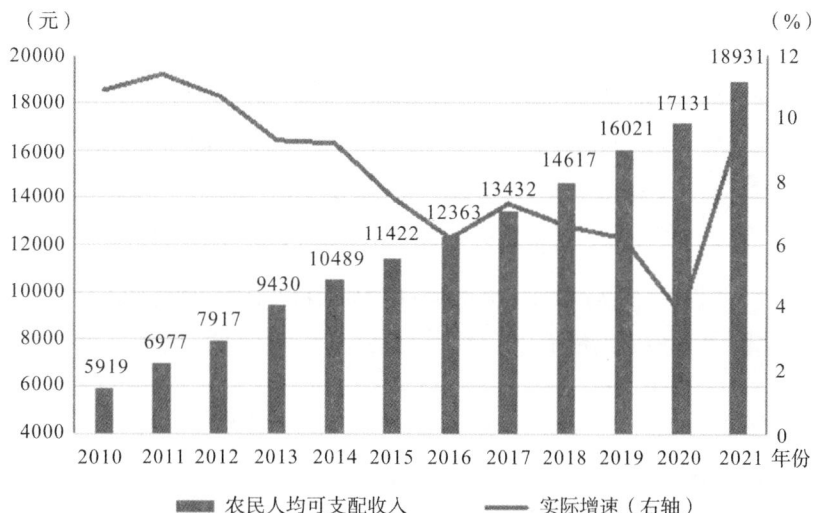

图 4 2010—2021 年农民人均可支配收入增长情况

资料来源：《中国统计年鉴·2022》。

（四）城市过密与乡村过疏并存

一方面是城镇化加速推进，城市面貌日新月异，一些特大城市人口膨胀、

---

① 数据来源：国家统计局《农民工监测调查报告》。

交通拥堵、房价高企、空气质量下降等"城市病"凸显；另一方面是农村劳动力、人才、资金等要素大量外流，农村人口老龄化、村庄空心化、农业"失血贫血"和活力不足问题突出（见图5、图6、图7）。本来乡村的基础设施建设和社会事业发展滞后，底子薄、欠账多，随着人口流失，又出现乡村基础设施和固定资产利用不足和闲置问题。

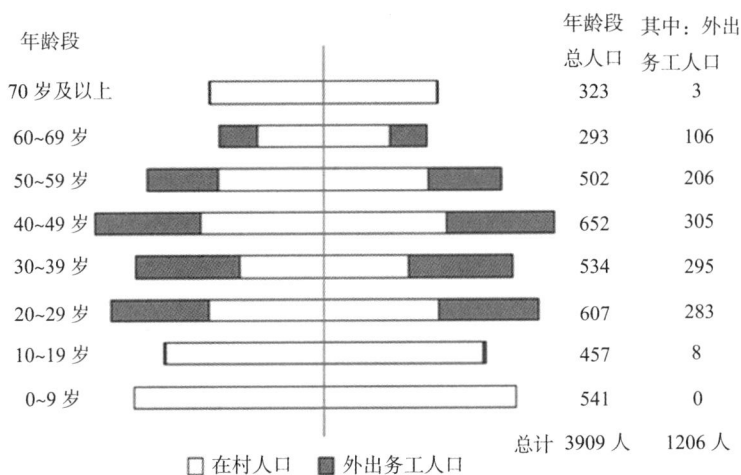

年龄段	年龄段总人口	其中：外出务工人口
70岁及以上	323	3
60~69岁	293	106
50~59岁	502	206
40~49岁	652	305
30~39岁	534	295
20~29岁	607	283
10~19岁	457	8
0~9岁	541	0
总计	3909人	1206人

□ 在村人口　■ 外出务工人口

图5　安徽省阜阳市太和县赵集乡双龙村人口年龄结构变化

资料来源：本课题组实地调研。

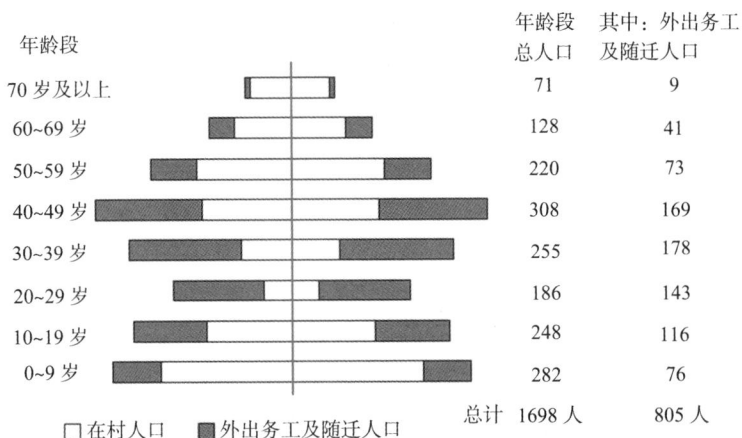

年龄段	年龄段总人口	其中：外出务工及随迁人口
70岁及以上	71	9
60~69岁	128	41
50~59岁	220	73
40~49岁	308	169
30~39岁	255	178
20~29岁	186	143
10~19岁	248	116
0~9岁	282	76
总计	1698人	805人

□ 在村人口　■ 外出务工及随迁人口

图6　江西省抚州市金溪县陆坊乡桥上村人口年龄结构变化

资料来源：本课题组实地调研。

年龄段		年龄段 总人口	其中：外出务工 及随迁人口
70 岁及以上		200	0
60~69 岁		294	3
50~59 岁		500	15
40~49 岁		780	560
30~39 岁		750	602
20~29 岁		500	320
10~19 岁		410	12
0~9 岁		320	6
	总计	3754 人	1518 人

□ 在村人口　■ 外出务工及随迁人口

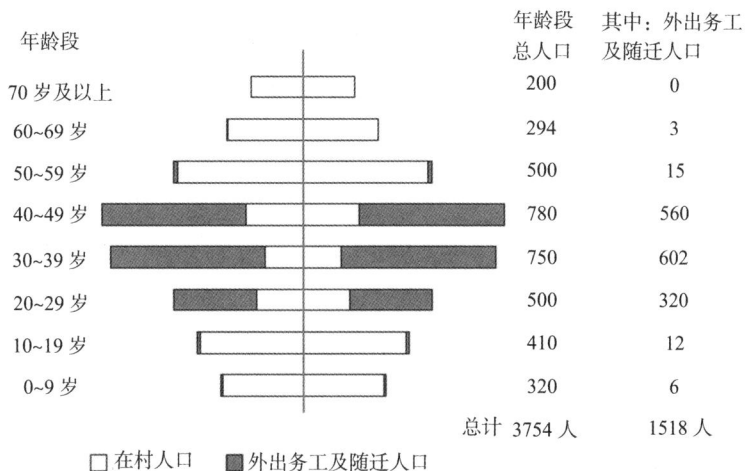

图 7　四川省达州市大竹县庙坝镇花板桥村人口年龄结构变化

资料来源：本课题组实地调研。

国家的现代化离不开农业农村的现代化。尽管 2022 年我国农业在三大产业中的占比已下降到 7.3%，但农业始终是国家现代化的基石，农业的重要性并不会因其比重的下降而弱化。另据测算，到 2035 年我国基本实现社会主义现代化时，我国户籍人口城镇化率约为 65%，也就是仍将有 5 亿多人口生活在农村，农业农村能否同步实现现代化，决定了国家现代化的成色和质量。因此，全面推进乡村振兴，是确保国家粮食安全和食物安全的重大任务，是解决我国发展不平衡不充分问题的关键举措，也是全面建设社会主义现代化国家的必然要求，具有重大的现实意义和深远的历史意义。

二、推进乡村产业振兴的路径

如何认识和把握乡村振兴的内涵？我以为可以从两个方面来理解。一是，中共中央明确提出全面推进乡村振兴，就是要实现"产业兴旺、生态宜居、乡风文明、治理有效、生活富裕"的奋斗目标。这五个方面的工作需要统筹推进，但发展是硬道理，是解决所有问题的关键。正如习近平总书记所说，产业振兴是乡村振兴的重中之重①。二是，从统筹城乡发展的角度来看，乡村具有与城市不同的功能，乡村振兴不是要把乡村变成城市，而是要把乡村特有的又面临衰败风险的功能振兴起来。从这个角度看，乡村具有三大功能：一是确保农产品有效供给，二是提供生态公共产品，三是保护和传承中华传统农耕文明。其中，首要是确保农产品有效供给。所以，乡村振兴重点是乡村的产业振兴。

振兴乡村产业，既包括第一产业，也包括适宜在县域经济范围内布局的第二、第三产业。振兴乡村产业，要在夯实粮食生产能力、推动农业高质量发展的基础上，延伸农业产业链条，拓展农业农村多功能，构建农村一、二、三产业融合发展的现代产业体系。为此，要着力抓好以下重点工作。

（一）夯实粮食安全根基，推动农业高质量发展

这是振兴乡村产业的基础，也是衡量乡村产业振兴成效的重要标志。从近年来各地的实践看，推进乡村产业振兴大体有两种主要模式。一种是以农文旅相结合为特点的田园综合体模式，这种模式依托乡村特有资源，把城市的新动能引进来，着重开发乡村旅游、休闲、康养等功能，从而带动乡村振兴。另一种是聚焦主要农产品生产，着力打造农业产业链，以一、二、三产业融合发展为特点的乡村振兴模式。这两种模式都是可行的、有效的，但相比之下，后一种模式更具有本源性和普遍性。乡村的首要功能是提供农产品有效供给，所以推进乡村产业振兴，还是要聚焦到夯实农业这个基础上，坚持以推进农业的高质量发展为主要导向，而不能脱离这条主线。为此，一是切实保护耕地，加强高标准农田建设，优化农业生产力布局，大力调整农业

---

① 《习近平在河北承德考察时强调：贯彻新发展理念弘扬塞罕坝精神 努力完成全年经济社会发展主要目标任务》，新华社，2021 年 8 月 25 日。

结构。二是努力打好"种业翻身仗",从净化种业市场、加强知识产权保护入手,进一步明确生物育种产业化这个主攻方向,加快构建以企业为中心的产学研相结合、育繁推一体化的创新平台,力争取得新突破。三是用现代机械、信息、生物、环保技术装备农业,提高农业的土地产出率、劳动生产率和综合效益。四是大力培育农业新型经营主体,建立健全社会化分工的农业服务体系,实现生产方式的变革。

(二)大力延伸农业产业链,促进一、二、三产业融合发展

这是振兴乡村产业的发展方向,也是实现乡村产业振兴的有效途径。大力发展农产品加工、物流、储运、批发以及依托全产业链的各种服务业,可以有效拓展农业的产业链和价值链。其中,加快农产品加工业的发展,是促进农村产业融合发展"接一连三"的关键。与20世纪90年代农业产业化经营刚刚起步时相比,我国2022年的农产品加工转化率已经有了明显的提升,农产品加工增加值与农业增加值之比从当时的0.8:1提高到现在的2.2:1,但是与发达国家3:1~4:1的加工转化水平相比,我们还有很大的差距。大力发展农产品加工业,一是要调整优化布局。应明确农产品加工业布局的产地指向,引导更多的加工企业向县域经济和产区集中,形成原料基地与农产品加工的有机衔接,按加工需求组织原料生产。二是要提升农产品精深加工水平。适应市场需求升级需要,积极开发新产品,加大技术集成应用力度,提高关键装备国产化水平,加强全过程质量管理。三是加强资源综合利用。农产品加工中原料和副产品的循环利用、综合利用大有可为,不仅可以提高产业链附加值,而且有利于清洁生产和环境友好,要进一步扩大资源综合利用试点。四是以加工需求为导向,引导基地建设的规模化、标准化、品牌化和市场化,从整体上改造农业的经营模式,推动农业技术进步,这是深化农业供给侧结构性改革最重要的动力源泉。

（三）着力拓展农业多功能，积极发展农村新业态

这是振兴乡村产业的亮点，也是最具成长性的开发领域。乡村旅游业的兴起是农村新业态的典型代表。我国城镇化发展到今天，相对于城市高密度、快节奏的生活方式，乡村的田园风光、清新空气、传统文化和悠闲情趣反倒成了稀缺资源。乡村的价值被重新发现，乡村旅游的开发方兴未艾。比如，四川省发展乡村旅游的行政村占全省行政村总数的 1/10，2021 年实现乡村旅游总收入 3637 亿元，比 2017 年增长了近六成[1]。又比如，云南省从 2012 年到 2021 年，乡村旅游接待游客从 5600 万人增加到 3.2 亿人，年均增长 21.4%，乡村旅游总收入从 264 亿元增加到 1794 亿元，年均增长 23.7%，累计带动了 75 万贫困人口脱贫[2]。乡村旅游已经从早期的"农家乐"发展到内涵更为丰富的新阶段，许多地方深度挖掘村落传统要素，复合式发展农业体验、特色民宿、遗产传承、文化创意等，使乡村旅游迈上了新台阶。农村电商的快速发展是农村新业态的又一典型代表。2021 年，全国农村网络零售额达到 2.05 万亿元，比上年增长 11.3%，全国农村网商网店数量超过 1632 万家[3]。笔者考察过的苏北沭阳县堰下村以种植花卉苗木为主，全村 400 多农户在淘宝等平台开设网店 1200 多个，带动从业人员 2000 多人，吸引 12 家快递公司入驻该村，成为全国首批 20 个"淘宝村"之一。电商的发展不仅提供了便捷的商业模式，增加了农村就业，促进了农民增收，而且还带动了农业的转型升级和一、二、三产业的深度融合。

---

① 数据来源：文化和旅游部相关资料。
② 数据来源：文化和旅游部相关资料。
③《国务院新闻办发布会介绍坚持稳字当头推动商务高质量发展有关情况》，中国政府网，2022 年 3 月 3 日。

（四）促进城乡融合发展，增添乡村振兴新动能

这是振兴乡村产业的重要动力来源，也是推进乡村产业振兴的必要条件。一方面，不同的产业有不同的载体，乡村产业布局一定要符合城乡产业分工体系，不能把适宜在城市集聚发展的产业生硬地搬到乡村来，避免重蹈过去乡镇企业"村村点火、户户冒烟"的旧辙，造成资源的浪费和环境的破坏；另一方面，现在讲的乡村振兴，一定是在城乡融合发展大背景下的乡村振兴，没有城市的带动，没有现代要素的进入，乡村振兴的任务是不可能完成的。特别是要看到，城乡之间产品和要素的交换，是推动乡村振兴的动力来源，没有城乡的融合发展，乡村振兴就不可能获得源源不断的新动能。为此，就要进一步破除城乡二元经济结构和二元经济体制的束缚，促进城乡要素双向流动和平等交换，促进城乡规划一体化、基础设施一体化、产业发展一体化、公共服务一体化。大量的实践经验证明，只有把乡村特有的功能和城市的现代要素优势有机结合起来，才能在农村开发新业态，打造农村新的产业体系，进一步把农村的多功能充分展现出来。

三、处理好龙头企业、集体和农民三者利益关系

振兴乡村产业的过程，既是引导生产要素集聚和优化配置的过程，也是推进农村生产关系再调整、体制机制不断创新的过程。乡村振兴的主体是农民，要充分尊重农民的主体地位。同时也要看到，要把亿万小农与统一大市场有机连接起来，就要大力培育新型农业经营主体，其中，引导工商资本进入农业是必要的。工商企业作为农业产业化的龙头企业，具有区别于农户和集体的法人资格，可以实行企业化运作，能够更好地适应市场法则。工商资

本进入农业，采取"公司＋基地＋农户"的方式运作，就必然产生一个与集体和农户的利益关系问题。这个关系处理得好不好，直接关系到项目的成败和乡村产业振兴的成效。以笔者的调查和观察，真正处理好三者利益关系并不容易。

以利益联结的紧密程度划分，龙头企业与集体、农户的联结方式一般有四种：一是"订单农业"方式。龙头企业给农户下订单组织生产，双方按合同价格结算，是比较单纯的市场关系。如河南省发展优质专用小麦、湖南省发展优质米等，大多采取这种办法。二是租地建基地方式。龙头企业把农民的土地流转过来建生产基地，企业负责基地的开发和经营，农户除了拿到土地租金外，还可以到基地打工，这是比"订单农业"联系更紧密的一种方式。三是"保底收益＋二次返利"方式。龙头企业为了调动集体和农民的生产积极性，在保底价格的基础上，每年再从盈利里面拿出一定比例返给集体和农民。比如，江苏省的丝绸集团带动的 170 个合作社和 11 万蚕农，采取的就是这种二次返利的方式。四是股份合作制。企业以资金、技术入股，集体和农户以土地入股，组建股份合作的利益共同体，形成利益均沾、风险共担的机制，这是利益联结最紧密的一种方式，也是我们认为最值得提倡和推广的一种方式。

选择哪种利益联结方式是市场行为，要由农户和企业选择，不可采取行政方法强制推行。现在的问题是，在实践中，龙头企业与集体、农户大多采取松散的利益联结方式，而采取紧密型利益联结方式特别是实行股份合作制的少而又少。为什么呢？我们发现，这里既有企业方面的问题，也有农民的顾虑。企业认为支付土地流转费和劳务报酬后，没有必要再给农民分红，而且与农民打交道成本高，产生纠纷不好解决，所以对实行股份合作患得患失；另一方面，农民更看重的是眼前利益，对入股合作兴趣不高，不愿意与企业共担经营风险。由此可见，尽管发展紧密型利益联结是我们的政策导向，但真正实行起来是有条件的。这个条件至少有三条：一是要形成一定的规模和批量，在这种情况下，企业和农户谁也离不开谁；二是要提高农民的组织化程度，有了合作社，就可以降低企业与农民打交道的交易成本；三是要加强农村信用体系建设，强化企业的社会责任，同时也要培养农民的契约意识。因此，发展紧密型利益联结要讲究条件，要顺势而为、因势利导、水到渠成。

四、用改革的办法破解"人地钱"要素瓶颈制约

笔者去农村做乡村振兴调研，地方反映最多的困难是缺人、缺地、缺钱。在劳动力和人才方面，有技能的青壮劳动力大量外出打工，留下的劳动力数量不足、素质不高，特别是能经营、会管理、懂市场的人才更是稀缺。在项目用地方面，本来地方建设用地指标就紧张，保障农村产业项目用地更难。在投融资方面，农村产业项目通常具有初始投资大、回收期长的特点，加上缺乏有效抵押物，金融机构参与投融资的积极性不高。为解决这些问题，2018年中共中央、国务院印发的《乡村振兴战略规划（2018—2022年）》、2021年出台的《中华人民共和国乡村振兴促进法》，以及2022年、2023年印发的"中央一号文件"[①]，都强调要牢固树立农业农村优先发展的政策导向，也都明确提出了一系列人才振兴、用地保障、资金支持的政策措施，我们要把这些政策用足、用好。以下着重讲如何用改革的办法破解要素瓶颈制约问题。

（一）在强化人才支撑方面

关键是要做好三件事：一是建立和畅通城乡人才双向流动机制。要落实国务院办公厅关于支持返乡下乡人员创业创新文件精神，鼓励更多的农民工、

---

① 2022年"中央一号文件"为《中共中央 国务院关于做好2022年全面推进乡村振兴重点工作的意见》；2023年"中央一号文件"为《中共中央 国务院关于做好2023年全面推进乡村振兴重点工作的意见》。

大中专毕业生、退役士兵及科技人才到农村创业创新。在这方面，各地都有许多好的经验。比如，安徽阜阳开展"接您回家"活动，江西抚州开展"抚商返乡创业、才子返乡创新"活动，四川达县实施"达商回引工程"等。再比如，贵州遵义农科院落实职务科研成果市场化转化政策，该院研究员余常水有偿获得自己团队研发的"遵辣9号"新品种使用权，在遵义的一家公司入股占比20%，三年来累计推广新品种60万亩，产生效益30亿元，椒农增收5亿元。又比如，中国农业大学李小云教授在云南十几个最贫穷的村开展脱贫致富示范区先导工程，把农村的闲置资源与城市的新动能结合起来开发产业，面向全国招聘CEO（首席执行官），并且与当地高校合办乡村CEO培训班，培养新一代的乡村职业经理人。二是要搭建人才"引育用留"的平台。平台的建设不仅要在引才方面制定创业信贷、税收、人才住房、医疗社保、子女教育等方面的优惠政策，建立"但求所用，不求所有"的柔性引才机制，最重要的是要打造创业的条件和环境，使人才下乡真正有用武之地。三是要建立县域人才统筹使用制度，有针对性地招揽人才，高效率地使用人才，把"中央一号文件"明确提出的这项制度真正落到实处。

（二）在落实用地保障方面

要按照《中华人民共和国乡村振兴促进法》第六十七条的明确规定，重点盘活农村存量建设用地。据笔者的调查，把农村未利用和闲置建设用地盘活，是大有文章可做的。一是借鉴农村"三变"改革经验，探索农村宅基地所有权、资格权、使用权"三权分置"，深化农村宅基地制度改革试点，把闲置宅基地盘活；二是加强村庄规划，引导农村建房适当集中，鼓励有条件的返乡人员到县城购买商品房，减少乡村分散建房，置换闲置宅基地；三是有序推进农村集体经营性建设用地入市改革，实现与国有土地同价同权，完善产权流转和增值收益分配机制，在增加建设用地供给的同时，还可以倒逼征地制度改革，推动建立城乡统一的建设用地市场。

（三）在强化金融支持方面

要"多管齐下"增加乡村振兴的资金供给。一是涉农银行要采取定向降准、涉农贷款增量奖励、涉农贷款风险补偿及分担等措施，引导金融机构扩大对农村产业发展的信贷投放，有条件的可以采取供应链金融模式，实施主办行与龙头企业"一对一"对接贷款。二是支持龙头企业发行专项债券开展直接融资。三是在发展直接、间接投融资市场的同时，推进农村集体产权制度改革。继农村土地"三权分置"改革后，集体非土地的经营性资产产权界定不清晰、少数干部说了算、缺乏有效约束激励机制的问题凸显，改革势在必行。深化集体产权制度改革，就是要将集体经营性资产清产核资、划定股权，确定集体的成员权，将经营性资产折股量化到全体村民，组建股份经济合作社。这项改革非常重要，是市场经济条件下创新集体经济有效实现方式的有益探索，有利于促进要素流动、激活存量资产，也有利于集体经济组织更好地融入市场经济、促进集体经济发展壮大。

耕地科技创新的战略思考[*]

耕地是国家粮食安全的基石，耕地科技创新势在必行，重点是理论创新和技术攻关。要以耕地保护与利用为核心，开展耕地监测、耕地改良、耕地培肥、耕地利用创新研究，保障国家粮食安全、生态安全和农业高质量发展。

一、耕地科技创新的总体形势

（一）耕地是国家粮食安全的基石

党的二十大报告指出，全方位夯实粮食安全根基，牢牢守住 18 亿亩耕地红线，逐步把永久基本农田全部建成高标准农田，这既有耕地数量问题，又有耕地质量问题。我国人地矛盾日益尖锐，耕地科技创新势在必行，主要体现在：我国用占世界 7% 的耕地，养活全球 22% 的人口，耕地资源十分紧缺；我国耕地基础地力对粮食产量贡献率仅为 50%，远低于欧美国家和地区的

---

  * 作者：周卫，中国工程院院士、中国农业科学院耕地科技创新总首席科学家，中国农业科学院农业资源与农业区划研究所研究员。本报告根据作者在"清华三农论坛 2023"上的演讲整理，经本人确认并授权。

70%～80%；人均耕地数量下降与粮食需求刚性增长之间的矛盾日益突出。

（二）我国耕地资源现状

我国耕地资源现状不容乐观——呈现"三少""两降"现象。"三少"主要是指：人均耕地面积少，从 1996 年人均 1.59 亩减少至目前的 1.36 亩；高质量耕地数量少，中低产田占 2/3；可挖潜耕地资源少，逼近 18 亿亩耕地红线。"两降"主要是指：水热资源质量下降，水热条件好的长江中下游地区和华南地区耕地大幅减少，而水热条件差、一年只能一熟的东北、内蒙古及长城沿线地区耕地大幅增加；耕地质量下降，土壤污染等问题突出。

（三）主要耕地质量问题

我国耕地质量面临的主要问题包括以下六个方面：一是东北黑土地退化，黑土层变薄，近 50 年由 100 厘米下降到 40 厘米，有机质由 10% 下降到 3%；二是北方旱地干旱变浅，由于水资源短缺，地下水严重超采，由于机械压实，耕层浅化（小于 12 厘米）；三是南方旱地酸化贫瘠化，14.5% 的耕地严重酸化，由此造成减产 20%；四是南方水田低产障碍，土壤呈现瘦、板、烂、酸、冷等特性；五是盐碱地面积扩大，现有盐碱耕地 1.14 亿亩，较 20 世纪 80 年代面积增加了 30%；六是农田污染加剧，污染源包括重金属、农业面源、抗生素、农药、农膜、微塑料等。

（四）国际耕地科技发展趋势

1. 耕地监测向长期定位联网及智慧化监测发展

现阶段，国际耕地科技创新的长期试验已从单一试验走向整合和网络研究，长期土壤生态系统研究已经纳入美国科学基金会关键带探测网络

（Critical Zone Exploration Network）。在美国 NSF（国家科学基金会）资助下，关键带研究点由最初 3 个发展到 10 个流域组成的监测网络。在欧盟第七框架下，开展了欧洲各国流域为主体的土壤过程及功能联合监测研究。高精度遥感、5G、物联网等技术促进了耕地监测朝智慧化方向发展。

2. 耕地退化与改良一直是重要研究任务

联合国粮食及农业组织于 20 世纪 70 年代首次提出土壤退化概念，并划分为土壤侵蚀、盐碱累积等 10 大类，我国则将土壤养分贫瘠化、板结化、酸化、盐碱化、潜育化等纳入其中。土壤生产力及其可持续提升机理和途径一直是耕地科技创新的中心任务。以土壤肥力为中心的养分与元素转化是研究重点。

3. 耕地培肥向绿色生态、精准智能与可持续发展

秸秆还田已列入国际持续农业的关键技术之中，美国秸秆还田量占秸秆总量的 68% ~ 90%。欧盟、英国、德国、丹麦等通过肥料立法，颁布养分限量标准。美国倡导"4R"施肥技术（正确的肥料品种 –Right source、正确的肥料用量 –Right rate、正确的施肥时间 –Right time、正确的施用位置 –Right place），各州均建有计算机推荐施肥专家系统。美国、欧洲和日本地区等肥料向复混化发展，35% ~ 45% 的氮、80% ~ 85% 的磷和 85% ~ 90% 的钾由复混肥提供，并致力于养分释放与作物需求同步的缓控释肥料研发。

4. 耕地利用由单一生产功能向生产、环境、生态服务多功能拓展

社会与公众需求已成为耕地科技发展的内在牵引力，2018 世界土壤学大会以 "Soil Science: Beyond Food and Fuel"（土壤科学：超越食物和燃料）为主题，不仅讨论如何养活一个星球，如何生产燃料，还讨论如何解决水资源短缺，消除污染，如何平衡生物多样性保护与可持续土地管理。联合国可持续发展目标（Sustainable Development Goals，SDGs）涉及耕地质量、环境污染、土壤健康等方面，应对气候变化挑战推动了土壤碳循环研究兴起。

5. 多学科交叉、新技术应用为耕地科技创新注入了重要推动力

2019 年，美国国家科学院、工程院和医学院将土壤微生物组列为农业领域亟待突破的五大研究方向之一，基因组学、蛋白组学、代谢组学的发展推动了对未知微生物的认知。稳定性同位素示踪技术如 ^{13}C、^{15}N、^{32}P 已用于元素循环和转化过程研究。模型模拟在养分运移、碳氮循环、全球变化等研究上发挥了重要作用。

（五）我国耕地科技的差距与挑战

与发达国家相比，我国耕地科技整体上处于跟踪国际前沿水平。耕地监测方面，长期试验联网与关键带研究有待整合，智慧监测有待发展；耕地改良方面，土壤退化、酸化、盐碱化机理与阻控关键技术研究不足；耕地培肥方面，秸秆高效还田、智能化推荐施肥技术与高效培肥产品缺乏；耕地利用方面，土壤健康、污染防控、固碳减排等关键技术亟须突破。

由此，我国耕地科技创新的发展思路在于：以耕地保护与利用为核心，以"发现问题—消减障碍—提升地力—生态服务"为总体思路，开展耕地监测、耕地改良、耕地培肥、耕地利用创新研究。这是保障国家粮食安全、生态安全和农业高质量发展的战略需求。现阶段，我国耕地科技关键问题主要包括四个方面：耕地资源时空演变与驱动机制、耕地质量退化过程与阻控机理、耕地地力提升机理与关键技术、耕地生态服务功能与调控途径。

二、耕地科技创新的主要进展

近十年来，中国农业科学院农业资源与农业区划研究所在耕地监测、耕地改良、耕地培肥、耕地利用等耕地科技创新方面取得重要进展。

（一）首创了覆盖我国全域的高精度数字土壤和大数据方法，研发了全面覆盖农田环境参数和农作物的定量反演算法和模型，推动了耕地数量与质量监测技术变革

1. 高精度数字土壤构建原理与应用

针对我国农业发展和生态环境保护对高精度土壤科学数据的迫切需求，历经 21 年，建成了全国首套具有多要素（多项土壤理化性状）、高精度（100 米数据）、时空维度（40 年土壤空间数据）特征的 1∶50000 高精度数字土壤图，模拟、重现土壤类型及其属性的空间分布特征，是我国迄今最完整和精细的土壤资源和土壤质量数据，创建了土壤大数据分析与表达关键技术，使我国成为首个建成全域高精度数字土壤的大国。研究成果"中国高精度数字土壤构建与应用"入选全国农业科学数据建设及服务典型案例。

2. 农田环境参数的定量反演算法和模型

围绕"农作物空间信息获取—信息分析—信息应用与服务"的研究主线，创建了多源多尺度农作物遥感监测技术体系，并首次创建了天（遥感）地（地面）网（无线传感网）一体化的农作物信息获取技术，在国内率先研制了面向农作物遥感监测的光谱响应诊断技术，研发了全面覆盖农作物和农田环境参数的定量反演算法和模型，建立了国内唯一稳定运行超过 10 年的国家农作物遥感监测系统（CHARMS），成为国际地球观测组织（GEO）向全球推广的农业遥感监测系统之一。研究成果"主要农作物遥感监测关键技术研究及业务化应用"获 2012 年国家科技进步奖二等奖。

3. 耕地质量大数据分析与综合决策系统

建立了覆盖全国的耕地质量监测试验网，大尺度、长时序探索耕地质量及其关键要素的演变规律；综合利用遥感、物联网、大数据、云计算、空间信息、人工智能、边缘计算等新一代信息技术，突破海量农田数据在线集成

管理、高并发计算等技术瓶颈，解决农田建设项目空间可视化、实时监测、智能评估等技术难题；建立了高标准农田建设项目管理"一张表"、空间分布"一张图"、利用监测"一张网"。研究成果"农业旱涝灾害遥感监测技术"获2014年国家科技进步奖二等奖。

（二）揭示了典型红壤区土壤酸化时空演变规律，攻克了南方五类低产水稻土改良与地力提升关键技术，创新了土壤有机质提升综合解决方案，促进了土壤改良与肥力恢复协调发展

1. 典型红壤区农田酸化特征与防治关键技术

针对南方农田酸化特征不明和酸化防治技术不足等突出问题，经过近30年的联网研究，明确了典型红壤区农田酸化时空演变特征，构建了红壤酸化驱动因子效应模型，明确了化学氮肥施用是农田酸化的主要驱动力，贡献率达66%以上；阐明了有机肥降低硝化潜势阻酸、中和氢离子和络合活性铝控酸的双重作用机制；创建了以"石灰类物质精准施用降酸、有机肥阻酸、减氮控酸"为核心的酸化防治关键技术，研发了酸性土壤调理剂等关键产品。研究成果"我国典型红壤区农田酸化特征及防治关键技术构建与应用"获2018年国家科技进步奖二等奖。

2. 南方低产水稻土改良与地力提升关键技术

我国南方低产水稻土占1/3，研究阐明了南方低产水稻土的质量特征与低产成因，发展了低产水稻土质量评价新方法，首次建立了涵盖土壤生物肥力指标（微生物量、酶活性、微生物多样性等）的质量评价指标体系；揭示了5类土壤低产的关键限制因子，突破了长期以来南方水稻土低产障碍不明的关键瓶颈。创建了黄泥田有机熟化、白土厚沃耕层、潜育化稻田排水氧化、反酸田/酸性田酸性消减、冷泥田厢垄除障等分类改良关键技术，研创了低产水稻土改良与地力提升新产品，集成了黄泥田、白土、潜育化水稻土、反酸田/酸性田及冷泥田改良与地力提升技术模式。研究成果"南方低产水稻土

改良与地力提升关键技术"获 2016 年国家科技进步奖二等奖。

3. 农田土壤有机质演变与肥力恢复综合调控技术

我国农田土壤有机质含量低，严重地制约我国农业的高产稳产和可持续发展。研究探明了我国主要粮食产区农田土壤有机质的演变特征，揭示了有机物料投入是有机质提升的第一要素，其转化为有机质的利用效率平均为 16.3%，构建了多点位、多区域验证的农田土壤有机质变化模拟预测模型，精确度达到 86% 以上，实现了有机质提升潜力的预测；突破了土壤有机质提升与作物增产耦合效应的量化难题，提出了不同区域粮食丰产稳产的有机质适宜值；集成创新了以增施有机肥和秸秆还田技术与限制因子消减技术为核心的有机质提升主要技术模式。研究成果"主要粮食产区农田土壤有机质演变与提升综合技术及应用"获 2015 年国家科技进步奖二等奖。

（三）构建了耕地土壤培肥和作物养分高效的理论与技术体系，研创了适用于不同土壤类型的肥料新产品，为耕地保护和农业高质量发展提供了重大战略技术支撑

1. 作物养分高效利用分子机理与调控途径

研究解析了作物应答土壤磷素状况调节磷素信号及磷素液泡储存机制；明确了作物从磷素感受蛋白到磷素中心调控因子，再到液泡磷素外排蛋白的调控路径，为磷素养分高效遗传改良提供了重要理论依据和抓手；揭示了磷养分高效利用的株型和根构型调控机制，明确了水稻叶夹角调控因子 RLI1 和根长调控因子 AIM1 是构建磷养分高效株型的关键靶点，并提出可以通过适度密植的方法来提高磷肥的当季利用效率；揭示了玉米茎木质部微生物组在生物固氮和根系促生上的重要作用，构建了功能互补的高效固氮合成菌群，发展了作物促生菌的新领域。相关研究成果发表在 Proceedings of the National Academy of Sciences, Nature Communications, Plant Cell, Nature Plants, Molecular Plant 等国际顶尖学术期刊。

2. 耕地养分资源高效利用关键技术与应用

针对我国化肥过量施用、肥料利用率低等突出问题，阐明了玉米、小麦和水稻氮磷钾需求特征，建立了土壤养分供应、肥料农学效率与作物产量反应的量化关系，创建了基于产量反应和农学效率的推荐施肥新方法，研发了玉米、小麦和水稻推荐施肥养分专家系统（Nutrient Expert，简称 NE），解决了长期以来氮肥难以推荐的重大难题；率先揭示了有机肥施用能够恢复施用化肥所改变的土壤微生物群落结构，提出了旱地和水田有机肥对化肥氮素的适宜替代率；阐明秸秆分解的氮素调节机理，创建了水田秸秆粉碎翻埋 / 旱地灭茬还田结合氮素调控的高效还田技术；研制出基于固氮解磷功能菌的微生物肥料产品；建立了基于"NE 系统 +"的养分综合增效技术模式，研究成果"主要粮食作物养分资源高效利用关键技术"获 2020 年国家科技进步奖二等奖。

3. 耕地绿色培肥新产品创制与产业化

针对我国耕地新型绿色培肥产品缺乏突出问题，创建了作物专用复合肥农艺配方制定的理论方法，实现了配方制定由工业主导向以农业需求为导向、由模糊定性向精准定量转变；发明了料浆工艺"尿素—MAP 共熔"增氮技术，创新了"硝铵—MAP 共熔"为核心的料浆工艺低温造粒技术，发明高塔工艺"管式反应料浆"增磷技术，发明了低成本易降解新型缓释材料。研究成果"我国主要农作物区域专用复合肥料研制与产业化"获 2018 年北京市科学技术奖一等奖；研究成果"低成本易降解肥料用缓释材料创制与应用"获 2013 年国家技术发明奖二等奖。

（四）揭示了全球最新高精度耕地与农作物空间分布规律，创新了区域农业面源污染评估方法与综合防治技术，优化了全球气候变化背景下的耕地综合利用和生态健康发展

1. 新一代全球高精度耕地与农作物分布数据产品

针对当前全球耕地与农作物制图数据产品质量参差不齐、彼此间的一致

性较差、与已有统计数据吻合度低等突出问题，突破了基于众源数据融合的耕地空间分布制图技术瓶颈，研制了全球 500 米分辨率耕地融合制图产品，其总体精度达 90.8%；研发了新一代全球农作物空间分布数据产品，为全球粮食估产、种植结构优化、全球变化研究等提供准确可靠的耕地空间分布信息，研究结果发表在国际地学顶级学术期刊 Earth System Science Data。

2. 全国农田面源污染监测技术体系创建与应用

针对全国尺度农田面源污染底数与排放规律不清、农田面源污染核算方法不明、针对性减排策略和技术缺乏等突出问题，突破了定量难、变异大等农田面源污染监测技术瓶颈，首创了全国农田面源污染监测平台；创建了以分区分类为基础、以实地监测与典型调查相结合的全国农田面源污染核算方法；摸清了全国农田氮磷面源污染的底数和重点区域，集成了坡耕地截流减排、保护地碳氮水协同减排等六类技术模式，研究成果"全国农田氮磷面源污染监测技术体系创建与应用"获 2017 年国家科技进步奖二等奖。

3. 全球粮食种植结构调整与农业可持续发展

研究揭示了全球六大洲 168 项大豆和小麦、玉米、水稻、蔬菜 4 种常见作物的氮营养平衡；发现全球主要大豆进口国因作物种植转换造成了多余的氮肥进入地表水、地下水，或通过化学过程进入大气，最终造成氮污染；研究结果对国际贸易谈判、相关政策制定、进口国环境问题研究等方面具有重要价值。相关结果发表在国际顶尖学术期刊 Proceedings of the National Academy of Sciences。

三、耕地科技创新的重点任务

耕地科技创新的重点任务包括理论创新和技术攻关两个方面。我国耕地科技理论创新主要包括六大任务：一是地球关键带过程与耕地质量演变，二是耕地退化机理与肥力培育，三是土壤微生物学过程与功能，四是养分高效利用机理与精准管理，五是土壤侵蚀与耕地保护，六是耕地生态服务与土壤健康。

（一）理论创新

1. 地球关键带过程与耕地质量演变

研究地球关键带过程与耕地质量演变，重点任务包括：① 我国关键带类型、理论框架及与耕地质量联网监测耦合；② 关键带物质迁移与循环过程对耕地质量的影响，阐明耕地质量变化机理；③ 典型生态脆弱地区关键带过程与驱动机制。

2. 耕地退化机理与肥力培育

研究耕地退化机理与肥力培育，重点任务包括：① 酸化、盐碱化、潜育化等障碍形成机制与消减机理；② 土壤有机质形成机理、驱动因素与提升途径；③ 耕地地力定向培育机理与技术。

3. 土壤微生物学过程与功能

研究土壤微生物学过程与功能，重点任务包括：① 土壤微生物多样性、驱动机制与调控途径；② 有益微生物资源挖掘及其促生、免疫、解毒机理与功能提升；③ 土壤病原微生物、病毒作用机制与阻控技术。

4. 养分高效利用机理与精准管理

研究养分高效利用机理与精准管理，重点任务包括：① 养分高效吸收利用的分子机理与调控途径；② 精准智能化推荐施肥方法创建与养分管理；③ 新型绿色高效肥料创制。

5. 土壤侵蚀与耕地保护

研究土壤侵蚀与耕地保护，重点任务包括：① 自然作用和人为活动下的土壤侵蚀过程与响应；② 水文过程与侵蚀产沙机理及其定量模拟；③ 土壤侵蚀防治原理与阻控途径。

6. 耕地生态服务与土壤健康

研究耕地生态服务与土壤健康，重点任务包括：① 耕地碳氮排放特征、调控途径与固碳减排潜力；② 农田面源污染发生机理与消减技术；③ 农田重金属、农药、微塑料、抗生素等污染特征与修复。

（二）技术攻关

我国耕地科技技术攻关聚焦中低产田改造，主要包括六大区域的任务。由于不同地区的低产区域不同，造成低产的原因有所差异，所以低产田改造技术攻关的方向有所不同。针对东北区、黄淮海区、长江中下游区、华南区、西南区、西北区，应当因地制宜，阐明不同低产区域和低产原因，研究不同的低产田改造技术，具体包括以下内容。

1. 东北区

低产区域主要位于松嫩平原西部，三江、辽河平原低洼处，小兴安岭、长白山、阴山南北麓丘陵坡地，以草甸土、黑钙土、风沙土、栗钙土、盐碱土为主。以上地区低产的主要原因是盐碱、瘠薄、潜育化、障碍层次、酸化、风蚀、水蚀。相应的改造技术主要有免耕覆盖、秸秆还田、轮作、施有机肥、使用盐碱土改良剂和退耕还林。

2. 黄淮海区

低产区域主要位于丘陵上部，平原局部高地，滨海低地，以粗骨土、棕壤为主。以上地区低产的主要原因是土层浅薄、土壤盐渍化、胶东土壤酸化、干旱、沿淮地区粘板涝渍。相应的改造技术主要有秸秆还田、适水种植、完善排灌降盐降渍、调理剂或有机肥降酸。

3. 长江中下游区

低产区域主要位于丘陵、山地中上部及沿海区域，以黄棕壤、棕壤、红壤、褐土为主。以上地区低产的主要原因是山地地形起伏、酸化、养分瘠薄、灌溉条件差，沿海滩涂盐渍化。相应的改造技术主要有施用调理剂／碱性肥料、增施有机肥和完善排灌改良盐碱地。

4. 华南区

低产区域主要位于普洱市和保山市山区、右江流域石灰岩地区、雷州半岛、海南西北沿海，以及酸化土壤，以砖红壤、紫色土、石灰岩土为主。以上地区低产的主要原因是山地土壤瘠薄酸化、沿海土壤盐渍化、存在反酸田、冷浸田及潜育化田。相应的改造技术主要有旱地施调理剂和有机肥、潜育化田工程排水和反酸田引淡洗酸。

5. 西南区

低产区域主要位于乌蒙山区、武陵山区及陇南山地，以黄棕壤、石灰岩土为主。以上地区低产的主要原因是土层浅薄、砾石多，瘠薄、酸化、潜育化、障碍层次等。相应的改造技术主要有聚土耕作或横坡耕作减少水土流失，增施有机肥料培肥地力。

6. 西北区

低产区域主要位于黄土高原沟壑区、准噶尔盆地、塔里木盆地西北、祁连山山地、环青海湖区，以灰钙土、风沙土、棕钙土、灰漠土、栗钙土为主。以上地区低产的主要原因是土层薄、干旱、瘠薄、侵蚀严重、甘新区盐渍化、沙化、荒漠化。相应的改造技术主要有恢复坡地植被，修筑梯田地埂；秸秆覆盖还田、增施有机肥和绿肥；修筑植物篱或防护林网；完善排灌，改良盐碱地；发展节水灌溉，水肥一体化。

扎实推进宜居宜业和美乡村建设 *

党的二十大报告提出，全面推进乡村振兴，加快建设农业强国，统筹乡村基础设施和公共服务布局，建设宜居宜业和美乡村。习近平总书记在2022年中央农村工作会议上又明确提出，建设农业强国要体现中国特色，立足我国国情，立足人多地少的资源禀赋、农耕文明的历史底蕴、人与自然和谐共生的时代要求，走自己的路①，要一体推进农业现代化和农村现代化，实现乡村由表及里、形神兼备的全面提升。

一、以县城为载体推进城乡融合

建设宜居宜业和美乡村，要从基础抓起，要从县域经济抓起，要从城乡融合抓起。党的十八大以来，我国聚焦经济社会健康可持续发展，聚焦城乡融合发展，在农村基础设施建设、公共服务体系完善、人居环境整治等方面，实现了历史性的进步。近年来，我国在以县域为中心向乡村辐射的过程中，

---

* 作者：张红宇，全国政协参政议政人才库专家、中国农业风险管理研究会会长。本报告根据作者在"清华三农论坛2023"上的演讲整理，经本人确认并授权。

① 《为加快建设农业强国而努力奋斗——从中央农村工作会议看新时代新征程"三农"工作战略部署》，新华社，2022年12月24日。

实现了城乡融合和真正意义上的协调发展。总体上看，城乡融合在县域范围内取得了重大进展，对未来在市域范围、省域范围，最终在整体上实现全国范围的城乡融合发展夯实了基础。但是，城乡之间、区域之间、群体之间的发展差距仍然不小。全面建设社会主义现代化国家，最艰巨最繁重的任务仍然在农村。2023年"中央一号文件"聚焦城乡融合发展、建设宜居宜业和美乡村，明确提出健全城乡融合发展体制机制和政策体系，畅通城乡要素流动。统筹县域城乡规划建设，推动县城城镇化补短板强弱项，加强中心镇市政、服务设施建设。深入推进县域农民工市民化，建立健全基本公共服务同常住人口挂钩、由常住地供给机制。因此，要坚持农业农村优先发展，坚持城乡融合发展，畅通城乡要素流动，深入推进县域农民工市民化。

为什么要把县域经济发展作为实现城乡融合的重点工作？近年来，在工业化、城镇化背景下，大量农村劳动力转移到城市，但是农村劳动力转移的流向发生了深刻的变化，这种流向的变化不仅对经济社会发展有非常重要的影响，而且为建设宜居宜业和美乡村提供了前提。

持续多年的西部大开发、中部崛起、东北振兴等区域战略的实施，已经显现效果。中西部地区在基础设施、公共服务等方面发生了重大变化。在这个过程中，县域经济得到大发展。县城一头连接城市，一头接续乡村，是城和乡的结合点，是经济社会发展的最佳载体。农民工的区域流向尤其深刻地说明了这一点。图1数据显示，2022年农民工总量为29562万人，但与2021年相比，增速仅为1.1%。同时，《中华人民共和国2022年国民经济和社会发展统计公报》数据显示，虽然2022年外出农民工总数为17190万人，但增速较过去已大大减缓，仅为0.1%。过去三年，受疫情影响，浙江、福建等外向型经济地区订单减少，导致农民工外出就业不充分。反过来看，农民工就地就近就业，在很大层面上弥补了外出就业的不足。《中华人民共和国2022年国民经济和社会发展统计公报》数据充分说明了这一点，尽管2022年就地就近就业农民工数量仅为12372万人，但增速达到2.4%[①]。

---

① 数据来自国家统计局。

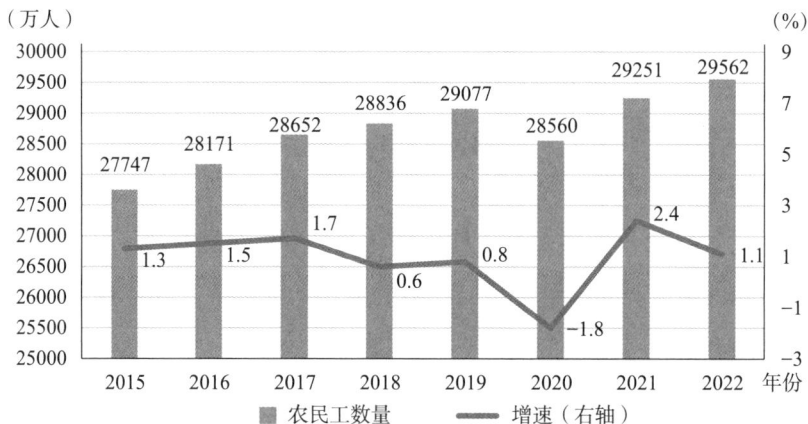

图 1　近年农民工数量和增速变化（2015—2022 年）

资料来源：国家统计局。

因此，面对当前复杂多变的内外部环境，构建双循环新发展格局，实现高质量发展，应以农村人口向城市迁移、农村富余劳动力就地就近转移就业为突破口，活跃县域经济，缩小城乡发展差距，从县域抓起，逐个突破市域、省域范围的城乡融合，最终实现全国范围的城乡融合。从这个角度来讲，抓县域经济，抓农民工就地就近就业，抓农村人口向县城转移居住，其实也为扎实推进宜居宜业和美乡村建设提供了前提。在这种形势下，宜居宜业和美乡村建设要瞄准乡村发展、乡村建设和乡村治理三大问题。

二、夯实乡村发展的产业基础

习近平总书记明确指出，产业振兴是乡村振兴的重中之重①。推进宜居宜业和美乡村建设，产业发展是前提，产业发展对实现农业稳产保供、农民就

---

① 习近平：《加快建设农业强国 推进农业农村现代化》，《求是》2023 年第 6 期，第 4—17 页。

业增收、农业可持续发展意义重大。夯实乡村发展的产业基础应该在四个方面有所作为。

（一）大力发展农产品加工业

乡村振兴，产业兴旺是重点。产业兴旺，要瞄准农产品加工业。以"粮头食尾""农头工尾"为抓手，促进农业全产业链融合发展。从全国情况来看，2022 年全国规模以上农产品加工业营业收入超过 18.5 万亿元，增长 4% 左右。以河南省漯河市为例，它既是粮食生产大市，也是农产品加工大市。近年来，漯河市在"粮头食尾""农头工尾"方面做得有声有色，对解决农民就地就近就业与增加农民收入都发挥了积极作用。数据显示，2021 年漯河市的农村居民人均可支配收入为 19973 元，高于当年全国平均水平（18931元），更高于当年河南省农村居民人均可支配收入（17533 元）[①]。这些数据也说明，大力发展农产品加工业，实际上是以产业为基础，扎实推进宜居宜业和美乡村建设的核心。

（二）聚焦巩固脱贫攻坚成果的富民产业

脱贫攻坚靠产业，巩固脱贫攻坚成果也要靠产业，推进可持续发展更要靠产业。中央财政衔接推进乡村振兴补助资金用于产业发展的比重超过55%，每个脱贫县都培育了 2～3 个特色主导产业，近 3/4 的脱贫人口与新型经营主体建立了紧密利益联结关系。习近平总书记明确提出要抓"土特产"[②]，笔者对此做了专题调研，例如，延安的苹果产业、井冈山的赣南脐橙、四川宣汉的蜀宣花牛、四川的汉源花椒，放到全国来讲，这些产业是"小产业"，但对当地脱贫攻坚来讲是实实在在的"大产业"。总的来看，巩

---

① 数据来自国家统计局、河南省统计局、漯河市统计局。
② 习近平：《加快建设农业强国 推进农业农村现代化》，《求是》，2023 年第 6 期，第 4–17 页。

固脱贫攻坚成果、建设宜居宜业和美乡村都要依靠富民产业发展，也就是习近平总书记讲的"土特产"中的第一要素"土"；其次，富民产业发展还要以"特"为核心，发展特色产业；最后，还要促进一、二、三产业融合发展，构建产业集群、延长产业链、供给链，为解决农民就业和增收作出突出贡献。

（三）推进农村观光旅游休闲产业大发展

我国农业有多重功能性，乡村有多元价值，这能够在很大层面释放出许多新产业。农业观光旅游休闲就是其中一个非常大的产业。2019 年，我国农业观光旅游休闲产业的增加值达到 8500 亿元，占当年农业增加值的 10% 以上。从笔者在成都调研的情况来看，四川省成都市的农业观光旅游休闲产业发展迅猛，2019 年成都的农业增加值是 631.8 亿元，但当年农业观光旅游休闲产业的增加值达到 489 亿元，约占当年农业增加值的 77.4%。这不仅为当地农民解决了就业问题，还促进了当地农民增收。所以，农村观光旅游休闲产业对宜居宜业和美乡村建设非常重要。以油菜花为例，根据过去几年的调研来看，油菜花大概有 15 个花色品种，但最新的资料显示，江西农业大学目前已经培育出 63 个油菜花的花色品种。这些新品种的产生不仅为乡村旅游增添了景色，让城里人更愿意去农村，更增加了当地农民就业与增收的机会。所以，农村观光旅游休闲产业对加快建设宜居宜业和美乡村非常重要。

（四）数字经济要在产业发展中发挥更大的作用

数字经济目前已经覆盖到农业、农村、农民，从田间到餐桌，无不体现数字经济的折射力。近年来，通过直播带货，把藏在深山里的土特产展示在大众视野。通过这种方式，凉山地区的紫色土豆价格大涨，供不应求，对凉山地区脱贫攻坚起到了非常好的作用。从数据来看，2022年农产品网络销售额达5314亿元，可以说是前途无量。因此，数字经济作为新业态，成为乡村发展的重要引擎。

三、突出规划在乡村建设中的引领作用

乡村建设是一篇大文章，宜居宜业和美乡村赋予了乡村建设特别重要的意义。习近平总书记明确提出，要优化镇村布局规划，统筹乡村基础设施和公共服务体系建设，深入实施农村人居环境整治提升行动，加快建设宜居宜业和美乡村①。加快建设宜居宜业和美乡村，对基础设施来讲，重要的是补短板、提质量；对公共服务来讲，重要的是让城市的教育、医疗和文化资源下乡，让农民群众共享发展成果；对人居环境来讲，重要的是让乡村天更蓝、水更清、地更绿，逐步让农村具备现代生活条件。

（一）做好规划

建设宜居宜业和美乡村的一个很重要的任务就是规划的引领。规划不能急功近利，一定要着眼于10年、20年，要着眼于让农村基本具备现代生活条件，既要防止大拆大建，又要防止重复建设。例如四川省达州市宣汉县的鸭池村，这是当地塑造的乡村振兴样板村。该村常住人口约5000人，居住点约600个，也就是说，大约一户或两户家庭形成一个居住点。由于宣汉县是资源大县、能源大县，天然气资源丰富，因此鸭池村不仅做到了乡村道路通到每家每户，天然气也是如此。但值得注意的是，当地村民外

---

① 《习近平在参加江苏代表团审议时强调 牢牢把握高质量发展这个首要任务》，新华社，2023年3月5日。

出务工占比较高，多数村民常年不在家，导致基础设施建设耗资巨大，但公共基础设施的利用率低。因此，为了防止大拆大建和重复建设，需要我们做好清晰规划，明确以县城为中心覆盖到全县范围，规划好哪些地方是粮食产区、哪些地方是生态产区、哪些地方是人口集聚居住区，这对建设宜居宜业和美乡村具有重要意义，对农村地区的古村落保护也具有重要意义。

（二）强化农村基础设施建设

党的十八大以来，农村的基础设施如水、电、路、气、房、通信已经覆盖到每一个行政村，下一步需要强弱项、补短板，进一步提升建设质量，给农民一个清新洁净的美好家园。以公路建设为例，习近平总书记于2014年3月4日指出，要求农村公路建设要因地制宜、以人为本，与优化村镇布局、农村经济发展和广大农民安全便捷出行相适应，要进一步把农村公路建好、管好、护好、运营好，逐步消除制约农村发展的交通瓶颈，为广大农民脱贫致富奔小康提供更好的保障[①]。因此，农村公路修好仅是第一步，修好、管好、用好、养护好，才称得上农村"四好"公路。在农村公路设施建设的基础上，我们需要进一步思考"补短板"的问题。在道路交通设施完善的基础上，如何发展农村的旅游路、产业路，将特色农产品运出来，是值得进一步思考的问题。

（三）提升公共服务能力

乡村这些年之所以发展得好，城市资源下乡发挥了重要作用。2023年"中央一号文件"明确提出，要"发展城乡学校共同体、紧密型医疗卫生共同

---

① 杨传堂：《推进农村公路建设 更好保障民生——深入学习习近平总书记关于农村公路建设重要指示精神》，《人民日报》2014年5月19日第15版。

体、养老服务联合体"。现阶段，应以县域为重要切入点，促进城乡要素流动，积极探索发展各类公共服务共同体，使之成为推进城乡融合发展的重要载体。

（四）大力推进农村人居环境整治

中共中央办公厅、国务院办公厅先后印发了《农村人居环境整治三年行动方案》和《农村人居环境整治提升五年行动方案（2021—2025年）》。其中，最主要的就是农村垃圾、农村厕所、农村面源污染问题。以农村的垃圾分类处理为例，基本是和县城同步推进的，推动农村生活垃圾源头分类减量，及时清运处置，采取了"村收集、乡集中、县处置"的方式。例如江西、四川、福建等省份的农村垃圾分类处理基本已经实现城乡同步推进。

四、加强和改进乡村治理

农村现代化是建设农业强国的内在要求和必要条件，建设宜居宜业和美乡村是农业强国的应有之义。乡村治理，既要有"面子"，更要重"里子"。一体推进农业现代化和农村现代化，既要强调基础设施、公共服务、人居环境，使乡村更漂亮；又要加强精神文明建设，形成文明乡风、良好家风、淳朴民风的社会氛围。

（一）加强党的领导

认真贯彻落实习近平总书记关于"三农"工作的重要论述，加强党对"三农"工作的领导。以党的二十大精神为引领，以《中国共产党农村工作条例》《中华人民共和国乡村振兴促进法》为抓手，制定加快建设农业强国规划，强化中央统筹、省负总责、市县乡抓落实的工作机制。深化农村改革，推进土地制度、经营制度与产权制度创新，发展新型农村集体经济，丰富农村基层组织体系。

（二）传承发展农耕文明

中国的传统节日（如春节、清明、端午、中秋等）大都来自农耕文明，来自 24 个节气，来自中华民族几千年的历史文化传承，这和西方国家以宗教文化和城堡文化为主的节日是完全不一样的。因此，如何传承和发展农耕文明是我们需要进一步思考的内容。我们的农村有很多农旅结合发展的案例，其中包含很多农耕文明的元素。例如，福建漳州长泰县的珪后村，这是个"博士村"，村民的孩子若是考上博士，就在村的祠堂里挂匾以作传承。类似地，在广东南海还有个"大学生村"，如果孩子考上大学，本人和父母的名字就会被刻在村里的祠堂。同时，还有一些农耕文明与现代元素相结合的案例，例如贵州黔东南的"村 BA"，这种村级篮球联赛在当地已经有 80 多年的历史，最近两年风靡全国，吸引了各方游客。这些案例其实就是典型的农耕文明传承结合了现代元素，迸发出强大的生命力。

（三）加强精神文明建设

2023 年"中央一号文件"特别提出，要治理农村高价彩礼等问题，对于如何避免大操大办，农村有很多好的办法，需要我们去总结，需要推动各地因地制宜制定移风易俗规范，强化村规民约的约束作用、党员干部的带头示范作用。扎实开展高价彩礼、大操大办等重点领域突出问题专项治理。推进农村丧葬习俗改革。

（四）全面提升乡村治理水平

　　坚持党建引领乡村治理，完善网格化管理、精细化服务，完善推广积分制、清单制、数字化治理方式。通过一系列先进技术手段，让老百姓知党史、感党恩、跟党走，让淳朴民风真正得到弘扬。

保障国家粮食安全的路径
与对策研究 *

　　保障国家粮食安全是有效防范抵御各类风险、稳定国家大局的坚实基础，也是推动社会经济持续稳定发展的重要支撑。厘清保障国家粮食安全的逻辑内涵，把握我国粮食安全的特征事实与发展现状，探究影响粮食安全的主要因素，是立足新阶段新形势提出保障国家粮食安全新政策新措施的重要基础。本研究的主要目的是，对当前我国粮食安全的发展现状和未来趋势作出判断，明确我国主产区、主销区、产销平衡区粮食生产以及我国粮食贸易和市场体系建设的发展现状与特征事实；分析研究我国粮食安全在稳产和保供两个方面面临的问题和挑战，提出新时代保障我国粮食安全的路径和措施，以期在既定的社会经济条件下为政府制定相关政策提供一定的参考和借鉴。

---

　　* 本报告是清华大学中国农村研究院重点研究课题"保障国家粮食安全的路径与对策研究"的研究成果，报告观点仅代表课题组的看法。课题负责人：宋洪远，华中农业大学乡村振兴研究院院长。报告执笔人：宋洪远、江帆、魏佳朔。

一、粮食安全概念、品种界定和分析方法

（一）粮食安全概念

厘清粮食安全的概念及其内涵要求，有助于明确研究对象的维度层次和避免理论混淆。鉴于粮食种类繁多，粮食安全概念也较为繁杂，本研究首先对粮食安全和粮食品种的概念进行梳理和界定。

基于我国现实发展情况，本研究所指的粮食安全，是从国家层面、宏观视角、供给侧出发，综合考虑国内资源环境、粮食供求格局、国际市场贸易条件，强调保障国家粮食安全，要依靠自己保口粮，集中国内资源保重点，通过建立健全稳产保供体制机制和政策体系，实现谷物基本自给、口粮绝对安全，把饭碗牢牢端在自己手上。

（二）粮食品种界定

狭义的粮食为以稻谷和小麦为主的口粮作物。谷物，主要包括稻类，即粳稻、籼稻、糯稻、陆稻（旱稻）、深水稻等；麦类，即小麦、大麦、皮麦、青稞（元麦）、黑麦、燕麦（小麦）等；粗粮类，即玉米、高粱、荞麦、粟（谷子、小米）、黍（糜子）等。此外，尚有作为补充主食用的粮食作物，包括大豆、小豆、绿豆、木薯、番薯、马铃薯等。

食物，按照国家统计局的划分，可以将其分为谷物、薯类、豆类、食用油、蔬菜及食用菌、肉类、禽类、水产品、蛋类、奶类、干鲜瓜果类、食糖等。

本研究中的"粮食"特指四大农作物，即稻谷、小麦、玉米、大豆。

（三）本文分析方法

为更好地预测未来中国粮食供需变化趋势，本研究主要使用中国农业产业模型（China Agricultural Sector Model，CASM）进行分析研究。该模型涵盖了农作物和畜产品及其加工品共 33 种产品，由国内生产、消费、库存、进出口贸易和价格等模块构成，建立了不同产品之间的相互联系，模拟了农产品市场的运行机制，由国内供给、国内需求和外生国际市场价格共同决定国内价格，当市场出清时，实现市场均衡。

与现有模型相比，中国农业产业模型（CASM）具有以下特点。第一，该模型考虑了各种农产品之间存在的替代和互补关系。第二，为了更准确地反映城乡居民的食物消费变化特点，该模型将城乡居民的食物消费进一步划分为在家消费和在外消费，以体现不同消费需求类型的特点和影响因素差异。第三，该模型考虑了农产品的加工品，如大豆、大豆油和豆粕，油菜籽、菜籽油和菜粕，甘蔗、甜菜和食糖，有利于进行全产业链分析。第四，模型中的各类农产品可以灵活加总，不仅可以应用于单个产业分析，也可以应用于多个产业或所有产业分析。

该模型应用通用代数建模系统（GAMS）软件进行开发和模型求解。目前，该模型由 36 组 566 个方程、23 组变量、566 个内生变量以及若干外生变量构成。农作物产量取决于种植面积和单产水平。需求由国内需求和出口需求两部分组成。由于农产品的多用途性，农产品的国内需求分为食用、加工、种用、饲用、损耗等，不同类型的消费需求受到的影响因素不同。人均食物消费量主要取决于收入和价格（包括自价格和相关商品价格）。加工消费主要受经济发展（GDP）、价格和人口规模等因素的影响。

二、面向 2035 年的我国粮食供求趋势分析

（一）面向 2035 年的粮食供求趋势

2020—2035 年，中国的粮食供求缺口有所扩大，但仍能够确保"谷物基本自给，口粮绝对安全"。到 2035 年，中国粮食需求总量预计达到 8.96 亿吨，国内产量为 7.12 亿吨，净进口量扩大到 1.84 亿吨，粮食自给率将降到 79.50%。与 2020 年相比，2035 年全国粮食总需求量增加 8682 万吨，国内产量增加 4291 万吨，净进口量增加 4391 万吨，粮食自给率下降 3.23 个百分点（见表 1）。

表 1　2020 年、2025 年、2030 年、2035 年的粮食供需平衡情况

粮食	2020 年	2025 年	2030 年	2035 年
总供给（万吨）	80922	85640	87708	89604
国内产量（万吨）	66949	69158	70391	71240
播种面积（万公顷）	11677	11715	11644	11574
单产（千克／公顷）	5734	5903	6045	6155
净进口量（万吨）	13973	16482	17318	18364
总需求（万吨）	80922	85640	87708	89604
食用需求（万吨）	22492	22359	22130	21771
饲料需求（万吨）	24834	29408	30723	31702
工业需求（万吨）	22041	23072	24033	24976
种用需求（万吨）	1110	1101	1087	1077
损耗（万吨）	9401	9719	9894	10015
其他需求（万吨）	1043	−19	−158	63
自给率（%）	82.73	80.75	80.26	79.50

资料来源：《中国农业产业发展报告 2021》，中国农业科学院组织编写，中国农业科学技术出版社，第 207 页。

预测结果显示，未来中国粮食播种面积将比 2020 年略有减少。到 2035 年，全国粮食播种面积将达到 11574 万公顷，比 2020 年减少 0.88%。2035 年粮食单产继续提高至 6155 千克 / 公顷，但增速放缓。在没有突破性技术进步的前提下，由于技术进步的边际效应递减，尽管未来我国粮食平均单产仍呈增长态势，但增速趋于放缓。

随着居民收入水平的提高和食物消费结构的转型升级，中国粮食需求量将在饲料需求和工业需求的带动下保持快速增长态势。到 2035 年，中国粮食需求总量将比 2020 年增长 10.73%。在需求结构上，用于食物消费的粮食需求将不断减少。饲料需求、工业需求的比重将从 2020 年的 30.69%、27.24% 提高到 2035 年的 35.38%、27.87%。

（二）面向 2035 年的稻谷供求趋势

2020—2035 年，中国稻谷总产量将在波动中保持稳定，播种面积有所下降，单产稳步增长，国内需求略有下降，净进口量将呈现波动中减少的趋势。到 2035 年，中国稻谷产量将达到 2.09 亿吨，需求量将达到 2.10 亿吨，净进口量预计为 34 万吨，自给率将达到 99.84%（见表 2）。

表 2　2020 年、2025 年、2030 年、2035 年的稻谷供需平衡情况

稻谷	2020 年	2025 年	2030 年	2035 年
总供给（万吨）	21250	21043	20956	21021
国内产量（万吨）	21186	21011	20884	20987
播种面积（万公顷）	3008	2924	2854	2817
单产（千克 / 公顷）	7044	7187	7318	7450
净进口量（万吨）	64	33	72	34
总需求（万吨）	21250	21043	20956	21021
食用需求（万吨）	12684	12632	12516	12265

稻谷	2020 年	2025 年	2030 年	2035 年
饲料需求（万吨）	1553	2195	2276	2329
工业需求（万吨）	2000	2348	2715	3092
种用需求（万吨）	132	128	125	124
损耗（万吨）	3178	3152	3133	3148
其他需求（万吨）	1704	588	192	63
自给率（%）	99.70	99.85	99.66	99.84

资料来源:《中国农业产业发展报告 2021》，中国农业科学院组织编写，中国农业科学技术出版社，第 208 页。

从国内总产量来看，中国稻谷产量或将在波动中保持基本稳定，预计从 2020 年的 2.12 亿吨下降到 2035 年的 2.09 亿吨。从影响总产量的播种面积和单产来看，稻谷的播种面积呈现下降趋势而单产稳步上升。稻谷播种面积将从 2020 年的 3008 万公顷下降到 2035 年的 2817 万公顷，高于划定稻谷生产功能区的 2266.67 万公顷；稻谷单产将从 2020 年的 7044 千克 / 公顷提高到 2035 年的 7450 千克 / 公顷。

整体上看，未来一个时期全国的稻谷需求量将略有下降。到 2035 年，稻谷总需求量预计达到 2.10 亿吨，比 2020 年的 2.12 亿吨下降 1.08%。在需求结构方面，食用需求占总需求的比重将从 2020 年的 59.69% 降至 2035 年的 58.35%，工业需求将从 2020 年的 9.41% 增长至 2035 年的 14.71%，饲料需求将从 2020 年的 7.31% 增长至 2035 年的 11.08%，种用需求的总量和占比变化相对较小。

稻谷的食用需求仍然是最主要的需求来源，但将随着人均需求量的萎缩而减少。到 2035 年，预计稻谷的食用需求量为 1.23 亿吨，比 2020 年的 1.27 亿吨减少 3.30%，这主要是因为城乡居民食品消费结构的不断升级，对稻谷的食用需求不断减少。

稻谷的饲料需求随着动物产品需求增长带来的饲料粮需求增长而明显增加。到 2035 年，稻谷的饲料需求量将达到 2329 万吨，比 2020 年的 1553 万吨增长 49.97%。

稻谷的工业需求量随着经济的发展呈现持续增长的趋势；到 2035 年，稻谷的工业需求量将达到 3092 万吨，比 2020 年的 2000 万吨增长 54.60%。

（三）面向 2035 年的小麦供求趋势

2020—2035 年，中国小麦的单产呈现增长趋势，总产量在波动中有所增长，净进口量将呈现减少的趋势，国内需求略有下降且结构发生明显变化。到 2035 年，中国小麦产量将达到 1.36 亿吨，需求量将达到 1.38 亿吨，净进口量预计为 259 万吨，自给率将增长至 98.13%（见表 3）。

表 3　2020 年、2025 年、2030 年、2035 年的小麦供需平衡情况

小麦	2020 年	2025 年	2030 年	2035 年
总供给（万吨）	14245	13802	13738	13867
国内产量（万吨）	13425	13604	13599	13608
播种面积（万公顷）	2338	2293	2238	2207
单产（千克/公顷）	5742	5933	6077	6165
净进口量（万吨）	820	198	139	259
总需求（万吨）	14245	13802	13738	13867
食用需求（万吨）	7169	7040	6896	6758
饲料需求（万吨）	1863	2709	2935	3141
工业需求（万吨）	950	1083	1221	1364
种用需求（万吨）	597	585	571	564
损耗（万吨）	2014	2041	2040	2041
其他需求（万吨）	1653	343	75	/
自给率（%）	94.24	98.57	98.99	98.13

资料来源：《中国农业产业发展报告 2021》，中国农业科学院组织编写，中国农业科学技术出版社，第 208–209 页。

从国内总产量来看，中国小麦产量呈现波动增长的趋势，从 2020 年的 1.34 亿吨增至 2035 年的 1.36 亿吨。从影响产量的播种面积和单产来看，小麦播种面积将从 2020 年的 2338 万公顷降至 2035 年的 2207 万公顷，仍然高于划定小麦生产功能区的 2133.33 万公顷；小麦单产将从 2020 年的 5742 千克 / 公顷提高到 2035 年的 6165 千克 / 公顷。

未来小麦需求量呈波动下降的趋势。到 2035 年，小麦总需求预计达到 1.38 亿吨，比 2020 年的 1.42 亿吨下降 2.65%。从需求结构看，食用需求占总需求的比重将从 2020 年的 50.33% 降至 2035 年的 48.73%，而工业需求将从 2020 年的 6.67% 增长至 2035 年的 9.84%，饲料需求将从 13.08% 增长至 22.65%。

小麦的食用需求将随着人均食用消费需求量的下降而减少。到 2035 年小麦的食用需求量为 6758 万吨，比 2020 年的 7169 万吨减少 5.73%。与稻谷相同，这主要是因为城乡居民的食品消费结构升级带来了对小麦消费需求的减少。

小麦的饲料需求随着动物产品需求增长带来的饲料粮需求增长而大幅增加。到 2035 年，小麦在饲料用途上的需求量将达到 3141 万吨，比 2020 年的 1863 万吨增长 68.60%。

小麦的工业需求量随着经济发展呈现持续增长的趋势。到 2035 年，小麦的工业需求量将达到 1364 万吨，比 2020 年的 950 万吨增长 43.58%，但仍低于食用需求量和饲料需求量。

（四）面向 2035 年的玉米供求趋势

2020—2035 年，中国玉米的单产、播种面积和总产量均呈现增长趋势，国内需求持续增长且结构发生明显变化，净进口量将会有所增长。到 2035 年，中国玉米产量将达到 3.00 亿吨，需求量将达到 3.56 亿吨，净进口量预计为 5555 万吨，自给率将下降至 84.41%（见表 4）。

表 4　2020 年、2025 年、2030 年、2035 年的玉米供需平衡情况

玉米	2020 年	2025 年	2030 年	2035 年
总供给（万吨）	27197	32369	34390	35633
国内产量（万吨）	26067	28132	29395	30078
播种面积（万公顷）	4126	4278	4320	4316
单产（千克 / 公顷）	6317	6576	6804	6969
净进口量（万吨）	1130	4238	4995	5555
总需求（万吨）	27197	32369	34390	35633
食用需求（万吨）	620	614	607	603
饲料需求（万吨）	17956	20216	21005	21554
工业需求（万吨）	8100	8435	8666	8836
种用需求（万吨）	122	127	128	128
损耗（万吨）	3910	4220	4409	4512
其他需求（万吨）	–3511	–1242	–425	
自给率（%）	95.85	86.91	85.47	84.41

资料来源：《中国农业产业发展报告 2021》，中国农业科学院组织编写，中国农业科学技术出版社，第 209–210 页。

总体来看，中国玉米产量呈现稳步增长的趋势，将从 2020 年的 2.61 亿吨增至 2035 年的 3.00 亿吨。从影响产量的播种面积和单产来看，玉米播种面积将从 2020 年的 4126 万公顷增至 2035 年的 4316 万公顷，超过划定玉米生产功能区的 3000 万公顷；玉米单产预计从 2020 年的 6317 千克 / 公顷提高到 2035 年的 6969 千克 / 公顷。

未来玉米需求量呈持续增长趋势。到 2035 年，玉米总需求量预计达到 3.56 亿吨，比 2020 年的 2.72 亿吨增长 31.02%。

作为主要的饲料作物之一，玉米的饲料需求量将随着动物产品需求量的增长而上升。到 2035 年，玉米的饲料需求量为 2.15 亿吨，比 2020 年的 1.79 亿吨增长 20.04%。饲料需求仍是玉米的第一大需求来源。

玉米的工业需求量随着经济的发展呈现持续增长的趋势。到 2035 年，玉米的工业需求量将达到 0.88 亿吨，比 2020 年的 0.81 亿吨增长 9.09%。

（五）面向 2035 年的大豆供求趋势

2020—2035 年，中国大豆的单产、播种面积和总产量呈增长趋势，净进口量将略有下降但基本保持稳定，总需求量和需求结构基本稳定。到 2035 年，中国大豆产量将达到 2056 万吨，需求量将达到 1.19 亿吨，净进口量预计达到 9843 万吨，自给率将增至 17.28%（见表 5）。

表 5　2020 年、2025 年、2030 年、2035 年的大豆供需平衡情况

大豆	2020 年	2025 年	2030 年	2035 年
总供给（万吨）	11980	11616	11649	11899
国内产量（万吨）	1960	2023	2059	2056
播种面积（万公顷）	987	999	1006	1004
单产（千克/公顷）	1986	2025	2048	2048
净进口量（万吨）	10020	9594	9590	9843
总需求（万吨）	11980	11616	11649	11899
食用需求（万吨）	1831	1882	1920	1955
工业需求（万吨）	9166	9336	9520	9735
种用需求（万吨）	82	83	84	83
损耗（万吨）	120	124	126	126
其他需求（万吨）	782	191		
自给率（%）	16.36	17.41	17.68	17.28

资料来源：《中国农业产业发展报告 2021》，中国农业科学院组织编写，中国农业科学技术出版社，第 210 页。

总体来看，中国大豆产量呈现增长的趋势，从 2020 年的 1960 万吨增至 2035 年的 2056 万吨。从影响产量的播种面积和单产来看，大豆播种面积将从 2020 年的 987 万公顷增至 2035 年的 1004 万公顷，超过划定大豆生产保护区的 666.67 万公顷；大豆单产从 2020 年的 1986 千克/公顷提高到 2035 年的 2048 千克/公顷。

到 2035 年，大豆总需求预计达到 1.19 亿吨，与 2020 年的需求总量基本持平。在需求结构方面，2035 年大豆需求的 80% 以上为工业需求（榨油需求）。到 2035 年，大豆的工业需求量将达到 0.97 亿吨，比 2020 年的工业需求量（0.92 亿吨）增长 6.21%。与 2020 年相比，预计到 2035 年全国大豆的食用需求总量也将会略有增长。

三、我国粮食生产的现实状况与主要问题

（一）我国粮食生产的现状及其特点

1. 粮食播种面积保持稳定

2010 年以来，我国粮食作物播种面积保持稳定，基本在 1.15 亿公顷以上（见表 6）。2010—2022 年，粮食作物播种面积从 111695.42 千公顷增加至 118332.11 千公顷，累计增加约 6636 千公顷，增长 5.94%。从粮食作物播种面积占农作物总播种面积之比来看，2010—2016 年占比逐年增加，2016 年之后则呈现逐年递减态势，说明我国的农业种植结构调整正在发生作用，农业供给侧结构性改革稳步推进。

表 6　2010—2022 年我国粮食作物播种面积及其占农作物总播种面积之比

年份	播种面积（千公顷）	占比（％）
2010	111695.42	70.43
2011	112980.35	70.45
2012	114368.04	70.57
2013	115907.54	70.80
2014	117455.18	71.11

续表

年份	播种面积（千公顷）	占比（%）
2015	118962.81	71.31
2016	119230.06	71.42
2017	117989.06	70.94
2018	117038.21	70.55
2019	116063.6	69.95
2020	116768.17	69.72
2021	117630.82	69.73
2022	118332.11	69.61

资料来源：国家统计局网站。

分品种来看（见图 1），十多年来，玉米播种面积基本保持在 40000 千公顷以上。稻谷播种面积较为稳定，基本保持在 30000 千公顷左右。2016—2022 年，小麦播种面积连年递减，累计减少 1150 千公顷。2015—2022 年，大豆播种面积从 6800 千公顷增加至 10200 千公顷，累计增加 3400 千公顷，增长近 50%。

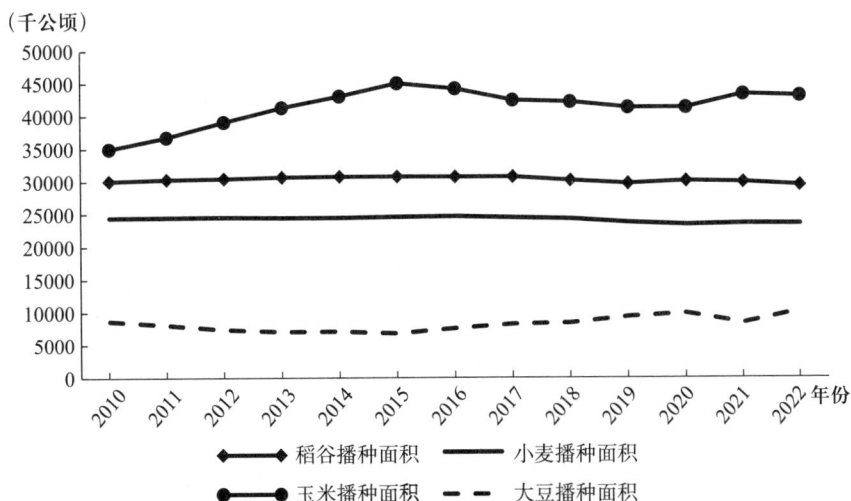

图 1　2010—2022 年不同品种粮食作物播种面积变动情况

资料来源：国家统计局网站，https://data.stats.gov.cn/easyquery.htm?cn=C01。

分地区来看（见图 2），2010—2021 年，主产区粮食作物播种面积稳中有升，累计增加超过 7200 千公顷，增长 8.92%；主销区和产销平衡区粮食作物播种面积则呈现下降趋势，分别减少 4878.1 千公顷、24184.19 千公顷，比重为 14.58%、1.97%。

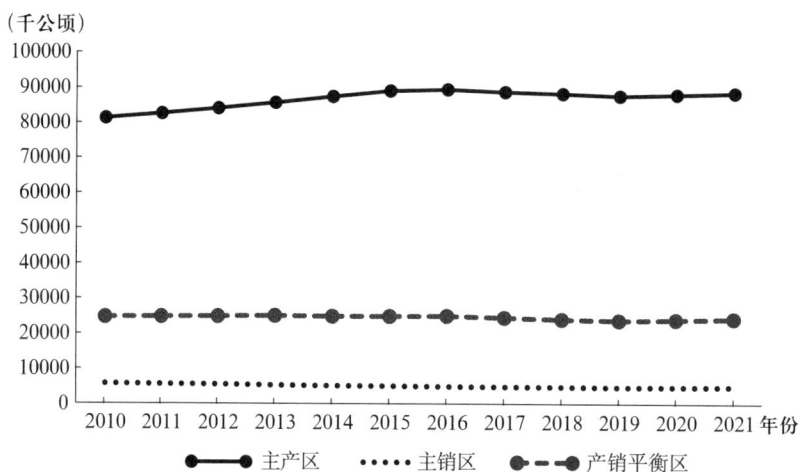

图 2　2010—2021 年不同地区粮食作物播种面积变动情况

资料来源：根据国家统计局网站相关数据整理计算所得。

2. 粮食产量稳定增长

从粮食生产的具体情况看，我国粮食产量不断迈上新台阶。2012 年我国粮食产量突破 6 亿吨，达到 6.12 亿吨；2015 年达到 6.6 亿吨，之后连续 7 年稳定在 6.5 亿吨以上（见图 3）。2022 年，我国粮食产量达到 6.87 亿吨，比 2010 年增加 1.27 亿吨，增长 22.68%。

分品种来看（见图 3），玉米产量相对较大，基本保持在 2.5 亿吨以上。稻谷产量较为稳定，小麦产量基本呈现逐年递增态势。大豆产量近年来有所增加，2022 年突破 0.2 亿吨，但占粮食总产量的比重不到 3%，占比仍然较低。

分地区来看，主产区粮食产量呈增长态势（见图 4），从 2010 年的 4.26 亿吨增加至 2021 年的 5.36 亿吨，累计增加 1.1 亿吨，增长 25.82%。2010—2021 年，主产区粮食产量占全国粮食总产量的比重基本维持在 76% 以上，粮食生产越来越向粮食主产区集中（见表 7）。产销平衡区粮食产量存在一定波动，主销区粮食产量自 2016 年以来逐年增加，但与其他地区相比产量相对较低，2021 年仅占全国粮食总产量的 4.3%。

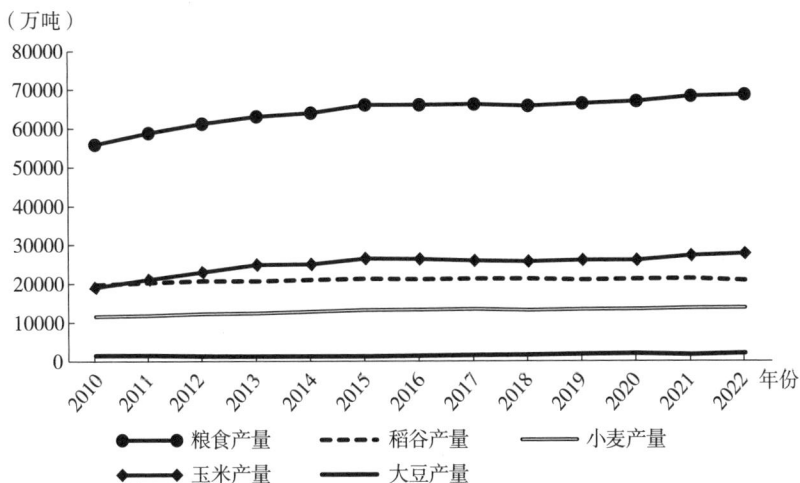

图 3 2010—2022 年不同品种粮食作物产量变动情况

资料来源：国家统计局网站，https://data.stats.gov.cn/easyquery.htm?cn=C01。

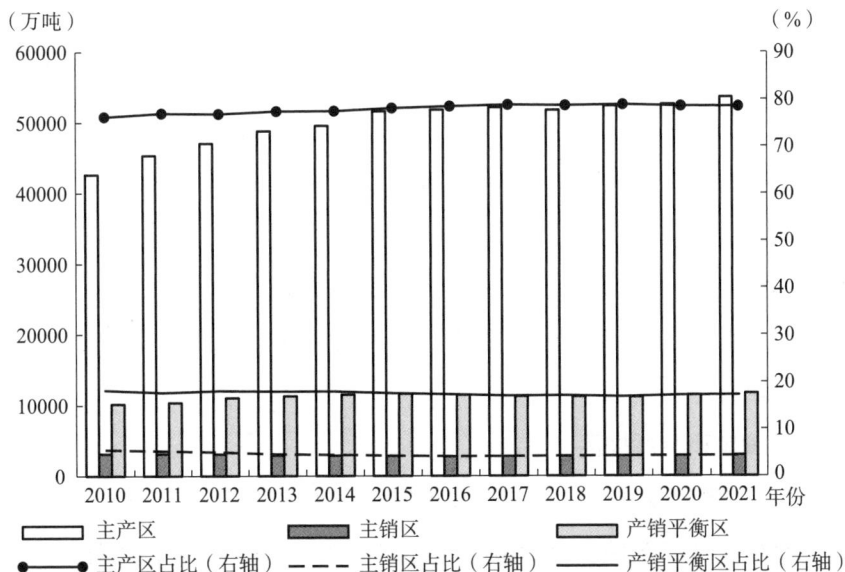

图 4 2010—2021 年不同地区粮食作物产量及其占比变动情况

资料来源：根据国家统计局网站相关数据整理计算所得。

表 7　2010—2021 年粮食主产区产粮现状

年份	主产区稻谷产量占比（％）	主产区小麦产量占比（％）	主产区玉米产量占比（％）	主产区大豆产量占比（％）
2010	74.50	84.11	77.28	84.18
2011	75.26	84.01	78.70	84.32
2012	75.30	84.45	78.05	82.66
2013	76.08	85.32	78.41	82.07
2014	76.25	85.23	78.44	83.19
2015	77.02	84.82	79.39	83.76
2016	76.93	85.58	79.60	83.51
2017	77.32	86.14	79.81	85.46
2018	77.19	86.20	79.90	85.61
2019	77.05	86.71	80.24	87.06
2020	77.17	86.54	79.56	87.99
2021	77.38	86.11	79.62	86.78

资料来源：根据国家统计局网站相关数据整理计算所得。

从人均水平看，2022 年我国人均粮食产量达到 486.3 千克，比 2010 年增加 69.3 千克（见图 5）。党的十八大以来，我国人均粮食产量持续高于世界平均水平 50 千克左右，远高于人均 400 千克的国际安全标准线。稻谷供大于求、小麦产需平衡有余，三大谷物自给率超过 95%，保证了口粮安全和谷物基本自给。

3. 粮食单产有所提高

从单位面积产量来看，我国粮食单位面积产量逐年增加（见表 8），2021 年达到 5805 千克 / 公顷，比 2010 年增长 15.97%。具体而言，稻谷、玉米单位面积产量高于平均水平，小麦单位面积产量与平均水平大致持平，大豆单位面积产量则相对较低。

（千克）

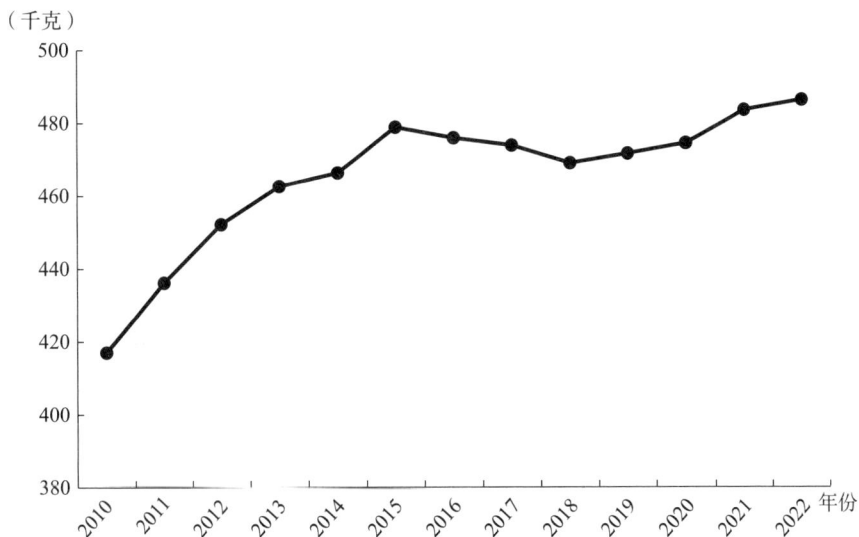

图 5　2010—2022 年人均粮食产量变动情况

资料来源：根据《中国统计年鉴》（2010–2022 年）整理计算所得。

表 8　2010—2021 年不同品种粮食作物单位
面积产量变动情况　　　　　　　单位：千克 / 公顷

年份	粮食单位 面积产量	稻谷单位 面积产量	小麦单位 面积产量	玉米单位 面积产量	大豆单位 面积产量
2010	5005.69	6553.03	4749.70	5453.68	1771.22
2011	5208.81	6687.32	4838.22	5747.51	1836.25
2012	5353.12	6776.89	4988.61	5869.69	1814.38
2013	5439.53	6717.27	5058.97	6015.93	1759.89
2014	5445.89	6813.21	5246.36	5808.91	1787.33
2015	5553.02	6891.28	5395.68	5892.85	1811.44
2016	5539.17	6865.77	5399.72	5967.12	1789.23
2017	5607.36	6916.92	5484.13	6110.3	1853.59
2018	5621.17	7026.59	5416.61	6104.29	1897.96
2019	5719.65	7059.2	5630.4	6316.7	1938.74
2020	5733.51	7044.25	5742.25	6316.97	1983.48
2021	5805	7113.44	5810.84	6290.95	1948.26

资料来源：国家统计局网站，https://data.stats.gov.cn/easyquery.htm?cn=C01。

分地区来看，2010—2021 年，我国粮食主产区、主销区和产销平衡区的粮食单位面积产量均呈上升态势（见图 6），但主产区和主销区的粮食单位面积产量高于全国平均水平，产销平衡区粮食单位面积产量相对较低，与全国平均水平差距较大。

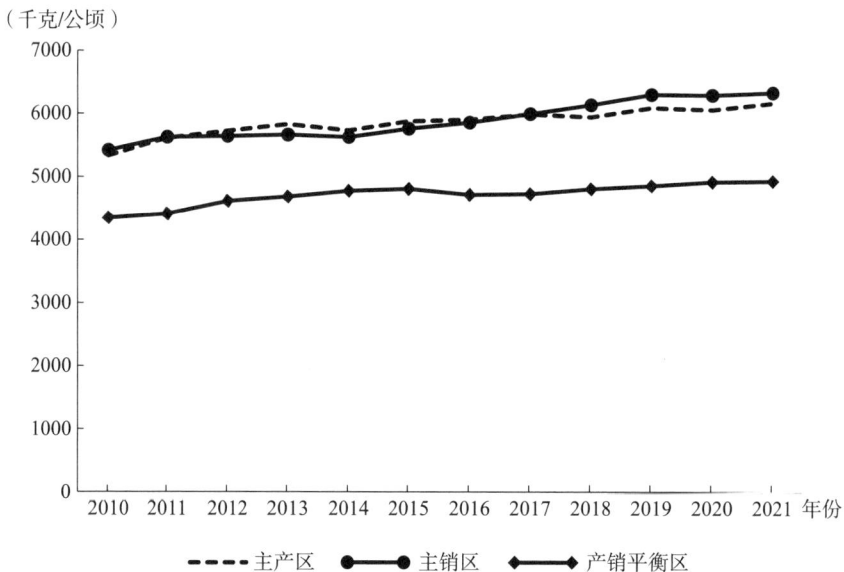

图 6　2010—2021 年不同地区平均粮食单产水平变动情况

资料来源：根据国家统计局网站相关数据整理计算所得。

4. 粮食生产重心不断北移

2021 年，在我国粮食产量排名前十的省份中，北方地区省份有六个，分别为黑龙江、河南、山东、吉林、内蒙古、河北。其中，黑龙江是我国粮食总产量第一大省，2021 年粮食产量为 7867.72 万吨，占全国粮食总产量的比重为 11.52%；粮食作物播种面积为 14551.3 千公顷，占全国粮食作物总播种面积的比重为 12.37%。水稻、大豆、玉米产量全部位列首位，是"北粮南运"的最大贡献者。河南是小麦产量第一大省，小麦产量占全国小麦总产量的 1/4，支撑起了全国人民的面食需求。数据显示，我国粮食生产地域重心逐步变化，不断向主产区尤其是北方粮食生产核心区集中。

5. 粮食生产规模化、机械化水平不断提高

2021 年，我国从事粮食产业的家庭农场数量为 154.53 万个，粮食作物种植面积达到 2.24 亿亩；从事粮食产业的合作社为 51.66 万个。新型农业经营主体逐渐成为粮食生产的重要力量。与此同时，我国农业机械的普及率也不断提高。2010—2021 年，我国农业机械总动力与农用大中型拖拉机数量呈现增长态势（见图 7），2021 年分别达到 107764.32 万千瓦、498.07 万台。2021 年，全国农作物耕种收综合机械化率达到 72.03%，其中机耕率、机播率、机收率分别达到 86.42%、60.22%、64.66%。从具体种类来看，水稻、小麦、玉米、大豆耕种收综合机械化率分别达到 85.59%、97.29%、90%、87.04%，我国农业生产已从主要依靠人力畜力转向主要依靠机械动力，进入机械化为主导的新阶段。

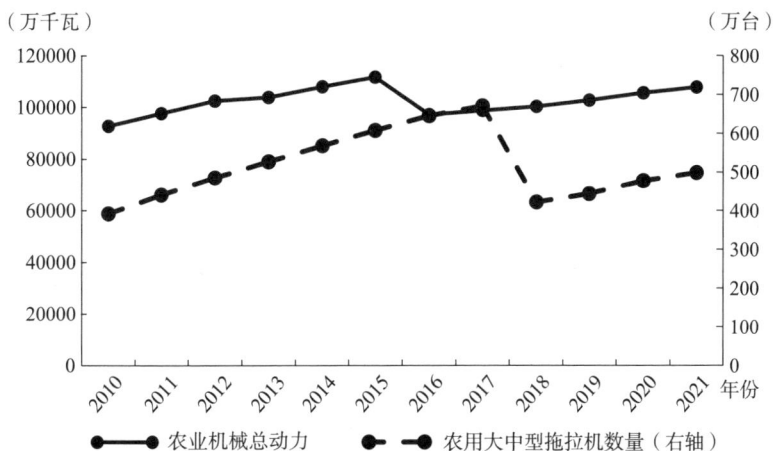

图 7　2010—2021 年我国农业机械总动力与农用大中型拖拉机数量变动情况

资料来源：国家统计局网站，https://data.stats.gov.cn/easyquery.htm?cn=C01。

（二）我国粮食生产面临的主要问题

1. 粮食产量正处于高位徘徊阶段

为着力提高粮食综合生产能力，确保国家粮食安全，2009 年 11 月，国务院办公厅印发《全国新增 1000 亿斤粮食生产能力规划（2009—2020 年）》，

要求到 2020 年再新增 1000 亿斤粮食生产能力。在过去的十多年时间里，我国粮食产量跨上三个千亿斤台阶。其中，2010—2012 年我国粮食产量从 1.1 万亿斤增加至 1.2 万亿斤，2015 年突破 1.3 万亿斤，之后我国粮食产量在 1.3 万亿斤这一台阶上保持了 8 年。受自然资源、气候条件等多重因素影响，实现粮食产能的进一步跃升面临一定挑战。

2. 粮食作物播种面积仍有扩大空间

近年来我国粮食作物播种面积的扩大，为粮食增产提供了重要基础。但需要注意的是，粮食播种面积扩大主要在粮食主产区，主销区和产销平衡区粮食作物播种面积则呈现下降趋势，主销区尤为明显。从品种上看，以深化农业供给侧结构性改革为主线，我国小麦、稻谷的生产规模基本稳定；玉米生产规模稳中有降；大豆的种植规模与产量虽有增加，但整体仍然较小。

3. 粮食单产水平与发达国家存在一定差距

2020 年，我国稻谷、小麦、玉米的单产高于世界平均水平，但与发达国家相比还存在一定差距。例如，2020 年，美国稻谷单产为 8540 公斤 / 公顷，是同期我国稻谷单产的 1.2 倍；荷兰小麦单产为 8556 公斤 / 公顷，是同期我国小麦单产的 1.5 倍；西班牙玉米单产为 12258 公斤 / 公顷，是同期我国玉米单产的 1.9 倍。大豆单产水平差距更为显著。2020 年，世界大豆平均单产水平为 2784 公斤 / 公顷，远高于我国同期大豆的单产水平。从长远看，未来我国粮食增产仍有较大潜力，迫切需要提高我国玉米、大豆的单产水平。

4. 粮食区域性供需矛盾凸显

粮食主销区、产销平衡区自给率不断下降，粮食缺口持续扩大。以当年全国人均粮食产量为自给标准计算，2021 年产销平衡区 11 个省份粮食自给率为 78.4%，主销区 7 个省份粮食自给率仅为 19.9%。2021 年，主销区 7 省份粮食总缺口为 11800 万吨，产销平衡区 11 个省份粮食总缺口为 3200 万吨，主销区和产销平衡区合计粮食缺口为 15000 万吨。由于目前全国只有内蒙古、吉林、黑龙江、安徽、河南 5 个粮食净调出率在 5% 以上的省份，这意味着，全国粮食主销区 7 个省份和产销平衡区 11 个省份的粮食缺口主要靠 5 个粮食净调出大省贡献的粮食补充。粮食生产重心向北方集聚转移，产粮大县日益向东北、西北等北方核心区集中，这在很大程度上加剧了粮食区域性供需矛盾。

5. 耕地数量减少、质量下降问题较为突出

从耕地数量看，2022 年，我国共有耕地 12760.1 万公顷，比 2019 年减少26 万公顷。根据自然资源部第二次、第三次全国国土调查数据，2009—2019年，我国耕地面积减少超过 750 万公顷，除黑龙江、辽宁、吉林、内蒙古、新疆等 5 省（自治区）外，其他 26 个省份的耕地面积都在减少。从耕地质量看，当前存在明显的"低"与"污"两个问题。"低"主要是指耕地的基础地力低，"污"即耕地土壤的污染问题。据《2021 中国生态环境状况公报》数据显示，全国耕地质量平均等级为 4.76 等，以中低等耕地为主，耕地土壤地力有限。同时，传统农业生产方式过度依赖化肥、农药、杀虫剂、除草剂等化学投入品，导致日益严重的农业面源污染。数据显示，2010 年以来，粮食主产区、主销区、产销平衡区的平均化肥、农药使用量均呈下降趋势（见图 8），但主销区的化肥农药投入量仍然较大，迫切需要推进主销区的化肥农药减量化行动。

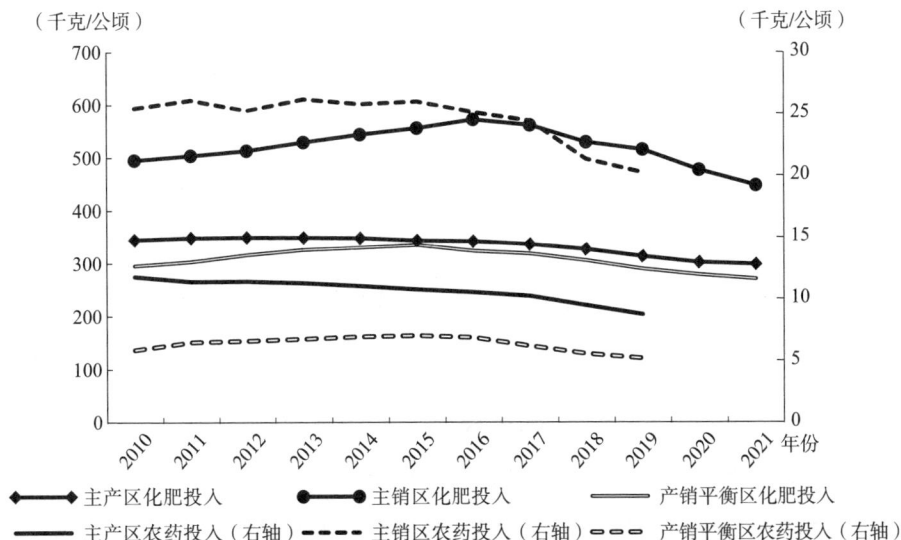

图 8　2010 年以来不同地区平均化肥、农药投入变动情况

资料来源：根据国家统计局网站相关数据整理计算所得。

6. 政府抓粮、农民种粮积极性弱化

从农民的角度看，近年来，受国内外粮价倒挂冲击，种植水稻、小麦与玉米等主要粮食作物的利润较低，种粮农民收入增长缓慢。2012—2020 年，三大主粮的年平均净利润不足 25 元 / 亩，2016—2019 年更是为负值，农民多年"倒贴式"参与粮食生产。分品种看，2012—2020 年，水稻的年平均净利润 136.73 元 / 亩，2018 年之后不足 50 元 / 亩；小麦、玉米、大豆的年平均净利润均为负值，分别为 –13.64 元 / 亩、–48.32 元 / 亩、–85.08 元 / 亩，其中大豆的亩均净利润自 2014 年之后连续多年为负值。从政府的角度看，以产粮大县奖励资金等为代表的转移支付政策对粮食主产区的利益补偿效果减弱。2021 年，产粮大县奖励资金总量达到 480.0 亿元，是 2010 年的 2.44 倍（见图 9），但从增速看，产粮大县奖励资金增长率的下降趋势明显，且连续多年低于同期中央对地方一般性转移支付的增长水平。

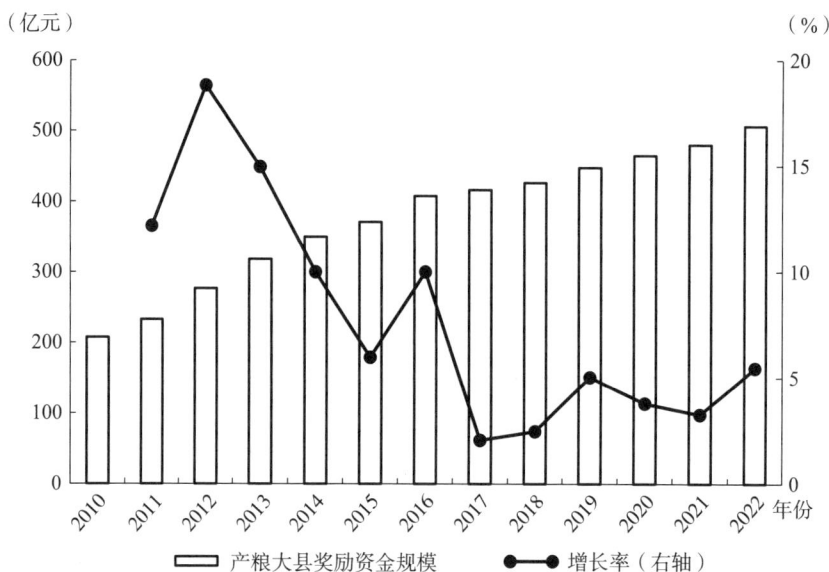

图 9　2010—2022 年全国产粮大县奖励资金规模及其增长率变动情况
资料来源：根据财政部历年中央对地方转移支付预算表相关数据整理计算所得。

7. 政策扶持方式机制不健全

粮食主产区粮食生产扶持政策的针对性不强，如有些地方的产粮大县财

政奖补金额没有与商品粮调出数量挂钩。主产区政策扶持动态调整机制不健全，包括农业投入与农业产出相关的农产品价格形成机制，粮食主产区和主销区利益分配机制，农业生产与生态补偿机制，农业财政投资、价格和贸易等相关政策的互补性和协调性不足。当前，国家对主产区的利益补偿，无论是专项贷款、奖励资金还是产业支持，都是直接向县级政府倾斜，然而，这些支持政策并未完全覆盖主产区内所有发展粮食产业的县。受粮食安全党政同责、"米袋子"省长负责制等行政手段的约束，主产区各省级政府需要对未达到国家产粮大县标准的县进行奖励，以提高其产粮积极性。例如 2019 年，河南省级财政安排奖励资金 0.2 亿元，对新安县等 7 个未列入中央财政奖励范围的省级产粮大县给予适当奖励，但这无疑会加重主产区省级政府的财政负担。

四、我国粮食贸易和市场体系建设的现状与问题

（一）我国粮食进口贸易的现状及其特点

1. 2001 年以来的稻谷进口现状

2001—2011 年，我国稻谷的年进口量始终在 100 万吨以下。2012 年以来，稻谷进口量明显增长，连年保持在 200 万吨以上。2021 年、2022 年，稻谷进口量连创历史新高，分别达到 492 万吨、616 万吨（见表 9）。

表 9 　2001—2022 年稻谷进口量变化　　　　　　单位：万吨

年份	全球	越南	泰国	巴基斯坦	缅甸	印度
2001	26.91	—	26.85	—	—	0.00
2002	23.62	—	23.08	—	0.02	—
2003	25.70	0.01	25.68	—	—	—

年份	全球	越南	泰国	巴基斯坦	缅甸	印度
2004	75.65	2.94	72.64	—	0.01	—
2005	51.42	4.15	47.18	0.01	0.05	—
2006	71.90	3.56	67.87	0.01	0.02	0.00
2007	47.26	2.73	43.97	0.05	0.03	0.00
2008	29.58	0.13	28.64	0.07	0.29	0.00
2009	33.77	0.29	31.69	0.05	0.03	—
2010	36.63	5.61	29.91	0.06	0.24	—
2011	57.84	23.38	32.56	0.87	0.14	—
2012	234.46	154.51	17.54	57.96	0.62	0.01
2013	224.43	148.10	29.98	41.70	0.71	0.00
2014	255.65	135.20	72.78	40.67	0.95	0.01
2015	335.00	179.43	93.14	44.26	1.33	—
2016	353.47	161.84	92.84	70.38	8.84	—
2017	399.22	226.46	111.66	27.28	8.17	0.00
2018	303.55	144.96	89.92	34.23	7.74	0.01
2019	250.33	47.91	52.63	60.36	54.57	0.10
2020	291.09	78.75	32.46	47.48	91.07	0.39
2021	492.42	107.65	60.00	96.20	79.53	108.95
2022	615.83	85.80	76.75	119.73	79.85	218.05

资料来源：国际贸易中心（International Trade Centre，ITC）Trade Map 数据库，https://www.trademap.org/Index.aspx。

注："—"表示当年未从该国进口；"0.00"表示当年从该国进口的数量小于100吨。

在进口来源上，2012年之前，泰国是我国最主要的稻谷进口来源国。2012年以来，稻谷进口呈现明显的多元化特征，自越南、巴基斯坦、缅甸进口的稻谷数量逐渐增加。2021年以来，我国自印度进口的稻谷数量明显增长，2022年，印度已经成为我国最大的稻谷进口来源国。

2. 2001 年以来的小麦进口现状

从进口总量看，2001—2009 年，我国小麦进口量整体较少，多数年份的进口量在 100 万吨以下。2010—2019 年，小麦进口量有所增长，连年保持在 100 万吨以上 600 万吨以下。2020 年以来，小麦进口量明显增长，2020 年首次突破 800 万吨；2021 年、2022 年，小麦进口量连创历史新高，分别达到 971 万吨、987 万吨，保持在 950 万吨的进口配额之上（见表 10）。

表 10　2001—2022 年小麦进口量变化　　　　　　单位：万吨

年份	全球	澳大利亚	加拿大	美国	法国	哈萨克斯坦
2001	69.01	4.97	40.59	22.57	0.00	—
2002	60.46	7.02	37.26	16.17	—	—
2003	42.42	0.66	20.43	21.33	—	—
2004	723.29	178.36	253.22	281.25	10.46	—
2005	351.01	100.82	144.92	49.03	56.24	—
2006	58.41	30.39	9.22	18.80	—	—
2007	8.34	2.31	4.41	1.62	—	—
2008	3.19	3.15	—	0.04	—	—
2009	89.37	32.48	12.23	39.58	—	0.00
2010	121.87	76.01	28.36	12.95	—	4.55
2011	124.88	63.71	17.23	43.49	—	0.46
2012	368.86	242.52	40.15	64.51	1.20	20.48
2013	550.67	61.14	86.68	382.01	11.50	9.09
2014	297.12	139.06	41.09	86.27	5.47	25.12
2015	297.27	125.51	99.19	60.28	0.50	11.79
2016	337.43	136.91	85.88	86.24	—	28.40
2017	429.65	189.93	52.29	155.52	—	30.09
2018	287.61	49.06	138.19	36.13	—	54.26
2019	320.48	18.27	166.30	23.61	48.10	39.84
2020	815.12	122.16	229.72	165.14	238.35	19.23
2021	971.14	273.56	253.99	272.65	141.58	17.87
2022	987.31	571.95	179.01	62.56	169.79	3.11

资料来源：国际贸易中心（International Trade Centre，ITC）Trade Map 数据库，https://www.trademap.org/Index.aspx。

注："—"表示当年未从该国进口；"0.00"表示当年从该国进口的数量小于 100 吨。

从进口来源看，在 2019 年之前，澳大利亚、加拿大、美国是我国小麦进口的最主要来源国。从 2019 年开始，我国自法国进口的小麦数量明显增长，小麦进口渠道更加多元。

3. 2001 年以来的玉米进口现状

2001—2009 年，我国每年的玉米进口量不超过 10 万吨。2010 年以来，玉米进口量明显增长，连年保持在 150 万吨以上。2020 年以来，玉米进口量骤增，2020 年首次超过 1000 万吨，2021 年、2022 年分别达到 2835 万吨、2062 万吨（见表 11）。

表 11　2001—2022 年玉米进口量变化　　　　单位：万吨

年份	全球	美国	乌克兰	老挝	缅甸	保加利亚
2001	3.61	0.01	—	—	0.12	—
2002	0.63	0.00	—	—	0.03	—
2003	0.03	0.01	—	—	0.00	—
2004	0.24	0.05	—	—	—	—
2005	0.40	0.07	—	0.19	0.03	—
2006	6.52	5.90	—	0.49	0.09	—
2007	3.52	0.36	—	1.63	1.51	—
2008	4.92	0.49	—	1.96	2.45	—
2009	8.36	0.61	—	3.92	2.70	—
2010	157.24	150.18	—	4.20	1.94	—
2011	175.28	168.56	—	3.52	2.84	—
2012	520.71	511.30	—	5.27	1.85	—
2013	326.49	296.77	10.89	8.18	2.61	0.04
2014	259.85	102.71	96.44	11.04	4.10	13.41
2015	473.00	46.18	385.21	12.48	4.83	16.01
2016	316.66	22.30	266.03	13.89	7.74	0.09
2017	282.54	75.66	182.16	15.06	9.31	0.07
2018	352.15	31.23	292.99	13.93	10.05	0.01

续表

年份	全球	美国	乌克兰	老挝	缅甸	保加利亚
2019	479.08	31.77	413.74	14.17	11.64	0.44
2020	1124.06	434.20	624.41	13.26	12.10	26.15
2021	2834.82	1982.71	823.39	1.93	3.11	14.50
2022	2061.85	1486.47	526.39	5.06	19.35	14.70

资料来源：国际贸易中心（International Trade Centre，ITC）Trade Map 数据库，https://www.trademap. org/Index.aspx。

注："—"表示当年未从该国进口；"0.00"表示当年从该国进口的数量小于100吨。

在进口来源上，2001—2013年，我国的玉米进口主要来自美国、老挝、缅甸。2014年以来，乌克兰逐渐成为玉米进口的重要来源国。在2020年中美第一阶段经贸协议签署之后，我国自美国进口玉米的数量明显增加，2021年、2022年，我国自美国进口的玉米数量均超过1000万吨。在2022年俄乌冲突爆发之后，我国自乌克兰进口的玉米数量有所减少，这也导致我国的玉米进口总量有所减少。

4. 2001 年以来的大豆进口现状

2001年以来，我国的大豆进口量持续增长。2020年，大豆进口量首次超过1亿吨；2021年、2022年的大豆进口量虽有所回落，但仍保持在9000万吨的高位上。2022年，我国的大豆进口量达到9108万吨，是2001年的6.53倍（见表12）。

在进口来源上，2001—2012年，美国、巴西、阿根廷是我国大豆进口的主要来源国，美国是最大的进口来源国。2013年以来，巴西成为我国大豆进口的最大来源国，自巴西进口的大豆规模占大豆进口总量的比重连续10年保持在40%以上。

整体来看，我国稻谷、小麦进口的总量整体较小，并且进口来源比较多样，在进口端保障粮食安全的风险相对较小。但值得关注的是，玉米、大豆这两类作物不仅进口总量大，而且进口来源主要集中于美国（玉米和大豆）、巴西（大豆）和乌克兰（玉米）这三个国家，因此特别需要关注这两类品种和三个国家。

表 12　2001—2022 年大豆进口量变化　　　　　　单位：万吨

年份	全球	巴西	美国	阿根廷	乌拉圭	加拿大
2001	1393.95	316.03	572.64	502.04	—	1.70
2002	1131.44	390.94	461.84	277.41	—	1.20
2003	2074.10	647.02	829.31	596.39	—	1.35
2004	2023.00	561.59	1019.78	440.27	—	1.30
2005	2659.00	795.17	1104.79	739.63	18.12	1.26
2006	2823.69	1162.02	988.35	621.65	50.37	1.29
2007	3081.66	1058.21	1156.79	827.75	36.90	1.89
2008	3743.63	1165.31	1543.22	984.81	48.20	1.55
2009	4255.16	1599.38	2180.92	374.51	68.61	31.13
2010	5479.77	1858.72	2359.73	1119.05	134.76	7.42
2011	5245.28	2062.19	2222.68	778.14	143.11	38.80
2012	5838.26	2389.13	2596.92	589.62	190.39	63.02
2013	6337.79	3180.91	2223.78	612.40	229.99	83.89
2014	7140.31	3200.55	3002.93	600.38	244.22	86.27
2015	8173.87	4012.56	2841.24	943.74	231.78	107.09
2016	8323.47	3803.96	3365.80	801.44	166.15	145.60
2017	9553.68	5092.85	3285.41	658.14	257.25	204.84
2018	8803.36	6608.43	1664.01	146.40	119.91	179.19
2019	8851.28	5767.51	1694.37	879.11	206.60	226.60
2020	10031.45	6427.75	2587.42	745.59	165.66	24.60
2021	9651.68	5814.68	3229.57	374.65	86.60	58.81
2022	9108.14	5439.35	2953.30	364.95	178.81	71.91

资料来源：国际贸易中心（International Trade Centre，ITC）Trade Map 数据库，https://www.trademap.org/Index.aspx。

注："—"表示当年未从该国进口；"0.00"表示当年从该国进口的数量小于 100 吨。

（二）我国粮食市场和贸易体系建设面临的主要问题

当前和今后一个时期，确保粮食供给稳定安全，不仅要增强粮食产业链韧性，也要加强粮食供应链建设。要进一步分析粮食国内储备物流体系和对外贸易政策等方面存在的问题与挑战，深化粮食流通与贸易体制机制改革，切实加强我国粮食物流储备体系建设。

1. 我国粮食物流储备体系建设需要加强完善

（1）不同粮食储备方式均存在结构上的优化空间

本节依据现有制度政策安排，将粮食储备分为中央储备、地方储备、企业收储、粮食应急供应等方面，重点分析不同粮食储备方式存在的主要问题。

第一，中央粮食储备库的空间布局不尽合理。从中储粮直属库的布局来看，我国粮食主产区集中了 70% 左右的中央储备粮库，而东南沿海等经济发达地区的中央储备粮规模过小（高洪洋、胡小平，2021）。粮食主产区、产粮大县承担了大量中央粮食储备的职能，一定程度上加重了当地的财政支出负担与经济发展压力。同时，主销区、产销平衡区中储粮直属库数量相对较少，在发生突发事件时，可能会因粮食储备规模不足影响粮食稳定安全供给。

第二，地方粮食的"异地储备"增加了调运难度。粮食主销区，特别是经济发达的省份或城市土地稀缺，建库存粮的机会成本更高。不少粮食主销区通过产区建库、产区代储、协议储备等方式，将地方储备粮放在主产区。但地方粮食的异地储备使粮食运输的距离延长，一旦有突发事件，"异地储粮"将难以及时发挥储备保障和调节功能。

第三，民营企业在粮食收储中的作用有待增强。根据农业农村部全国农村固定观察点数据，农户出售粮食的最主要渠道是经纪人收购，在四类粮食作物中的占比均超过 55%。在不同粮食作物中，民营企业收购渠道的占比存在明显差异。对于稻谷、小麦而言，民营企业收购的占比较高。这主要是因为稻谷、小麦作为最基本的口粮，其加工制成品（大米、面粉）的市场化和品牌化程度较高，多有民营企业参与稻谷和小麦的收储。但对于玉米、大豆而言，民营企业收购的占比则明显偏低。

第四，粮食应急供应的品种结构有待优化。小麦的应急加工企业数量占小麦成品粮加工企业总数的41.62%，但大米的应急加工企业占其成品粮加工企业的比重为26.23%。从全国层面来看，以大米为主食的人口多于以面食为主的人口，当面临突发公共事件时，以大米为口粮的地区可能会出现大米的暂时性短缺（钱煜昊等，2020）。

（2）不同粮食品种储存环节损耗较大

由于粮食轮换倒库会给粮储企业带来一定的损失，致使储备粮不能及时轮仓造成损耗，使得储存粮食的有效供给减少，给粮食的稳定安全供给带来一定的隐患。

在稻谷存储方面，稻谷连年丰收，加重了库存压力并带来较为严重的超期储存问题。在稻谷储存中，不当储存会导致发热、霉变、生芽等问题，且随着储存时间的延长，稻谷容易产生陈化变质现象，导致食用品质下降。

在小麦存储方面，小麦是抗虫性差的品种，几乎能被所有的储粮害虫侵染。小麦收获入库多为夏季，正值害虫繁育、发生阶段，容易受害虫侵染。

在玉米存储方面，玉米的原始水分较高，秋收时气温较低，若得不到充分的日晒干燥，则无法实现安全储存。玉米胚部含脂肪多且营养丰富，容易酸败与发生霉变。

在大豆存储方面，大豆的抗虫、抗霉变能力强，但破损的大豆易于变质。大豆籽粒中含有丰富的蛋白质和脂肪，易吸湿，易变色变味，严重的会发生浸油脱皮现象，在储备环节造成损失。

（3）粮食铁路与水路运输的调运问题突出

我国的粮食运输主要依靠铁路和水路两种方式，粮食的空运和公路运输较少，因此本节主要分析粮食的铁路运输、水路运输存在的问题。

第一，粮食铁路运输的运力不足、成本偏高。在运力有限和超负荷运转的情况下，铁路运输主要承担了煤炭等能源以及有色金属等矿产的运输，用于粮食运输的比重正在减小。在"北粮南运"的格局下，粮食铁路运力不足的主要瓶颈，尤以山海关最为明显，制约了东北粮食外运的时效性（王帅、赵秀梅，2019）。随着粮食生产重心的逐渐北移，南北粮食流通的平均运距日益拉长。2021 年粮食铁路平均运距比 2000 年增加了 62.93%。不断拉长的平均运距以及运输周期，推高了铁路运粮的成本和费用。第二，粮食水路运输的设施薄弱、效率偏低。水路在粮食运输中的重要性日益凸显，但港口供应能力不足、基础设施薄弱等瓶颈与关键节点的风险也在显现。我国万吨级的码头泊位占比较小，预计到 2030 年，沿海港口码头的运粮能力缺口可能达到 2.3 亿吨，影响粮食调运的时效性。我国粮食运输方式中，85% 采用包粮运输，而适合水路运输的是散粮运输，这导致铁路与水路联运过程中存在运输分割、效率偏低等问题，无法充分发挥水路运粮的体量优势与价格优势。

（4）跨区域运粮难度加大、成本上升

第一，粮食跨区域运输的成本与损耗增加。粮食生产不断集中的特征决定了少数粮食调出省集中调粮的规模在不断扩大，跨区域运输使得粮食物流成本不断增加。据统计，我国粮食流通成本比发达国家平均水平要高 1 倍多。由于不断拉长的平均运距以及运输周期，流通环节的粮食损耗问题严重。据估算，铁路运输粮食年损耗约为 12 万吨，水路运粮年损耗约为 2.5 万吨，粮食运输环节的损失浪费不容忽视。

第二，粮食跨区域运输的线路布局有待优化。当前，东北地区流出通道水路外运能力局部过剩，华东、华南地区沿海通道粮食分拨能力不足的问题突出。东部、中部、东北地区已经建立了相对完整的粮食物流网络，但西南、西北粮食物流基础设施薄弱，通道关键节点少，散粮接卸能力不足，尚未形成完整高效的粮食物流网络。

2. 全球粮食产业链供应链稳定安全风险增加

当前，气候变化异常波动、新冠疫情影响深远、局部冲突动荡频发、全球通货膨胀加剧，不确定难预期因素增多，增加了全球粮食产业链供应链稳定安全的风险。

（1）全球气候变暖增加了我国粮食进口的压力

过去 20 多年来，随着全球气候变暖，遭受极端气候事件（热浪、干旱、洪水或风暴）的低收入和中等收入国家的数量稳步上升，比例从 2000—2004 年的 76% 上升到 2015—2020 年的 98%。气候变暖恶化了作物的生长环境、扰乱了作物的种植规律，影响了作物的生长发育，降低了粮食的生产效率（刘立涛等，2018）。影响全球的厄尔尼诺—拉尼娜气候现象对全球包括粮食在内的农作物生产造成了较大影响，使全球稻谷、小麦和玉米的平均产量减少 4.3% 左右（丁存振、徐宣国，2022）。

据联合国粮食及农业组织（FAO）估计，2022 年全球谷物产量预报数为 27.65 亿吨，同比下降 1.67%；全球大米产量预报数为 5.12 亿吨，同比下降 2.66%；全球粗粮产量预报数为 14.59 亿吨，同比下降 3.31%，主要是因为欧盟、美国和俄罗斯的玉米产量预测下调（见表 13）。全球粮食产量增速减缓甚至出现负增长，原因之一是气候变化导致的极端天气频发、自然灾害加重。受产量下降影响，2022 年世界谷物、大米、粗粮的贸易量均有不同程度的下降。

表 13　2018—2022 年世界谷物产量　　　　单位：亿吨

年份	产量				贸易量			
	谷物	小麦	大米	粗粮	谷物	小麦	大米	粗粮
2018	26.45	7.31	5.08	14.05	4.12	1.69	0.44	1.99
2019	27.14	7.60	5.04	14.51	4.39	1.84	0.46	2.10
2020	27.77	7.75	5.18	14.84	4.80	1.89	0.52	2.39
2021	28.12	7.78	5.26	15.09	4.82	1.96	0.56	2.31
2022	27.65	7.94	5.12	14.59	4.74	1.97	0.53	2.24

资料来源：联合国粮食及农业组织《谷物供求简报》。

注：《谷物供求简报》主要公布近 5 年的产量及其他供需数据；其中 2022 年数据为预测数据。

全球气候变化对世界粮食生产与贸易产生了重要影响，我国的部分粮食进口来源国受气候变化影响较大，出现产量下降和贸易量减少的情况，对我国粮食进口稳定、供给增加带来了一定压力。FAO 的数据显示，我国的主要稻谷进口来源国均容易受到气候变化的显著影响。在我国的玉米进口来源国中，乌克兰、老挝、缅甸受到气候变化的影响严重。在我国的大豆进口来源国中，巴西、阿根廷受气候变化的影响显著（见表 14）。相比之下，我国小麦进口的主要来源国受气候变化和极端天气的影响较小。2022 年，全球粮食生产遭遇了罕见的并发性高温干旱天气，尤其是南、北美洲的干旱天气可能影响巴西、美国等国的大豆和玉米产量（陈锡文，2023）。未来，全球气候变暖仍将持续，我国粮食进口面临的压力仍然较大。

表 14　我国粮食主要进口国中受极端气候影响较大的国家

进口粮食品种	受极端气候影响的国家
稻谷	越南、泰国、巴基斯坦、缅甸、印度
玉米	乌克兰、老挝、缅甸
大豆	巴西、阿根廷

资料来源：《2021 年世界粮食安全和营养状况：实现粮食体系转型，保障粮食安全，改善营养，确保人人可负担健康膳食》。

（2）新冠疫情引发了世界粮食贸易的摩擦

新冠疫情自 2020 年暴发以来，一直波动反复，对世界粮食生产的季节性用工产生重要影响；疫情封锁下供应链中断，农药、化肥等农资购买渠道受到限制，造成粮食生产成本上升甚至粮食减产（陈志钢等，2020），给世界粮食安全带来了威胁和挑战。受新冠疫情影响，部分粮食主产国实施了一系列出口限制等贸易政策，进一步加剧了粮食供给紧张的局面。

新冠疫情引发的世界粮食贸易摩擦，一度推高了我国的大豆市场价格。2020 年 3—9 月，国内大豆的市场价格明显上涨。主要原因在于，作为我国大豆最主要进口来源国的巴西与美国，在 2020 年受到新冠疫情的严重冲击，造成劳动力短缺和供应链中断等问题，大豆生产和运输有所推迟。因此，我国进口大豆的到港时间滞后，导致国内市场上的大豆供需存在短期失衡（杜志雄等，2021）。当前和今后一个时期，仍需警惕世界性突发公共事件对世界粮食贸易与我国粮食进口造成的影响。

（3）俄乌冲突导致我国玉米进口减少，化肥价格上涨

2022 年，不断升级的俄乌冲突不仅给两国的粮食生产和出口带来重创，也引发了全球粮食、能源、农资（农用物资）价格的飙升，粮食供应链断裂，扰乱了现有粮食贸易格局。

受冲突影响，乌克兰的粮食生产与贸易遭受重创。2022 年乌克兰农作物春播面积共计 1340 万公顷，比 2021 年减少了 21%（钟钰等，2022）。由于海运受阻和运费保费上涨，2022 年 7 月下旬，乌克兰黑海港口有超过 2000 万吨的出口粮食被滞留（朱晶等，2023）。2022 年 3—12 月，乌克兰每月平均出口 350 万吨谷物和油菜籽，相比冲突爆发前月均 500 万吨至 700 万吨的出口量下降近 40%[①]。

俄乌冲突加剧了部分国家的粮食恐慌，粮食出口限制政策频频出台，远超新冠疫情暴发初期的数量。全球粮食价格进一步飙升，小麦、玉米价格甚至达到近 20 年来的最高水平。作为化肥生产与出口大国的俄罗斯停止对"不友好"国家和地区供应化肥，导致世界化肥短期内供应短缺，全球化肥等农资价格大幅上涨。

乌克兰是我国重要的玉米进口来源国，俄乌冲突直接导致了我国玉米进口量大幅度下降。2022 年，我国自乌克兰进口的玉米数量比 2021 年减少约 300 万吨。由于乌克兰玉米产量与出口量的减小，其他国家对美国玉米的进口需求增长，也导致美国向我国出口的玉米规模减小。2022 年，我国自美国进口的玉米数量比 2021 年减少了约 500 万吨。俄乌冲突还导致我国化肥等农业生产资料的价格上涨，抬高了农民的种粮成本（见图 10）。

当前，俄乌冲突仍在持续，可以预计的是，2023 年我国自乌克兰进口的玉米数量仍会减少，玉米供需缺口稍有扩大。国内化肥等农资价格仍将高位运行，农民的种粮收益与种粮积极性亟待提高。

---

① 资料来源：《俄乌冲突一周年，乌克兰粮食年产量同比下跌四成，出口降三成》，《南方都市报》，2023 年 2 月 21 日。

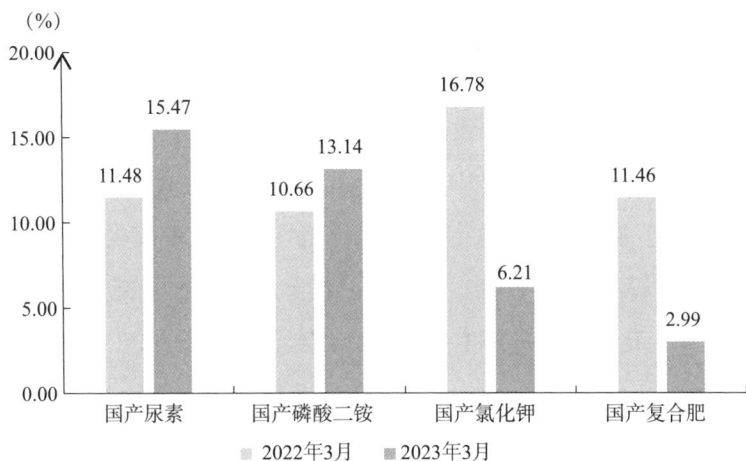

图 10　我国主要农业生产资料价格同比变化率

资料来源：农业农村部。

（4）全球通货膨胀推高了我国的粮食进口价格

2020 年以来，新冠疫情、经济衰退和地缘冲突交织共振，全球通货膨胀推动国际粮食价格快速上涨（程国强、朱满德，2020；曾伟，2023）。2022年，国际谷物价格指数已经超过 2007 年粮食价格危机、2012 年旱灾危机时期的水平，创下 21 世纪以来的历史新高。尽管 2023 年以来国际粮食价格有所回落，但仍处于历史上的高位水平（见图 11）。

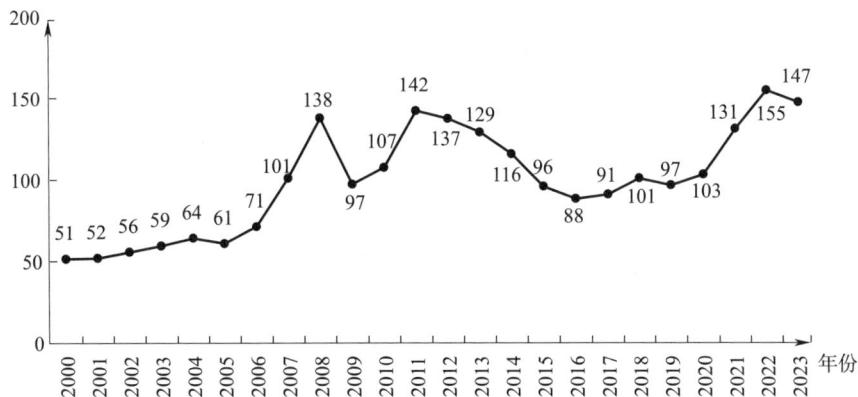

图 11　2000—2023 年国际谷物价格指数变化

资料来源：联合国粮食及农业组织。

受世界粮食价格上涨的影响，我国粮食进口的价格存在不同程度的上涨。如表 15 所示，在 2020 年，我国粮食进口数量同比变化和金额同比变化的幅度大体相当，粮食进口价格并没有明显提高。但 2021 年我国粮食进口数量同比增长了 18.10%，进口金额却同比增长了 39.00%，粮食进口价格明显提高。2021 年，我国小麦、玉米、大豆的进口价格均有较大幅度的上涨。2022 年，我国进口粮食以及小麦、玉米、大豆这三类品种的同比金额变化率都高于同比数量变化率，我国粮食进口价格仍在上涨。

表 15　2020—2022 年粮食进口数量与金额的同比变化　　单位：%

进口品种	2020 年		2021 年		2022 年	
	数量变化	金额变化	数量变化	金额变化	数量变化	金额变化
粮食	28.00	21.70	18.10	39.00	−10.70	13.70
小麦	140.20	135.40	16.60	22.10	1.90	28.40
稻谷	15.60	14.70	68.70	40.80	24.80	22.30
玉米	135.70	135.90	152.20	203.10	−27.30	−10.00
大豆	13.30	12.50	−3.80	26.10	−5.60	18.10

资料来源：海关总署官网。

全球通货膨胀还带来了农业生产资料进口价格的提高。如表 16 所示，2020 年我国进口原油、成品油、肥料的金额同比变化率都明显低于进口数量的同比变化率，生产资料的进口价格同比有所下降。而在 2021 年、2022 年，原油、成品油、肥料的进口金额同比变化率明显大于进口数量的同比变化率。这意味着在 2021 年、2022 年，我国进口原油、成品油、肥料的价格同比明显增长，其中的原因在于全球通货膨胀背景下的农业生产资料价格快速上涨。

当前和今后一个时期，全球的通货膨胀水平或将在高位持续，亟须采取有效措施应对粮食与农资进口价格上涨可能引致的国内粮价变化。

表 16　2020—2022 年农业生产资料进口数量与金额的同比变化　　单位：%

商品名称	2020 年		2021 年		2022 年	
	数量变化	金额变化	数量变化	金额变化	数量变化	金额变化
原油	7.30	−26.80	−5.40	34.40	−0.90	45.90
成品油	−7.20	−30.40	−4.00	31.60	−2.50	21.20
肥料	−4.50	−17.40	−14.30	−11.60	−1.70	85.80
其中：氯化钾	−3.70	−20.30	−13.30	−13.40	4.90	123.90
氮磷钾三元复合肥	0.60	−5.70	−14.00	−3.20	−42.10	−18.30

资料来源：海关总署官网。

五、保障国家粮食安全的途径和措施

（一）促进我国粮食生产稳定发展的途径和措施

1. 落实粮食安全和耕地保护党政同责

地方各级党委和政府要切实扛起粮食安全政治责任，全面落实粮食安全党政同责，不断加强粮食生产、储备和流通能力建设，承担稳定发展粮食生产、巩固和提高粮食生产能力的职责。建立有效的粮食安全监督检查和绩效考核机制，制定监督考核办法，定期对地方各级党委和政府落实粮食安全责任制情况进行考核，对成绩突出的给予表扬，对不合格的予以通报批评、责令整改并追究责任。

保持土地承包关系稳定并长久不变，牢牢守住 18 亿亩耕地红线，逐步把永久基本农田全部建成高标准农田。落实最严格的耕地保护制度，全面压实各级地方党委和政府耕地保护责任，坚决遏制耕地"非农化"、基本农田

"非粮化"，严格落实耕地利用优先序。规范耕地占补平衡，严格执行以补定占、先补后占和占优补优，严格控制建设项目占用耕地。加强耕地保护政策和制度落实情况督促检查，坚持数量与质量并重，完善并实施耕地保护责任评价标准目标考核办法。

2. 提高主销区和产销平衡区粮食自给水平

合理设定产销平衡区和主销区的粮食自给目标，把自给率与生产挂钩。地方要基于现实发展情况，根据自给需求倒推面积底线，切实提高地方尤其是主销区粮食作物播种面积。把粮食自给底线纳入粮食安全党政同责考核范畴，将产销平衡区和主销区口粮自给目标纳入本地经济社会发展长期规划。切实抓好产销平衡区和主销区农业基础设施建设，提升农机化率、提高规模经营和技术服务水平。同时，要培育适合产销平衡区和主销区自然气候条件的特色品种，加快优质品种技术集成推广。

3. 实施新一轮千亿斤粮食产能提升行动

提高粮食综合生产能力是提升千亿斤粮食产能的关键，耕地和种子则是这一关键的两个要害。一方面，要坚决守住18亿亩耕地红线，逐步把永久基本农田全部建成旱涝保收、高产稳产的高标准农田，并深入挖掘主产区之外的其他类型土地潜在产力。另一方面，要抓好农业关键核心技术攻关和种业振兴，加快急需适用农机具研发推广，着力提升农业科技创新体系整体效能，加快实现高水平农业科技自立自强。

4. 实施玉米单产提升工程

要根据地区资源禀赋，科学规划、合理布局，进一步优化玉米优势产区，加大优势地区生产投入，建立设施配套、抗灾能力强的区域性玉米生产基地。扎实抓好"增密度、提质量、改施肥、防病害、控倒伏、配农机、减损失"等关键技术措施，逐步扩大玉米良种补贴范围，选育综合性状良好、适宜全程机械化生产的玉米品种。

5. 促进大豆产业持续健康发展

深入挖掘大豆种植潜力，在东北地区大力推广粮豆轮作、适度开展稻改豆等；稳定西北地区大豆玉米带状复合种植实施规模，扩大西南、黄淮海和长江中下游地区推广面积；在新疆次宜棉区推广棉豆轮作，发展小麦、大豆隔年轮作；稳步开发盐碱地、整治撂荒地种植大豆。通过主攻单产提升大豆产能，加快优质高产大豆品种选育，加快大豆生物育种产业化步伐。加强大豆产业合作组织创新，持续推动专业化种植、集约化管理、产业化经营，推动大豆自给率稳步提升。充分发挥农产品国际贸易作用，深入实施大豆进口多元化战略。

6. 实施耕地质量提升工程

充分考虑农业面源污染的多源性特点，对区域农业面源污染情况及空间分布特点进行科学分析，并具体提出相应的防治技术需求。积极引导实施耕地用养结合的轮作制度，提高耕地基础地力和产出能力，建立和完善耕地质量监测网络。对占用耕地特别是基本农田的，要实行剥离耕作层土壤再利用制度，开展补充耕地土壤改良和培肥。科学开展荒碱涝洼地整理改造，因地制宜，努力扩大粮田面积。建立健全土壤污染防治管理体系，实施农用地分类管理，特别是根据土壤环境质量类别实施精准管理，稳定土壤健康水平，不断提升土壤质量。

7. 完善粮食生产支持政策

进一步健全价格、补贴、保险"三位一体"的农业政策支持体系，稳定种粮预期，增强种粮信心。支持家庭农场、农民合作社发展粮食适度规模经营，大力推进代耕代种、统防统治、土地托管等农业生产社会化服务，提高种粮规模效益。积极开展粮食生产薄弱环节机械化技术试验示范，着力解决水稻机插、玉米籽粒机收等瓶颈问题，加快丘陵山区农田宜机化改造。同时，要健全主产区利益补偿机制，增加产粮大县的奖励资金规模，让种粮大县在财政上不吃亏，着力保护和调动地方各级政府重农抓粮、农民务农种粮的积极性。将省域内高标准农田建设产生的新增耕地指标调剂收益优先用于农田建设再投入和债券偿还、贴息等。加大对粮食生产功能区政策支持力度，相关农业资金向粮食生产功能区倾斜，优先支持粮食生产功能区内目标作物种植，加快把粮食生产功能区建成"一季千斤、两季一吨"的高标准粮田。健全完善农地发展权交易市场，充分发挥市场机制作用，不断提升粮食产业核心竞争力。

（二）深化我国粮食流通和贸易体制改革的途径和措施

1. 持续健全多层次的粮食储备体系

针对中央、地方、社会、应急粮食储备面临的一系列结构性问题，重点是要持续健全多层次的粮食储备体系。明确划分中央和地方储备的功能定位，增强中央与地方储备的协同联动效果，提高储备整体效能。综合考虑粮食国内外流通格局、加工产业布局等因素，优化调整储备布局。创新粮食主产区和主销区的储备合作模式，探索建立储备成本分担机制和利益联结机制。推动地方建立合理的企业储备，引导粮食企业保持合理商业库存。逐步扩大粮食应急供应网点范围，优化粮食应急供应的品种结构。

2. 强化粮食储备运营管理监管水平

针对不同粮食品种在储备中面临的损耗问题，要重点优化储备轮换运营机制，积极利用国家粮食交易平台体系、期货市场等，构建储备粮正常轮换的公开市场竞拍机制和调控时期的定向拍卖机制，提升储备吞吐轮换效果。创新粮食储备监管方式，积极运用信息化、数字化手段提升监管效果。进一步规范政府储备粮油质量检查工作，制定详细科学的检验方案，科学选定承检机构。

3. 加大粮食物流基础设施投资力度

针对"北粮南运"格局下，粮食大体量、高频次的调运需求，要加大关键粮食物流通道基础设施投资力度，重点加强山海关等关键物流节点的基础设施建设。布局重点粮食港口码头，提升粮食水路与铁路运输方式转换的衔接性。支持粮食仓储物流业采用先进技术装备，优化不符合"四散化"要求的仓型结构，提高粮食物流中转能力与快速发放能力，降低粮食运输中的损耗浪费与质量安全风险等。

4. 优化粮食关键物流通道节点布局

针对粮食跨区域运输的成本与损耗增加、线路布局有待优化等问题，应强化粮食物流网络构建的全局意识，加强粮食物流系统专业化设施与社会物流网络通用性设施的协同运作。充分发挥东北流出通道的水路外运能力，提高华东、华南沿海物流通道的粮食分拨能力，加强西南、西北粮食物流基础设施建设。发展区域粮食快速物流，全面提升区域内粮食散装化对接水平。突出节点的物流集散优势，提供满足多元化、多层次需求的粮食物流服务。

5. 持续构建多元化的粮食进口格局

当前和今后一个时期，粮食进口仍面临气候变化加速、地缘政治冲突、出口限制措施、粮食价格波动等方面的影响，要确保进口粮食的稳定性和主动权，避免过度依赖某一个进口来源，积极寻找多元化的替代粮源。"一带一路"沿线国家和地区具有巨大的粮食增产潜力和明显的地缘优势，在"一带一路"倡议的框架下，应积极开展农业合作，提供粮食增产方案，协助推动"一带一路"沿线国家和地区农业转型升级。

探索和创新更有效率、互惠互利的粮食贸易方式。支持龙头企业通过集群投资等形式，布局港口和关键物流节点，确保海外物流通道的畅通。加快培育贸易能力，增强在全球农产品市场中的定价和话语权，拓展多元化、多渠道的粮源供应体系，加快构建全球农产品产业链、供应链和服务链，以实现在全球农产品市场上的领先地位。

6. 切实加强粮食进口价格风险管理

粮价是百价之基。2021年以来，我国粮食与农资的进口价格快速上涨，由此可能引发的国内粮价上涨问题不容忽视。在坚持适度进口、保证粮食进口数量稳定的同时，还要及时加强粮食进口价格风险管理。特别是我国玉米、大豆的对外依存度较高，两类作物的饲料用途占比较大，直接影响肉蛋奶类农产品的价格变化。一方面，要在加强国际粮食价格监测预警和信息发布的同时，用好国际粮食期货交易等各类金融工具，对冲国际粮食价格波动。另一方面，注重在国内市场供应端强化价格风险管理，坚决打击囤积居奇、哄抬价格等行为，维护粮食市场秩序和价格稳定。

主要参考文献

［1］曾伟.国际粮食价格波动特征、规律与应对策略——基于6次典型大幅上涨的分析［J］.经济学家，2023（3）：109–119.

［2］陈锡文.深入贯彻落实党的二十大精神 全方位夯实粮食安全根基［J］.中国粮食经济，2023（1）：28–31.

［3］陈志钢，詹悦，张玉梅，等.新冠肺炎疫情对全球食物安全的影响及对策［J］.中国农村经济，2020（5）：2–12.

［4］程国强，朱满德.新冠肺炎疫情冲击粮食安全：趋势、影响与应对［J］.中国农村经济，2020（5）：13–20.

［5］丁存振，徐宣国.国际粮食供应链安全风险与应对研究［J］.经济学家，2022（6）：109–118.

［6］杜志雄，高鸣，韩磊.供给侧进口端变化对中国粮食安全的影响研究［J］.中国农村经济，2021（1）：15–30.

［7］高洪洋，胡小平.我国政府粮食储备区域布局：现状、影响及优化路径［J］.华中农业大学学报（社会科学版），2021（6）：27–34+187.

［8］刘立涛，刘晓洁，伦飞，等.全球气候变化下的中国粮食安全问题研究［J］.自然资源学报，2018（6）：927–939.

［9］钱煜昊，罗乐添，王金秋.突发公共事件下的粮食流通体系优化［J］.西北农林科技大学学报（社会科学版），2020（6）：70–79.

［10］王帅，赵秀梅.中国粮食流通与粮食安全：关键节点的风险识别［J］.西北农林科技大学学报（社会科学版），2019（2）：124–132.

［11］钟钰，陈希，崔奇峰.俄乌冲突对世界粮食安全的影响［J］.世界农业，2022（10）：18–27.

［12］朱晶，王容博，曹历娟.俄乌冲突下的世界粮食市场波动与中国粮食安全［J］.社会科学辑刊，2023（1）：158–168.

农业社会化服务对小农户与现代农业有机衔接的作用*

在中国农业仍以小农户为主的格局下，推动小农户与现代农业有机衔接成为中国农业强国建设的基本要求和关键环节。只有深刻理解小农户，才能真正洞察中国农业现代化的内在逻辑。只有解决好小农户的发展问题，才能真正找到符合中国国情的农业现代化道路。农业社会化服务的蓬勃发展是中国推进农业现代化过程中取得的重大成果，呈现鲜明的中国特色，深刻影响了中国的农业发展，为小农户与现代农业有机衔接提供了可行方案。本研究将阐释有关小农户与现代农业有机衔接、农业社会化服务发展等问题的认识，以此为前提，探寻农业社会化服务对小农户与现代农业有机衔接的作用机制，为农业强国建设提供坚强支撑。

* 本报告是清华大学中国农村研究院重点研究课题"农业社会化服务对小农户与现代农业有机衔接的作用"的研究成果，报告观点仅代表课题组的看法。课题负责人：张红宇，全国政协参政议政人才库专家、中国农业风险管理研究会会长。报告执笔人：胡凌啸、曹丹丘、刘余。

一、小农户和现代农业有机衔接的理论认识

中国的小农户群体众多，不同地区的小农户因存在资源禀赋差异，在经营内容和经营方式上也呈现不同特征，形成了鲜明的中国化小农户发展特色。推进小农户和现代农业发展有机衔接，前提是在准确理解小农户概念和特征的基础上，科学把握小农户和现代农业发展有机衔接的内涵。

（一）准确理解"小农户和现代农业发展有机衔接"中的小农户

小农户不等同于农民，也不等同于承包户，应该从农业生产经营主体的视角加以认识，以"从事农业生产经营活动且规模较小"作为基本的判断依据。尽管在一些地区，小农户可能和农民、承包户身份重合，但由于中国城镇化进程已经引发农民群体出现显著分化，"小农户"只是农民群体中仍在从事农业经营活动且经营规模较小的那部分，具有以下特征。

1. 规模小且数量大

"规模小"和"数量大"是中国小农户具有的两个鲜明特征（于海龙等，2022）。根据第三次全国农业普查数据，全国农业经营户平均经营的耕地面积从1996年的10.1亩下降至2006年的9.13亩，到2016年继续下降至8.78亩。如果将单季经营规模小于100亩或双季经营规模小于50亩的农业经营户都视为小农户，2016年中国2.07亿户农业经营主体中的小农户占比为98.1%，较1996年增加了近4%。根据农业农村部的相关资料，江苏、河南、广东、陕西的小农户比重分别为98.5%、98.5%、98.2%和98.7%；湖南和四川的地形以山区丘陵为主，耕地更为分散，小农户占比超过99%。在那些熟悉农业生

产、习惯农村生活的中老年农业人口完全退出农业前，小农户始终在农业生产、农村社会运转中占据重要地位。

2. 面临新技术制约

现代农业要求大生产、大物流和大市场，而中国小农户占有土地、装备等资源少，土地细碎化又导致其组织成本高、融资能力弱，小农户学习新技术的收益不大，学习和推广新技术、新品种的激励有限，运用现代生产技术和信息手段的能力不强，依靠自身力量打破农业生产的"低水平均衡"和发展现代农业的先天动力不足，导致小农户的农业生产技术壁垒高，难以集约化经营。特别是在贫困地区、边远山区，囿于资源环境恶劣和区域经济发展水平低等条件，小农户缺乏自我发展能力，生产生活容易陷入困难。

3. 面临大市场难题

小农户在商品价值链中发挥的职能和作用直接决定其在利益分配上的地位。由于小农户在投入、生产和加工，一直到营销和消费的整个过程通常只参与了前端的生产过程，因而很难获得全球价值链的增值利益。同时，由于小农户销售的农产品数量少、议价能力有限，以及小农户参与市场时往往受到人力资本、信贷等方面的严重限制等，在享受全球价值链利益分配上处于明显劣势地位。尤其是农产品市场全球化发展趋势不断增强，农产品销售需要更高的管理技能和物流技术，满足更高标准的食品安全认证，中国小农户参与融入全球价值链的问题更加突出，甚至面临被边缘化的风险（胡凌啸、王亚华，2022）。中国小农户的劳动生产率是世界平均水平的64%，仅为欧美等发达国家的2%，不仅直接导致其收入水平低的问题，也导致中国的农产品在国际市场上竞争力较弱的问题（张红宇，2018）。因此，加快推进小农户和现代农业发展有机衔接有强烈的现实需求。

（二）科学把握"小农户和现代农业发展有机衔接"的内涵

实现农业现代化是中国农业发展的根本目标，也是中国制定农业政策的根本依据。发展多种形式的适度规模经营，培育新型农业经营主体，是增加农民收入、提高农业竞争力的有效途径，是建设现代农业的前进方向和必由之路。因此，中国提出小农户与现代农业有机衔接的本质绝不是固守小农经营，而是在顺应本国推进农业现代化基本方向的前提下，充分考虑国内小农户基数大、范围广、退出慢的特征，让正在从事且仍有意愿继续从事农业生产经营活动的小农户，以及那些较难甚至无法实现集中连片规模经营的小农户也能够进入现代农业发展轨道，成为中国现阶段推进农业现代化的重要组成部分。为发展现代农业，中国提出了构建现代农业生产体系、现代农业经营体系和现代农业产业体系的设想，实现小农户和现代农业发展有机衔接，需要重点处理好小农户与"三大体系"的关系。

1. 推动小农户融入现代农业生产体系

生产体系主要强调运用什么样的手段从事生产。现代农业要求运用现代化的手段从事农业生产，从良种培育到栽培种植、技术装备使用，再到加工营销，都要求实现从传统农业向现代农业转型（陈锡文，2018）。小农户由于经营规模较小，往往在现代生产手段的采用上遭遇障碍，尤其是那些对土地规模敏感、要求达到一定规模才能利用的技术装备，小农户通常较难及时采用，而这会影响全国农业生产效率的提高。因此，要推动小农户融入现代农业生产体系，帮助小农户以现代农业生产要素替代传统生产要素，让他们成为具备现代经营理念、使用现代农业技术装备的现代农业经营者，并要求其能够利用先进的生物技术、适宜的技术装备和前沿的数字技术。

2. 推动小农户加入现代农业经营体系

现代农业经营体系有着丰富的内涵，其核心是如何优化配置资金、技术、劳动力等要素，形成现实的生产能力（陈锡文，2018）。土地流转、土地托管等不同模式以及在特定少数地区出现的某些典型经营方式，构成了现代农业经营体系的重要内容。在要素的优化配置中，小农户可以通过扩大和优化自身拥有的和从外部获取的要素组合促进要素配置效率提升。因此，要通过构建立体式复合型现代农业经营体系，引领带动小农户发展。第一，推动小农户改造提升。小农户可以充分利用家庭经营的优势，通过土地流转等方式扩大经营规模，这有助于其从外部获取更多的资金、技术等生产要素，掌握、利用先进的农业技术和装备来从事农业现代化生产，从而实现现代化、集约化经营。第二，推动小农户与新型农业经营主体联结。小农户可以通过与家庭农场、农民合作社、农业社会化服务组织、农村集体经济组织、农业产业化龙头企业等主体联结，获得产前、产中、产后全过程服务，形成资源共用、风险共担、利益共享的紧密联系，通过相互融合建立紧密的利益联结和分配机制，形成互融共通、协同发展、共同壮大的高效经营模式。以多元主体合作的形式实现不同要素的最优化配置，可以充分发挥各类主体的优势。

3. 推动小农户参与现代农业产业体系

构建现代农业产业体系要着眼于两个方面：产业结构的优化，即如何充分、科学、合理地利用好农业资源，使农业资源的利用能够各得其所，产生最大效率；产业链的延长和产业链的增值，即如何适应社会需求的新变化，以现代化的方式进入加工、流通、储运、消费市场（陈锡文，2018）。要推动小农户融入现代农业产业体系，核心是帮助小农户适应消费需求的多元化演变趋势，在农业产业链、价值链中立足，尤其是在产业链全球化背景下，帮助小农户更好地融入大市场。第一，推动小农户优化生产结构。由于消费者数量众多，对农产品的偏好各异，农业结构和农产品结构必须能够应对这种多样化需要。同时，农业生产的自然属性较强，各地区土地、气候、地理条件决定了农业结构和农产品结构的具体形态。要协助小农户妥善处理好资源禀赋和消费需求之间的关系。第二，推动小农户提升农产品品质。随着经济社会的发展，消费者的消费需求呈现升级化、个性化和品质化的发展趋势，这就要求农产品的生产必须顺应消费者的需求特征，打造安全、优质、个性化的农产品。要保障小农户生产的农产品能满足更高的安全和品质要求。第三，推动小农户更顺畅地参与农产品流通。要通过完善农产品市场信息、畅通农产品销售渠道、规范农产品包装、打造农产品品牌等，提升农产品流通服务水平和服务能力，保障小农户生产的农产品可以更顺畅地进入流通环节，参与市场收益分配。

二、农业社会化服务的发展特征及对农业现代化的影响

农业社会化服务的大发展不仅是中国农业现代化建设取得的重大成果，也是中国继续推进农业现代化不可或缺的重要支撑。现阶段，中国农业社会化服务呈现的基本特征对推动中国农业现代化发展具有重要意义。

（一）现阶段农业社会化服务的基本特征

区别于现代农业的美国模式和日本模式，中国传统农业向现代农业转变最基本的表现就是基于资源禀赋多元的特征，形成产业类型多元、经营主体多元以及政策组合方式多元特征（张红宇，2019）。在此格局下，中国农业社会化服务体系也呈现鲜明的多元化特征（张红宇、胡凌啸，2021）。

1. 服务产业多元

中国的农业社会化服务不仅在传统的农、林、牧、渔产业得到广泛应用，也在互联网、观光休闲、农产品电商等新产业、新业态中实现了发展。由此，农业社会化服务的范围越来越广，从服务于农业生产领域到农业全产业链，再到服务于农民生产生活的方方面面，服务链不断拓宽延长。早年的农业社会化服务作为依附产业，更多地表现为服务于种植业生产从种到收的简单过程。但随着农业产业结构和产品结构不断优化，种植业以外的林、牧、渔业比重上升，特别是近年来农村新产业、新业态的成长发展，对农业社会化服务的需求不断增加，要求不断提高。农业社会化服务不仅可以对不同产业的

生产经营过程提供各类服务，而且可以从农产品研发、品牌、营销、创意等方面进行服务，帮助提高农业比较收益和农产品附加值。从长期趋势看，农业社会化服务将拓展到乡村范畴，在为生产经营者获得高质量的信贷保险、市场营销、产品品牌塑造提供帮助的同时，帮助生产经营者规划生产、生活事务，成为一种从田间到餐桌的全方位服务。

2. 服务内容多元

现阶段中国农业社会化服务的内容大致包括五类：一是为生产者生产经营过程提供中间服务，包含农资供应、绿色生产技术、农业废弃物资源化利用、农机作业、农产品初加工等多个服务领域；二是为适应新的科技和经营模式提供的人力资本服务，如科技推广；三是为促进产品交换或价值实现提供的服务，如市场营销、品牌塑造；四是为保障现代农业产业体系、生产体系和经营体系高效运转提供的服务，如现代的信息传递、物流、商务活动、金融、保险服务；五是为整个生产经营提供的管理服务，如财务会计等（张红宇，2019）。事实上，农业社会化服务通过科技研发、农资供给、农机服务、农产品营销、信贷保险、物流、市场营销和品牌塑造以及全产业链打造，对农业各产业进行全面渗透，不断强化农业全产业链的支撑服务体系，在很大程度上模糊了农业社会化服务与农业生产经营的边界，不断催生新的农业产业体系、发展形态、经营模式和内生动力。以提供农业生产性服务为主业的服务组织具有专业化特征，立足生产全过程，利用专业技术人员、专用设施装备、专门营销网络，可以为普通农户和其他经营主体提供市场信息、农资供应、绿色技术、废弃物资源化利用、农机作业及维修、农产品初加工、农产品营销等全方位生产性服务，与大量农民兼业经营相比，专业的生产经营有更高的生产效率。

3. 服务方式多元

基于农业社会化服务主体的快速增长和服务能力的稳步提高，面对差异化的农业社会化服务需求，实践中创新发展形成了多样化的农业社会化服务方式。以种植业生产为例，有提供从种到收的全过程服务，也有聚焦某一个环节或几个环节提供的服务，例如单环节服务、多环节服务、关键环节综合服务和全程服务等多种农业社会化服务模式。除此之外，中国目前还形成了土地托管、联耕联种、代耕代种、农业共营制等农业社会化服务新模式，在此基础上，各地因地制宜探索出了如"服务主体＋农村集体经济组织＋农户""服务主体＋各类新型经营主体＋农户"等组织形式。如广东探索发展形成了"县级服务中心＋乡镇托管员＋村托管员"的三级服务协办体系。此外，农业社会化服务模式在创新完善过程中不断加强技物结合、技服结合，形成了"农资＋服务""科技＋服务""互联网＋服务"等方式，有力破解了种地增收难题。随着农业信息化、数字化水平的提高，农业社会化服务的内容不断丰富，商品服务、信息服务、技术服务不断完善创新，服务方式由线下服务拓展到线上、线下相结合，大大提升了服务效率与精准度。委托方式、验收方式也不断表现出多元特征。

4. 服务主体多元

2021 年，农业农村部印发《关于加快发展农业社会化服务的指导意见》明确指出，不同服务主体各具优势、各有所长，要推动各尽其能、共同发展。目前，中国已经形成了多元化的农业社会化服务供给主体队伍，且不同主体之间日渐形成有效的竞争格局，充分发挥了各自优势。主体队伍不仅包括经营性服务主体，还包括公益性服务主体，如农业农村系统的农业技术推广服务体系等公益性组织；国有大型企业如中国中化集团有限公司（以下简称中化集团）、中华全国供销合作总社、中国邮政储蓄银行；也有民营企业，还有众多专事服务的合作组织与其他组织机构。截至 2023 年 3 月底，全国家庭农场、农民合作社分别超过 400 万家、223 万个，各类农业社会化服务组织超过 104 万个，服务小农户数量达到 8900 多万户。通过公益性组织与经营性服务组织融合发展，多元化的服务主体各自发挥其优势，形成广泛的服务网络，满足了多元化的服务需求。以工商企业为主的服务主体为例，中化集团打造"MAP"（现代农业技术服务平台）模式，截至 2022 年底，中化集团在中国已建成 628 个"MAP"技术服务中心，现代农业技术服务平台的销售额达到 31

亿美元。此外，大型民营化肥企业金正大集团成立了金丰公社，着眼于打造农业生产性服务的"金丰模式"，致力于发展成为一个为农民种地的企业。

5. 服务对象多元

中国农业社会化服务的对象分化明显，既包括企业、合作社、家庭农场等新主体，也有近年来进入农业各领域的"新农人"。当然，数以亿计的普通农户在生产经营过程中更是可以享受到无处不在的社会化服务带来的好处（黄宗智，2018）。事实上，规模化生产的农业经营单位，抑或是普通农户在生产全过程中需要不同供给主体提供不同的服务内容，区别于世界大多数国家的单一供给和单一需求，多元化供给与多元化需求是中国农业社会化服务的鲜明特征。在实践过程中，中国不同地区针对不同的服务对象也形成了差异化的服务模式。例如，东北地区农业生产经营规模效益显著，产业类型单一，替代劳动力的专业机械服务有广阔市场，服务的半托管特征明显，部分大型农场的自我服务趋势明显；在东部，特别是沿海地区，工业化城镇化程度高，劳动力就业机会多，农业兼业化明显，对生产性服务中的综合性服务和全程托管服务需求旺盛，职业经理人代理农业生产经营有市场基础；在西南山区，小农户生产经营方式导致自我生产、自我服务普遍，又构成了另一种服务需求（张红宇，2019）。

多元化的农业生产经营方式，产生多元化的服务需求，据此设计服务内容和服务模式大大提升了土地、劳动力等资源配置效率，让农民与各类农业经营主体都能享受发展红利，走出了一条中国特色的农业社会化服务发展之路。

（二）农业社会化服务对中国农业现代化的影响

农业社会化服务的萌生、发展和壮大，已成为将小农户引入现代农业发展轨道的重要因素，开辟了中国农业现代化的崭新局面，对中国农业现代化进程产生了深远影响。

1. 农业社会化服务推进了农业规模化发展

从长时期的历史跨度看，基于中国农业人多地少的基本国情，在当前城乡二元结构尚未完全破除等不利因素的共同作用下，农户绝对数量的下降在短期内很难实现，以土地经营权流转实现生产规模化的发展路径有制约因素，通过服务实现的农业规模化发展表现出更加强大的生命力。据农业农村部统计，2017 年全国经营权流转的土地面积为 5.12 亿亩，到 2018 年发展为 5.39 亿亩，2019 年全国家庭承包耕地流转面积进一步提高至 5.55 亿亩。与此同时，全国农业托管面积在 2018 年已达到 13.84 亿亩次，2021 年更是超过 16 亿亩次。以上数据充分表明相对于土地经营权流转面积增长形成的土地规模经营，不流转土地经营权、建立在农业社会化服务基础上的经营权共享发展速度更快，越来越多的生产经营主体倾向于在土地经营权归属明晰并有保障的基础上，通过农业社会化服务，共享经营权，实现服务的规模经营。以农业社会化服务为载体的服务规模经营，克服了经营权流转所面临的困难，适应了中国农业规模经营的现实需要。

2. 农业社会化服务提升了农业生产效率

农业社会化服务是分工理论在农业领域的充分应用。中国农户土地规模小，缺乏投资现代农业装备的需求和能力，限制了小农户对现代农业技术的采用，不利于农业生产效率的提高。而且，农村"半工半耕"生计模式下家庭内部的分工格局催生了大量兼业农户，对农业生产效率产生了深层次影响。从理性的角度考虑，多数家庭承包耕地较少的农户不会购置农业机械，而是通过购买农业社会化服务降低生产成本，提高生产效率。这种以农业社会化服务方式实现农业内部分工和专业化生产，有效克服了生产的低效率和不经济。从另一方面讲，中国的土地细碎化严重，致使许多投入要素无法达到最佳配置效率，而农业社会化服务整合了多个农户的需求，在一定范围内实现服务规模经营，将资源要素合理分配，使其配置效率得以优化。此外，立足生产全过程，利用专业技术人员、专用设施装备、专门营销网络，农业社会化服务可以为普通农户和其他经营主体提供市场信息、农资供应、绿色技术、废弃物资源化利用、农机作业及维修、农产品初加工、农产品营销等全方位的农业社会化服务，与大量农民兼业经营相比，专业的生产经营有更高的生产效率。

3. 农业社会化服务推动了农业转型升级

农业社会化服务对推动中国农业转型升级的作用不可低估。第一，农业社会化服务有助于农业技术与农业生产方式改善。在农业社会化服务的作用下，有助于改进农业生产方式，提高生产效率，降低生产成本，优化资源利用。同时，在健全农业社会化服务体系框架下，有助于提升农民采用高效、环保农业技术的概率，进而提高农产品的质量和产量。第二，农业社会化服务有助于保障农产品质量和安全。农业社会化服务创新发展，不仅能够确保农产品数量，更有利于提高农产品质量；不仅能够加强农产品安全，而且有利于提升农业国际竞争力；不仅能够优化农业产能，而且有利于农民就业增收，最终全面推动中国农业转型升级。农业社会化服务组织通过提供技术支持、监测和检测等服务，有助于加强农产品的质量管理，确保农产品符合标准和规范。此外，农业社会化服务组织还能够提供农产品追溯体系建设和认证服务，增加农产品的可追溯性，保障消费者的食品安全。第三，农业社会化服务有助于促进农业可持续发展。例如，福建安溪县茶园通过无人机飞防植保服务，使用高效、低毒、低残留农药甚至生物农药，节约农药10%～20%，节约水资源达90%（韩俊，2019）。可见，发展农业社会化服务对促进农业转型升级，推动农业高质量发展意义重大。

4. 农业社会化服务丰富了双层经营体制

以家庭联产承包经营为基础，统分结合的双层经营体制是中国农业的基本经营制度。农业社会化服务的发展壮大，在丰富统一经营内涵方面起到了重要作用。从提供农业生产性服务的主体看，一是农村集体经济组织通过发展农业社会化服务，激活了其统一经营的功能，极大地提高了各类要素资源的配置效率，特别是在实施乡村振兴战略和推进农村集体产权制度改革的背景下，农村集体经济组织的市场主体地位进一步明确，大力发展生产服务型经济，以提供统一管理、有偿服务等形式，领办、创办各类服务实体，为农民提供技术、信息、物资、流通、仓储等服务，对农民专业合作社或企业提供产前、产中、产后等有偿服务，不仅增加了集体经营收入，也充分发挥了村集体"统"的作用。二是除农村集体经济组织外，类型多元的市场经营主体成为发展农业生产性服务的主力军，包括农民合作社向社员提供各类生产经营服务，发挥了其服务成员、引领农民对接市场的纽带作用；龙头企业通过基地建设和订单方式为农户提供全程服务，在更大范围内发挥其服务带动作用；各类专业服务公司发展农业社会化服务，发挥其服务模式成熟、服务机制灵活、服务水平较高的优势，推动了农业社会化服务的系统整合。在发展农业社会化服务过程中，农村集体经济组织和各类市场主体相互补充，承担不同的职能，实现了小农户与现代农业的有效衔接，解决了一家一户难以解决的生产经营问题，丰富且完善了中国农业的双层经营体制。

三、农业社会化服务推动小农户
与现代农业有机衔接的作用

从中国农业发展实践来看，农业社会化服务充分发挥了其在应用现代技术、引入社会资本、增加人力资本和延伸产业链条方面的优势，有效提高了小农户的生产效率、经营收入和发展能力，为小农户和现代农业有机衔接提供了有效路径。

（一）农业社会化服务的作用机制

囿于经营规模小、经济实力弱、组织成本高，小农户普遍在现代技术使用和人力资本投资上动力不足，同时在生产结构优化和产业链条延伸上也面

临困难。而农业社会化服务主体不仅经济实力更强，资本要素更充裕，而且得益于在部分环节或全部环节提供专业服务带来的规模经济，更有动力使用先进的生产要素，构建完整的产业链条。小农户和农业社会化服务主体之间通过服务进行联结，将有助于实现小农户和现代农业有机衔接。

1. 应用现代技术的载体

当前，中国小农户的生产模式和现代农业要求之间仍然存在较大差距，其中最关键的一点在于一家一户的小农户在现代技术的使用上困难重重。在此背景下，农业社会化服务主体可作为小农户应用现代技术的载体，帮助他们以更加高效、更加现代的方式开展生产。一方面，尽管信息技术、生物技术、机械技术等已经成为现代农业不可分割的组成部分，但小农户往往难以独自承受使用这些先进技术的成本。农业社会化服务主体基于服务规模经济，有能力也有动力应用这些技术，从而实现先进生产技术在小农户生产过程中的应用。另一方面，现代农业生产对肥料施用、病虫害防治、土壤改良等技术使用的专业能力要求更高，小农户普遍缺乏这些专业技能和资源，而农业社会化服务主体则可以通过提供相关服务的方式帮助小农户实现农业生产的规范化和高效化。此外，小农户在现代技术尤其是新技术的使用上面临较高风险，缺乏相应的保障和服务，这种不确定性会阻碍小农户采用新技术。农业社会化服务主体在新技术采用方面的主体地位更高，能够获得更高水平的技术保障支撑，有利于应对新技术采纳带来的风险，对提高新技术应用的稳定性和安全性发挥着重要作用。

根据清华大学中国农村研究院 2021 年在山东、浙江、山西、陕西、吉林 5 省针对家庭农场、合作社、企业等具有社会化服务特征的新型农业经营主体的调查结果 ①，现阶段中国农业社会化服务主体的技术装备拥有量已经达到较高水平，并为小农户提供了丰富多元的现代技术服务。从农业机械装备拥有量看，农业社会化服务主体得益于服务规模扩大而获得规模经济，在现

---

① 有效问卷 160 份。如无特别说明，下文数据均来源于该调查。

代农业机械、技术装备占有量上远高于小农户，平均每个新型农业经营主体拥有各类农机 14.1 台（套），平均每台农机动力约 197.9 马力。在不同农机类别中，拖拉机拥有量最大，平均每个主体拥有 6.8 台拖拉机；插秧机 / 播种机次之，平均拥有 2.9 台；收割机平均拥有 2.2 台，生产用货车平均拥有 1.5 台，无人机平均拥有 1 台，烘干机（塔）平均拥有 0.4 台，脱粒机平均拥有 0.3 台。基于较高的农业机械、技术装备拥有量，43.1% 的新型农业经营主体为小农户提供专业化的农机技术服务。其中，23.7% 的主体提供了全托管服务。从服务内容看，89.3% 的农业社会化服务主体为小农户提供了机耕服务，82.1% 的主体提供了收割服务，79.6% 的主体提供了栽种服务，68.0% 的主体提供了秸秆还田服务，60.8% 的主体提供了植保（植物保护）服务，18.0% 的主体提供了灌溉服务，13.0% 的主体提供了烘干服务，2.2% 的主体提供了育秧服务。通过农业社会化服务的发展，现代农业生产技术在小农户生产中的各个环节都得到了广泛应用。

农业社会化服务主体为小农户提供农技服务的实践案例也十分丰富。第一，农技推广服务。全国各地农技推广中心作为公益性服务主体，近年来持续创新推广方式、拓宽服务领域，有效提升了技术支撑服务能力。山东省农业技术推广中心与山东省农业科学院、山东农业大学、山东省气候中心等多方主体签订战略合作协议，构建"一主多元"农技推广服务机制，探索科研创新试验田、技术推广示范田、产业发展样板田的"三田合一"技术推广新方式，有力促进了科研成果转化利用。第二，农资技术服务。针对国内农资市场良莠不齐的问题，金丰公社根据不同区域不同作物的生长需要，开发出500 多套整个生长期内的区域农资方案。由于农资产品能够从厂商直接销售到农民，减少了中间环节，可节约农资费用20% 以上。第三，集中育秧服务。四川省成都市耘丰农机合作社建设了装备化机插秧育秧中心，一条水稻育秧全自动流水线每天可制作秧盘 1 万盘，产量相当于 500 余亩水田的用秧量，针对育秧插秧这一关键薄弱环节为小农户提供专业技术服务。同时依托育秧中心精确的作业订单和高品质秧苗，推动机插、机耕、机收协作。耘丰农机合作社 2017 年承接崇州市水稻集中育秧、机械化栽插政府购买服务项目 6600 亩，2018 年承接崇州市水稻育插一体服务项目 2800 亩，商品化秧苗订单总数达 75 万片、栽插面积 3.7 万亩。第四，农业机械服务。金丰公社通过组织农机合作社、个体农机手为小农户提供从种到收的全套服务，打造了一支"能下地、真服务"的农机服务队伍。通过大面积的作业服务保障，提高了农机的使用效率，同时降低了农机的服务成本，作业服务价格相对市场价格下降了 15%~20%。

2. 引入社会资本的载体

中国小农户土地规模小且资金约束较强。小农户自身的资金积累能力有限，资金不足问题突出。由于经济活动较为分散且缺乏足够的信用记录和抵押物，小农户难以满足银行等金融机构对风险控制的要求，融资难度高；同时，由于缺乏足够的金融资源和信息，小农户难以获得价格合理的金融服务，融资成本高。此外，小农户还缺乏足够的资金管理经验和技能，难以有效地利用资金提高农业生产效率。提供资金支持和融资服务是农业社会化服务发展中重要的一环，可以帮助小农户缓解资金约束，进而扩大生产规模、提高效益。一方面，农业社会化服务主体可以发挥自身资金优势，允许小农户农资赊销、农机服务先用后付等，降低小农户面临的资金约束强度；同时，农业社会化服务主体在资本市场拥有更高的市场地位，通过与银行、物流公司、供应商等合作，农业社会化服务主体可以获取多种渠道的社会融资甚至股权投资，以此购买先进的农业生产设备和技术，为小农户提供专业服务。另一方面，农业社会化服务主体可以与银行合作，提供贷款担保服务，为小农户贷款提供保障，帮助小农户解决资金不足问题。此外，农业社会化服务主体可以通过与上下游物流公司、供应商等合作，提供供应链金融服务，帮助小农户从供应链上下游获得融资支持。

清华大学中国农村研究院的调研数据显示，农业社会化服务市场的蓬勃发展吸引了诸多工商主体的参与，且对缓解小农户的资金约束进行了探索尝试。160 个新型农业经营主体样本中，11.9%（19 个）为企业类型，22.5%（36

个）为农民合作组织类型，25.6%（41 个）为种植大户类型，23.8%（38 个）为家庭农场类型，4.4%（7 个）为专业农业服务组织类型。广泛参与的工商主体对缓解农户资金约束进行了多种尝试。一是农业社会化服务主体为农户提供了赊销服务，提供农资销售服务的社会化服务主体中 65.8% 的主体允许农资赊销。二是农业社会化服务主体在提供服务的同时，积极参与土地流转从事规模经营，并在土地流转后投入资金进行土地整理，提高农业基础设施现代化水平。在转入土地后进行土地整理的 96 个主体样本中，85 个主体的资金来源于企业自身，占比 88.5%。农业社会化服务主体为小农户带来了大量社会资本。

从实践案例看，农业社会化服务的广阔市场吸引了大量工商企业的关注。中化集团借助"国字号"招牌，聚焦农业全产业链，从 2017 年开始打造"MAP①"模式，布局全国农产品核心优势产区，建立技术服务中心，提供农业生产性托管服务，帮助农民提高产品品质，打造产品品牌。中华全国供销合作总社在全国各地建立为农服务中心，发展土地托管，从单一的传统流通服务功能，拓展到为农服务各领域、农民生产生活各方面，不断优化和创新服务供给，已布局推广到全国 29 个省份，建成各类为农服务中心 1 万多家。2019 年，供销社系统不断提升为农服务水平，积极开展土地托管和测土配方、代耕代种、统防统治等农业社会化服务，服务面积达 2 亿亩。同时，工商资本的广泛参与为小农户带来了大量资金支持。金丰公社承担了连接农户资金需求与金融机构资金供给的中介功能，通过提供贷款服务和保险服务满足小农户的金融需求。第一类是贷款服务。光大银行、华夏银行都与金丰公社达成合作协议，2018 年临沭县人民政府专门出台了《关于开展"农地收益贷"试点工作的实施方案》，贷款对象就是金丰公社的社员，探索金融资源下乡的路径方式。2018 年底，各类金融机构已为县级金丰公社、农机手、农户等不同群体提供贷款总额 3.4 亿元，其中，"光大福农贷"为农户融资 3 亿元，"农地收益贷"为农户融资 700 多万元。第二类是保险服务。金丰公社不仅为社

---

① 此处指中化集团 2017 年推出的现代农业技术服务平台。

员购买了保费为 18 元 / 亩的政策性农业保险，承担了政府补贴 14.4 元 / 亩以外的全部保费，还为社员购买了保费为 10 元 / 亩的商业保险，总保额可达到 700 ~ 800 元 / 亩。

3. 增加人力资本的载体

在非农部门就业高收入的驱动作用下，农村劳动力大量外流，农业劳动力老龄化问题日益严重。更为突出的问题是，选择离开农村流入城市的大多是年轻劳动力，小农户在面临劳动力数量下降的同时，劳动力老龄化趋势也越来越明显，留守在农村的劳动力大多缺乏技术、技能等方面的知识，劳动力素质相对较低。同时，该部分群体对专业培训知识的接受能力往往较差，通过培训提高自己技能和知识水平的意识较为薄弱，这进一步导致小农户在和现代农业有机衔接过程中面临的人力资本约束趋紧，急需社会化服务主体的参与来破解。一方面，农业社会化服务主体更依赖专业化的从业人员和先进的机械装备来提供专业服务。因此，在绝大部分劳动力密集型环节，农业社会化服务主体能够通过机械的使用来替代劳动力使用，从而缓解人力资本约束。同时，农业社会化服务也为小农户带来了高素质的劳动力，这部分服务群体往往专业素质较高、技术能力更强，弥补了小农户人力资本素质较低的不足。另一方面，除了提供专业服务外，农业社会化服务主体还通过日常培训和指导等方式，为小农户提供及时的智力支持，通过依托服务进行培训和指导，小农户可以学习专业的种植、养殖等技术，提高其生产技能和知识水平。

清华大学中国农村研究院的调研数据显示，农业社会化服务主体专业素质高、能力较强，且通过雇工为小农户和现代农业有机衔接带来了人力资本支持。160 个新型农业经营主体样本中，95.0% 的负责人为男性，平均年龄为 46.9 岁，年龄最小者仅为 28 岁，平均受教育年限约 10.3 年，达到了初中及以上水平。同时，40.0% 的农业社会化服务主体负责人具有担任村干部的经历，能够为小农户带来更多的社会资源支持。农业社会化服务主体除了负责人自身能够带来人力资本支持外，还雇用了大量农业生产工人，用于弥补小农户生产面临的劳动力不足问题。160 个新型农业经营主体样本中，86.2% 的主体在经营过程中会雇工,其中长期雇工平均人数为14.3人,季节性雇工平均人数为21.3人。

从实践案例看,中化集团宜昌公司围绕水稻产业发展,通过构建"1+N"试验示范体系、搭建现代农场管理平台,逐步推动小农户生产的品种培优、品质提升和标准化生产,不断提升小农户生产中的人力资本水平。一是基于MAP技术服务中心构建"1+N"试验示范体系。中化集团宜昌公司建设的MAP技术服务中心拥有植保、综合、作物、生物实验室、元素分析室、试剂室、预处理室、光照培养室、盆栽日光温室9个功能板块,通过不断强化种植技术的研发功能,推动技术方案迭代升级。基于MAP技术服务中心,中化集团宜昌公司在问安镇万水桥已经建成1个MAP现代农业示范园,总面积1300余亩,主要用于优化种植技术方案,并向周边农户开展试验示范,从而为广大种植户提供先进的技术。二是依托互联网技术提升小农户人力资本水平。中化集团宜昌公司推出以精准种植和精细管理为核心的现代农场管理平台("MAP智农"),依托互联网、物联网、人工智能、大数据、云计算等科技手段,基于卫星、无人机等手段进行遥感观测,生成作物长势图,用于分析作物生产状况,以便制定精准的管理措施,提升农场管理的效率;通过精准的气象数据,辅助开展作物田间管理,确保精准有效;结合作物生理,根据温度、降水趋势,预测病虫害的暴发,为农户提供预警,提前防治,以减少损失。2020年,中化集团宜昌公司广泛动员、指导小农户运用"MAP智农",上线水稻种植面积合计超过13万亩,通过赋能人力资本,有效提升了小农户生产管理水平。

4. 延伸产业链条的载体

小农户的生产经营具有规模小、空间分散、时间上存在季节性的特点,而市场则表现出需求量大、空间集中、时间上带有持续性的特点,且终端需求要经过加工企业、流通企业、零售商等层层传导。二者的特点差异导致了小农户对接大市场时普遍面临市场需求信息滞后、产品品种结构不合理、定价和议价地位低、抵御风险能力弱等多方面问题。小农户融入现代农业产业链条的难度较大，需充分发挥农业社会化服务主体作为延伸产业链条载体的功能作用。在产前环节，农业社会化服务主体能够根据市场需求和生产实际情况，引进、生产甚至研发合适的农业种植品种，提高产品的市场竞争力；同时，农业社会化服务主体基于服务规模的扩大、对市场的了解和对渠道的掌握，能够进一步向产前环节延伸，从事农资生产供应。在产中环节，农业社会化服务主体的参与有助于进一步规范小农户的农业生产过程，提高产品质量和稳定性，增强产业链韧性，提高农业生产产值。在产后环节，农业社会化服务主体可以为小农户提供包装仓储、销售渠道和品牌服务。对农产品进行包装和保鲜存储，可以帮助小农户提高产品质量和市场竞争力，增加产品附加值；同时，小农户往往缺乏销售渠道和品牌服务，导致农产品的市场竞争力较弱，农业社会化服务主体可以通过网络营销等手段帮助小农户建立销售渠道和品牌形象，依托产业链的向后延伸将更多的附加价值留给小农户。

根据清华大学中国农村研究院的调研数据，农业社会化服务主体为小农户提供的服务不断向产前和产后环节延伸，但仍有较大的附加值增加空间。在160个新型农业经营主体样本中，27.5%的主体从事农资经营活动，为家庭农场、小农户、合作社提供种子、化肥、农药等。其中，小农户是最主要的服务对象，44个从事农资供应的主体中有32个主要为小农户提供服务，占比72.7%。此外，绝大部分提供产前农资供应服务的主体是从提供产中服务延伸而来，44个从事农资供应的主体中有22个（50%）原先从事农资配套的生产服务。在产后环节，53个新型农业经营主体会购买或代销农户农产品，占比33.1%。但在收购或代销小农户农产品时，87.5%的主体是采用不签订订单的田间收购模式进行，与小农户的利益联结紧密度较低。尽管农业社会化服务有向产前和产后环节延伸的趋势，但目前延伸覆盖的环节所创造的附加值仍十分有限。

从实践案例看，农业社会化服务主体针对小农户生产的农产品"难卖"问题，不断延伸产业链条，保障农民利益。一是拓展产后烘干、储存服务，帮助小农户应对市场波动。四川省井研县老农民水稻种植专业合作社一方面为服务对象提供烘干服务，同时按 1.5 元 / 斤的保底价格，随行就市收购；另一方面服务对象可以在合作社长期免费储存，待服务对象"取货"时，合作社给予相同品种相同数量的谷子，最大限度地帮助小农户获取更多收益。二是打造品牌，拓展销售服务，提升小农户收益水平。上海浦东新区老港镇静笃果蔬合作社与 4 家家庭农场进行对接，利用自己的"千年农夫"品牌优势，专注市场开拓和品牌增值，负责收购和代销农场生产的果蔬产品，有力解决了家庭农场销售农产品的后顾之忧。中化集团宜昌公司打造"枝江玛瑙米"品牌，并基于区块链溯源体系，利用"熊猫指南"系统，对大米品质进行检测鉴定，有效确保了"枝江玛瑙米"的品质，为品牌价值提升打下坚实基础；同时，建立"省内 + 省外"的线上线下结合式销售体系。在省内与大型商超、集团采购、分销市场、配送公司联手合作，在省外构建"专业批发市场分销网络"，与湖南、武汉、广东等多地的 25 家销售商签订《批发市场客户特约经销商合同》，并根据订单销售量制定生产加工计划，防止市场供需脱节；此外，中化集团宜昌公司通过与京东、我买网、武汉百慕达网络超市等电商企业合作，开辟线上销售渠道，为小农户增收拓展空间。

（二）农业社会化服务的作用成效

中国各地的最新实践证明，诸如农业生产托管等社会化服务形式不仅在一定程度上解决了小农户在市场、技术、资金、劳动力等方面的实际困难，而且能够通过农业服务规模经营将小农户引入现代农业发展的轨道。伴随农业社会化服务的快速发展，小农户在农业生产过程中与社会化服务主体的关系日益紧密，农业社会化服务主体作为应用现代技术、引入社会资本、增加人力资本、延伸产业链条的载体作用发挥得越来越充分，有效提升了小农户的生产效率，增加了小农户的经营收入，提升了小农户的发展能力，有力推动了小农户和现代农业有机衔接。

1. 提升了小农户的生产效率

农业社会化服务组织立足生产全过程，利用专业技术人员、专用设施装备、专门营销网络，在产前、产中、产后环节为普通农户和其他经营主体提供全方位专业化服务，通过先进科技和物质装备的运用，帮助生产主体减小劳动投入、缩短对新技术新装备的摸索过程，实现了小农户农业生产效率的高效提升。伴随农业社会化服务规模和质量的提升，中国农业生产机械化水平进一步提高，2019 年，中国拥有大中型拖拉机 670.1 万台，联合收割机 198.5 万台，分别是 1995 年拥有量的 10 倍和 20 倍，农作物耕种收综合机械化率超过 71%。同时，主要农作物良种基本实现了全覆盖，2020 年农作物良种覆盖率达 96% 以上。随着科技的不断发展和政府的大力支持，农业社会化服务主体也给小农户带来了电子商务、数字技术、生物防治和可持续农业等新技术，以帮助小农户更好地销售农产品、管理农作物、减少环境污染和提高生产效率。与 1995 年相比，2021 年中国粮食作物单位面积产出增长了 36.92%，充分显示出农业社会化服务主体在提升小农户生产效率上的积极作用。

2. 增加了小农户的经营收入

现阶段，中国小农户生产已经呈现明显的商品化特征，小农户的生产决策目标已转变为追求利润最大化，以市场为导向调整生产结构。但受小农户难以与大市场对接的影响，其单独依靠自身力量实现经营收入的增长十分困难。而农业社会化服务主体基于自身优势，可以帮助小农户提高生产效率，降低生产成本；提高产品质量，增加农产品价值；提供市场支持，增加销售量和收入；延长产业链条，拓展增收空间。农业社会化服务主体通过提供统一的产前、产中、产后的生产服务，实现规模化生产、集约化经营，让分散经营的小农户切实享受规模化生产带来的红利。通过组织统一耕种、统一植保、统一收获，从源头上节约了机械服务费，杜绝了生产资料浪费，提高了种植效益。以玉米为例，农业社会化服务的使用将使亩均增产 5% 左右，增收 200 元以上，亩均节水 350 立方米、节药 20% 左右，亩均减少化肥投入

20~30公斤、节肥30%左右，亩用工量减少50%以上，每亩综合节本增效380元以上。综合来看，农业社会化服务组织田间作业总量每提高20%，农户将增收15%左右①。近十年来，伴随农业社会化服务的快速发展，农村居民人均可支配经营净收入由2012年的3660元提升至2022年的6972元，年均增长7.4%，小农户经营增收效应明显。

3. 提升了小农户的发展能力

农业社会化服务作为增加人力资本的载体，有助于小农户转变农业发展方式，积极发展新产业新业态，实行绿色发展，提高自我发展能力，从而努力走出一条产出高效、产品安全、资源节约、环境友好的农业现代化道路。现阶段，中国小农户的受教育程度不断提高，人力资本明显提升。根据第二次和第三次全国农业普查数据，2016年农业生产经营人员与十年前相比，学历水平在小学及以下的比例减少7.2个百分点，初中学历占比增长3.3个百分点，高中及以上学历占比增长4个百分点。另据《2020年全国高素质农民发展报告》，全国超过45%的高素质农民受教育程度为高中及以上，比第三次全国农业普查的农业生产经营人员高出36.7个百分点。同时，全国近70%的高素质农民年龄在36~54岁，形成了一支年轻的队伍。高素质农民自身具有良好的人力资本，部分小农户还通过创业，逐步成为服务供给主体，有效发挥了示范带动作用，超过60%的高素质农民能够辐射带动周边农户，给周边农户提供农业技术指导、统一购买农资和销售农产品、提供农业信息服务等。

（三）制约农业社会化服务发挥作用的障碍

近年来，中国农业社会化服务快速发展，在推动小农户与现代农业衔接方面发挥了重要作用，但是发展不平衡、不充分的矛盾依然存在。农业社会化服务在不同区域、不同产业、不同品种、不同环节上面临一系列挑战，服

---

① 数据来源于甘肃省农业社会化服务典型案例资料。

务主体服务能力、农机装备先进适用性以及服务内容不平衡等方面的短板弱项突出显现。

1. 服务主体的服务能力偏弱

农业社会化服务是现代化农业生产的重要组成部分。伴随农业经营规模化、市场化程度的加深，农村与农业生产不仅需要生产型、技术服务型、经营管理型等专门人才，还需要多层次、多领域的复合型专家。但是，由于中国农村老龄化问题加剧，从事农业社会化服务的人员中老年人的比例逐渐增加，知识结构老化、人员素质难以满足服务职能的问题影响了中国农业社会化服务能力的整体水平。尤其在农业信息化、数字化的大背景下，如何创新服务供给模式，提升社会化服务效率和精准性将对中国农业社会化服务主体提出更大挑战。同时，随着中国农业专业化、现代化水平不断提高，农业功能不断拓展，对系统而全面的农业社会化服务的需求也更强烈。但整体而言，中国农业社会化服务主体的服务能力较弱，仍然以提供单项服务为主，在总量供给和服务结构方面均难以满足广大小农户的综合服务需求。此外，由于中国不同区域间农业资源配置、经济发展水平与社会因素相异，各地区在提供同一种服务时存在不同的生产成本，因此，社会化服务的区域性供给能力存在较大差异，经济欠发达地区、偏远地区农户的多元化需求难以满足。

2. 农机装备的先进适用性有待加强

农业机械化是加快推进农业农村现代化的关键抓手和基础支撑，也是农业社会化服务的重要内容。但中国农机服务尤其在丘陵地区发展较慢。中国丘陵山区县耕地面积为 4668.60 万公顷，占全国的 34.62%，播种面积为 5673.10 万公顷，占全国的 34.20%，是中国重要的果蔬茶和粮油生产基地。但是针对丘陵山区小麦、玉米适度规模生产缺乏适用机械化作业装备，配套性较差，制约全程机械化发展。2019 年，丘陵山区县（市、区）农作物耕种收综合机械化率仅为 49%，明显低于全国 70% 的平均水平。此外，中国虽然是农机制造大国，但主要集中在小功率、中低端以及单一功能农机装备方面，大型化的高端农机、高效复式作业农机装备较少。以拖拉机为例，国外拖拉机功率已超过 600 马力，均采用动力换挡和无级变速器，而国内拖拉机以中小马力和机械换挡为主，无级变速器技术研究和产品开发刚刚起步。从服务主体层面看，技术力量薄弱、研究条件落后、缺乏技术储备是其难以发挥科技创新主体功能的主要因素。

3. 服务内容的不平衡性突出

当前，中国农业社会化服务的全产业链发展尚不成熟，服务内容主要集中在产中环节，产前和产后服务还较为薄弱。具体而言，在产中环节，机耕、机收环节服务供给比例较高，栽种、施肥、打药等环节服务覆盖比例相对较低。产前和产后环节的有效供给更是不足，农业生产者难以获得产前的农资供应、市场信息、技术服务，产后的运输、加工、贮藏和销售服务，以及金融、保险等专业服务。此外，当前中国农业社会化服务以粮食等大田作物为主，耕种收服务已相对完备，但是对果蔬种植、畜禽兽医、水产养殖等领域服务明显滞后。一般而言，经济作物包括特色作物的种植和养殖需要更强的技术支持，涉及育种、栽培、病虫害防治、质量检测等多个环节，部分特色作物还具有较强的地域性，需要特殊的包装、储存和运输技术等个性化服务，以当前的农业社会化服务主体的服务能力和供给水平，尚无法充分满足这部分的市场需求。

四、推动面向小农户的农业社会化
服务高质量发展的路径

为实现小农户与现代农业有机衔接，应该继续推进农业社会化服务高质量发展，引导各类服务主体提供更多面向小农户的服务内容和服务模式，将现代农业生产理念、生产技术、生产方式引入小农户的经营活动中，从整体上提升中国农业现代化发展水平。

（一）构建社会化服务多元格局，提升主体服务能力

以提升农业综合生产能力为目标，建立主体多元、综合配套、规范高效的农业社会化服务体系。

1. 培育多元化服务主体，构建完善的现代化职业农民教育体系

按照有情怀、有能力、有工匠精神、有社会责任的"四有"要求，通过全产业链培训、训后技术指导和跟踪服务等多种路径，提升从业者的眼界、知识、技能，培养造就一批有文化、懂技术、善经营、会管理的职业农业服务人员。同时，充分发挥不同服务组织各自的优势和功能，引导农资企业、农业科技公司、互联网平台等各类涉农组织向农业服务业延伸，以资金、技术、服务为纽带开展联合合作的多种方式，推动服务领域拓展和服务链条延伸。

2. 建立健全综合性服务体系，形成多层次、多形式、多主体、多样化的农业社会化服务格局

在服务区域方面，针对粮食主产区，打造全产业链服务，强化有利于"藏粮于地、藏粮于技"的服务供给；针对蔬果产区，进一步拓展服务品种、服务内容、服务方式，挖掘产品附加价值；针对畜禽养殖地区，积极探索动物疫病防控、禽畜粪便资源化处理等内容，实现环境友好型生产；在服务对象方面，既要提供面向家庭农场、合作社和农业企业等新型经营主体的规模化服务，也要提供面向小农户的差异化服务；在服务模式方面，完善以土地托管、半托管为代表的多元化社会化服务模式，实现对不同类型农产品生产经营活动的全覆盖。

3. 加强行业规范化管理，推进农业社会化服务的跨区域整合

全面推动服务行业管理制度建设，建立服务组织信用评价机制，加强行业自律，强化服务品牌引领。以县为中心，面向乡村，搭建"中心—外围"状辐射型农业技术、人才培训、创新创业、产品营销等服务网络，同时强化

县域联动，促进农业社会化服务的跨区域整合，推动优势服务资源互补，提升区域优势的外溢效应。

（二）推动农业机械化科技创新，强化主体技术支撑

通过提高财政支持投入、推动科技创新、壮大产业集群，不断提升农业社会化服务的技术水平，与农业高质量发展的要求相匹配。

1. 提高农机服务的财政支持投入

稳定实施农机购置补贴政策，重点支持薄弱环节、绿色高效机械装备及智能农机与信息化装备等推广应用；对创新农机产品购置实施补贴试点，开展农机购置综合补贴试点，推动农机报废更新；推进农田"宜机化"改造。

2. 推动农机服务科技创新

一方面，强化先进机械装备使用。优先发展粮食作物生产全程机械化、加快补齐丘陵山区机械化短板，加强农业机械化和农机装备的科技创新，提高农业机械化服务水平。另一方面，促进农业科技成果转化和应用推广。通过强化生物技术、装备技术、绿色技术、数字技术的应用推广，最大限度保障产业安全，实现高质量、可持续发展，进而惠及农业发展全局。此外，提供覆盖农业生产全过程的服务。发展数字农业，通过互联网、物联网、云计算等技术的广泛应用，为服务对象提供更为专业优质的专项服务和全产业链的综合服务，实现从田间到餐桌全链条、全过程现代化。

3. 壮大农机社会化服务产业群产业链

推进农机作业社会化服务、农机维修与配件供应、农机技能培训等产业蓬勃发展，不断壮大农业机械化产业群产业链。同时，加强农机社会化服务提质增效示范主体建设，选择一批基础条件好、管理科学、运作规范的农机合作社给予重点扶持培育，促进先进适用农机具的推广和示范，推进主要农作物生产全程机械化发展。

（三）丰富社会化服务内涵，拓宽主体服务领域

基于纵向和横向双重维度进一步拓展农业社会化服务领域，实现农业社会化服务的均衡发展。

1. 基于纵向维度，不断推动农业社会化服务向产前和产后环节拓展，基于全产业链发展实现农村一、二、三产业融合发展

除了继续聚焦生产经营过程中的中间服务，提供耕种收等服务之外，还应在此基础上拓展为适应新的科技和经营模式提供科技推广等人力资本服务，为促进产品交换或价值实现提供市场营销、品牌塑造等服务，为保障现代农业产业体系、生产体系和经营体系高效运转提供现代的信息传递、物流、商务活动、金融、保险等服务，为整个生产经营提供财务会计等管理服务。

2. 基于横向维度，拓展多层次农业社会化服务新领域，满足农民生产生活全方位需求

不仅可以服务于生产领域，也可以服务于生活、生态领域；不仅可以为生产经营者在获得高质量的信贷保险、市场营销、产品品牌塑造上提供帮助，更需要帮助生产经营者规划生产、生活事务；不仅可以服务于农业农民，也可以服务于农村城市。新产业、新业态会生成越来越多的服务需求，从而使农业社会化服务的服务链向乡村服务业延伸。

（四）落实落细政策保障，促进主体可持续发展

进一步完善用地政策、金融保险政策和财政税收政策，加快培育各类农业社会化服务组织。

1. 用地政策

充分利用农村闲置学校校舍、工厂、废弃地，或给地方政府预留一定

的农业服务设施用地自主调整空间，加快落实服务主体建设仓储、烘干、农机库棚、生产辅助和配套设施用地，保障农业社会化服务主体合理用地需求。

2. 金融保险政策

鼓励农业担保机构和涉农金融机构对农业社会化服务主体的信贷、担保业务进行创新，积极推进农业机械抵押贷款和融资租赁试点，扩大财政主导的农业信贷风险补偿基金的规模和功能，建立担保、银行、财政共担风险的协同支持机制，缓解农业服务主体的融资困难。扩大保险支持范围，构建涵盖财政补贴基本险、商业险和附加险等的农业保险产品体系，积极探索开展"一揽子"综合险，将农机大棚、农房仓库等农业生产设施设备纳入保障范围，更好满足农业社会化服务主体多层次、多元化的风险保障需求。

3. 财政税收政策

鼓励各地通过政府购买服务、以奖代补、先服务后补贴等方式，重点支持各类服务组织面向小农户和产粮大县，聚焦农业生产关键薄弱环节，开展以生产托管为主的社会化服务。进一步拓宽、落实各类服务主体在增值税、企业所得税、个人所得税、城镇土地使用税、耕地占用税等方面的税收优惠和税收减免政策，减轻服务组织负担。

主要参考文献

［1］于海龙，胡凌啸，林晓莉.小农户和现代农业有机衔接需要何种媒介［J］.经济学家，2022，285（9）：108-118.

［2］胡凌啸，王亚华.小农户和现代农业发展有机衔接：全球视野与中国方案［J］.改革，2022，346（12）：89-101.

［3］张红宇.大国小农：走向现代化的历史抉择［Z］."三农"决策要参，2018（16）.

［4］陈锡文.实施乡村振兴战略，推进农业农村现代化［J］.中国农业大学学报（社会科学版），2018，35（1）：5-12.

［5］张红宇 . 农业生产性服务业的历史机遇［J］. 农业经济问题，2019（6）：4-9.

［6］张红宇 . 走有中国特色的现代农业发展道路［N］. 经济日报，2019-2-27.

［7］张红宇，胡凌啸 . 构建有中国特色的农业社会化服务体系［J］. 行政管理改革，2021（10）：75-81.

［8］黄宗智 . 中国新时代小农经济的实际与理论［J］. 开放时代，2018，279（3）：62-75+8-9.

［9］韩俊 . 大力发展农业社会化服务［J］. 农村经营管理，2019，200（10）：26-31.

推进我国农业机械化高质量发展研究 *

党的二十大报告明确，高质量发展是全面建设社会主义现代化国家的首要任务。改革开放以来，在中央强农惠农政策的推动下和市场需求的拉动下，我国农业机械装备总量和农业机械化水平取得长足进展，我国农业实现了由主要依靠人力畜力的阶段进入了以机械化生产方式为主导的新阶段。当前，我国农业机械化发展的主要问题已经从装备总量供给不足转为发展不平衡、不充分。在"十四五"乃至今后更长时期，必须将推动高质量发展贯穿农业机械化发展的全过程，不断满足广大农民对农业机械化的多样化需求，加快推进农业农村现代化，实现建设农业强国的目标。

本研究以习近平新时代中国特色社会主义思想为指导，运用文献研究法、比较分析法、案例分析法、统计分析法、调查研究法等方法，尝试建立一个我国农业机械化高质量发展的理论研究框架，概括我国农业机械化高质量发展的基本内涵和外延，分析有关影响内因和外因，探索建立评价指标和方法，借鉴发达国家的经验和做法，总结我国农业机械化供给侧和需求侧存在的突出问题，提出推进我国农业机械化高质量发展的实现路径和对策建议，为我国农业机械化高质量发展提供理论支撑和决策参考。

---

* 本报告是清华大学中国农村研究院重点研究课题"推进我国农业机械化高质量发展研究"的研究成果，报告观点仅代表课题组的看法。课题负责人：李斯华，农业农村部农业机械化总站党委副书记、高级农艺师。报告执笔人：李斯华、侯方安、宁新康、田金明、董洁芳、孙丽娟、孙筱、刘辉、舒坤良、王锋德、王硕。

一、研究背景

依据《中华人民共和国农业机械化促进法》的定义，农业机械化是指"运用先进适用的农业机械装备农业，改善农业生产经营条件，不断提高农业的生产技术水平和经济效益、生态效益的过程"。从宏观经济的视角来看，农业机械化是将农业机械应用于农业生产中的一项经济活动，是现代化经济体系的重要组成部分。因此，推动农业机械化发展既要符合农业生产发展要求，也要遵守经济运行规律。

近年来，党中央审时度势，明确提出高质量发展是当前我国经济社会发展的主题，为我国农业机械化发展指明了方向。2017 年，党的十九大报告提出了"高质量发展"的新表述，作出了我国经济由高速增长阶段向高质量发展阶段转变的判断；同年召开的中央经济工作会议强调，推动高质量发展是当前和今后一个时期确定发展思路、制定经济政策、实施宏观调控的根本要求，必须加快形成推动高质量发展的指标体系、政策体系、标准体系、统计体系、绩效评价体系、政绩考核体系，创建和完善制度环境，推动我国经济在实现高质量发展上不断取得新进展；2020 年，党的十九届五中全会提出，"十四五"时期经济社会发展要以推动高质量发展为主题，这是党中央根据我国发展阶段、发展环境、发展条件变化作出的科学判断；2021 年全国"两会"期间，习近平总书记强调，高质量发展是"十四五"乃至更长时期我国经济社会发展的主题，关系我国社会主义现代化建设全局[1]；2022 年，党的二十大报告指出，高质量发展是全面建设社会主义现代化国家的首要任务，要坚持以推动高质量发展为主题，加快建设现代化经济体系，推动经济实现质的有

---

[1] 《习近平在参加青海代表团审议时强调：坚定不移走高质量发展之路 坚定不移增进民生福祉》，新华社，2021 年 3 月 7 日。

效提升和量的合理增长；2022 年召开的中央经济工作会议进一步强调，坚持发展是党执政兴国的第一要务，发展必须是高质量发展，完整、准确、全面贯彻新发展理念，做到经济合理增长和结构优化升级相统一。

当前，我国已经进入加快推进农业农村现代化、深入实施乡村振兴战略、着力建设农业强国的新时期，对农业机械化发展提出了新的更高要求。改革开放以来，在中央强农惠农政策的有力推动下，特别是 2004 年《中华人民共和国农业机械化促进法》实施以来，我国农机装备和农机作业的供需两旺，农业机械装备总量和农业机械化水平快速提高，取得了举世瞩目的成就。据中国农业机械工业协会统计，2021 年我国农机装备企业总数超过 8000 家，其中规模以上企业 1776 家，规模以上企业主营业务收入达到 2860 亿元，市场规模约占全球总量 30%，成为世界农机装备制造和销售大国。据农业农村部农业机械化管理司统计，2021 年我国农业机械总动力达到 10.78 亿千瓦，比 1978 年增长 9.2 倍；其中，拖拉机达到 2173.06 万台，增长 11.3 倍；联合收割机达到 223.78 万台，增长 117.8 倍。2021 年我国农业耕种收综合机械化水平达到 72.03%，比 1978 年提高 52.37 个百分点；其中，机耕水平达到 86.42%，提高 45.52 个百分点；机播水平达到 60.22%，提高 51.32 个百分点；机收水平达到 64.66%，提高 62.56 个百分点。

2010 年全国农业耕种收综合机械化水平达到 52.28%，超过 50% 的分水岭（见图 1）。这标志着我国农业生产已从主要依靠人力畜力转向主要依靠机械动力，进入了机械化为主导的新阶段。

在新的发展阶段，我国农业机械化发展不平衡、不充分的问题开始凸显。从供给端来看，农机企业的整体实力和研发创新能力不强、农机装备部分核心技术受制于人、整机产品可靠性和智能化水平不高，中低端产品产能过剩与高端产品供给不足的结构性矛盾仍十分突出；从需求端来看，主要表现为"三高三低"，即水稻、小麦、玉米三大主粮作物生产机械化水平较高，棉、油、糖等经济作物生产机械化水平较低；平原地区机械化水平较高，丘陵山区机械化水平较低；种植业机械化水平较高，畜牧养殖、水产养殖、

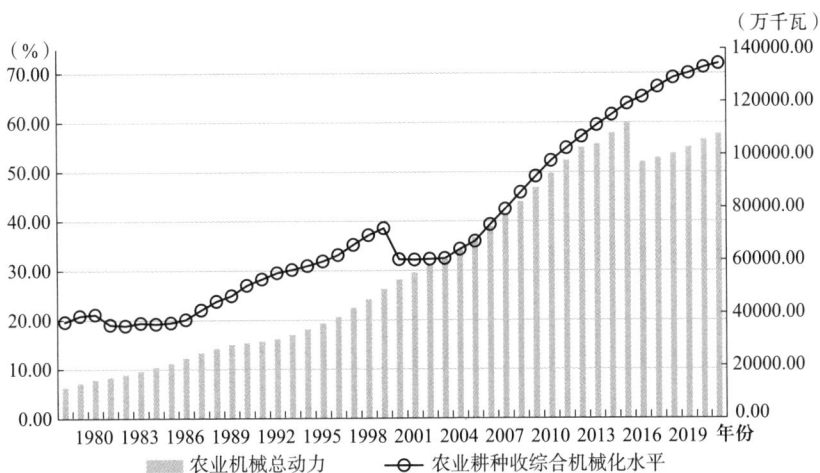

图 1　1978—2021 年全国农机总动力和综合机械化水平变化图

资料来源：农业农村部农业机械化管理司《全国农业机械化统计年报》（1978—2021 年）。

农产品初加工和设施农业机械化率较低；在农业生产中的一些领域"无机可用""无好机用""有机难用"等问题亟待解决。这些矛盾和问题集中体现在农业机械化发展质量上。只有大力推进农业机械化高质量发展，从注重装备总量的增长向装备质量的提升转变，由满足基本作业需求向达到较高作业标准转变，由完成单一环节机械化向全程全面机械化转变，才能实现更加高效、更加平衡、更加充分的发展，不断满足加快推进农业农村现代化的需要和农民对农业机械化的多样化需求。在"十四五"乃至今后更长时期，高质量发展将贯穿农业机械化发展的全过程。

二、我国农业机械化高质量发展的内涵和外延

一般而言，质量是指产品能够满足实际需要的使用价值特性，而在竞争性领域，质量同时还指具有更高性价比并且能有效满足需要的竞争力特性。近年来，相关领域的专家和学者对"经济高质量发展"和"农业高质量

发展"进行深入研究，涌现了一批很有价值的学术和政策研究成果，这对于我们科学把握"农业机械化高质量发展"的内涵和外延，具有重要的参考价值。

（一）相关研究综述

我国学者们围绕经济高质量发展这一主题，从宏观经济稳定发展、中观产业优化升级和微观企业发展等层面进行深入研究，认为经济高质量发展的内涵是生产力和生产效率的提高，生产要素在更高水平上实现供给和需求的动态平衡。

近些年来，我国学者开展"农业高质量发展"研究的热度日益增加，对概念、内涵、特征、影响因素、发展条件、评价体系、动力机制等问题进行了深入的多角度探讨。从内涵上看，中国农业科学院钟钰（2018）提出，高质量发展阶段的农业生产经营，除了针对农产品质量而言，还应包括生产经营体系质量和产业效益。山东社会科学院王兴国等人（2020）认为，农业高质量发展的内涵包括以"满足人民日益增长的美好生活需要"为根本目的，以"创新、协调、绿色、开放、共享"为基本遵循，以质量和效益为价值取向。从特征上看，华中农业大学董艳敏等人（2021）提出，应从生产效率、产业效益、绿色生产、劳动质量、农民收入五个角度出发，直观反映出我国农业高质量发展的特征。四川农业大学乐敏祥（2022）对四川省农业高质量发展进行研究，认为农业高质量发展应体现在结构协调、环境绿色、技术创新、发展开放和结果共享五个方面。2019年，农业农村部等7部委印发《国家质量兴农战略规划（2018—2022年）》，要求"到2022年，质量兴农制度框架基本建立，初步实现产品质量高、产业效益高、生产效率高、经营者素质高、国际竞争力强，农业高质量发展取得显著成效。"这是以国家部委文件的方式首次明确了我国农业高质量发展目标。

进入21世纪以来，我国农业行政主管部门在不同时期对农业机械化发展的总体要求不尽相同，先后提出了"快速发展""科学发展""又好又快发展""转型升级"等要求，最终演进为"高质量发展"。2006 年 4 月，时任农业部农业机械化管理司司长王智才接受新华社记者采访时表示，综合考虑未来五年中国农业机械化发展趋势和条件，"十一五"将是我国农业机械化快速发展的机遇期。2008 年 10 月，时任农业部副部长张桃林在中国农业机械化发展论坛上表示，要进一步理清推动农机化科学发展的思路，始终坚持发展是第一要务、始终坚持以人为本、始终坚持全面协调可持续发展，努力推动农机装备总量持续增加，促进结构进一步优化，不断提高农机作业水平，发展壮大农机服务组织，推广资源节约、环境友好型农机化新技术新机具，做到速度、质量、效益的有机统一。这是农业行政主管部门首次对农机化领域的"科学发展"进行系统阐述。2010 年 7 月，国务院《关于促进农业机械化和农机工业又好又快发展的意见》强调要"坚持走中国特色农业机械化道路，着力推进技术创新、组织创新和制度创新，着力促进农机、农艺、农业经营方式协调发展，着力加强农机社会化服务体系建设，着力提高农机工业创新能力和制造水平"。这是国务院首次要求农机行业"又好又快发展"。2018 年 12 月，国务院印发《关于加快推进农业机械化和农机装备产业转型升级的指导意见》，强调要以科技创新、机制创新、政策创新为动力，补短板、强弱项、促协调，推动农机装备产业向高质量发展转型，推动农业机械化向全程全面高质高效升级，走出一条中国特色农业机械化发展道路，为实现农业农村现代化提供有力支撑。这是国务院首次提出农业机械化"转型升级"的要求。2023 年 3 月，农业农村部印发《关于加快推进农产品初加工机械化高质量发展的意见》，这是国家农业行政主管部门正式发文提出农业机械化领域"高质量发展"要求。

目前，国内专家学者对农业机械化高质量发展的理论研究成果不多，部分成果涉及了高质量发展的内涵。如中国人民大学路玉彬等人（2018）认为，我国农业机械化发展必须尽快实现由外延扩展型向内涵提升型转变，更加注重质量和效益。南京农业大学张兆同（2020）提出，农业机械化高质量发展内涵体现在规模适度、结构协调、质量更高、效益更好、效率更高、效果更好、更可持续、更具创新。农业农村部南京农业机械化研究所崔思远（2021）认为，标准化是推进农业机械化高质量发展的内在要求，可以有效地提高政府管理效率。此外，还有一些基层农机化科研人员分别对本地区推进农业机械化高质量发展的工作进行了总结和探索。

总的来看，虽然农业农村部提出了"农业机械化高质量发展"的概念，但未明确给出内涵定义，国内有学者认为应从质量与效益、规模与结构、效率与效果、创新与可持续等方面来阐述，但行业未达成共识。

（二）农业机械化高质量发展的基本内涵

农业机械化高质量发展既与农业机械本质属性密切相关，又与经济发展规律紧密相连。基于已有高质量发展内涵的界定和阐述，以及我国农业机械化发展自身特色，农业机械化高质量发展的基本内涵可界定为：以创新为动力，以效率为导向，推动农业机械化发展方式由注重数量和速度的增长向以质量和效益的提高为目标转变，在实现更加充分、更加均衡发展的同时，不断提高农机装备的供给能力、服务能力，不断降低农机作业的要素成本、环境成本，不断满足农民群众对机械化生产的个性化、多样化需求，为保障粮食安全、建设农业强国提供有力支撑。

农业机械化高质量发展的基本特征可概括为"四高一好"，即农机装备水平、农机作业水平、农机服务水平、农机管理水平达到较高标准，农业机械化对环境更加友好，实现可持续发展。具体内容表述如下。

1. 农机装备水平高

拥有一定规模数量的农机装备，是我国农业机械化发展的基本前提，但不能简单以农机总动力的多少来"论英雄"，更要看农机装备的产品质量和科技含量水平高不高，具体包括5个方面的内容：①农机总量规模适度，能满足广大农民群众和农业生产经营组织、服务组织等农业生产各领域对农业机械化的需求，多了就是浪费资源；②农机装备结构合理，不仅有适合平原地区的大中型农业机械，还要有适合丘陵山地的高效专用农机，以及适合小农生产的小微型农机，不可一味贪大求全，合理搭配才能解决农业生产中的实际问题；③农机装备先进适用，科技含量较高，适合我国主要农作物和特色经济作物种植以及畜牧水产养殖、农产品初加工等领域，包括农业产前、产中、产后诸环节，不可粗制滥造和"缺门断档"；④农机装备安全可靠，作业性能优良，故障率较低，符合国家有关安全运行标准，关键农时不能总是"趴窝"；⑤农机装备性价比高，不同档次机具的性能和价格相匹配，值得投资购买，农机户满意度较高。

2. 农机作业水平高

购买农机装备的最终目的是为了使用，实现对人力、畜力的完全替代，但不能简单看是否完成了基本作业任务，更要看完成的作业质量高不高，具体包括4个方面的内容：①作业比例达标，以县域为评价重点，主要作物基本实现全程机械化（不仅是耕、种、收环节，还应包括植保、施肥、烘干、秸秆处理等主要环节），主要畜牧水产养殖、果菜茶以及设施农业的关键环节基本实现机械化，解决了农机作业"有没有"的问题；②作业质量达标，以农作物为评价重点，包括耕作深度、播种精度、植保有效度和收获完整度（损失率）等达到或超过有关标准，符合相关农艺要求，解决了农机作业"好不好"的问题；③作业效率达标，以机具为评价重点，单位时间的农机作业效率达到或超过人工作业方式，显著提高农业劳动生产率，实现抢农时、防灾害、夺丰收，解决了农机作业"快不快"的问题；④农机作业效果达到预期，以农户满意度为评价重点，实现了"以机换人"。

3. 农机服务水平高

由于我国农村土地实行家庭承包经营，大量农户雇用农机作业，这是我国农业生产的显著特点。据农业农村部农业机械化管理司测算，全国农机社会化服务面积超过45亿亩次/年，占农机作业总面积的2/3左右。因此，农机社会化服务水平的高低，决定了我国农业机械化高质量发展的程度，具体包括 5 个方面的内容：①服务对接高效，通过物联网、移动互联网等现代信息技术手段，实现农机跨区作业的市场供需信息有效对接，农机服务更及时、收费更合理；②服务模式多样，订单作业、全程托管、承包经营等农机服务模式日益成熟，农户对农机作业的个性化、多样化需求得到有效满足；③服务体系健全，农机户、农机专业户、农机社会化服务组织的区域分布比较均衡，应急响应比较有力，从业人员素质水平较高，形成比较合理的农机社会化服务网络，在农业生产中发挥主力军作用；④售后服务及时，农机零配件供应和维修保养更加便利，农机企业的农机产品"三包"服务更加规范；⑤农机社会化服务程度较高，供需双方对农机服务市场体系的满意度较高。

4. 农机管理水平高

我国农业产业具有经营分散度高、比较效益低的特点，整体上属于弱势产业，但又是国民经济发展的重要基础，需要各级政府加大政策扶持和技术服务力度。因此农机管理水平的高低，决定了我国农业机械化高质量发展环境的优劣，具体包括 4 个方面的内容：①扶持政策到位，各级政府出台的农机购置补贴、农机作业补助、农机加油优惠、农机保险服务等扶持政策的针对性更强、受益面更广，办理程序更加规范和高效，实施效果更加明显；②技术服务到位，多层级的农机试验鉴定、技术推广、安全监理、质量监督、教育培训等机构比较健全，技术支撑和服务保障作用发挥比较到位；③市场管理到位，农机流通市场、农机作业市场、农机维修市场规范有序，假冒伪劣产品无法生存，农机跨区作业畅通无阻，公平竞争的市场秩序开始形成；④农业机械化产业的各项扶持政策精准高效，相关参与主体的满意度较高。

5. 环境更加友好

农业生产过程机械化具有两重属性，既能提高劳动生产率和土地产出率，也会消耗化石能源、增加污染排放，过度开垦甚至会影响生态环境。因此，农业机械化高质量发展应该更好地服务于人与自然和谐共生的现代化，不断满足人民日益增长的优美生态环境需要，低能耗、低排放的农机得以广泛应用，农业机械化的经济效益、生态效益和社会效益协同提高，实现可持续发展。

在以上"四高一好"的特征描述中，我们首次引入了"满意度"这个特征指标，主要基于以下两个方面的考虑：一是根据国务院《关于加快推进农业机械化和农机装备产业转型升级的指导意见》，农业机械化发展应"以服务乡村振兴战略、满足亿万农民对机械化生产的需要为目标"，所以，亿万农民对农机作业服务满意不满意，是衡量农业机械化发展质量高不高的重要标准；二是借鉴了国际标准化组织（ISO）制定的质量管理体系标准的理念，《ISO 9001—质量管理体系要求》为企业提供了建立、运作和维护质量管理体系的基本要求，其中的一条重要原则就是"不断提高顾客满意度"。我们在评价一个产品（或服务行为）是否符合高质量要求，既要看其是否满足相关的产品标准（或服务标准），还要看其是否满足用户心理预期。发展农业机械化亦如此，只有客观标准和主观感受两者都满足了，才算得上高质量发展。

因此，我们从五个维度来考察"满意度"：一是在"农机装备水平高"中考察农机户对农机产品的满意度，二是在"农机作业水平高"中考察农民对农机户的满意度，三是在"农机服务水平高"中考察供需双方对市场体系的满意度，四是在"管理水平高"中考察市场主体对政府部门的满意度，五是在"环境更加友好"中考察全社会对农业机械化发展的满意度。这五个维度的满意度，决定了我国农业机械化高质量发展的成色。

（三）农业机械化高质量发展的外延分析

农业机械化是将先进的机械装备应用于农业生产中的经济活动，可以看作一个面向农业的服务型产业，具有产业链条长、产值规模大的特征。据统计测算，2021年我国农机服务收入4816亿元，农机产品（含零部件）每年的销售额将近5000亿元，农业机械化行业是一个近万亿元产值的产业。

农业机械化高质量发展的外延，是指农业机械化产业链上的各个环节

（包括上、中、下游市场）实现高水平的供给和需求的动态平衡。这个产业链条具体包括农机科研、制造、流通、鉴定、推广、使用、维修、报废、安全监理、质量监督、人员培训、中介服务、农机运营 13 个环节，诸环节紧紧相联，共同构成推动农业机械化高质量发展的生态系统。

根据相关产业体系高质量发展经验，一个产业体系能实现高质量发展，往往伴随着产业链条上各部门劳动生产率的不断提高，以及诸环节之间的协调发展。从产业分类角度，可将"农机使用"归属为第一产业，"农机制造"归属为第二产业，其他方面归属为第三产业。对照农业机械化高质量发展的方向，我们既要注重第二产业即"农机制造"环节生产效率的提高（这是物质基础），同时更要抓紧推动第三产业即农机科研、流通、鉴定、推广、维修、报废、安全监理、质量监督、人员培训、中介服务、农机运营等环节生产效率的提升（这是保障条件），旨在提升第一产业即"农机使用"环节生产效率（这是最终目的）。推动农业机械化高质量发展，就是在农业机械化领域实现一、二、三产业有机融合，达到"接二连三归一"的效果。

我们必须深刻把握农业机械化高质量发展的内涵，推进农业机械化产业各环节协调发展，才能有效解决我国农业机械化存在的问题和结构性矛盾，促进农业整体转型升级，逐步实现农业强国的宏伟目标。

三、我国农业机械化高质量发展的内因和外因

为了深入分析影响我国农业机械化高质量发展的内因和外因，课题组编制了"推进农业机械化高质量发展"调查问卷，在农业农村部农业机械化管理司的指导和支持下，从 2022 年 11 月起，组织开展了一次面向农机化行业的专题问卷调查。截至 2023 年 5 月 1 日，课题组共收到有效答卷 479 份，包括省级农机管理部门和事业单位 38 份，地市级农机管理部门和事业单位 131

份，县级农机管理部门和事业单位 90 份；农机生产和流通企业 112 份；农机专业合作社或农机专业户 99 份，有关科研机构人员 9 份。经汇总分析答卷结果，课题组梳理出影响农业机械化发展的四大内因和五大外因，并按影响程度予以先后排序。

（一）农业机械化高质量发展的内部动力因素解析（内因）

调查问卷中"你单位认为推动本区域农业机械化发展的主要动力来自哪些方面？"包含了 4 个具体选项和 1 个其他选项，要求受访者可以多选但必须对所选项目进行排序。为识别排序选择的权重，我们将一选赋值 5 分，二选赋值 4 分，三选赋值 3 分，四选赋值 2 分，五选赋值 1 分，综合得分等于各选项数量与分数赋值相乘后相加所得。479 份问卷数据汇总结果见表 1。

表 1　农业机械化发展动力统计表

发展动力	一选	二选	三选	四选	五选	合计数量	综合得分	排序
1. 企业销售和推广农机产品的市场行为	161	30	73	81	4	349	1310	4
2. 农机户开展有偿服务的利益驱动	84	185	70	49	0	388	1468	3
3. 农户对农机作业的需求拉动	148	149	136	12	2	447	1770	1
4. 政府行政部门的引领推动作用	88	101	128	130	0	447	1488	2
5. 其他								

资料来源："推进农业机械化高质量发展"调查问卷的数据汇总。

综合大多数受访者的反馈，课题组认为，推动我国农业机械化发展的主要动力来自于 4 个主体，其中 3 个市场主体是农机制造与流通企业、农机户与农机服务组织、农户与家庭农场，1 个发展主体是各级人民政府与事业单位。一般产业研究模型主要分析 3 个市场主体的作用，但发展主体在农机行业中的作用显然不可或缺，并且作用日益突出，显著影响了农业机械化发展的方向、力度和节奏。这 3 个市场主体和 1 个发展主体，共同构成了影响农业机械化高质量发展的内部因素（内因）。

1. 农机制造与流通企业

这是农业机械装备的供给侧，具有强劲的销售推广农机产品的动力，对农业机械化高质量发展产生重要影响。若生产不出合适的农业机械，农业机械化就无从谈起。截至 2021 年，全国农机装备产业企业总数超过 8000 家，规模以上企业 1776 家，主营业务收入 2860 亿元，农机装备制造已基本涵盖各个门类，能够生产 14 大类 50 个小类 4000 多种农机产品，基本能够满足国内市场需求的 90%。

2. 农机户与农机服务组织

这是农业机械装备的消费侧，也是农机作业的供给侧，具有开展有偿作业服务的利益驱动。大多数农户购买农业机械，既为自家干活使用，也抽空为邻家服务，还有的购机户成长为专门从事农机作业服务的专业户，并发展成为农机专业合作社等农机服务组织。根据农业农村部统计，截至 2021 年，全国乡村农机从业人员有 4957.36 万人，其中持有拖拉机或联合收割机驾驶证人员超过 1150 万人；农机户有 3947.57 万个，其中农机作业服务专业户有415.9 万个；农机服务组织有 19.34 万个，其中农机专业合作社有 7.61 万个。

3. 农户与家庭农场

这是农机作业的需求侧，为农机作业支付服务费，是最终的农机用户。这些缺少农机装备的农户和家庭农场是农机作业服务的买家，其满意度直接决定了农业机械化高质量发展的成色。根据国家统计局发布的数据，截至2021 年末，我国人口总数为 14.12 亿人，其中乡村常住人口为 4.98 亿人，比上年末减少 1157 万人；城镇人口占全国人口的比重（城镇化率）为 64.72%，比上年末提高 0.83 个百分点。第三次全国国土调查数据显示，我国耕地面积为 19.179 亿亩。5 亿农民守着 19 亿亩耕地，主要依靠近 5000 万农机从业人员完成耕作。5 亿农户既是农业机械化发展的直接拉动者，也是最终受益者。

4. 各级人民政府与事业单位

这是推动农业机械化发展的重要力量，不仅提供面向农业机械化行业的公共服务，也会参与农业机械的生产、分配、流通和消费过程，对农业机械化高质量发展起到了引领、支持、保障等作用。现行有效的与农业机械化直接相关的法律有 8 部、行政法规有 2 部、部门规章有 9 部，32 个省份和计划单列市颁布了 65 部地方法规规章，涵盖了农机管理、培训、鉴定、推广、监理、维修、质量等各个方面。2018 年，国务院印发《关于加快推进农业机械化和农机装备产业转型升级的指导意见》，明确了到 2025 年的发展目标，并出台了有关财政、金融、税收等方面的扶持政策。中央财政持续对农户购买农机的行为予以补贴支持，自 2004 年以来已累计投入中央财政资金 2583.52 亿元，补贴购置农业机械 4969.07 万台（套），受益农户将近 4000 万户。目前，全国已建立较为完备的农机鉴定、农机推广、农机监理体系和队伍，其中全国农机鉴定体系由 1 个部级总站、8 个专业站以及 37 个省级机构组成，专业技术人员超过 2100 人；全国农机推广体系由部、省、市、县、乡五级机构组成，拥有机构数量约 2.4 万个，农机推广人员数约 6.7 万人；全国农机安全监理体系包括省、市、县三级农机安全监理机构（包括农业综合执法机构），相关人员约 2.5 万人。这些专业性的农机化事业单位和人员队伍承担了农机试验鉴定、技术推广、安全监理等公益性职能，为我国农业机械化发展发挥了重要的技术支撑和服务保障作用。

在调研中，受访者普遍认为，中央和地方政府高度重视农业机械化发展，建立了以《中华人民共和国农业机械化促进法》为标志的法律体系，以农机购置补贴为代表的产业政策体系，成为引领我国农业机械化发展不可或缺的重要力量。调查问卷数据排序结果的启示：既要充分发挥市场这只"看不见的手"在配置资源中的决定性作用（排序第 1 位），也要高度重视政府这只

"看得见的手"的引领推动作用（排序第 2 位），这是中国特色农业机械化的显著特征。如果将"农业机械化"比喻为一台拖拉机，那么农户与家庭农场是前驱轮，农机制造与流通企业是后驱轮，农机户与农机服务组织是发动机，各级政府与事业单位是方向盘和挡位。推动农业机械化高质量发展，就是要发挥 3 个市场主体和 1 个发展主体的功效，推动这台拖拉机行驶在广袤大地上。

（二）农业机械化高质量发展的外部影响因素解析（外因）

调查问卷中"你单位认为制约本区域农业机械化发展的主要因素？"包含了 6 个具体选项和 1 个其他选项，要求受访者可以多选但必须对所选项目进行排序。为识别排序选择的权重，我们将一选赋值 7 分，二选赋值 6 分，三选赋值 5 分，四选赋值 4 分，五选赋值 3 分，六选赋值 2 分，七选赋值 1 分，综合得分等于各选项数量与分数赋值相乘后相加所得。479 份问卷数据汇总结果见表 2。

表 2　农业机械化发展影响因素统计表

选项	一选	二选	三选	四选	五选	六选	七选	总数	综合得分	排序
1. 农机装备的数量不足或者质量不高，无法满足生产需要	147	37	44	24	10	4	0	266	1605	3
2. 土地不平整、规模小，农机作业限制较多	204	143	25	8	3	2	0	385	2456	1
3. 农民收入不高，不愿花钱雇用农机作业	31	75	91	15	17	7	0	236	1247	4
4. 农机和农艺不配套，很多场景无法采用农机作业	51	114	94	76	3	3	1	342	1831	2

续表

选项	一选	二选	三选	四选	五选	六选	七选	总数	综合得分	排序
5. 农民不了解农机化技术，仍愿意采用人工作业	7	13	35	27	52	18	1	153	603	6
6. 各级政府扶持农机化发展措施不多、力度不够	31	48	58	58	33	34	2	264	1196	5
7. 其他										

资料来源："推进农业机械化高质量发展"调查问卷的数据汇总。

综合大多数受访者的反馈，课题组认为，影响我国农业机械化高质量发展的外部因素主要包括机具装备、耕地条件、农艺要求、经济水平、社会环境5个方面（外因）。

1. 机具装备

先有"机"才能有"化"，当机具装备的数量不足或质量不高，难以满足农业生产需要时，农业机械化就无法实现。比如，新疆是我国棉花第一主产区，种植面积超过3000万亩，过去由于缺乏采棉机械，采棉主要依靠人工。20世纪80年代，美国约翰迪尔和凯斯纽荷兰等进口采棉机以其非凡的收割效率（1台采棉机相当于600人工），迅速占领新疆市场，2015年达到90%的份额，棉花机械采摘率达到69.83%。2020年，美国对新疆棉花产业进行刻意打压，并恶意阻碍约翰迪尔采棉机的整机、配件供应，企图以采棉机"断供"扰乱新疆棉花生产形势。但我国未雨绸缪，2015年以来积极鼓励国内企业投资研发采棉机，过去完全依赖进口的采棉头和打包膜逐步实现国产化，涌现了沃得、钵施然、现代农装、铁建重工、天鹅棉业等多个国产采棉机品牌。2021年，国产采棉机销量超过1400台，完全打破了进口采棉机的垄断局面。随着国产采棉机质量的快速提升，采摘效果和可靠性已经与进口采棉机没有太大的差距，逐步得到棉农的信赖，2022年，全疆棉花机采率超过80%。

2. 耕地条件

丘陵地区地势起伏不平且地块较为零碎，农业机械通行难、效率低、成本高，严重影响农机作业效能提升。我国西南地区农业机械化水平不高，与其耕地条件不适宜机械作业有很大关系。比如，重庆市 90% 的耕地位于丘陵山区，机械上不了山、农机入不了地，一度成为当地农业现代化的短板。从 2014 年起，重庆以国家高标准农田建设通则为指导，开展了农田宜机化改造的试验、试点和推广工作，截至 2022 年底，重庆已对 110 万余亩农田进行了宜机化改造。农田宜机化改造为中大型农机下地作业、推动农业标准化基地建设和现代化生产创造了条件，主要农作物耕种收综合机械化率由"十二五"初期的 26% 提高到"十三五"末的 52%。

3. 农艺要求

耕作方式、种植模式、株型株距等农艺要求，往往决定了农机作业效率。农艺要求越复杂，农机适配性越差，作业效率越低。某些特殊农艺要求仅适宜人工操作，很难通过农机作业实现大规模推广。一般情况下，农机设计应符合农艺要求，但为了提高农业生产效率，农机应引领农艺发展。比如，吉林省积极探索保护性耕作技术体系，研制改进了适宜一年一熟的玉米免耕播种机，解决了秸秆还田覆盖下的玉米适时播种的难题，形成了具有区域性特色的"玉米机械化保护性耕作技术"模式及机具配置方案。2021 年，吉林省大力推广保护性耕作"梨树模式"，实施黑土地保护性耕作面积达到 2875 万亩，稳居全国首位，为实现粮食增产增收奠定了坚实基础。

4. 经济水平

一方面，区域经济发展水平越高，说明农民收入水平越高，将会拥有足够的资本购置农业机械；另一方面，农民收入水平越高，则人工从事田间劳作的机会成本越高，更愿意花费一定的资金雇用农业机械干活，从而形成有效的农机使用需求。马克思认为，只有机器的价值和它所代替的劳动力的价值之间存在差额的情况下，才会使用机器。所以，农机作业成本低于人工作业成本时，农业机械才能够真正成为农民的劳动工具。比如，贵州省经济发展长期居于全国落后地位，农民收入低，购买农机以及支付农机作业费用的能力都较差。同时，贵州省的农村劳动力成本低，"自家田地自家来种，花钱请农机作业不划算"，进而制约了农民购买农机的积极性，导致农业机械化进展缓慢。

5. 社会环境

社会环境包括政府的扶持力度和农民的认知程度，这是影响农业机械化新机具、新技术推广的重要因素。精准的农机化产业政策，将对农业机械化起到促进作用，反之将起到阻碍作用。当前，我国农民的整体文化素质不高，一些农户不了解农机化新技术，不愿意使用先进农机装备，仍习惯于传统农业生产方式，这也是农业机械化发展的制约因素。相反，通过加大农机推广力度，提高农户认知水平，可转化成农业机械化发展的推动因素。课题组在广西调研时了解到，广西是全国主要水稻产区之一，但过去大多数农民不了解水稻插秧机的特性，不掌握与插秧机配套的毯状秧苗培育技术，因而全区的水稻机插秧水平一直在低位徘徊。近年来，广西农机部门加强技术培训和指导服务，大力推广集中育秧供秧模式，建设水稻育秧大棚，培育水稻育秧专业合作社，树立"水稻生产全程示范县"典型，通过政府拉动和典型带动，有力提升了广大农民对水稻机械化种植技术的认知水平。2021年，广西水稻种植面积为2640余万亩，水稻耕种收综合机械化水平达82.24%，跃居西部地区前列。

调查问卷统计结果排序的启示：鼓励农民购买农机装备固然重要，但耕地条件等基础设施不足、农机农艺不配套的外部性制约因素不容忽视，这是下一步需要重点关注和加快解决的突出问题。

（三）统筹解决发展内因和外因存在的问题

1. 从内因上看，不能单打一，要推动4个主体形成同向合力

农机制造与流通企业（农机企业）、农机户与农机服务组织（有机户）、

农户与家庭农场（用机户）都是推动农业机械化高质量发展的 3 个市场主体，其中农机企业和有机户为农机装备的供需双方，有机户和用机户为农机服务的供需双方，有机户成为三方联系的交汇点，是矛盾的主要方面。各级政府与事业单位（农机管理部门）作为发展主体，所制定的产业扶持政策不能单打一，应综合采取有效的扶持政策、管理法规等，统筹推进农机企业、有机户、用机户发展，形成推动农业机械化发展的合力。例如，目前我国农机购置补贴政策重点扶持农户购买先进适用农机，旨在发展壮大有机户，抓住了矛盾的主要方面，解决"买得起"的问题，但矛盾的次要方面同样不容忽视，应大力扶持农机企业研发新产品，解决"造得出"的问题，对农户发放专项农机作业补助，解决"用得起"的问题。哪个问题解决不好，就将成为掣肘和阻力。

2. 从外因上看，不能单兵突进，要尽快补齐 5 个外因的短板

机具装备、耕地条件、农艺要求、经济水平、社会环境五个方面，都是农业机械化高质量发展的制约因素，犹如一个木桶的五块木板，木桶的盛水量决定于最短的那块板。不同的地区，这块短板各不相同，当地农机管理部门要摸清短板，认准方向，分清先后，采取针对性措施补上短板。一些地方农机管理部门常常认为，只要机具装备这一项补贴到位了，农民购机无忧，农业机械化高质量发展的道路就铺好了。实际上，耕地太细碎、农艺太复杂、农民收入太低、技术推广力度不足等外部制约因素同样不可忽视，要针对性地解决，多措并举，才能整体提升农业机械化水平。

按照辩证唯物主义观点，内因和外因都是推动事物向前发展的力量，其中外因要通过内因起作用。我们必须贯彻党的二十大报告关于"坚持问题导向和系统观念"的要求，充分认清我国农业机械化发展外部环境的短板，深刻把握制约市场主体发展的瓶颈，积极争取各级政府出台更多的农业机械化扶持政策，通过改善外部环境和激发内部活力，实现农业机械化高质量发展。

四、我国农业机械化高质量发展水平的测度方法

测度农业机械化高质量发展水平，需要构建科学合理的指标体系。如前所述，课题组将农业机械化高质量发展的主要特征概括为农机装备水平高、农机作业水平高、农机服务水平高、农机管理水平高，农业机械化对环境更加友好，即"四高一好"。农业机械化高质量发展的实现程度，可通过表征"四高一好"的关键指标来测度。

依照科学性、实操性、可获得性、前瞻性的原则，本研究构建了"农业机械化高质量发展水平评价指标体系"框架，共设置两级评价指标。包括一级指标5个，二级指标26个（见表3）。指标体系中的"适用范围"是指仅适用于全国，或者可适用县域以上行政区域；"指标属性"分为约束性指标（设定必须完成的区间值）和预期性指标（没有设定必须完成的区间值）两类。

需要指出的是，建立指标只是为了更好地理解和把握农业机械化高质量发展的特征，在当前情形下设计的评价体系并不能穷尽农业机械化高质量发展的所有特点，何况在高质量发展过程中，还会面临很多新现象、新问题，因而在实际操作中切忌以指标为纲或夸大考核评价的作用。

表 3　农业机械化高质量发展水平评价指标体系

一级指标	二级指标	适用范围	指标属性
农机装备水平	单位耕地面积农机动力	地区	预期性
	拖拉机配套比	地区	预期性
	机具报废更新率	地区	预期性
	农机装备信息化率	地区	预期性
	农机具平均无故障时间（MTBF）	全国	约束性
	农机产品满意度	地区	预期性

续表

一级指标	二级指标	适用范围	指标属性
农机作业水平	耕种收综合机械化率	地区	约束性
	全程机械化率	地区	约束性
	全面机械化率	地区	约束性
	农机作业质量合格率	地区	约束性
	农机有效利用率	地区	预期性
	农机作业满意度	地区	预期性
农机服务水平	农机服务体系建设水平	全国	预期性
	农机作业社会化服务供给水平	地区	约束性
	农机售后服务满意度	全国	预期性
农机管理水平	农机研发投入水平	全国	预期性
	农机技术支撑水平	地区	预期性
	农机政策扶持水平	地区	预期性
	从业人员培训水平	地区	预期性
	农机安全事故率	地区	约束性
	农机管理满意度	地区	预期性
环境友好水平	农机作业单位面积油耗	地区	约束性
	农机作业碳排放水平	全国	预期性
	精准作业面积占比	地区	预期性
	保护性耕作率	全国	预期性
	农田机械节水灌溉保障率	地区	预期性

资料来源：课题组根据相关资料整理。

五、国外农业机械化发展的典型经验借鉴

纵观世界上的农业发达国家，基本上都是先解决农业机械化问题，进而实现农业现代化，农业机械化是农业现代化的必由之路。通过文献检索、查

阅公司年报等方式，课题组对部分农业发达国家推进农业机械化发展的做法进行了归纳，有五个方面的特点：一是现代工业发达，为农业机械化发展奠定装备基础；二是农业生产需求旺盛，农业机械应用场景覆盖各产业、各环节；三是土地经营规模持续扩大，为农业机械化发展创造良好外部环境；四是法律法规体系健全，多渠道扶持农业机械化发展；五是职业教育培养体系发达，为农业机械化发展提供人才支撑。

课题组选取大、中、小三类农业经营规模的发达国家进行对比分析，第一类是北美大陆的美国，人少地多，农业经营规模超大；第二类是西欧的法国、德国，农业经营规模中等；第三类是东亚的日本、韩国，人多地少，劳动力富余，农业经营规模偏小。总结国外典型农业机械化发展模式，对推进我国农业机械化高质量发展具有重要的借鉴作用（见表4）。

表4　国外典型农业机械化发展模式的借鉴与启示

模式	北美模式（以美国为例）	西欧模式（以法德为例）	东亚模式（以日韩为例）
决定因素	人少地多，现代工业发达	人地适中，现代工业发达	人多地少，农业科技进步
主要措施	重视发展农机装备产业，拥有较强市场竞争力的跨国农机企业；大力推广农业机械新装备、新技术，特别是信息化、智能化技术		
农机装备水平	农机装备大型化	农机装备专业化	农机装备中小型化
	农机装备性能先进，质量可靠，自动化和智能化程度高		
农机作业水平	农业机械化技术在种植业、养殖业、林果业、设施农业和农产品加工业等领域、各生产环节得到广泛应用，极大地提高了劳动生产效率和资源利用率		
农机服务水平	积极推动农场兼并重组，实现土地规模化经营	积极发展专业化的农机服务组织	重视发挥农业协会在产前、产中、产后的服务作用
农机管理水平	立法明确政府推进农业机械化职责，出台购机直补、低息或贴息、购机贷款担保等扶持措施；建立完整的农业教育体系，重视对农机从业人员的培训		
环境友好	制定较为严格的农机安全生产、环境保护的规定和标准，发展低碳农业		

续表

模式	北美模式 （以美国为例）	西欧模式 （以法德为例）	东亚模式 （以日韩为例）
经验启示	推动农业适度规模化、集约化生产，我国东北、西北等人少地多区域可借鉴	研发推广复合型、智能化农业装备，我国中部地区和华北地区等人地适中的区域可借鉴	因地制宜研发专用型、小型化的农机产品，我国东部和丘陵山区等人多地少的区域可借鉴
	发展农机工业，推进规模经营，发挥政策引导作用，重视技术推广，加强技能培训		

资料来源：课题组根据相关资料整理。

中国式现代化在本质上是社会主义的现代化，它既有各国现代化的共同特征，也有基于国情的中国特色。我国幅员辽阔，各地耕地条件、资源禀赋、经济水平相差很大，推进农业机械化的途径和模式不可能整齐划一。特别是我国实行集体所有、分户经营的农村土地制度，与发达国家的农业生产经营完全不同，而且"大国小农"的特征还将长期存在。因此，我们应该借鉴国外典型农业机械化发展模式和成功做法，但是不能完全照搬，要探索出一条适合国情的中国式农业机械化高质量发展道路。

六、推进我国农业机械化高质量发展需应对的重点问题

当前，我国正处在从传统农业向现代农业迈进的关键时期，粮食生产安全、农业产业结构调整、农村劳动力转移、土地规模化经营、农村生态环境保护、农业农村现代化建设等对农业机械化发展提出新的更高需求。对标我国经济高质量发展的总要求和国外发展经验，从供给侧和需求侧两个方面进行分析，我国农业机械化发展不平衡、不充分的问题日益显现，亟待采取针对性措施加以解决。

（一）从供给侧来看

我国农机工业起步较晚，工业基础薄弱，多采用技术引进、模仿创新的发展模式，目前还存在创新能力不强、产业结构不均衡、产品可靠性不高、售后服务能力不足的问题。

1. 创新能力不强

我国农机工业产业集中度低、企业规模相对较小、经营利润偏低，2021年，全国规模以上农机工业企业有1776家，实现主营业务收入2860.61亿元，实现利润156.01亿元，平均利润率为5.45%。而约翰迪尔2021年财报显示，当年实现营业收入438.78亿美元，净利润59.63亿美元，利润率为13.59%，是我国农机行业平均利润率的2.5倍。较低的利润率直接导致我国农机企业用于产品研发的费用相对较低，且研发投入主要集中在产品持续改进、改型上，用于新产品、新技术研发的费用相对更低。我国农机产品以经验型设计和仿制国外产品为主，缺乏核心竞争力，难以形成具有自主知识产权的重大技术产品，部分高端农机产品及关键核心零部件依赖国外，整体技术水平与发达国家有较大差距。

2. 产业结构不均衡

这主要体现在三个方面。一是产业集中度不高，主要表现为产业大而不强、企业单体规模小。2021年农机工业规模以上企业的平均主营收入仅为1.61亿元，而超过100亿元的企业仅有2家。二是产品结构不合理，主要表现是中低端产品过剩、部分品类相对不足。我国中低端农机产品市场的同质化竞争严重，企业陷入低端的价格战，而300马力以上无级变速拖拉机等高端产品基本上为外资品牌所垄断，一些小众的经济作物、养殖业、丘陵山区还存在"无机可用"的情形。三是产业体系不健全，主要表现在"大企业全而不大，小企业小而不专"。国内农机装备产业存在产业链协同性较低、整机—零部件发展不均衡、关键核心零部件对外依赖度高等问题，在专用材料、关键零部件、关键作业装置等方面存在较大技术瓶颈，尚未形成具备专、精、特、高的农业装备零部件开发和制造能力。

3. 产品可靠性不高

据统计，"十三五"期间全国农机事故直接原因"机件失效"约占总量的 2.8%，国内农机产品平均无故障工作时间（MTBF）为 300 小时，远低于国外 500 小时的平均水平。产品可靠性不高源自制造水平不高，大马力拖拉机由于动力换挡及无级变速传动系统在材料材质一致性、加工工艺和精度等方面存在差距，导致产品性能及可靠性差；大型谷物联合收获机、大型自走式青贮饲料收获机及高速复式作业机具，因结构复杂、作业环节多、自动化控制不足导致作业质量不稳定，作业效率不能充分发挥；高速犁、深松铲与种床整备单体等入土部件，切割与碎揉等刚柔磨损件等，因特种材料、特种工艺应用较少，导致强度低、耐磨性差、寿命短。

4. 售后服务能力不足

农机售后服务是农机产品价值的延伸，是保障农业机械有效使用的重要措施。据农业农村部统计，2021 年，全国农机维修厂及维修点有 15.04 万个，农机维修人员有 90.02 万人。近年来，维修点和从业人员数量出现连续下降趋势，总体数量不足、区域分布不均、服务能力不强、发展质量不高等问题不断加剧，不能有效满足农机装备数量快速增长对维修服务质量与效率的需求。基层农机专业维修人员数量少，一些服务能力较强的维修点主要集中在县城周边，农机产销企业的售后服务点也很少设在乡村，即使有一些乡村维修点，大部分不具备高性能机具的维修能力和配件储备，在农忙时节无法就近排除故障，影响了农事进度，降低了作业效率。

（二）从需求侧来看

改革开放以来，我国比较重视数量、速度等外显性指标的考核，推动了农机装备总量快速增长和农机作业水平的快速提升，但也累积了质量与效率不高，以及区域、产业、品种、环节间发展不平衡、不充分等一系列结构性、深层次的问题。

1. 农机装备总量结构性矛盾日益凸显

2021 年，我国农机总动力达到 107764.32 万千瓦，折算每公顷耕地拥有农机动力为 7.83 千瓦，是美国的 10.17 倍，投入强度已居于较高水平。水稻、小麦、玉米生产中的机械作业成本分别是美国的 84.71%、284.53%、131.99%，机械化对其具有替代效应的人工投入成本则分别达到美国的 3.50 倍、13.66 倍、10.84 倍。尽管我国还没完全实现机械化，但机械投入偏要素生产率不高的问题已成为事实。在空间分布上，农机装备水平还存在不平衡的问题。地处丘陵山区的湖南，2021 年每公顷耕地拥有农机动力 18.40 千瓦，居于全国最高水平，而农作物耕种收综合机械化率为 54.63%；以平原为特征的内蒙古，农作物耕种收综合机械化率达到 86.50%，每公顷耕地占有农机动力仅为 3.69 千瓦，为全国最低值。

2. 农机作业不平衡、不充分问题突出

2021 年，全国农作物耕种收综合机械化率达到 72.03%，但发展不平衡的矛盾十分突出。从主要作业环节看，耕地、播种、收获机械化率分别达到86.42%、60.22%、64.66%，机耕率比机播率高出 26.2 个百分点；从主要农作物品种看，小麦、水稻、玉米、大豆、油菜、马铃薯、花生、棉花八大主要农作物耕种收综合机械化率分别达到 97.29%、85.59%、90.00%、87.04%、61.92%、50.76%、65.65%、87.25%，最高的是小麦，最低的是马铃薯，相差 46.53 个百分点；从省份上看，农作物耕种收综合机械化率最高的是黑龙江，为 98.00%，最低的是贵州，为 30.96%，两者相差 67.04 个百分点；同时，从农机作业水平上也体现发展不充分。主要作业环节上还分别有 39.78% 和 35.34% 的农作物播种和收获作业有待实现机械化，农作物品种上马铃薯、油菜、花生等作物机械化发展不充分程度最高。相对种植业，设施农业、农产品初加工、畜牧养殖、水产养殖、水果生产、茶叶生产等其他细分产业机械化发展不充分、不平衡程度更为显著。

3. 农机社会化服务的地区差异明显

2021 年，全国农机社会化服务组织达到 19.34 万个，农机专业合作社有 7.61 万个，农机户有 3947.57 万户，农机作业服务收入达到 3675.92 亿元，但地区之间的不平衡程度最为突出。据测算，2021 年全国农机服务组织和农机户覆盖的耕地面积平均为 3.22 公顷，最高的省份是上海，为 34.77 公顷，最低的省份是福建，为 1.56 公顷，相差 21.3 倍；全国农机服务组织和农机户的收入平均为 0.93 万元，最高的省份是上海，为 5.35 万元，最低的是西藏，为 0.12 万元，相差 43.6 倍。农机社会化服务覆盖率低的地区，机具在狭小地块间的频繁转移，增加了机械作业成本和信息收集成本，导致农业机械有效利用率偏低。

4. 鼓励农机使用的法律法规和扶持政策还不够丰富

从我国现有的法律法规体系看，我国现拥有与农机相关法律法规规章 19 部和地方法规规章 65 部，大多数属于安全监督管理的规制性法律规定，体现高质量发展的法律支持与规制措施还需完善。从主要政策工具上看，中央财政投入农机购置补贴力度最大，自 2004 年以来累计达到 2583.52 亿元，补贴购置农业机械 4969.07 万台（套），呈现"一枝独秀"的局面。自 2014 年实施的农机深松整地作业补助、自 2012 年实施的农机报废更新补贴、自 2020 年实施的秸秆覆盖免（少）耕播种作业补助等政策受到试点地区欢迎，但实施范围偏窄、支持力度较小。近年来，一些地方还实施了融资租赁补贴、抵押贷款贴息、保险保费补贴等财政政策，仍以拉动农机装备需求、推动数量增长为主要目标，而以降低作业成本、提高作业效率为主要目标的政策工具较少。

七、推进我国农业机械化高质量发展的路径和建议

建设农业强国是一项长期的艰巨任务，推进农业机械化也是一个巨大的系统工程，我们要完整、准确、全面贯彻新发展理念，统筹把握发展动力和

制约因素，明确发展路径，采取有效措施，着力解决不平衡、不充分的问题，努力实现我国农业机械化高质量发展。

（一）发展路径

"十四五"规划明确要求，"把新发展理念贯穿发展全过程和各领域"。我们要以新发展理念统领工作全局，从"创新、协调、绿色、开放、共享"五个路径来推动农业机械化高质量发展。

1. 坚持创新发展

创新是引领发展的第一动力。要推动科技创新与制度创新"两个轮子一起转"，让新机具、新技术、新模式、新政策不断开花结果。加快推进农机装备研发创新，建立健全部门协调联动、覆盖关联产业的协同创新机制，大力开展关键核心技术攻关，加快突破行业发展瓶颈，解决"卡脖子"问题；加快推进农机化技术集成创新，分区域、分作物研究制定全程机械化解决方案，促进种养加、粮经饲全程全面机械化；加快推进农机化服务模式创新，优化农机装备配置方案，通过跨区作业、订单作业、农业生产托管等多种形式开展适度规模经营，提高农机作业效率；加快推进扶持政策创新，适时修订《中华人民共和国农业机械化促进法》，丰富和完善财税、金融、保险、租赁等政策支持工具。

2. 坚持协调发展

协调是持续健康发展的内在要求。要加强农机与农艺、农田、农人、农村的协调发展，形成推进高质量发展的强大合力。推动农机与农艺相互融合，共同研发新的技术和配套机具，不断提高农机作业效率，产生更好的经济效益；推动农机与农田相互适应，尤其要加强高标准农田建设，不断改善农机通行和作业的基础条件；推动农机与农人相互支撑，积极培养农业工程人才、农机实用型人才，更好服务于农机研发、制造、鉴定、推广、使用、维修等活动开展；推动农机与农村相互促进，切实发挥农机在推动产业兴旺、生态宜居、乡风文明、治理有效方面的积极作用。

3. 坚持绿色发展

绿色是永续发展的必要条件。要建立健全绿色低碳型农机装备、技术的推广体系，科学配置机具，全面提高资源利用效率。大力推广新能源、复合式农机装备，降低农业领域化石能源消耗强度。大力推广信息化、智能化农机装备，提升农机作业效率，以尽可能少的资源投入形成尽可能大的生产效益。大力推广农机节能减排、节本增效、减损增收、防灾减灾和保护性耕作等技术，支持绿色农业发展，满足农村生态环境保护需要。

4. 坚持开放发展

开放是繁荣发展的必由之路。要统筹国内国际两个市场，构建新发展格局，不断增强我国农业机械化发展活力。树立全国农机"一盘棋"理念，建立统一开放、竞争有序的国内市场（包括农机产品流通和作业服务两个市场），破除地方保护主义，不搞按省市行政区域划分的农机市场封闭循环；融入世界农机"大市场"格局，既要积极"引进来"，欢迎国外农机优质产品和先进技术进入国内市场，满足特定区域和相关产业的迫切需要，也要积极"走出去"，以农业服务贸易为抓手，带动农机优势产能走出去，服务"一带一路"建设。

5. 坚持共享发展

共享是中国特色社会主义的本质要求。"大国小农"是我国的基本国情，家家户户买农机既不可能、也没必要，要坚持共享共用的原则，积极发展农机社会化服务，走中国式农业机械化发展道路。强化政策扶持，鼓励农机大户、农机专业户以及农机合作社、农机作业公司等各类农机服务组织竞相发展，形成总量适宜、布局合理、经济便捷、专业高效的农机服务新局面。强化示范引导，鼓励村委会、村集体领办农机合作社，引导家庭农场、职业农民加入农机合作社，推动机具共享、信息共享、技术共享，促进小农户与现代化市场对接，共享农业机械化高质量发展的成果。

（二）政策建议

对标农业机械化高质量发展的内涵要求，建议在以下五个方面采取应对措施。

1. 补齐短板，努力提升农机装备水平

要重点补齐农机装备创新能力短板，提高农机企业研发制造能力，着力解决产能过剩，产品同质化严重，产品可靠性不高、关键零部件和核心技术受制于人等问题。建议有关部门出台扶持政策，在研发领域，鼓励我国农机行业骨干零部件企业与整机企业、科研院所、高等院校联合建立研发机构、产业技术联盟等技术创新组织，联合开展技术研发攻关，强化基础性、共性技术向中小企业转移或为其提供服务，探索建立基于利益相关方共赢的产业协同创新机制；在制造领域，鼓励汽车、工程机械、农业等大型企业集团进行跨行业、跨所有制兼并重组，整合上下游产业的要素资源，推进研发、设计、制造、推广应用的产业链与创新链相融合，攻克基础材料、基础工艺、电子信息等"卡脖子"问题，不断提高集约化生产水平，打造一批农机行业"航空母舰"或细分行业的"龙头企业"，引领全国农机装备产业整体水平提升。

2. 狠抓质量，努力提升农机作业水平

要紧盯主要区域、重点作物机械化生产薄弱环节，着力推广适用机型、完善生产模式、细化技术路线、提升作业质量，推动农机作业从"有没有"向"好不好""快不快"转变，加快提高主要农作物的全程机械化作业水平。牢固树立"减损就是增产"意识，大力宣传农作物精量播种、高效植保、机收减损的作业标准和操作规范，多形式开展机播机收操作技能大赛、作业能手评选，切实提高农机手的规范化操作、标准化作业水平。积极引导高端智能农机装备投入农业生产，加快提升农机装备"耕、种、管、收"全程作业质量与作业效率。大力推广基于北斗卫星导航系统、5G 的自动驾驶、远程监

控、智能控制等技术在大型拖拉机、联合收割机、水稻插秧机等机具上的集成应用，积极推广农田精细平整、精准播种、变量施肥、精准喷洒、智能收获和自动驾驶等精准农业技术，建立典型区域、大宗作物的智慧生产技术体系，推进智慧农场、智慧牧场、智慧渔场建设。

3. 做强主体，努力提升农机服务水平

要培育壮大农机作业服务公司、农机合作社、农机服务专业户等农机社会化服务主体，不断创新服务方式，推进农机社会化服务向农业生产全过程、全产业延伸。鼓励大中专毕业生返乡创办新型农机服务组织，地方政府通过购买服务、扶持场库棚建设、评定星级农机合作社等方式，不断增强其服务能力和扩大服务范围。重视培养高素质的农机合作社理事长和农机操作、维修等实用技能型人才，组织开展农机职业技能竞赛，遴选农机使用一线"土专家"，不断强化农机作业服务的人力资源支撑。引导农机社会化服务模式演进升级，加快从分散交易的代耕、代种、代收向订单作业和作业托管等更高效的服务模式扩展，走出一条中国特色的农业机械化发展道路。

4. 精准扶持，提升农机管理水平

要破除制约高质量发展的制度性障碍，不断优化调整相关农机法律法规和政策、标准体系，丰富扶持政策"工具箱"，持续增强政策实施的精准性和效能。稳定实施农机购置补贴政策，加强对农户投资农业机械需求升级的引导。在激励新增大型高效能农业机械需求的同时，积极探索并逐步扩大金融支持政策工具的应用，如融资租赁补助和信贷贴息支持等。针对粮食生产中机械作业成本与人工投入成本双双走高的趋势，创设政策工具，在农业机械化水平较高的地区探索推行农机作业补贴、燃油补贴等政策组合，与差异化的农机购置补贴并行实施，降低农机作业成本，保障种粮合理收益，提高农民种粮积极性。要逐步在收获机械等重点农机上加装北斗卫星导航系统、工况监测等信息化装备，实时掌握机具位置、流向、作业量等信息，全面提升应急救灾时的指挥调度能力。要加快构建全国农业机械化管理服务信息系统，推动农机作业动态数据与农机管理静态数据的结合，实现农机物联网远程监

测平台与农机试验鉴定、安全监理、技术推广、购机补贴、作业补助、报废更新等基础信息平台互联互通，让"农民少跑腿、数据多跑路"，惠农政策实施更规范、更高效。

5. 节能减排，努力提升环境友好水平

要秉承全面节约和绿色环保原则来推广使用农业机械，努力减少对资源的依赖和消耗，减少对环境的污染和破坏。要发挥购机补贴政策的导向作用，对不符合"国四"阶段排放标准的农机产品不予补贴。鼓励农机企业研发锂电、氢能等新能源动力机械，加大政策支持力度，对农民购买和使用新能源农机予以优先补贴。加强农机安全监督管理和服务，对带动力的机械执行"以旧换新"制度，持续实施农机报废更新补贴政策，推动高能耗、高排放的老旧农机淘汰更新，不断消除农机安全事故隐患。积极推动传统耕作制度改革，研发推广先进适用的农机深松、免耕播种、秸秆还田机具，在东北、华北和西北等适宜地区大力推广保护性耕作技术，推进环境保护与粮食安全协调发展。

主要参考文献

［1］习近平.论把握新发展阶段、贯彻新发展理念、构建新发展格局［M］.北京：中央文献出版社，2021：39–43.

［2］中共中央宣传部，国家发展和改革委员会.习近平经济思想学习纲要［M］.北京：人民出版社，学习出版社，2022：61–71.

［3］陈锡文，韩俊.乡村振兴制度供给研究［M］.北京：中国发展出版社，2019：116–121.

［4］王智才，王超英.农业机械化促进法立法资料汇编［M］.北京：中国农业科学技术出版社，2005：11–29.

［5］农业部农业机械化管理司.中国农业机械化改革发展三十年［M］.北京：中国农业出版社，2008：3–24.

［6］农业农村部农业机械化管理司."十四五"全国农业机械化发展规划［J］.农机科技推广，2022，231（1）：4–14.

［7］王锋德，李斯华.我国农机装备产业现状及发展建议［Z］."三农"决策要参，2023（3）.

［8］李斯华，孙丽娟.丘陵山区农机化发展的制约因素和发展路径研究［Z］."三农"决策要参，2023（4）.

[9] 李斯华. 以新发展理念引领农业科研院所高质量发展的思考 [J]. 农业科技管理, 2022, 41（1）: 1-4.

[10] 姚正海. 经济高质量发展研究现状述评 [J]. 科技与管理, 2020, 22（3）: 81-87.

[11] 高强. 农业高质量发展: 内涵特征、障碍因素与路径选择 [J]. 中州学刊, 2022（4）: 29-35.

[12] 张兆同, 杨桂祥. 农业机械化高质量发展的内涵、问题与对策 [J]. 农业经济, 2020（2）: 6-8.

[13] 陈巧敏, 李斯华, 等. 主要农作物生产全程机械化水平评价研究 [J]. 农机化研究, 2017, 39（1）: 1-5+31.

[14] 刘恒新, 李斯华, 侯方安. 我国农业机械化结构贡献的测度: 方法与数据 [J]. 中国农机化学报, 2015, 36（3）: 1-5+11.

[15] 董洁芳, 李斯华. 我国农机作业服务主体发展现状及趋势分析 [J]. 中国农机化学报, 2015, 36（6）: 308-314.

[16] 刘恒新, 李斯华, 何进. 美国低碳农业机械化技术发展及对中国的启示 [J]. 世界农业, 2012, 398（6）: 7-11.

"双碳"目标背景下的畜牧业高质量发展政策研究 *

　　全面推进乡村振兴、加快建设农业强国，是党中央着眼全面建成社会主义现代化强国作出的战略部署。现阶段我国经济迈入高质量发展阶段，社会主要矛盾已经转化为人民日益增长的美好生活需要和不平衡、不充分的发展之间的矛盾。高质量发展是高效率、公平和绿色可持续的发展，其目的在于满足人民日益增长的美好生活需要。畜牧业是关乎国计民生的重要产业，其发展对于实现乡村产业振兴和农业农村现代化起到至关重要的作用。在"双碳"目标背景下，加快推动畜牧业转变生产方式，建立更有效率的生产经营体系和更有保障的食品安全体系，实现小农户与现代农业有机衔接，促进畜牧业高质量发展，需要配套政策制度创新。中央高度重视粮食和重要农产品调控，强调构建多元化食物供给体系，推动畜牧业高质量发展。在"双碳"目标背景下，畜牧业高质量发展是推动农业现代化和农业强国建设的一把"钥匙"，科学把握畜牧业高质量发展的理论内涵、现实基础、实现路径并制定配套支持政策等十分必要。

　　* 本报告是清华大学中国农村研究院重点研究课题"'双碳'目标背景下的畜牧业高质量发展政策研究"的研究成果，报告观点仅代表课题组的看法。课题负责人：邢继宪，正大集团农牧食品企业副董事长。报告执笔人：邢继宪、王昭、宦梅丽。

一、畜牧业高质量发展的国际经验及中国的政策实践

（一）发达国家畜牧业高质量发展的实践经验

国际上部分发达国家对低碳畜牧业发展进行了探索，已经形成了较为系统的固碳减排经验，为国内畜牧业低碳发展提供了实践参考，有助于解决"双碳"目标背景下畜牧业高质量发展的重点和难点问题。

1. 美国经验

美国承诺到 2030 年将温室气体排放量较 2005 年降低 50% ~ 52%，到2050 年实现净零排放目标。2020 年、2021 年、2022 年美国温室气体排放量分别同比下降 11.6%、增长 6%、增长 1.3%。美国 10% 的温室气体排放来源于农业，牲畜甲烷排放占农业排放的 27%。美国是畜牧业强国，在畜牧业高质量发展方面积累了宝贵经验。

（1）重视科技创新，产、学、研结合减排畜牧业温室气体

重视畜禽温室气体的源头减排和循环利用，以技术创新推动温室气体减排和循环利用。依托科研机构和企业，研发饲料添加剂，调整肉牛饲料配方，促进温室气体减排；与大学合作，开发牧场全生命周期温室气体排放计量与汇报系统，可综合评估牧场生产全过程的温室气体排放，从而指导农场主生产决策，提高生产效率，降低温室气体排放。

（2）因地制宜，采用多样化放牧模式实现固碳减排

美国曾有"牧牛王国"的称号。肉牛养殖因地制宜，采用多样化放牧模式，促进肉牛产业固碳减排。在中部大平原的湿润草原地区，采用连续放牧方式，提高单位畜产品产量，防止草地"避牧性退化"，确保草地固碳效果。在草场条件相对较差的牧区，采取划区轮牧方式，实现牲畜排泄物就地利用，

减少粪便的甲烷排放，增加草地的固碳能力。在高产的草地上，采用轮牧的方式，降低甲烷排放量。

（3）科学搭配畜禽日粮，优化牧草饲料结构

在奶牛和肉牛养殖过程中，科学搭配畜禽日粮，通过牧草品种改良、蛋白饲料的使用，改善牲畜的生产性能，减少单位畜禽的碳排放。美国有大量的饲料作物种植区，饲草饲料资源非常丰富，充分利用当地种植的饲草饲料，减少蛋白质补充料的使用，降低肉牛养殖全产业链的碳排放。科学搭配奶牛饲料，不仅能够保证牛奶产量，还能降低奶牛胃肠发酵产生的温室气体。

2. 日本经验

早在 2013 年，日本就已实现碳达峰，之后温室气体排放逐年下降，2021年度温室气体排放量为 11.7 亿吨二氧化碳当量，其中 4% 来源于农、林、水产领域。2021 年，日本农林水产省公布《绿色粮食系统战略》，提出到 2050年前实现农、林、水产领域二氧化碳净零排放的目标。为实现这一目标，日本制定了相应战略部署，尽可能减少家畜排放的温室气体，形成了如下可供借鉴的经验。

（1）充分利用林下资源，减小畜禽粪污土地承载压力

森林牧场是日本特色的放牧方式，也称林间放牧模式，是指在同一块土地生长木本植物、牲畜和草的模式。发展森林牧场具有多重生态效益：将碳封存在土壤中，增强土壤固碳能力；提高饲料质量，减少牲畜肠道甲烷排放；树林为牲畜提供阴凉，并涵养水源，提高牲畜生长环境舒适度，增强牲畜生产力；改善牧草的供应和质量，减少过度放牧和遏制土地退化。

（2）依托生产者合作组织推广农业技术，促进畜牧业低碳技术落地

日本共有全国性畜牧业生产者合作组织 30 余个，如"中央畜牧会""畜牧振兴事业团""畜牧技术协会"等。依托这些组织，将低碳发展模式推广至养殖场户。同时，日本政府制定相关战略和措施，如《革新环境技术创新战略》，并给予财政支持，促进能源环境领域技术创新和示范落地，推动畜牧业温室气体减排。

3. 欧洲经验

早在 1990 年，欧盟就已经实现碳达峰。2021 年欧盟委员会承诺，到 2030 年，温室气体排放量在 1990 年基础上至少降低 55%，到 2050 年实现碳中和。在畜牧业温室气体减排方面，欧盟提倡通过减少畜禽抗生素使用、扩大有机农业范围等自然方式实现碳中和目标。2020 年欧盟委员会公布"从农场到餐桌战略"，提出到 2030 年，畜牧和水产养殖的抗生素使用量降低 50%，农业用地有机化面积占比达 25%。2021 年，欧盟委员会发布以"Fit for 55"减排为核心的欧盟绿色新政一揽子方案，设定到 2035 年实现土地利用和农林业碳中和的目标。

（1）利用公共资金治理畜禽粪污，减少粪污氨排放

英国环境、食品和农村事务部发布《清洁空气战略 2018》，提出通过公共资金用于公共物品的新体系，对农业氨排放进行治理，支持农民减少氨排放基础设施的投资。关键措施主要包括：覆盖粪浆和沼渣液储存池或使用粪浆袋；使用低排放技术撒播粪浆和沼渣液；从尿素肥料转向排放量更低的硝酸铵；将尿素注入或掺入土壤，或与尿素酶抑制剂一起使用。

（2）依托家庭农场模式，促进畜牧业向低碳化发展

欧洲国家已经实现由传统畜牧业向现代畜牧业的转变，家庭农场是畜牧业发展的主导模式，其生猪、家禽、肉牛、奶牛等产业均依托家庭农场。比如，德国、荷兰等依托家庭农场模式，将最新科研成果，如胚胎移植、人工授精等运用到畜群改良中，并改良草地，保证科学的畜禽日粮配比；基于家庭农场的计算机控制技术，实现粪便就地利用和无害化利用，减少粪污的碳排放。

（3）倡导适度规模经营，实现农牧结合循环养殖

荷兰、德国、法国、奥地利等国家倡导规模适中、农牧结合、环境友好的畜禽养殖产业发展模式。譬如，奥地利的农场大多为种养结合的农牧结合型农场，70% 的农场为兼业型农场。适度规模经营下的农牧结合循环养殖方式，可以将畜禽粪便就地还田或加工成颗粒肥料加以使用，有助于充分利用粪便资源，同时减少温室气体排放。

（二）中国畜牧业低碳发展的政策实践历程

农村改革以来，我国畜牧业发展经历从快速恢复、产量扩张、转型发展到生态健康养殖阶段，对保障食物安全、壮大农村经济和促进农民增收产生了积极效应。为推动畜牧业可持续发展，早在"双碳"目标提出之前，中国畜禽养殖已经在粪污资源化利用、废弃物处理等方面进行了一系列低碳畜禽养殖的实践探索。国家先后出台《关于打好农业面源污染防治攻坚战的实施意见》《全国农业可持续发展规划（2015—2030年）》《关于推进农业废弃物资源化利用试点的方案》《全国农业现代化规划（2016—2020年）》《畜禽粪污资源化利用行动方案（2017—2020年）》等文件，但并未形成系统政策。

2020年"双碳"目标提出后，国家出台了一系列政策引导"双碳"工作开展，形成"1+N"的政策体系。"1"为《中共中央 国务院关于完整准确全面贯彻新发展理念做好碳达峰碳中和工作的意见》，为"双碳"工作开展指明了方向。该意见明确提出"要加快推进农业绿色发展，推动产业结构优化升级，促进农业固碳增效。""N"主要围绕绿色循环养殖、粪污综合利用、农业协同增效提供政策支持（见表1）。

表1 畜牧业"双碳"工作的"N"政策体系

时间	文件名称	政策内容
2020 年 9 月	《国务院办公厅关于促进畜牧业高质量发展的意见》	要持续推动畜牧业绿色循环发展，对畜禽粪污全部还田利用的养殖场（户）实行登记管理，支持农民合作社、家庭农场等在种植业生产中施用粪肥，促进农牧循环发展
2021 年 10 月	《2030 年前碳达峰行动方案》	通过发展循环经济，助力降碳行动，充分利用农作物秸秆等农业副产品
2022 年 2 月	《中共中央 国务院关于做好2022 年全面推进乡村振兴重点工作的意见》	要加强农业面源污染综合治理，加强畜禽粪污资源化利用，支持秸秆综合利用

续表

时间	文件名称	政策内容
2022 年 6 月	《减污降碳协同增效实施方案》	要推进农业领域协同增效，协同推进种植业、畜牧业、渔业节能减排与污染治理；提升秸秆综合利用水平，提高畜禽粪污资源化利用水平；大力推广生物质能、太阳能等绿色用能模式
2022 年 6 月	《农业农村减排固碳实施方案》	要推广精准饲喂技术，推进品种改良，提高畜禽单产水平和饲料报酬，降低反刍动物肠道甲烷排放强度，提升畜禽粪污资源化利用水平，减少粪污温室气体排放

资料来源：作者根据相关政策资料整理。

中国畜牧业仍处于数量发展型阶段，正向高质量发展迈进，要在保供的同时实现高质量发展面临较大挑战。中国明确了实现"双碳"目标的时间，并逐步形成了"1+N"政策体系，但尚且缺乏成熟的经营管理模式和先进的固碳减排技术。其一，中国畜牧业规模化、产业化程度仍较低，草畜结合不密切，畜禽养殖经营管理模式较为粗放。其二，农业农村部提出了十大固碳减排技术，仅反刍动物肠道甲烷减排技术、牧草生产固碳技术、畜禽粪便管理温室气体减排技术 3 项与畜牧业相关，且这些先进技术尚未大规模应用于国内生产实践。其三，由于缺乏与日本类似的"行业协会＋农技推广"模式，在运行机制上多依靠行政命令，行业协会和生产组织的推动作用并不显著。

总之，欧美发达国家畜牧业已由保量向保质、绿色发展阶段迈进，而中国畜牧业发展仍处于数量扩张阶段。在"双碳"目标背景下，中国畜牧业高质量发展应考虑畜牧产品供给和减排方式可行性。

（三）"双碳"目标下畜牧业高质量发展的紧迫性

畜牧业减排是高质量发展内在要求，亟须配套政策制度创新。2020 年 9 月，中国明确提出力争 2030 年前实现碳达峰、2060 年前实现碳中和（简称

"双碳"目标）。农业是主要的碳排放部门之一，2013 年畜牧业碳排放量已经占全球碳排放总量的 14.5%[①]。我国作为世界畜牧业生产第一大国，有效减少畜牧业碳排放不仅是负责任大国的有力担当，也是实现畜牧业高质量发展的必然要求。在"双碳"目标背景下，加快推动畜牧业转变生产方式，建立更有效率的生产经营体系和更有保障的食品安全体系，实现小农户与现代农业有机衔接，促进畜牧业高质量发展，需要配套政策制度创新。

我国畜牧业发展还缺乏典型养殖模式，尚未形成带动效应。改革开放以来，中国养殖业迅速发展，养殖业产值大幅度增加。然而，由于养殖户生态意识不高、对畜禽粪便污染处理不科学、粪污处理利用效率不高、农牧结合比例低、畜牧业缺乏监督管理制度等问题存在，传统畜牧业发展模式已经不能适应生态环境的可持续发展。生态畜牧业发展模式、循环经济发展模式和智慧养殖管理模式等被提出，以促进畜牧业的高质量发展。尽管如此，我国畜牧业发展还缺乏典型养殖模式，并且没有形成带动效应。

畜牧业高质量发展面临多重目标，各目标之间相互冲突。推动畜牧业高质量发展的政策制定需考虑保障重要农产品供给、生态安全、食品安全、保护生产组织等多重目标的激励相容。

1. 保障重要农产品供给

中国畜牧产品生产成本较高、生产效率低下，国际竞争力较弱。从生产成本上看，2021 年中国生猪平均生产成本为 15.5 元 / 公斤，高出美国 93.75%（8 元 / 公斤）。中国生猪平均出栏体重为 120 公斤，比美国低 7.5 公斤；出肉率为 78.3%，比美国低 3.2 个百分点；每头能繁母猪提供有效仔猪数约 20 头，比美国低 6 头（26 头）。分散的养殖方式制约了畜牧业竞争力提升，畜牧业面临巨大的国际市场冲击。

2. 保障生态安全

当前农业是主要的碳排放部门之一，2020 年农业碳排放占全国排放总

---

① 资料来源：中国碳排放交易网。

量的 7%①。畜牧业是农业碳排放的最主要来源。《第二次全国污染源普查公报》资料显示，农业源的化学需氧量、总氮排放量、总磷排放量分别占全国排放总量的 49.8%、46.5%、67.2%，其中畜禽养殖业分别占农业源的 93.8%、42.1%、56.5%。中国畜牧业发展面临养殖总量与环境容量不匹配、废弃物综合利用技术无法推广、种养一体化发展滞后等问题，养殖业污染问题亟待解决。

3. 保障食品安全

中国畜牧业面临老病仍在、新病不断、人畜共患病日趋严重的严峻形势，呈现发病率和死亡率高、药物残留普遍、经济效益低下等问题。前些年食品安全事件频发，包括瘦肉精、三聚氰胺、苏丹红等非法添加物的使用和禽流感、口蹄疫、非洲猪瘟等。而潜在的饲料抗生素等问题，可能成为将来最大的动物性食品安全问题。中国有 5000 多万个分散的生猪养殖户，疫病传播、污染排放和不安全食品流入市场等问题亟待解决。

4. 保护生产组织利益

小农户是中国畜牧业的重要主体。但是，小农户分散养殖效率低下，畜牧产品质量安全难以保证，资源环境污染严重。为实现保障重要农产品供给、生态安全和食品安全等目标，发展规模化、集约化养殖模式是一个可行的解决方案，但它可能意味着小农户退出畜牧业，这并不利于畜牧业的生产发展。由此，推动小农户与畜牧业高质量衔接非常关键，在这个过程中，应当重视各类主体的利益协调，保障小农户、规模养殖户、合作社、龙头企业等各类生产组织的利益。

由此，如何构建一套多目标激励相容的政策体系，促进畜牧业高质量发展成为亟待解决的现实问题。在新发展阶段，准确理解畜牧业高质量发展的理论内涵，把握实现畜牧业高质量发展的现实基础，提出促进畜牧业高质量发展的政策，不仅具备重要理论价值，而且对推动乡村产业振兴和实现"双碳"目标具有重要的现实意义。

---

① 资料来源：前瞻产业研究院。

二、"双碳"目标背景下中国畜牧业高质量发展的内涵及障碍

（一）"双碳"目标背景下中国畜牧业高质量发展的内涵与目标

1. "双碳"目标背景下中国畜牧业高质量发展的内涵特征

所谓畜牧业高质量发展，离不开现代发展理念、现代科学技术、现代物质条件、现代经营形式和管理方式的运用，以畜牧业为基础，拓展畜牧业的多种功能。在"双碳"目标背景下，畜牧业高质量发展以市场为导向，以生态环保、绿色低碳为核心，以质量标准化体系为指导，聚焦高效养殖与低碳发展，保障畜牧产品数量、质量和生态安全，满足人民日益增长的安全、优质畜牧产品的需要，进而提高畜牧业的经济、社会和生态效益，提升畜牧业竞争力。

（1）畜牧业发展由"数量"向"质量"转变

中国畜牧业高速发展，从数量上解决了供给不足的问题。现阶段，要实现高质量发展，关键在于实现质的跨越；同时，生态需求、绿色消费日益增长，迫切需要推动畜牧业高质量发展，从数量与质量两方面解决发展不平衡、不充分的问题。

（2）畜牧业高质量发展以"需求"为导向

基于马斯洛需求层次理论，人的需求从低到高可分为生理的需要、安全的需要、归属与爱的需要、尊重的需要、自我实现的需要五个等级，在不同阶段呈现明显的动态特征。畜牧业高质量发展的内涵同样具备较强的动态特征，它是以"需求"为导向，能够满足人民日益增长的多元化、个性化的畜牧产品需求的发展。

（3）畜牧业高质量发展以高质量"供给"为核心

基于马斯洛需求层次理论的五个层次，不同收入水平下供给呈现不同特征。人的需求从低层次向高层次跨越，将推动供给方式的转变和供给重点的调整，从而避免有效供给不足和产能过剩。畜牧业高质量发展，意味着供给从传统的追求规模、数量扩张的基于资源消耗的发展方式向实现经济可持续、生态可持续和社会可持续相统一的发展方式转变。

（4）畜牧业高质量发展应关注动物福利

所谓动物福利，是指动物如何适应其所处的环境，满足其基本的自然需求。如果动物健康、感觉舒适、营养充足、安全、能够自由表达天性并且不受痛苦、恐惧和压力威胁，则满足动物福利的要求。目前，畜牧业高质量发展尚未对动物福利予以足够重视。

2. "双碳"目标背景下中国畜牧业高质量发展的多重目标

为发展现代农业，我国提出了构建现代农业生产体系、现代农业经营体系和现代农业产业体系的设想，并以健全农业支持保护体系作为重要保障。按此逻辑，我们可以这样理解畜牧业的高质量发展，即推动畜牧业融入三大体系，并将各类生产组织纳入农业支持保护体系以保护他们的利益。"双碳"目标背景下中国畜牧业高质量发展应当同时满足几个目标（见图1）。

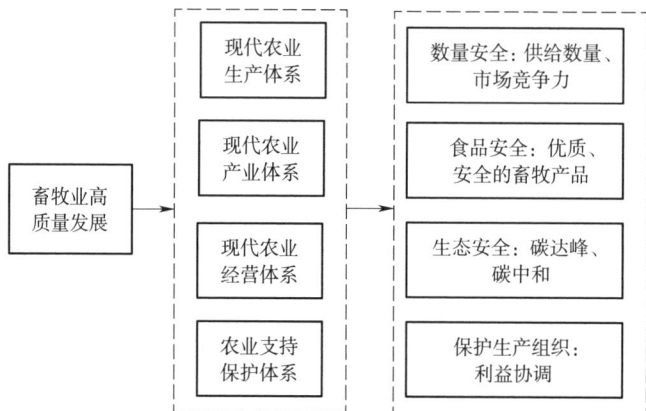

图1 畜牧业高质量发展的多重目标

资料来源：课题组根据相关资料整理。

（1）保障粮食和重要农产品供给（数量安全）

畜牧业作为国民经济的重要组成部分，其重要功能之一为保障重要农产品供给。畜牧业高质量发展表现出产业结构的技术密集、知识密集特征，产品的高附加值、高技术含量特点，有助于保障畜牧业发展主体的预期收益，提升畜牧业的市场竞争力，进而保障重要畜牧产品的供给安全。

（2）保障食品安全

新时代消费者对优质、安全的畜牧产品的需求日益增加。但是，优质、安全的畜牧产品供给不足、食品安全事件频发，极大地降低了消费者的信任，对优质畜牧产品市场拓展造成了不利影响。面对复杂的市场形势，畜牧业高质量发展表现为保障食品质量安全，为消费者提供优质、安全的牲畜产品，推动社会健康、和谐发展。

（3）保障生态安全

"十四五"时期推进生态环境保护的形势依然严峻，提升生态环境质量的任务依然繁重。在"双碳"目标背景下，迫切要求协同推进高质量发展和生态环境保护。畜牧业高质量发展表现为资源节约、环境友好型特征，注重生命健康理念，既关注饲草生产环境健康，又关注牲畜生长环境健康；既注重自然资源集约利用，又注重生态环境保护。

（4）保护生产组织利益

当前畜牧业发展中以小农户为核心的分散养殖模式仍然占据主导地位，难以适应畜牧业规模化、集约化的生产要求。在"双碳"目标背景下，畜牧业高质量发展，一定程度上意味着规模化养殖模式对分散养殖模式的替代。在此过程中，应注重保护养殖户、专业户、合作社、规模饲养小区、大农场、龙头企业等各类生产组织的利益，实现多主体利益协调。

（二）"双碳"目标背景下中国畜牧业高质量发展的障碍

1. 农户对于畜牧业高质量发展的认识浅薄

目前我国畜牧业发展以分散养殖模式为主，规模化、集约化程度低。从经济角度综合分析，规模化生产技术辐射效应和市场适应能力强，其优势大于传统生产模式。但由于我国规模化生产起步较晚，整个生产网络体系结构尚比较脆弱，因而传统的分散养殖模式仍然是畜牧业发展的主要模式，规模化、集约化程度低，养殖户对畜牧业高质量发展的认识较为浅薄。在传统养殖模式下，中小规模农户面临资金、技术和人才劣势，难以自发组织形成规模化、集约化、标准化养殖，导致生产效率低下、产品质量参差不齐、生产环境破坏严重。

2. 企业推动畜牧业高质量发展的动力不足

在传统分散养殖模式下，养殖户面临较强的资金、人才、技术等要素约束，难以自发形成规模化养殖模式，推动畜牧业高质量发展的动力不足。近年来，随着标准化规模养殖的推进，畜牧业发展成效显著，规模化水平、设施化装备水平和生产水平明显提高。但是，畜禽养殖带来的环境污染问题愈加突出，成为畜牧业高质量发展的重要制约因素。在畜禽污染治理方面，现阶段我国畜牧业以中小规模养殖户为主导，他们在畜禽污染治理过程中存在道德风险。由于污染治理设施的成本投入较大，并且维持污染治理设施的正常运行将持续产生费用，许多养殖场难以负担相应成本。部分养殖场甚至为了避开环保管制，虚报养殖规模，未配备污染治理设施。一些养殖场为了获得政府补贴，配备了污染治理设施，但为降低成本，并不会维持设施的正常运行。

3. 畜牧业高质量发展的科技应用水平较低

在传统分散养殖模式下，养殖户面临的资源要素约束决定了他们在科技应用方面存在弱势，特别是信息技术的应用程度低，畜牧业信息化管理亟待改进。信息化是实现精细化、智能化和标准化养殖的必要手段，有助于提升畜牧业生产效率。畜牧业生产中的育种、饲养、疾病防控、畜牧产品的加工、物流、销售等环节实现精准化管理都离不开信息技术的支持。我国畜牧信息化水平与发达国家相比尚存在较大差距，主要表现为：畜牧业信息基础设施薄弱，缺乏相应的信息资源，信息资源的有效供给不足，畜牧信息技术的应用程度较低，严重制约畜牧业高质量发展。与此同时，畜牧业生产管理信息化建设面临小而散、重复建设、信息供求不匹配等问题，无法充分发挥信息化、智能化为畜牧业发展带来的优势。

4. 推动畜牧业高质量发展的配套政策不完善

在"双碳"目标背景下，推动畜牧业高质量发展，离不开配套政策的支持。近年来，中国畜牧业高质量发展的政策开始逐步由国家主导型向国家引导型转变，地域差异特征明显，政策细致化程度不断提升，政策落实方式日益多样化。现阶段，畜牧业高质量发展的政策侧重于技术支持和项目支撑，推动管理政策与技术政策相互融合，但是现有配套政策尚不完善，特别是碳交易市场在畜牧业领域的应用尚缺乏相应配套政策，导致畜牧业碳交易市场的建设尚处于探索阶段。此外，要解决农户对于畜牧业高质量发展的认识不足，企业推动畜牧业高质量发展的动力不足，畜牧业的科技应用水平较低等问题制约了畜牧业高质量发展，亟须相应配套政策予以支持。

三、畜牧业高质量发展的调查发现：以正大蛋鸡养殖为例

（一）正大蛋鸡全产业链项目的实践探索

正大集团秉承"利国、利民、利企业"的"三利"原则，致力于把世界上最先进的理念、模式、科技、资本、人才和市场引进中国；坚持用最高科

技、最高标准、系统体系做项目，探索依靠技术进步和制度创新，通过三产融合、生态循环，提高中国品牌农业竞争力，并兼顾农民致富。2008年，在北京市人民政府和平谷区人民政府的支持下，正大蛋鸡全产业链项目首先落地平谷，探索和实践科技创新驱动农业现代化发展的路径和模式。此后，项目模式不断复制到全国各地。目前，正大蛋鸡300万只以上的全产业链项目基地有6家，包括北京平谷、山东潍坊、上海崇明、四川眉山、云南昆明、河南漯河蛋鸡全产业链项目基地，并成为当地农业现代化的典范，获得政商企学研高度关注和认可。正大蛋鸡全产业链项目的实践探索，为我国畜牧业高质量发展提供了典型案例。

1. 正大蛋鸡全产业链项目的运行模式

（1）投融资模式

在农业现代化的进程中，农民作为主体往往面临着资金、技术和市场等的制约。为了解决农业现代化过程中的资金、技术、市场的"三缺"，正大蛋鸡全产业链项目创新投融资模式，探索了"政府+银行+正大集团+农村合作社"的"四位一体"投融资模式，实现了政府主导、农民主体、企业主力、银行主资的有机统一，解决了社会资本和金融资金投向农村渠道不畅、小农生产缺乏营销、农民投资能力不足的问题。以正大平谷300万只蛋鸡全产业链项目为例：①政府注资。平谷区政府投入15%的资本金，扶持和参与正大平谷300万只蛋鸡全产业链项目建设。②农民出地。西樊各庄村成立北京绿色方圆畜禽养殖专业合作社，流转本村村民779亩土地，落实了项目建设用地。③银行贷款。银行突破产权抵押及担保传统，创新融资模式，采用"租约质押"等方式，为项目提供70%的资本金贷款。④企业投资。正大集团投资15%的资本金与政府15%的资本金共同成立了北京谷大农业投资有限公司（简称"谷大公司"）作为项目的融资平台，受合作社委托负责项目的融资、建设、运营、移交等事务。政府、农民、银行、企业四方发挥各自优势，共商、共建、共享，有效解决了农业现代化过程中的"三缺"瓶颈，探索出一条小农户与现代农业、服务业有机衔接，多渠道持续增收，实现共富的有效路径，并且成为哈佛大学、清华大学的经典研究案例。

（2）运营模式

正大平谷 300 万只蛋鸡全产业链项目，由当地的农户、低保户、残疾户成立北京绿色方圆畜禽养殖专业合作社作为项目的立项主体，成员包括以地入社的西樊各庄村民 852 户、政府助残资金扶持的农村贫困残疾户低保户 756 户，土地通过流转进入农民专业合作社；合作社委托谷大公司具体实施该项目；谷大公司委托正大汉鼎进行项目建设管理，建设完成后租赁给专业的运营公司北京正大蛋业经营管理，并签订 20 年不可撤销、照付不议的资产租赁协议。在这一过程中，北京正大蛋业承担生产经营与市场风险，无论企业运营盈亏，每年按照蛋鸡场固定资产投资总额的 10% 支付租金，保证合作社获得稳定收益，项目到期后，企业将蛋鸡场归还合作社。

（3）分配模式

项目实现多元主体整合的关键在于构建共荣共赢的利益分配格局，让利益攸关方都能获得较理想的投资回报，即政府、企业、银行、农民四方共同受益。以正大平谷 300 万只蛋鸡全产业链项目为例：①政府获益。在正大平谷 300 万只蛋鸡全产业链项目建成运营后，政府的资本金在运营期间将逐步归还，实现政府资本金的全额回收和税收收入。截至 2022 年底共获得 1 亿多元税收，解决近 500 人就业，实现了政府扶贫助残资金由"输血"变为"造血"的升华，提升了区域农业现代化水平，还找到了一条农企、政企合作的有效路径，实现了农民增收致富和精准扶贫，助力乡村振兴。②银行获益。"租约质押"的贷款模式以企业履约能力为担保，减少了放贷过程中的制度成本，确保获得稳定的利息回报，截至 2022 年底，银行共获得 1.6 亿元利息收入。③农民获益。加入合作社的农民，打破了单一的务农收入渠道，能够获得土地租金收益、分红收益、就业工资性收益和到期资产性收益等多元收益。更重要的是，农民成为项目资产所有人，在项目期结束后，项目资产移交合作社，农民可视情况重新选择投资者和经营者，按照双方接受的合约继续从事生产经营活动。④企业获益。正大在项目中获得了稳定、安全、可控的产品，构建了"从农场到餐桌"全程安全可追溯的蛋品全产业链，提高市场占有率和品牌影响力，履行和承担了"利国、利民、利企业"的社会责任。

2. 正大蛋鸡全产业链项目布局

正大蛋鸡全产业链项目有效运行的关键在于有机串联产业链上的不同环节，通过饲料生产、青年鸡养殖、蛋鸡养殖、蛋品深加工、食品销售、鸡蛋和鳄鱼文化探索等环环相扣创造利润增值空间。以正大潍坊360万只蛋鸡全产业链项目为例，项目由国际高标准的蛋鸡场、青年鸡场、蛋品分级车间、蛋品加工车间、饲料加工厂、有机肥厂、鸡蛋探索馆、鳄鱼生态馆等多个区域组成，是目前世界单体养殖规模最大、亚洲产业链最完整、配套最齐全的蛋鸡项目。

（1）饲料生产端的布局发展

为了配合360万只蛋鸡项目建设，正大潍坊360万只蛋鸡全产业链项目2021年投资建成了一座14万吨的现代化饲料厂。该饲料厂从原料进厂、原料过磅、原料入库、卸货、生产再到仓储环节，采用了世界上最先进的系统和设备，实现了生产高度自动化，确保了生产饲料安全优质的同时，极大节约了生产成本。①原料进厂化验环节。在原料进厂环节进行360度无死角自动消毒；并配备一套散装原料自动取样设备，所取样品可以从原料车直接自动运送到品管室；配备近红外检测设备，原料的水分、蛋白、脂肪等数据自动扫描得出结果，化验结果自动传送到SS系统，从而保证了取样、化验的准确性和公信性。②原料入库卸载环节。原料车经过在SS系统中采购权限排号、品管权限过检后驶入地磅。地磅称重后重量数据直接传送到SS系统，该数据无法进行人为干预。原料入库环节，每种原料有独立仓位，SS系统中可以查询实时库存。卸货环节采用最先进液压翻板侧翻工艺，从传统人工卸货升级为自动卸货，优化2个卸货岗位。原料卸完之后，仓库管理员在SS系统中进行入库操作，空车驶入地磅，SS系统自动扣减皮重，将实际原料重量入库。③原料生产环节。生产环节采用世界上先进的配料系统"CPS全自动计算机控制系统",系统根据订单作业,自动取值,自动计算,避免人为操作失误;设备运转高效,配料精度高,成品合格率为100%;智能化、自动化程度高,原料入仓之后可实现年产14万吨饲料。④原料仓储环节。仓储监控环节,液体原料采用雷达液位与磁力翻板液位双显示,罐体内原料数量目视化;筒仓、方仓采用3D料位实时监控系统,仓内原料数量数字化;玉米筒仓有自动测温系统,可查看仓内玉米实时温度,保障存储安全。

（2）蛋鸡养殖端的发展布局

正大蛋业在蛋鸡养殖领域坚持高标准、高效率、高质量和低成本的"三高一低"原则,坚持全产业链运作,确保产业绿色可持续发展。在蛋鸡全产业链项目的建设过程中,正大蛋鸡项目创新投资模式,积极争取与地方政府合作,获得了政府全力支持;秉持人类命运共同体理念,践行创新、绿色、低碳、可持续发展,建设了饲料加工厂、青年鸡场、蛋鸡养殖场,并配套建设了有机肥厂、鳄鱼生态馆、种植示范基地等。①饲料加工厂,有利于从源头把控鸡蛋品质,生产高品质的鸡蛋,并有效降低料蛋比,同时,配套自有饲料加工厂能够做到饲料当天生产完就能打到料塔里,确保饲料的新鲜安全。②青年鸡养殖场,有助于稳定供应、提高生产效率、疾病防控,增加投资回报。正大潍坊360万只蛋鸡全产业链项目在雏鸡选择环节对雏鸡的种鸡场、孵化厂、化验检测、疾病控制和相关畜禽生产许可证及动物防疫条件合格证等一系列条件进行严格把控,确保了雏鸡的质量和青年鸡的稳定供应。③蛋鸡养殖过程全程可控,喂水、喂料、光照、集蛋等全部采用自动化管理系统,鸡舍配套巡舍机器人,机器人头部、胸部和膝盖处共有3个摄像头,体内配有温湿探头,可以感知所在位置的环境参数,并可通过红外线技术和动态影像处理技术分辨鸡笼里的异常鸡只和死鸡,然后将位置信息传到中央控制室和鸡场办公室控制电脑,由饲养人员根据定位信息到现场处理;自主研发出通过鸡叫声识别蛋鸡健康状况的人工智能声音识别系统,对鸡的生理状况进行监测,生物安全有保障;④配套项目。蛋鸡全产业链项目配套建设了有机肥厂和污水处理设施,把鸡粪做成有机肥,减少粪污二次运输污染的同时把有机肥用于本地果品、蔬菜的生产，改善土壤结构，提高果蔬品质；并全面改进工艺，通过实现生产、生活废水无害化处理后用于绿化灌溉，变废为宝，提升养殖废弃物资源化综合利用率，构建生产端微循环生态圈；鳄鱼养殖场能够对养殖过程中产生的淘汰鸡进行无害化处理并将淘汰鸡转化成鳄鱼肉、鳄鱼酒、鳄鱼皮具等高附加值产品，拓展产业链，实现变废为宝，提升附加值；种养结合示范基地，如正大平谷 300 万只蛋鸡项目在鸡场周围建设果园，通过种养结合和示范带动，提升平谷大桃产业。

（3）蛋品分级加工的发展布局

正大潍坊 360 万只蛋鸡全产业链项目坚持做高标准、高品质鸡蛋和鸡蛋产品，配套了全自动化的鸡蛋清洗、分级和喷码设备。清洗环节可以彻底清洗干净鸡蛋表面的粪便，分级包装灯检系统可以把鸡蛋裂纹及血丝鸡蛋挑拣出来，分级包装杀菌系统可以杀死鸡蛋表面的所有细菌；鸡蛋喷码，消费者可以根据每颗鸡蛋的编码追溯鸡蛋的生产源，确保流入消费者手中的鸡蛋是安全、放心的高品质鸡蛋。蛋品加工方面，正大潍坊 360 万只蛋鸡全产业链项目配套了自动化液蛋加工系统，有效提高生产效率。此外，液蛋加工还通过降低包装和运输成本、增加产品的多样性、延长鸡蛋保质期等途径增强企业的竞争优势、增加利润并优化供应链管理。

（4）蛋品销售端的发展布局

正大潍坊 360 万只蛋鸡全产业链项目坚持"先做市场，再做工厂"的战略布局，以销带产、市场先行，实现开工就开店、投产即赚钱。基于正大潍坊 360 万只蛋鸡全产业链项目，建立了自有终端零售体系和物流体系；在传统线下销售渠道（如商超渠道、团餐渠道、餐饮渠道和农贸市场）的基础上，建立了线上 + 线下新的销售平台，采用大客户 B2B（企业间的电子商务）、消费者 B2C（企业与消费者之间的电子商务）和新零售 O2O（线上线下电子商务）等多种模式相结合的销售方式和极致服务，让消费者体验到了好吃、便宜、健康、云吃云购等，也为异质性消费者提供了多元选择；基于做"城市餐饮供应链提供者"和"消费者一日三餐供应者"的理念，打造一刻钟便民生活圈，探索实践网格餐厅，引导消费者转变消费方式和烹饪方式，让厨艺变得更加简单。

（5）科普文化基地

正大蛋鸡全产业链项目基地配套有鸡蛋探索馆、鳄鱼生态馆等科普基地，鸡蛋探索馆是全球第一个以鸡蛋为主题的科普馆，采用线上线下立体方式向全世界展示鸡蛋历史文化知识，既是食品安全理念的传播地，也是企业形象及产品展示馆、行业未来引领馆。

综上所述，正大蛋鸡全产业链项目以其规模化的生产能力、系统化的运营流程、绿色化的环保理念和数字化的管理手段，展现出强大的竞争力和可持续发展的潜力，为正大集团在畜牧业领域的领先地位奠定了基础。首先，正大蛋鸡全产业链项目规模大，如正大潍坊 360 万只蛋鸡全产业链项目，目前是全球单体养殖规模最大的项目。这种规模化带来了生产效益的提高和成本的降低，使项目具备竞争力，同时也稳定了供应链，满足了市场需求。其次，该项目实现了从饲料生产、青年鸡养殖、蛋鸡养殖、蛋品深加工到食品销售等环节的系统化运营。各个环节相互关联、衔接紧密，形成了高效的生产流程和协同作业，提高了整体效率和产品质量。再次，正大蛋鸡全产业链项目注重绿色环保。通过项目闭合的生态微循环实现了变废为宝，拓展了产业链，提升了附加值，降低了环境污染和资源浪费，推动了可持续发展。同时，项目在运营中广泛应用数字化技术，通过监控系统、数据分析、智能化设备等手段，实现了对养殖过程的精细化管理和监控，提高了生产效率和产品质量，并支持了产业链各环节之间的信息共享和协同合作，优化了供应链和销售渠道，提升了整体运营效果。

（二）正大蛋鸡全产业链项目的实践意义

1. 正大蛋鸡全产业链项目的社会效益

正大蛋鸡全产业链项目落地后，产生了广泛的社会效益，极大改善了参与项目农民和弱势群体的生活状况，为精准扶贫助残作出了贡献，而且创造了大量的就业岗位，提高了农民的收入水平；促进了当地现代畜牧业的发展，提升了农业现代化水平，并吸引社会各界人士参观考察，成为当地打造现代农业、创新发展模式的亮丽名片。

（1）农民参与并分享农业现代化的过程和成果，实现精准助农富农

正大蛋鸡全产业链项目创新发展模式、破解"三农"现代化困境，探索出产业助农扶贫新路径，农民参与并分享现代化的过程和成果，实现了精准助农富农。如正大平谷 300 万只蛋鸡全产业链项目首创的"四位一体"发展模式，不仅改变了生产关系，创新了支农方式，实现精准扶贫，而且构建了合理利益联结机制，探索出一条"小农户大企业有效衔接、产业扶贫助残、多渠道持续增收"的有效路径。农户收益主要包括土地租金收益、分红收益、就业工资性收益和到期资产性收益等四部分。①土地租金收益。北京平谷区 852 户土地入股农民，土地租赁期从 2009 年至 2029 年，获得每年增长 5% 的稳定地租收益（2009 年地租约定为每亩 1000 元），截至 2022 年，已累计收入 0.43 亿元。②分红收益。合作社成员和政府助残资金扶持的农村贫困残疾户、低保户 756 户，静态计算，在还贷期，合作社成员家庭年均收益 5000 元；偿还集团借款和股东双方资本金期，目前家庭年均收益 7400 元。③到期资产性收益。农民成为项目资产所有人，在项目期结束后，项目资产移交合作社，农民可视情况重新选择投资者和经营者。④就业工资性收益。经营公司为当地农民提供就业岗位，解决近 500 人就业（人均至少 5500 元 / 月）。

（2）推动当地农业产业转型升级

强国必先强农，推进农业农村现代化是实现农业大国向农业强国跨越的基础和支撑，作为农业农村经济的重要组成部分，畜牧业的高质量发展不仅是满足人们膳食结构升级的需要，也是实现中国式农业现代化，建设农业强国的需要。正大蛋鸡全产业链项目通过创新"四位一体"模式，破解了农业现代化进程中缺少资金、技术和市场制约，并把市场化、工业化、规模化、系统化、生态化的思维运用到农业产业链中，转变了农业的生产方式、经营

方式、管理方式，实现了种养结合、三产融合，助推农业现代化的同时兼顾了共同富裕，并带动了区域畜禽产业发展，成为项目所在地的示范性项目。如正大潍坊360万只蛋鸡全产业链项目建成满产后，年产鲜蛋6.2万吨，预计每年产业链主产值13.8亿元，带动产值约25.8亿元。项目在饲料加工、智能化养殖、蛋品加工等方面，实现了全过程的自动化、智能化、生态化、数字化，展现了以全产业链方式发展现代畜禽业的壮丽图景；项目建成后，填补了潍坊世界五百强农牧业龙头企业的空白，促进了潍坊市畜禽养殖的规模化、现代化；提升了区域农牧畜禽业现代化水平，带动了周边粮食加工、物流运输、现代商业服务业等的发展。

（3）为消费者提供安全、绿色、可追溯的食品

正大蛋鸡全产业链项目，从种苗、饲料、养殖到屠宰、深加工、物流、销售全程都按照国际最先进标准和技术进行一条龙运作，并引入现代的IT（互联网技术）进行运作监控，杜绝了中间环节出现影响食品安全的因素。同时，做到了对鸡蛋生产的全过程进行严格品控，从种源鸡的检测、生物安全控制、饲料饮水检测、有害生物防治、舍内舍外卫生控制、蛋鸡营养保障、鸡蛋检测等，坚持48道正大安全标准严格把关。经过严格的质量把控，正大蛋鸡全产业链项目生产的鸡蛋无抗生素、无激素、无沙门氏菌、无重金属、无兽药残留。经过破蛋检测系统、清洗系统、裂纹蛋检测系统选出干净、优质鸡蛋后，利用UV（紫外线）杀菌对鸡蛋表面和鸡蛋辊轴进行微生物灭除，然后通过称重系统自动对鸡蛋分级、喷码、包装，整个过程避免人工接触造成细菌传播，给消费者提供安全、美味、放心、全程可追溯的高品质蛋品。

（4）提升饲料利用率，为国家粮食安全献智献力

我国是世界上鸡蛋生产和消费第一大国，鸡蛋在满足居民膳食营养平衡中有着不可或缺的作用。然而蛋鸡养殖中最大的成本是饲料成本，其在总成本中占比高达60%~70%。因此，对企业而言，降低料蛋比可以控制饲料成本、增加养殖利润；对国家而言，降低料蛋比则可以节约粮食和耕地。正大蛋鸡全产业链项目通过选育优良品种、优化饲料配比、精准化和智慧化蛋鸡

养殖等方式降低料蛋比、提升养殖效率，为国家粮食安全献智献力。据测算，按照目前全国蛋鸡行业的平均养殖水平，如果料蛋比降低 0.05，每只鸡可以节约 1.0 千克的饲料，按照我国蛋鸡 11 亿只的存栏量计算，可节约玉米 66 万吨，进口大豆可减少 28 万吨，以玉米 2900 元 / 吨和大豆 5200 元 / 吨的价格计算，分别可节约 19.14 亿元和 14.56 亿元。按照 1500 斤 / 亩的玉米产量，可节约 5.87 万公顷耕地。

2. 正大蛋鸡全产业链项目的生态效益

畜牧业低碳绿色高质量发展是一个系统性工程，需要系统性思维，一方面用规模、科技降低能耗和成本；另一方面，供应链、产业链、价值链、生态链"四链"同构，实现全链条、全生命周期绿色低碳发展。正大蛋业始终践行"环境就是民生，青山就是美丽，蓝天也是幸福"的理念，把高质量、绿色低碳、可持续发展放在企业发展的首位。

（1）构建生产端微循环系统

正大潍坊 360 万只蛋鸡全产业链项目基地在种植产业链和养殖产业链之间搭建生态桥，蛋鸡养殖过程中产生的鸡粪、污水等通过鸡粪处理站进行处理，制作成有机肥，服务于种植产业链，用于玉米、果蔬等的种植，实现粪肥还田；在蛋鸡养殖的同时创新利用鳄鱼养殖消化生产过程中产生的淘汰鸡，打造一种全新的生物无害化处理方式，不仅变废为宝，还拓展了产业链，提升了附加值；配套的污水处理设施可以百分百处理项目的生产、生活产生的污水，实现全产业链的绿色、生态、可持续。

（2）全产业链节能降耗低碳

北京正大蛋业把科技真正用在鸡蛋全产业链上，在规划和建设过程中，通过优化建筑设计、厂房布局创新、采用节能的建筑材料、优化鸡舍密闭性等实现节能低耗，切断疫病传播风险；通过 AI（人工智能）分拣、IoT（物联网）数字化管理等确保养殖过程安全、环保等；通过优化饲料配方和喂养管理，减少能源和饲料的消耗，减少了碳排放等。同时，在供应链管理中注重绿色化，通过优化物流和运输方式，减少运输距离和能源消耗，降低了碳排放；鼓励合作伙伴和供应商采取绿色化措施，共同推进低碳生产。

（3）全球首例碳标签认证的鸡蛋

正大潍坊 360 万只蛋鸡全产业链项目高度重视节能减排工作，设立了一套"正大潍坊蛋鸡温室气体排放可视化系统"。根据对每日能源（如天然气、电力、柴油）消耗量的精准分析，全力使用清洁能源，同时寻求更加节能的生产模式，制定了到 2030 年成为"零废弃物排放、零二氧化碳排放企业"的目标。2022 年 1 月 24 日，正大潍坊 360 万只蛋鸡全产业链项目获得中国农产品类首张"产品碳标签评价证书"，是鸡蛋行业首家获得全球低碳产品供应商认证的企业，并荣获世界第一例碳标签鸡蛋产品、中国区第一枚产品碳标签、中国区低碳产品供应商认证，这也是全球首例对鸡蛋产品进行的碳标签认证。该鸡蛋产品通过参照国际和国内针对碳足迹量化与评价相关的标准和指南，识别了项目组织（法人）边界内的碳足迹和碳排放（属于蛋鸡产业链的部分生命周期碳足迹，目前覆盖以下生产环节：饲料加工、青年鸡养殖、蛋鸡养殖、鸡蛋分级与包装等）；并依据国际和国内通用的温室气体排放计算方法学以及碳排放因子，测算项目的温室气体排放总量，以及单枚鸡蛋的碳排放量；截至 2023 年 3 月，生产一枚鸡蛋仅需产生 10.32 克二氧化碳，排放量远远低于普通散养鸡蛋。随着蛋鸡场的满产，节能措施的升级，单枚鸡蛋的碳排放量将进一步降低，引领行业的绿色低碳发展，助力"双碳"目标的实现。

（三）基于正大案例的典型模式总结

1. 采用产业链纵向一体化的经营模式，打造低碳绿色高品质产品

正大蛋鸡全产业链项目通过产业链纵向一体化的经营模式，构建从育种、饲料加工、畜禽养殖、分级加工、技术检测、物流、食品深加工到零售终端等"从土壤到餐桌"的全产业链体系；顶层设计，在规划、建设、生产、物流仓储和消费全过程、全产业链以高科技、数字化、绿色低碳为核心，用高科技、系统化、数字化等打造低碳绿色高品质产品。

正大平谷300万只蛋鸡全产业链项目通过纵向一体化整合（见图2），贯通育种、饲料种植、畜禽养殖、分级加工、技术检测、冷链物流、食品加工、零售终端全产业链，在规划、建设、生产、物流仓储和消费全过程以"低碳"为核心，实现蛋鸡养殖的低碳、低能耗和低污染。规划和建设过程中，通过优化建筑设计和厂房布局，采用节约能源的建筑材料。在育种环节，集合三代种鸡的优秀基因，培育出性能优越的鸡；养殖和孵化采用高科技，进行科学管理，有效减少疫病发生。

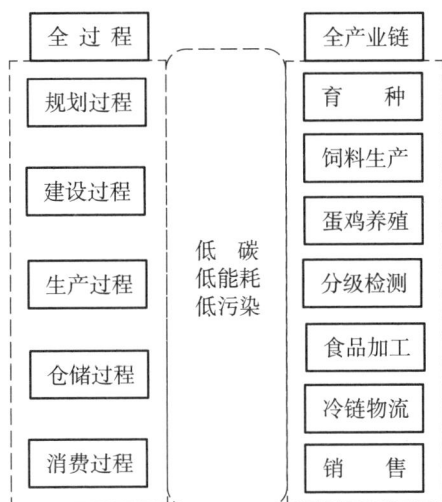

图2 正大平谷300万只蛋鸡养殖产业链纵向一体化整合
资料来源：根据正大集团提供的资料整理。

在饲料生产环节，建设现代化饲料厂，采用自动化订单式生产。以正大研究院为农业研发智脑，根据蛋鸡生长规律科学定制配方、升级饲料加工工艺、降低料蛋比等实现降本增效。

在蛋鸡养殖环节，采用自动喂料系统，精准喂料，减少浪费，每公斤蛋耗用饲料较传统养殖低。采用机器人保姆，监控蛋鸡的体温和身体健康状态。采用环境控制系统，对温度和湿度精准控制，提高鸡群舒适度，增加产蛋量。采用自动集蛋系统，减少破损，降低损耗，较传统养殖损耗率低0.3个百分点。通过实施精准、高效的设备养殖，降低人畜（禽）交叉污染和次生危害发生的概率，确保养殖过程安全、环保。

鸡蛋深加工环节，通过智能化精准控制每个生产环节，生产优质的白煮蛋、溏心蛋、卤蛋等产品。物流仓储过程中，通过线路优化设计、自动化和数字化，实现少搬运、无延时、少损耗，促进降本增效。结合时代需要，打造一刻钟便民生活圈，畅通城市销端"微循环"，通过生转熟、熟转食以及高频率服务，以高品质产品、高品质服务引领高品质消费。目前，正在北京市朝阳区大屯路创新实践"为百万餐厅提供全品项、高科技、供应链服务"，把小商变大商，助力共同富裕。

2. 采用"四位一体"的产业组织模式，实现各主体利益协调

正大集团在蛋鸡全产业链项目建设过程中，采取"政府 + 企业 + 银行 + 农民"四位一体的产业组织模式（见图3），通过"政府建平台，农民当老板，企业来打工，银行放贷款"的方式，有效整合各方资源要素。其中，政府是项目推动者，银行是项目融资人，企业是项目经营者（新农民），农民 / 合作社是资产所有者（老板）。

由政府、银行、龙头企业三方共同扶持农民，形成"四位一体"的关系，不仅有效地引入资金、技术、市场三要素，提高土地使用效率、生产效率以

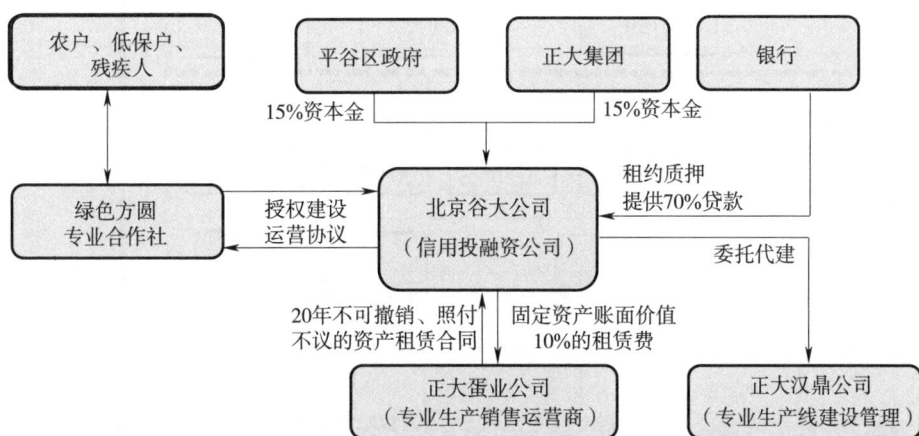

图3 正大平谷"四位一体"产业组织模式

资料来源：根据正大集团提供的资料整理。

及投资效率，而且改变了生产关系，农民成为现代化厂房的资产所有者和受益者；正大蛋业成为"新农民——打工者"，为农民提供"产前、产中、产后"的高水平专业化服务，承担运营和市场风险。资本、科技、市场通过龙头企业进入农业，企业通过研发、科技、标准、升级带动整个产业发展，最终实现多方共赢。农业农村部农村经济研究中心评价："四位一体"模式是在土地没有私有化和农产品天花板的外生变量约束下，进行的一种创新资源配置方法，既利用了政府手段又利用了市场手段（动机依靠政府手段，动力依靠市场手段）。

3. 采用种养生态循环的发展模式，打造闭合生态循环系统

正大平谷300万只蛋鸡全产业链项目采用种养生态循环发展模式（见图4），打造闭合生态循环系统，在养殖过程中实现废弃物的资源化利用。

通过种养结合、区域生态循环模式，极大地降低生产成本和环境成本，推动了畜牧业绿色低碳高质量发展。

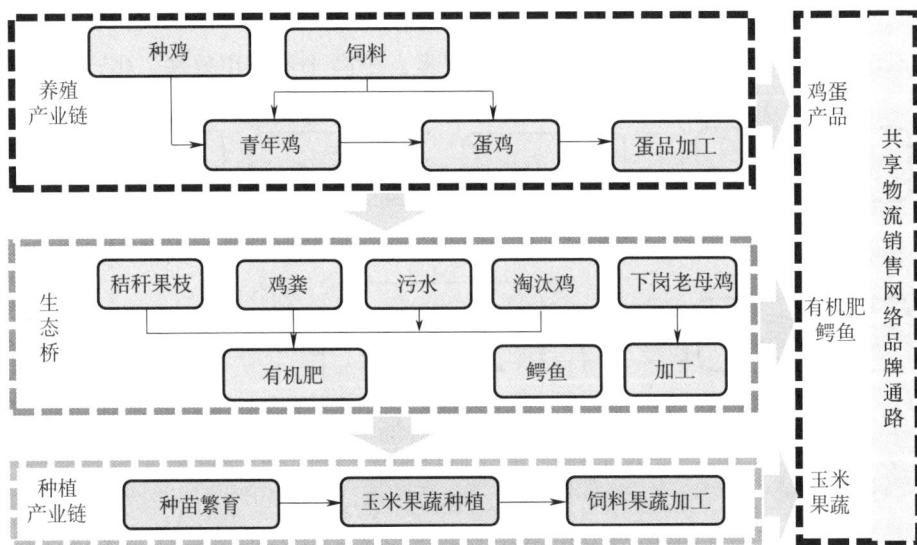

图4 平谷正大种养生态循环发展模式

资料来源：根据正大集团提供的资料整理。

四、"双碳"目标背景下中国畜牧业高质量发展的实现路径

"双碳"目标背景下，畜牧业高质量发展意味着以"需求"为导向，以高质量"供给"为核心，关注动物福利，实现从注重畜牧产品的"量"到"质"的转变。在这个过程中，政策制定和实施应以保障重要农产品供给、食品安全、生态安全和保护生产组织利益为目标。然而，畜牧业高质量发展面临农户对畜牧业高质量发展的认识浅薄、企业推动畜牧业高质量发展的动力不足、畜牧业高质量发展的科技应用水平较低、推动畜牧业高质量发展的配套政策不完善等困境。由于中国小农户分散养殖模式下不具备高技术、高标准生产经营的能力和条件，生产方式亟待转型，畜牧业规模化发展是必然趋势。有必要以高科技指导畜牧业发展融入现代农业生产体系、以标准化指导畜牧业发展融入现代农业产业体系、以模式创新指导畜牧业发展融入现代农业经营体系、构建畜牧业支持政策体系保护生产组织利益，推动畜牧业高质量发展（见图5）。

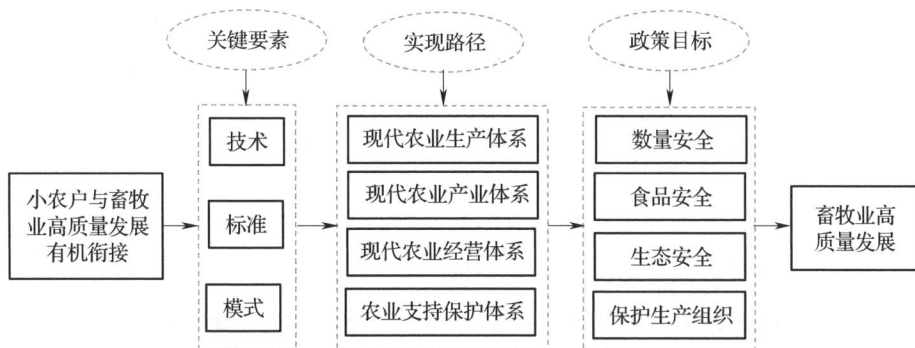

图5 "双碳"目标背景下畜牧业高质量发展的实现路径

资料来源：课题组根据相关资料整理。

（一）以高科技指导畜牧业发展融入现代农业生产体系

推动畜牧业发展并融入现代农业生产体系，需要以高科技为引导，在提高生产效率和产品质量的同时，实现可持续发展的目标。其一，研发并应用相关的生物技术、信息技术和环保技术等高新技术。生物技术可以用于改良畜禽品种，增强畜禽的抗病能力，提高生产效率。信息技术可以用于建设智能化的畜牧业生产和管理系统，实现动物健康监控、饲料管理、环境控制等功能，提高管理效率。环保技术则可以用于畜禽粪便的无害化处理，减少环境污染。其二，利用高新技术建设智能化、自动化的畜牧业生产基础设施，提高饲养效率。同时，建设无害化处理设施，对畜禽粪便进行处理，避免污染环境。其三，引导和支持畜牧业向规模化、集约化方向发展，优化产业结构，推动可持续发展。其四，增强与国外的研究机构和企业的战略合作，引进国外先进的畜牧业科技和管理经验，共同推动畜牧业高质量发展。

（二）以标准化指导畜牧业发展融入现代农业产业体系

以高标准指导畜牧业发展融入现代农业产业体系，推动畜牧业高质量发展。其一，推行绿色养殖，采用环保技术和可再生能源，优化饲料配方、减少化学物质使用，减小碳排放和环境污染。其二，建立完善的产业链，与饲料产业、农机具生产企业合作，以确保饲料质量和安全，并引进先进的养殖设备，提高生产效率和质量控制水平，同时建立健全的销售网络，推广高品质产品。其三，鼓励养殖户建立自己的品牌，通过产品质量保证、认证体系和市场推广，提升消费者对高品质畜牧产品的认知和需求，提高附加值。其四，加强科研创新，研发新的饲料配方和饲养管理技术，建立质量监管体系，加强产品质量监控和检测，增加高品质产品的市场份额。其五，建立畜牧业协会或行业组织，加强行业协作，促进行业内企业和养殖户之间的合作与交流，共享资源、经验和技术，推动畜牧业转型升级。

（三）以模式创新推动畜牧业发展融入现代农业经营体系

分散养殖户在畜牧业各类经营主体中数量上占据主导，但家庭农场、农民专业合作社、农业企业等新型农业经营主体已具备一定规模，同时仍在持续发展。在"双碳"目标背景下，畜牧业高质量发展需要依靠模式创新，使分散养殖户与畜牧业现代化发展有机衔接，推动畜牧业发展融入现代农业经营体系。模式创新的关键在于资源和要素组合，在分散养殖户与新型经营主体之间建立紧密的利益联结机制。显然，在市场机制下建立这种紧密的利益联结机制并不容易，必须通过经营模式创新把相关利益群体紧密地关联在一起，让各自具有的要素优势得以发挥，共享发展红利。这种经营模式创新和相关机制设计需要依靠市场主体的创造性思维，同时也依赖政策引导。在支农惠农政策中巧妙设计出可以激发紧密型利益联结机制建立的条款，引导各类经营主体自发地、主动地将分散养殖户纳入他们的发展计划。大力培育龙头企业、合作社、规模养殖场、专业大户等新型农业经营主体，引导新型经营主体带动小农户、赋能小农户，持续推进适度规模养殖模式、农牧结合模式、种养生态循环模式、正大"四位一体"模式等畜牧生产模式的发展。

（四）构建畜牧业支持政策体系保护生产组织各方利益

农业支持保护体系是保障农民收入的有效手段。类似地，构建畜牧业支持政策体系，保护畜牧业生产组织各方的利益，有助于提高畜牧业农户的收入，推动分散养殖户与现代畜牧业有机衔接。构建畜牧业支持保护体系，保护分散养殖户、专业户、农民专业合作社、产业化龙头企业等各类生产组织的利益，实现各个主体之间的利益协调，进而提高各类生产组织的积极性，助力实现保障重要农产品供给、食品安全和生态安全的多重目标，推动畜牧业高质量发展。

五、"双碳"目标背景下中国畜牧业
高质量发展的政策建议

（一）用足龙头企业的社会责任先试先行

受新冠疫情因素影响，我国畜牧产业格局面临调整，畜牧业迎来转型升级的窗口期。这一时期，应当重视农业产业化龙头企业在畜牧业高质量发展中的引领作用，激发企业助力畜牧业高质量发展的热情，用足龙头企业的社会责任，先试先行，引领畜牧业高质量发展。一是应充分利用龙头企业的先进理念和创新思维，将绿色低碳发展理念嵌入畜牧业发展过程；二是应充分利用龙头企业的先进技术，将其应用于科学养殖、环保控制、疫病防控、屠宰加工等环节；三是应充分利用龙头企业的先进经营模式，整合资源要素，在生产端链接小农户，销售端拓宽渠道，提高产业效率；四是应充分利用龙头企业的先进生产组织模式，打造利益共同体实现共享共赢，推动产业可持续发展。

（二）用政策支持和保护产业化龙头企业

继续支持良种繁育、标准化规模养殖、疫病防控、畜禽粪污资源化利用等项目建设，开展智能饲喂、精准环控、畜产品自动化采集加工、废弃物资源化利用等装备技术试验示范。加快优质饲草青贮、农作物秸秆制备饲料、畜禽粪污肥料化利用等技术推广应用。通过培育新型畜牧业经营和服务主体，大力发展优质饲草料供应、粪污资源化利用、病死畜禽无害化处理、安全净化防疫等环节的社会化服务。建设畜牧业社会化服务创新项目，创新订单式作业、托管、承包服务等模式。持续推进"一村一品、一镇一业、一县一特"格局构建、"地理标志"政策支持，重视产业化龙头企业的作用，对相关企业给予科技和服务支持，以解决企业在推动畜牧业高质量发展过程中面临的挑战。

（三）鼓励龙头企业带动分散养殖户发展

由于我国规模化生产起步较晚，整个生产网络体系结构尚比较脆弱，传统分散养殖模式仍然是畜牧业发展的主要模式，中小规模农户面临资金、人才、技术等劣势，难以自发组织实现规模化、绿色化和数字化发展，导致生产效率低下、产品质量参差不齐、生产环境破坏严重。由此，应当将分散养殖户纳入现代畜牧业发展的轨道，鼓励龙头企业带动分散养殖户发展。创新衔接机制，通过代养、技术托管等社会化服务的方式，推动分散养殖户与现代生产体系衔接，采用先进技术和装备，以绿色低碳的生产方式进行畜禽养殖；践行绿色低碳生产消费理念，推动分散养殖户与现代化产业体系衔接，生产出符合市场需求的产品；通过订单、入股、组织化等方式，推动分散养殖户与多元增收方式（现代经营体系）衔接，增加农户收入。

（四）加大对高质量发展的宣传推广力度

"双碳"目标的实现，是关乎人类共同命运的一件大事。在以分散养殖户为主导的"小、散、乱"为特征的经营模式下，农户对于畜牧业高质量发展的认识不足，难以自发组织形成规模化、集约化、标准化的养殖模式。由此，应当加大宣传推广力度，将人类命运共同体的理念灌输给龙头企业、养殖户、消费者等相关利益主体，增强他们对于构建人类命运共同体的认知，培育生态环境保护意识和绿色发展观，推动畜牧业高质量发展。

（五）建立健全市场机制，引领低碳生产消费

在"双碳"目标背景下，市场机制不完善是制约畜牧业高质量发展的一大掣肘，应当建立健全市场机制，引领低碳生产消费，推动畜牧业绿色低碳发展。第一，加强绿色低碳食品生产消费的科技支撑。在食品端，加大农牧产品"生转熟""熟转食"技术的研发投入和转化利用力度，增强食品智慧绿色低碳加工技术的研发，促进即食、鲜美、常温、低碳食品技术的研发和转化利用，实现美味食品低碳制造。在生产端，加强对减少碳排放技术的研发，如低碳—零碳—负碳技术、节能环保等绿色技术的研发推广和转化应用，加强碳收储新材料、新技术、新装备科技攻关。第二，搭建绿色低碳消费信息平台。引导机构和消费者提高绿色低碳产品生产和消费，构建产品生产、流通、销售可追溯体系。第三，完善绿色低碳市场体系。健全碳排放统计核算体系，加强碳排放监测计量；大力培育碳交易市场，丰富交易品种和交易方式。第四，创新多元化投融资模式。健全市场化、多元化投入机制，如设立并完善低碳转型基金、绿色债券、政府债券等。

主要参考文献

［1］何宇鹏、武舜臣.连接就是赋能：小农户与现代农业衔接的实践与思考［J］.中国农村经济，2019（6）：28-37.

［2］励汀郁，王明利.畜牧业助力"双碳"目标实现路径研究——基于不同国家的经验比较与启示［J］.世界农业，2023（1）：5-16.

［3］刘刚，罗千峰，张利庠.畜牧业改革开放40周年：成就、挑战与对策［J］.中国农村经济，2019，（8）：19-36.

［4］邢继宪.关于发放《规模化畜禽养殖用地土地证》的建议［Z］."三农"决策要参，2019(37)：1-10.

［5］王明利.改革开放四十年我国畜牧业发展：成就、经验与未来趋势［J］.农业经济问题，2018（8）：60-70.

［6］王明利，李鹏程，马晓萍.规模化选择对畜牧业高质量发展的影响及其路径优化——基于生猪养殖

规模化视角 [J]. 中国农村经济 .2022（3）：12–35.

[7] 于法稳，黄鑫，王广梁 . 畜牧业高质量发展：理论阐释与实现路径 [J]. 中国农村经济，2021（4）：85–99.

[8] 张红宇，胡凌啸，何宇鹏 . 我国现代畜牧业的发展方向：襄阳样板 [N]. 农民日报，2020-09-05.

新时期农业面源污染及治理政策研究*

  农业是国家发展的根本和命脉，也是保障我国经济健康平稳发展的重要基石。改革开放以来，我国的农业生产能力得到显著提升，以 7% 的土地养活了世界 22% 的人口，解决了人民的温饱问题，创造了粮食产量"十二连增"的佳绩。但粮食增产背后不容忽视的一个客观事实是，中国化肥的施用量（折纯量）从 1978 年的 884 万吨增加到 2020 年的 5250.7 万吨，远高于世界平均水平（每亩 8 公斤）。《2021 中国生态环境状况公报》显示，2021 年监测的 876 个地级及以上城市在用集中式生活饮用水水源断面（点位）中，主要超标指标为总磷、高锰酸盐指数和铁。农用化学品污染、农膜污染、集约化养殖业废弃物污染和农村固体废弃物污染等始终制约着农业绿色发展，农业面源污染"久治不绝"，成为威胁我国农业可持续发展的"达摩克利斯之剑"（Guo *et al.*，2010）。

  为此，各级政府深入实施农业绿色发展行动，2015 年，农业部印发了《到 2020 年化肥使用量零增长行动方案》《到 2020 年农药使用量零增长行动方案》《关于打好农业面源污染防治攻坚战的实施意见》。2021 年，生态环境部办公厅、农业农村部办公厅印发《农业面源污染治理与监督指导实施方

  * 本报告是清华大学中国农村研究院重点研究课题"新时期农业面源污染及治理保障政策研究"的研究成果，报告观点仅代表课题组的看法。课题负责人：许庆，上海财经大学财经研究所、城乡发展研究院教授。报告执笔人：许庆、刘进、张宽、熊长江。

案（试行）》，着重强调要强化投入减量、农业节水、绿色替代、循环利用等措施，推进清洁生产，保障农产品质量安全。上述政策的实施取得了一定成效，第二次全国污染源普查结果表明，我国农业源化学需氧量、总氮和总磷排放量分别占水污染物排放总量的 49.8%、46.5%、67.2%，与十年前相比，农业领域化学需氧量、总氮、总磷排放分别下降了 19%、48%、25%，但仍然是水污染物排放的重要源头，农业面源污染治理任重道远（金书秦和张惠，2017）。党的二十大将"绿水青山就是金山银山"的绿色发展理念进行了升华，再次强调了生态文明建设在"中国式现代化"进程中所发挥的重要作用，这标志着以生态文明建设引领的农业面源污染治理迈入新时期，对农业面源污染治理提出了更高的要求。

一、研究背景、新时期农业面源污染治理取得的成就与存在的问题

（一）研究背景

新时期我国社会主要矛盾转变为人民日益增长的美好生活需要和不平衡不充分的发展之间的矛盾，农业生产无论是在满足人民群众日益增长的美好生活需要，还是在提升中国农产品国际市场竞争力方面，都需要进行新旧动能转换，推进农业供给侧结构性改革，实现农业绿色发展。基于此，近年来的"中央一号文件"越来越重视农村生态环境的治理，提出将"绿水青山就是金山银山"的绿色发展理念贯彻到实施乡村振兴战略的全过程。同时，2018 年中共中央、国务院印发了《关于全面加强生态环境保护 坚决打好污染防治攻坚战的意见》，指出要全面加强生态环境保护，打好污染防治攻坚战，突破制约我国经济可持续发展的瓶颈。2022 年 10 月，党的二十大报告中再次

强调，必须牢固树立和践行绿水青山就是金山银山的理念……推进生态优先、节约集约、绿色低碳发展。中国已进入以中国式现代化全面推进中华民族伟大复兴、实现第二个百年奋斗目标的新时代，降碳、减污、扩绿、增长等方向的协同目标对农业面源污染的防控治理提出了更高的要求。

"十四五"作为我国农业面源污染治理的关键阶段，虽然已经全面建成了小康社会，实现了第一个百年奋斗目标，但仍需在农业面源污染治理方面持续发力，高度重视生态文明建设，实现污染物排放总量持续减少，生态环境持续改善，生态安全屏障更加牢固的目标，为开启全面建设社会主义现代化国家新征程奠定坚实基础。新时期农业面源污染治理，必须坚定贯彻"创新、协调、绿色、开放、共享"的新发展理念，坚持"绿水青山就是金山银山"的发展思路，健全和完善农业面源污染治理体系，统筹推进农业面源污染防治工作。进入新发展阶段，站到了新的历史起点，根据《"十四五"全国农业绿色发展规划》和《农业面源污染治理与监督指导实施方案（试行）》的筹划和安排，细化和厘清农业面源污染的具体情况、重点任务，完善和创新新时期农业面源污染治理保障政策，为促进农业绿色发展、助推脱贫攻坚与乡村振兴有效衔接、实现共同富裕创造良好条件。

（二）新时期农业面源污染治理取得的成就

农业面源污染[①]，是指农业生产过程中由于化肥、农药、地膜等化学投入品不合理使用以及畜禽水产养殖废弃物、农作物秸秆等处理不及时或不当产生的氮、磷、有机质等营养物质，在降雨和地形的共同驱动下，以地表、地下径流和土壤侵蚀为载体，在土壤中过量累积或进入受纳水体，对生态环境造成的污染。根据农业面源污染种类，本文首先从化肥、农药和农业废弃物入手分析新时期农业面源污染治理取得的成就。

---

① 《农业面源污染治理与监督指导实施方案（试行）》《重点流域农业面源污染综合治理示范工程建设规划（2016—2020 年）》。

1. 化肥

化肥过量施用与低效利用会导致土壤酸化、盐化和板结等问题，使得地力下降，对粮食生产效率产生不利影响。2015 年，农业部印发《到 2020 年化肥使用量零增长行动方案》，随之大力开展测土配方施肥、有机肥替代化肥行动，2020 年配方肥已占三大粮食作物施用总量的 60% 以上，有机肥施用面积超过 5.5 亿亩次，比 2015 年增加约 50%[①]。

据国家统计局发布的数据，2021 年全国农用化肥施用折纯量为 5191 万吨，约为 1978 年的 5.87 倍，但相比 2015 年下降了 13.81%（见图 1）。全国化肥施用强度（化肥施用量除以农作物播种面积）自 2014 年出现了缓慢下降的趋势，截至 2021 年化肥施用强度已降低至 308 千克 / 公顷，但仍然高于发达国家公认的每公顷播种面积施用 225 千克的环境安全上限（高晶晶等，

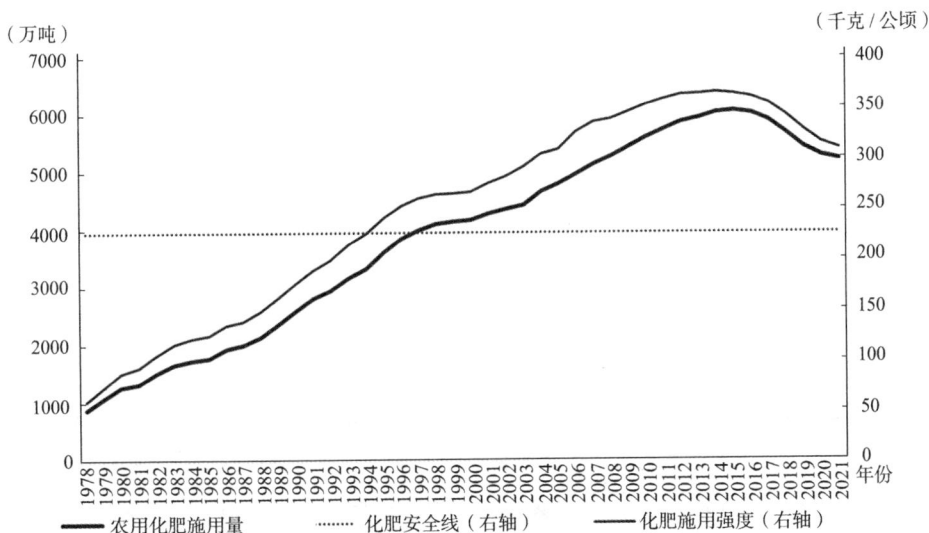

图 1　中国 1978—2021 年农用化肥施用情况

资料来源：《中国农村统计年鉴（2022）》。

[①] "我国三大粮食作物化肥农药利用率双双超 40%"，农业农村部科技教育司，2021 年 1 月 19 日。

2019）。根据农业农村部的数据，中国水稻、玉米、小麦三大粮食作物的化肥利用率逐步从 2015 年的 35.2% 提高到 2020 年的 40.2%。

2. 农药

与化肥类似，自 2015 年农业部印发《到 2020 年农药使用量零增长行动方案》以来，我国持续推进高效低风险农药替代化学农药，以及绿色防控和精准科学用药等行动，2020 年全国高效低风险农药占比超过 90%，绿色防控面积近 10 亿亩，主要农作物病虫害绿色防控覆盖率 41.5%、比 2015 年提高 18.5 个百分点[1]。2020 年[2] 中国全国农药使用量为 131.3 万吨，是 1990 年的 1.79 倍，相比 2014 年则下降了 27.34%（见图 2）。据农业农村部数据，2020 年，全国三大粮食作物农药利用率为 40.6%，比 2015 年提高 4 个百分点。同年，农药使用强度（农药使用量除以农作物播种面积）为 7.8 千克/公顷，已接近发达国家公认的农药用量环境安全上限标准 7.5 千克/公顷（高晶晶和史清华，2019）。

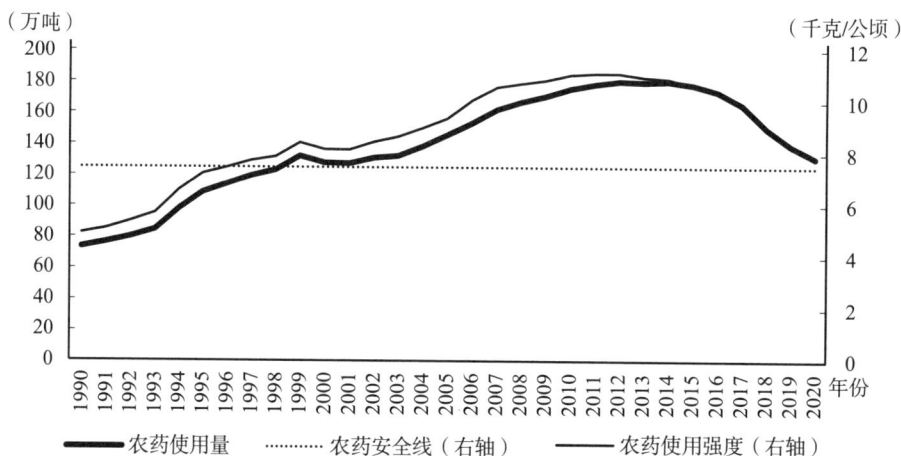

图 2　中国 1990—2020 年农药使用情况

资料来源：《中国农村统计年鉴（2021）》。

---

[1] "我国三大粮食作物化肥农药利用率双双超 40%"，农业农村部科技教育司，2021 年 1 月 19 日。

[2] 《中国农村统计年鉴（2021）》只公布了 1990—2020 年的农药使用量数据。

3. 农业废弃物

长期以来，中国农业生产呈现"重使用，轻回收"的特点，农业废弃物处置的问题日益突出。据估算，中国每年农药包装废弃物有 32 亿多个，总重量超过 10 万吨（赵艺华和周宏，2021）。《中国农村统计年鉴（2021）》数据显示，2020 年全国农用薄膜使用量达 238.9 万吨，相比 2015 年下降 8.24%，农膜回收率为 80%，相比 2015 年提高了 14 个百分点。2022 年制定的《农业农村污染治理攻坚战行动方案（2021—2025 年）》进一步提出，到 2025 年农膜回收率达到 85% 的目标。

农作物秸秆方面，全国秸秆每年产生量达 8.65 亿吨。根据《全国农作物秸秆综合利用情况报告》，2021 年，全国农作物秸秆利用量为 6.47 亿吨，综合利用率达 88.1%，较 2018 年增长 3.4 个百分点，比 2015 年提高了 7.9 个百分点。根据农业农村部数据，全国畜禽粪污年产生量约 38 亿吨，其中畜禽直接排泄的粪便约 18 亿吨，养殖过程产生的污水量约 20 亿吨。2017 年 6 月，国务院办公厅下发《关于加快推进畜禽养殖废弃物资源化利用的意见》，截至 2020 年，全国畜禽粪污综合利用率为 75.0%，较之 2015 年提高了 15 个百分点。

（三）新时期农业面源污染存在的问题

在粮食刚性需求的巨大压力下，过去相当长一段时间里，农业生产资料的不断投入解决了国家粮食安全问题。与此同时，国家已经意识到化学农资过量投入、种植养殖废弃物处理滞后所付出的巨大资源与环境代价。过去十多年间，我国政府加大了对农业面源污染治理的决心和投入，新时期中国农业面源污染治理已取得了一定成效，农业化学品总量得到明显遏制，废弃物回收利用率显著上升，但污染总量依然很大、化学品的投入强度依然超标、废弃物回收利用依然有限。近些年来，国家采取了一系列措施推动农业面源污染防治，在肯定我国农业面源污染防控取得的成就之时，也应理性认识到当前农业面源污染防控所遇到的瓶颈和可持续发展问题，这些现实不足阻碍了生产主体进一步减少化肥农药、提高废弃物循环利用的行为，从而导致农产品质量的日益下降，难以满足人民日益增长的美好生活需要。

1. 农业面源污染防治对象的多源性

客观来讲，化肥的使用对农业生产发挥了巨大作用。有关研究表明，化肥施用对农业生产的贡献率达50%（梁志会等，2020）；农药、杀虫剂、除草剂等化学品的使用，对作物病虫害防治、杂草控制等都起到了很好的作用，有效地保障了农作物生长。农用塑料薄膜有效地推动了农业生产方式的改变，提高了农产品产量及供应能力，特别是在水资源缺乏的西北地区，发挥了更大的作用。然而，由于使用量和使用方式不当，再加上低效利用，导致了农业面源污染的产生。在畜禽养殖过程中，由于没有必要的粪污处理设施，导致水体、空气污染日益严重。上述农业面源污染源的排放具有分散性、隐蔽性、随机性、滞后性，还伴随污染物量大且浓度低等特点，进一步加大了农业面源污染的防控难度。

2. 农业面源污染防治主体的多元性

农业面源污染防治成为新时代的主旋律，同时也是实施乡村振兴战略，全面建成小康社会的重要内容。农业面源污染防治需要政府管理部门、农业生产资料生产企业、农业生产主体的共同参与，表现出明显的主体多元性特征。但不同主体之间的权责分配不甚合理，政府承担了过多的责任，市场主体的作用不突出，农民参与程度不高。其一，由于农业面源污染很难找到明确的污染主体，在以往的治理框架下，只能由政府自上而下地承担治理责任。污染主体与治理主体的不匹配使得私人成本与私人收益偏离了社会成本和社会收益，造成严重的外部性问题。其二，排污权交易、第三方治理等市场机制不成熟，市场化治理方式仍然离不开政府的高额补贴。其三，农业生产经营者在整个治理过程中参与程度不高。如在有机肥替代、双降解生态地膜替代、生物农药使用等涉及农业生产中的环境友好型技术与产品应用环节方面明显缺乏积极性。由于农产品市场存在"劣币驱逐良币"的行为，从事绿色有机农产品生产的农户也很难通过市场价格机制实现优质优价，利益导向也难以引导农户从事环境友好型生产行为以降低农业面源污染的发生。

3. 农业面源污染防治技术有效性不足

农业面源污染防治需要技术支撑，但农业面源污染防治在技术层面存在一些比较明显的问题。如种植业面源污染的治理主要集中在源头减量，遵循总量控制的思路，以化肥农药零增长为目标，但有些地方在政策实践中，未能考虑种植结构差异、推进难度不同等因素，而制定整齐划一的减量目标，导致化肥、农药零增长存在陷入数字游戏的风险。畜禽养殖粪污治理方面，存在畜禽粪便种养结合资源化利用不够、达标排放成本高昂、第三方市场机制作用发挥不足和沼气发电上网、有机肥生产等激励乏力等问题。农作物秸秆利用以还田为主，随着秸秆还田力度不断加大，虽然增加了耕地的肥力与土壤通透性，但也存在病虫害多发的风险与水体污染等问题，秸秆还田也未能得到农民完全认可，基层秸秆禁烧成本高企。从技术供给侧来讲，一方面是相关技术研发不够，特别是适宜一些特定区域，如高寒地区的实用技术偏少；另一方面则是技术推广不足，一些成熟的技术得不到有效的推广使用，造成相关技术的闲置，无法发挥相应的作用。

4. 农业面源污染防治的长效机制缺失

一方面，长期以来农业面源污染的基础性监测调查和研究缺乏相应的专业机构，农业面源污染相关统计数据分散，调查、评估和监测等技术规范尚不健全，无法及时掌握农业面源污染状况和变化情况，污染治理设施建设、验收、运维等规范管理工作有待加强。由于缺乏全面、及时的信息发布和科学有效的技术指导，小范围、小规模、单项污染防控技术示范多，支撑区域或流域层面的系统性、集成性示范工程少，单兵推进多、整体推进少。另一方面，农业面源污染治理目前以政府投资、补贴为主，社会资本、各类农业经营主体，尤其是小农户参与积极性不高。这是因为小农户的文化程度偏低、环保意识和法律意识仍较淡薄，对农业面源污染防治工作的重要性、必要性和紧迫性认识不足。在农业生产过程中盲目追求农作物高产，对化肥和农药不合理使用造成的环境危害重视不够，对已建成的农村环保设施缺少爱护，农业废弃物和生活垃圾随意堆放的陋习还不同程度地存在。此外，监督指导农业面源污染治理工作的机构还不健全，人才队伍建设欠缺，专业支撑保障能力薄弱，缺乏科学评估及可量化、可操作的考核体系，导致农业面源污染防控政策措施难以长效运行。

二、国内外经验借鉴

（一）国际经验借鉴

1. 美国

美国是世界上最早关注农业面源污染的国家，自 20 世纪 70 年代以来，他们对农业面源污染控制政策进行了深入研究，形成了一套防治农业面源污染的具体法律政策框架。美国考虑由各州更多地利用规划和调控的手段来解决农业面源污染，一方面是从农业面源污染的监测不确定性的角度出发，另一方面是从照顾薄利的农业经济的角度来考虑，具体而言可分为四大类方案。

（1）最佳管理措施（BMPS）

BMPS 是指能够降低或防治水体污染的任何方法、措施或技术，包括等高线耕作、轮作、养分管理、农田灌溉制度、覆盖作物、免耕、草地水道、人工湿地、坡度稳定结构、植被缓冲带等（McLaughlin et al.，2022；郭英壮等，2021）。一方面，为了统筹生态效益和经济效益，美国通过"环境质量激励计划"在财政和技术上为农民提供援助，鼓励农民主动采用绿色环保技术进行农业生产，实现农产品产量和环境质量双提升。申请者所拥有的土地只要是对水质有危害风险的均可申请该计划，申请中必须明确保护土地类型、受益环境要素、操作措施以及生态目标。该计划补贴通过成本分担和奖励这两种形式协助农民实施环保工程措施和土地管理措施。另一方面，美国农业部自然资源保护局制定并实施保护支持计划，该计划重点是农民在自己的农业用地上针对环境保护已实施的生态措施给予经济和技术支持，即生态服务付费（PES）。PES 是一个以激励为基础的政府项目，PES 项目是在美国 2008 年修订的《美国农业法案》中提出的。《美国农业法案》中提出鼓励农民退还一部分土地，而政府则会对其造成的损失进行赔偿。美国联邦政府现在每年都有针对水污染防治计划和活动的大数额的资金支持，比如美国国家净水滚动基金。依据这一基金，美国环境保护局向各州发放低利率或无息贷款，各州又将其借给供水和排水系统的企业，用于防治水体污染。这个措施的好处是，它是预防性质的，与那些后期治理措施相比，不必花费巨大的款项来建设处理设施。所以，通过对实施生态有益行为的主体支付资金来解决农业面源污染，可能更经济高效。美国政府在财政上大力支持、鼓励和引导农民采取有利于环境的生产方式开发经营绿色农业。例如，在田纳西河流域水质治理中，采用政府和市场相结合的方式，建立政府与企业相辅相成的管理模式。根据美国联邦法律，政府投资于水土保护上的资金，以及购买废水和废物处理设备的贷款可以全额免税。

（2）市场交易方案

美国一些州在尝试以市场为基础的方法来减少农业面源污染，即点源污染与面源污染的水质信用交易方案。点源污染与面源污染交易，需在单一或多个点源与单一或多个面源之间签订交易协议，交易的基本前提是：点源污染已经调整到一定程度，任何额外的减排将需要更复杂昂贵的技术和成本，而由于农业面源污染未显著调节，还有可实现减排的便宜技术。交易的具体方法是：农业面源污染通过实施最佳管理措施，将污染负荷降至业已建立的基线值之下，并将产生的排污削减信用销售给点源，经交易点源可以较低成本达到水质污染物的排放限制值。

（3）税费管制方案

实践证明，任何减少农业面源污染的方法都需要资金，美国各州政府进行水质污染的监测、设置营养标准、建立和分配 TMDL（最大日负荷量）都需要非常高的成本。因此，美国考虑创造更多的融资机制，比如通过税收的形式，这种强制对化肥、农药等进行的税费征收，就是一种减少农业面源污染行之有效的手段。如佛罗里达州的有关章程里就规定了在佛罗里达州使用和经销化肥，对销售使用每一吨化肥收取 0.50 美元税收；又如俄克拉荷马州为了促进家禽粪便的资源化利用，以避免直接废弃而造成的水体污染，允许购买者通过申请获得每吨 5 美元的税收减免。这些收取的税费可以用于开发、示范、实施最佳管理实践，或是作为其他合理措施的基金，以期达到国家规定的水质标准。无论是对化肥农药使用增税还是对家禽粪便利用减税，均增加了使用化肥农药的机会成本，起到阻碍农民大量使用化肥农药的作用，最终可能减少营养物质的污染。

2. 欧洲

（1）英国

20 世纪 40 年代以来，粮食需求日益增长，推动了英国农业机械化和集约化水平的不断提升以及永久草地的开垦，但随之而来的是一系列农业生态环境问题，包括水体污染、农业生物多样性降低等，对英国农业生态系统产生了诸多不利影响。为此，英国采取了一系列措施来解决农业面源污染问题。

一方面，对污染源头进行控制。从农业土地利用方式、禽畜以及农用化学品投入（化肥）的管理出发，将面源污染物的排放控制在最低限度，如将耕地转变为永久性的不放牧或少量载畜率的牧场，以实现肥料的零投入或少投入。在禽畜管理方面，通过减少禽畜养殖牧场的载畜率、草场定期轮牧、调整畜禽进食结构等措施，减少残余饲料和畜禽粪便对环境的污染。在化肥管理方面，通过利用耕地施肥推荐系统开展合理施肥、利用替代性肥料或施用添加剂、高环境风险时期不施化肥等措施，减少由于肥料损失而带来的面源污染（Laspidou & Samantzi，2015）。

另一方面，对污染物扩散途径的控制。从土壤、有机肥、农田基本建设三个维度，实现改变或阻断污染物的传播途径，减少污染物进入水体的数量。

在土壤管理方面，在冬季不种作物的耕地上选择在秋季时种植填闲作物，采用少耕、免耕、地表微地形改造技术等综合配套措施形成保护性耕作制度。在有机肥管理方面，通过提升养殖场粪尿存储能力、减少养殖场污水产生量、将液态粪尿转化为固体有机肥、远离河道和田间排水沟堆放固体有机肥等措施，尽量减少污染物进入肥料储存地的清洁水中，将有机肥循环使用且深翻入土壤，与土壤充分混合，实现有机肥的"资源化、减量化、有效处理"等。在农田基础设施管理方面，主要技术手段有选择将畜禽养殖场与河流隔开、重新选址远离高风险地区，如英国规定，距离地表水 10 米以上，距离水井、泉和坑 50 米以上，才能使用有机肥，距离地表水 2 米内不能使用化学合成肥料。

（2）法国

在 20 世纪 50 年代，法国仍然是一个落后的农业国家。20 世纪 80 年代，法国农业取得了很大进步，产量大幅度增加，农产品品种不断增加。然而，大量施用化肥和农药也带来了一系列问题，如土壤肥力下降、水土流失、生物链和生物多样性被破坏、生态环境退化、农产品质量下降和国际市场竞争力下降等。为此，法国政府部门越来越认识到食品安全和农业生态环境保护的重要性，并制定了一系列保护农业生态环境和生物多样性的法律法规。

一是制定生态农业法律和长期发展规划。早在 1980 年 7 月，法国即出台《农业发展指导法》，为生态农业的发展奠定了坚实的基础。1997 年 12 月，法国农业部制定推出了"生态农业发展计划"，推动法国传统农业向生态农业转型。法国政府在发展规划方面的未雨绸缪和积极作为，向市场发出积极信号，引导社会资源向生态农业聚集，使法国的生态农业在欧盟中始终处于领先地位。

二是理顺生态农业管理体制。2001 年，法国生态农业发展和促进署成立，隶属于法国农业部和生态部，主要职能是与发展生态农业相关的公共组织、行业协会、研究机构、销售公司、环保组织、消费者保护机构等单位保持密切联系，跟踪评估发展状况，促进信息交流和协调。

三是坚持技术指标的高标准和前瞻性。20世纪80年代，法国先后制定了20余个生态农业标签的技术指标，明确了生产中可以使用的物质、农业产品的保存和加工等基本原则。2009年，欧盟通过834/2007号法令，以法国生态农业标识及相关技术指标为蓝本，修改出台欧盟生态农业的标识及技术指标。技术指标的高标准和前瞻性，使法国生态农业产品不仅在消费者中拥有良好的口碑，也占据了有利的行业发展标准高地。

四是设立专项配套资金支持。法国已将推广和发展生态农业写入法律，并设立了生态农业未来发展基金、生态农业专项补贴等专项配套资金。政府还提供额外补贴和收入损失补偿，增加农民促进农业生产转型的动力。近两年，法国政府进一步加大政策支持力度。例如，农户促进生态农业转型期间的税收抵免额度从以往的2500欧元增至3000欧元；法国农业部门还专门设置500万欧元专项资金，用于在生态农业农场遭受污染时对农民进行补偿；疫情防控期间，法国政府还从经济复苏计划拨出12亿欧元用于加快生态农业发展等。

（3）德国

德国作为老牌资本主义工业大国，也是生态农业最发达的国家之一，一直是发展中国家学习的典范。为了转变农业生产方式，治理农业面源污染，德国采取了诸多措施。

一是充分发挥法律法规在农业面源污染治理中的作用。德国很重视土壤保护的法律框架建设，德国联邦与各州政府都有关于土壤保护与污染场地治理的专门法律和相关法律。1998年以来，德国制定了《联邦土壤保护法》《土壤保护和工业污染场地处理条例》等法律。这些法律对土地使用者预防风险的措施及强制性义务、施加于土地上的各种材料的性质及其风险的预防与控制、土壤监测以及土壤保护的具体要求、风险的评估等作了规定。各州政府则依据联邦法律制定了自己的法律，如萨克森州有土壤保护与污染废地特别法、污染土地登记管理条例等。除了专门法律之外，其他一些法律也有关于土壤保护与污染治理的条款，德国联邦一级有水保护法、地下水保护条例实施准则、循环经济与垃圾处理法等。萨克森州的垃圾处理经济与土壤保护法、警察法、水利法、自然保护法等法律中，也有土壤保护的内容。其他可以援引的法律包括欧盟的水保护条例和地下水保护条例等。

二是严格执行生态农业生产标准。德国生态农业协会的标准通常高于欧盟其他国家，其进行生态农业生产必须要遵守以下几个条件：①不使用化学合成的除虫剂、除草剂，使用有益天敌或机械除草的方法；②不使用易溶的化学肥料，而是使用有机肥或长效肥；③利用腐殖质保持土壤肥力；④采用轮作、间作或套作等方式种植；⑤不使用化学合成的植物生长调节剂；⑥控制牧场载畜量；⑦动物饲养采用天然饲料；⑧不使用抗生素；⑨不使用转基因技术。另外，德国生态农业协会规定，协会成员企业生产的产品必须95%以上的附加料是生态的，才称作生态产品。若企业欲加入生态农业协会，将其产品作为生态产品销售，必须经过3年的完全调整。在3年调整期间，企业负责人必须提供以下详细资料：其产品是在哪块土地或哪个工厂以何种方式进行生产的，须将整个生产过程及生产所需的设备、原料等记录在案，如购买种子、肥料、植保剂的名称、数量及出处等。由德国国家授权的检测中心对申请转入生态农业生产的企业进行检查。检查周期至少1年进行1次，此外也可不定期进行抽查。如检查不合格，则要延长调整期。

三是具体地规范农业生产行为。为了防治农业面源污染，德国实施了诸多更为具体细致且切实可行的治污措施。例如，为防治河流近岸污染，德国规定，沿岸5米范围内或者斜度超过20度的岸坡不得作为农田，冬季休耕期、雨天均不得开展施肥作业，防止化肥尚未被农作物吸收就已流失到周边河湖水体中。同时，对化肥和农药管控到户。德国为每家农户量身定制施肥规划，按照统一供给的方式配送一定数量和种类的化肥、农药。德国鼓励农户使用绿色粪肥，但对粪肥的使用量、使用区域和使用时段同样作出了明确规定。此外，为防止农户无序使用肥料，德国农业管理部门每年对农户土壤进行抽测，土壤超过营养化标准要求的，德国政府拒绝发放奖励金。

（4）欧盟

欧盟成立以来，不断在政策中增加支持农村发展的内容，致力于改善农业环境，促进农业持续发展，并将农业政策与欧盟的总政策结合在一起发展农村地区，确保其社会和经济的生命力。1992 年 6 月，欧盟部长会议正式采纳了共同农业政策。这些措施都有利于改善欧盟各成员国的农村环境，防止农业面源污染，为农民提供了一些新的机遇，其主要做法有以下几个方面。

一是农业面源污染防治的政策措施。共同农业政策支持农业和土地利用，包括环境保护措施的引进、农业用地中的造林项目和农民早期退休计划等。1993 年，欧盟出台了结构政策的环境标准。在化肥和农药的管理上，一些欧盟国家根据农药和化肥的毒性、用量和使用方法对生态环境和公众健康可能造成的危害，加强管理并建立严格的登记制度。2000 年以来，《欧盟水体系指令》、减少农业面源污染的《硝酸盐指令（91/676）》、控制杀虫剂最大使用量的《杀虫剂法（91/414/EEC）》、限制水中杀虫剂残留的措施及为保护鱼种、贝类安全而制定的水清洁的共同体措施等，已成为治理农业面源污染的重要措施。同时，欧盟各成员国还制定了合理的经济政策，鼓励生态农业的开展，惩罚违反农业环境法规的情况。

二是技术措施。欧盟各国政府每年对每公顷农田实施的环境政策补贴可达 50 ~ 1000 欧元，如在 20 世纪 60 年代推出的农田养分收支平衡记录单模型法，自 20 世纪 80 年代末以来经过科研部门的不断摸索、改进，目前在欧盟国家已经成为农户进行农田养分管理的一项实用技术被广泛采用。在欧洲，通常规定生态农业不允许使用氮素化肥和农药，对磷素化肥的种类和用量也有严格的限制，因而生态农业是水源保护地允许采用的主要农田利用类型之一。

三是采用其他措施来治理。在财政支持方面，欧盟不断加大用于减少农田氮、磷养分总用量、提高农田养分利用率的费用，进行农业面源污染控制的财政预算和投入。近年来相关投资每年已达 1700 亿欧元，占欧盟财政预算总支出的 80% 以上，此外，各欧盟国家联邦政府、地方政府还有各自的相应投入。

3. 亚洲

（1）日本

日本是一个比较典型的人多地少、人地矛盾尖锐的发达国家，其经济发展主要受土地资源的限制。但日本在国土资源极其有限的情况下，能快速发展经济并完成高度城市化，恰当处理了农业面源污染和城市化发展、经济增长、人口增加之间的关系。日本分别在行政法规、市场管控和公众参与等方面采取了不同的措施。

在法律法规方面，日本人多地少，对农业面源污染管控非常严格，制定了大量的法律法规，主要有《可持续农业法》《农药管理法》《农药取缔法》《肥料管理法》《堆肥品质法》等（刘冬梅和管宏杰，2008）。《可持续农业法》是农业面源污染管控的基本法律，该法旨在促进环保型农业的发展，在农业生产中减少化肥、农药的使用，增加堆肥及有机肥料的使用。该法明确提出促进12大类农业可持续发展的生产技术与标准。《农药管理法》是另外一部重要的控制农业面源污染的基本法律，该法全面规定了农药生产、进口、注册及管理的基本制度。凡是提请农药注册的企业，首先必须向农林水产省出具该药品的毒性试验、环境影响试验、农药残留试验等数据，经过农林水产省的审核，食品安全委员会对农药的毒性进行最终评价。农林水产省依据此评价，决定是否给予登记。此外，农林水产省还会依据天气、病虫害情况定期发布农药用量、用法等公开信息，指导农民正确使用农药，对不按照规定超标使用农药的农户，轻者公开进行经济处罚，重者追究其刑事责任。

在市场管控方面，从20世纪70年代起，日本政府为了减少农业面源污染及防治土地盐碱化，大力倡导发展环保型农业，提高农产品质量。环保型农业是指在农业生产过程中将农用化学品控制在一定的限度范围内，对土壤、农业环境容量等实施全面监控。为了促进环保型农业的发展，日本政府通过税收、信贷、政策等优惠措施来提高环保型农业生产者的经济效益。农林水产省规定，凡是耕地面积在0.3公顷以上、农业年收入超过5万日元的农户均可以申请从事环保型农业种植，由农户自行制订实施方案，经农林水产省批准后，即可实施。凡是被农林水产省核定为环保型的农户，银行可以为其提供长达 15 年的无息贷款，农协为其提供 50% 的农业设施资金支持，日本政府每年减免 7%~35% 不等的农业税费（佟新华，2014）。

在公众参与方面，日本《环境保护基本法》将公众的参与权视为一项基本人权。在农业面源污染管控方面，公众参与是一项基本的环境法准则。具体而言有以下 3 个方面：第一，农用化学品的用量标准、残留标准必须定期向民众公布。第二，农业法律、农用化学品法律修改时必须举行有各阶层民众参与的听证会。第三，对于进口食品，其各类化学残留必须接受非政府环保组织的检测。

（2）以色列

以色列位于亚非欧的交界地带，是一个形状南北狭长、东西狭窄的中东小国，其受地中海气候的影响较大，夏季炎热干燥、冬季温暖湿润、干湿分明、雨热不同期，降水在时间和空间上的分布严重不均。尽管如此，以色列仍凭借其先进的农业科技和灵活的农业政策，实现了农业的可持续发展，取得了令世人瞩目的成就。在农业面源污染的防治方面，以色列有许多做法值得参考借鉴。

在化肥施用方面，以色列的农业管理部门通过推广应用先进的水肥一体化滴灌技术，配合施用长效肥料等措施，将化肥对土壤环境的负面影响降到了最低，同时运用滴灌技术使肥料能最大程度地被作物吸收利用，进而在源头上避免了化肥所造成的环境污染。

在农药使用方面，为防止农药对水源造成污染，以色列通过立法禁止在水源地附近施用农药，并且严禁以任何方式在水源地附近清洗农药喷洒器械。此外，农药的残毒检测工作也得到了重视，以色列卫生部负责监督农药过度使用工作，一旦出现农产品农药残毒超标的情况，将视情节严重程度分别采取警告、通报批评、没收或销毁产品等一系列处罚措施，对违规使用农药的行为形成了强大的震慑。

在畜禽废弃物处置方面，以色列致力于将畜禽废弃物通过无害化技术转化为安全环保的有机肥料，实现畜禽废弃物资源化利用。以色列对畜禽废物的主要处理模式为分散收集转运、集中发酵处理，最终转化为有机肥料，既解决了畜禽废物处理的难题，同时也减少了化学肥料的使用量，进而保护了以色列的农村生态环境，可谓一举多得。

4. 国外经验述评

农业面源污染管控涉及多个层面，发达国家和地区在管控过程中主要采取了命令型、经济型和公众参与型三种管控模式来治理农业面源污染。

（1）命令型管控

即通过法律、行政手段对农业面源污染进行控制，这种管控带有明显的国家强制性色彩。命令型管控主要包括行政管控与法律管控两种手段。行政管控主要是行政机关通过颁布法规、命令来控制农业面源污染，这是一种常规管控。法律管控则是国家从宏观层面上颁布相关的法律、强化面源污染的法律监督的一种控制手段。命令型管控是国家环境治理权的体现，一般同时使用这两种管控手段。这种管控模式目标明确，管控效果易见，具有强制力。

（2）经济型管控

主要是政府通过管控、激励等措施对污染者进行利益驱动，污染者依据自己的实际情况，采取最经济有效的方式控制污染，这种管控具有较好的灵活性。发达国家和地区在环境污染控制方面通常会发挥市场机制作用。该管控模式主要通过税收、补贴、信贷等优惠措施促使农民调整成本收益结构，改变农户种植行为选择，降低农业面源污染的范围及程度。经济型管控相较于命令型管控具有以下优点：①能够充分发挥成本收益的激励性，使农民依据成本效益的原则作出最优选择；②能够为控制农业面源污染提供多种技术创新手段；③经济型管控是一种预防性措施，控制成本较低，是预防面源污染的重要手段。

（3）公众参与型管控

即在自愿的基础上，发动公众参与农业面源污染控制，发挥公众的监督与制衡作用，从而形成管控的基本制度，这类管控主要运用在污染严重、牵涉面广的农业污染上。由于环境问题存在普遍的扩张性与严重性，随着公众环保意识的不断提高，在面源污染控制上，政府失灵与市场失灵都有可能发生，因此公众参与环境的治理与决策成为必要。公众在面源污染治理中能够有效地弥补市场、政府的不足，监督污染者与政府履行职责，使环保能够兼顾大众的利益。当前，欧美、日本等发达国家在农业面源污染治理中，均将公众参与纳入决策程序，建立了相关的公众参与机制。目前，公众参与已经成为发达国家面源污染控制的常态。此外，发达国家的环保非政府组织（NGO）发达，很多国家赋予这些组织环境参与权与公益诉讼权，这类组织在环保与污染治理中发挥着不可替代的作用。

（二）国内经验借鉴

1. 浙江

浙江素有"七山二水一分田"之称，人多地少，农业资源禀赋不足，生态环境容量小。近几年，浙江秉持"绿水青山就是金山银山"的发展理念，坚持"高效生态"的主攻方向，强化农业面源污染治理，并取得明显成效。

（1）在种植污染防控方面

浙江省先后印发了《浙江省化肥减量增效工作实施方案》和《浙江省农药减量行动实施方案（2018—2020年）》及配套技术方案，以农业"两区"（粮食生产功能区和现代农业园区）为主平台向各类农业新型主体辐射，以水稻和主导产业为主线，集成应用化肥农药减量增效技术与模式。推广应用省级商品有机肥补贴政策，大力推广测土配方施肥技术、水肥一体化技术、新型缓控释肥和商品有机肥，整建制推进病虫害绿色防控与统防统治融合发展，培育社会专业化服务组织，推广在线App和"机器换人"，有效推进施肥用药结构优化和方式改进，从不同层面挖掘化肥农药减量潜力，扩大化肥农药减量覆盖面，减少化肥农药用量。

（2）在畜禽养殖污染治理方面

根据生态环境容量，优化生态区域布局，制定省、市、县三级生态畜牧业发展规划，统筹布局畜禽养殖区块和总量，率先在全国划分县域畜禽养殖场禁限养区，依法限期拆除影响环境的"低小散乱"养殖场（户），依法逐步关停搬迁禁养区的规模养殖场，对非禁养区的规模养殖场实施"一场一策"的精准治理。《浙江省畜禽养殖场污染治理达标验收办法》针对养殖主体设立了环境准入门槛，满足门槛要求并得以保留的规模养殖场应 100% 通过农业、环保部门联合验收。在全国率先建立线上智能监控与线下巡查相结合的长效防控机制，线上保留规模养殖场全部纳入当地环保或"五水共治"监管平台，线下全省畜牧业县（市、区）均建立"属地管理、部门联动、镇村巡查、社会监督"的畜禽养殖污染网格化巡查机制，平均每场每月巡查 4 人次以上，实现养殖乡镇、场全覆盖，养殖污染得到有效遏制。

（3）在农业废弃物处置方面

推进畜禽粪污、农作物秸秆、农药包装等农业废弃物的回收处置和资源化利用。率先基本实现畜禽粪污资源化利用，先后印发《浙江省畜禽养殖废弃物高水平资源化利用工作方案》和《浙江省畜禽粪污减量化无害化和资源化利用技术导则》，立足县域统筹，采取农牧结合生态消纳的治理模式，完善沼液、畜禽粪便收集处理配套设施，建立服务组织、构建回收利用体系，实现"业主小循环、园区中循环、县域大循环"三级生态循环利用。农作物秸秆资源化利用方面，根据国务院办公厅印发的《关于加快推进农作物秸秆综合利用的意见》和实施方案，突出秸秆还田、离田利用和收贮体系建设，推进秸秆肥料化、饲料化、能源化、基料化和原料化"五化"利用。

2. 江苏

21 世纪初，江苏省的农村建设仍滞后，尤其体现在环境面貌、设施配置等方面，河道污染、建设用地闲置、低效及碎片化建设等问题突出。为了深入推进解决农业面源污染，江苏省对秸秆、粪污、农膜与农药包装废弃物采取了系列措施，为农业面源污染防治提供了经验借鉴。

（1）推进秸秆的多元化利用

农业废弃物资源化利用的渠道与途径较多，秸秆既可还田做肥料，还可加工成饲料、基质、燃料以及作为工业原料等实现资源化利用；粪便既可堆沤后直接还田做肥料，也可加工成有机肥，还可生产沼气与生物天然气等实现能源化利用。江苏省农作物秸秆还田率的发展目标控制在 50% 左右，另外 50% 的秸秆完全可由畜禽养殖业来消纳。尤其是做异位发酵床垫料，还可以实现养殖污染零排放。

（2）促使畜禽粪污资源化利用

江苏省通过农牧结合，种养结合，培育"种植业—秸秆—畜禽养殖—粪便—沼肥还田""种植业—秸秆—食用菌—有机肥—种植业""养殖业—畜禽粪便—沼渣 / 沼液—种植业"等循环利用模式，构建生物循环链；并通过一、二、三产融合，发展"饲料生产—畜禽水产养殖—畜禽和水产品加工—畜禽和水产品精深加工""有机肥生产—有机稻米 / 绿色蔬菜—稻米 / 蔬菜加工"等一体化复合型产业链，构建产业循环链；再通过推进种植、养殖、农产品加工、生物质能、旅游等循环连接，形成跨企业、跨农户的工农复合型循环经济联合体，构建经济循环链。并以技术研发与产品开发为创新动力，形成集多产业多功能于一体，多发展要素集聚、联动发展，多价值链条深度延伸与融合的循环农业产业体系。

（3）加强源头治理管控工作

一是推进"两网"融合运行。实施城乡垃圾收运和再生资源回收"两网协同"模式，建立县、镇、村三级废旧农膜、农药包装废弃物回收利用（处置）体系。二是强化政策资金支持。鼓励农户利用冬闲田种植绿肥，培育土壤肥力，减少化肥使用，对农药包装物回收实行按量奖补，有效提升社会主体参与的积极性。三是开展源头减量行动。推行贯标农用地膜使用，示范推广可降解地膜使用，源头上减少废旧农膜的产生量，实现农业清洁化生产。通过健全完善测土配方施肥技术体系、推广高效施肥技术模式等实现精准施肥，施用高效肥料等，提高当季化肥利用率。

3. 广东

2014 年，广东启动实施了亚洲最大、国内首个世界银行贷款农业面源污染治理项目（以下简称世行项目），该项目已投资 9.63 亿元人民币用于建设环境友好型种植业及牲畜废弃物治理，采取了诸多措施治理农业面源污染，并取得了显著成效。

（1）建立精准绿色行为补贴制度

世行项目针对散户、种植大户、农场、企业、合作社等补偿对象，共建立 10 种类型补偿政策。符合条件的农户自愿申请参加项目即可获取 C 卡，卡内仅有补贴额度且不能兑现金，农户只有到指定农资店购买指定农资和服务刷卡消费时，才可进行相应补贴。整个补贴发放过程中，农户只获取生产物资和服务，不接触现金。补贴引导农户使用配方肥、缓（控）释肥、高效低毒农药、生物农药和高效电动喷雾器等，且少用化肥、农药。实践证明，科学种植，少用化肥、农药，亩产量不降反升，农户的耕作成本也降低了，农户切身体验到环境友好型农业生产方式的成效。

（2）创新生猪高床生态养殖模式

生猪高床生态养殖模式，指将养猪生产与牲畜废弃物处理有机结合的养殖模式。世行项目补贴生猪高床生态养殖设施建设增量费用，养殖企业根据世行认可的技术方案自行聘请有资质的专业机构进行设计和施工，广东省项目办验收通过予以补贴。该模式一方面实现了从"先污染后治理"向生产过程中治理的转变。养殖过程中实行自动温度控制，全程不需对废弃物进行冲水处理，下层以垫料为载体承接废弃物发酵降解，通风设备将发酵过程中产生的水分排到舍外，并通过臭气处理设施对臭气进行吸收降解处理，切实达到免冲洗猪栏、"零排放"、无臭味的效果，在养殖过程中就处理了废弃物，直接减少污染。另一方面，减少用水量达 80% 以上，基本可实现无污水排放。同时，有效实现农业生态循环。高床养殖用木糠、秸秆、甘蔗渣、谷壳等种植废弃物与生猪废弃物在机械搅拌作用下混合发酵，形成有机肥原料，经加工实现有机肥"固粪还田"，形成生态闭环。

4. 湖南

湖南是全国农业大省和重要农产品供给基地，湖南省已经连续多年发起污染防治攻坚战，将农业面源污染治理作为重要内容，并与生态环保督察整改、河湖长制落实等工作一体谋划、一体部署、一体推进，经过不断的摸索和改进，逐步建立起一整套农业面源污染治理体系，助力乡村振兴。

（1）推进化肥减量增效

加大化肥减量增效力度，巩固提升化肥减量增效示范县创建成果，持续推进长江沿岸和洞庭湖区农业绿色高质量发展，助力长江大保护。同时，湖南省不断夯实测土配方施肥基础工作，优化作物施肥方案，鼓励农企合作推广配方肥；发挥新型经营主体示范带动作用，普及科学施肥技术。加快肥料新产品、施肥新技术和施肥新方式推广应用，示范推广缓释肥、水溶肥等新型肥料；因地制宜推广肥料机械深施、水肥一体化等技术，不断改进施肥方式。在22个畜牧大县和畜禽粪污资源量大县开展绿色种养循环农业试点。试点县以推进粪肥就地就近还田利用为重点，通过扶持第三方社会化服务组织开展粪肥收集、处理、施用服务，以县为单元构建粪肥还田组织运行模式，带动县域内粪污基本还田，推动化肥减量化，促进耕地质量提升和农业绿色发展。

（2）推进农药减量增效

湖南省推广应用高效低风险农药，有效替代高毒高风险农药。推广新型高效植保机械，如植保无人机、喷杆喷雾机等，推进精准施药，提高农药利用效率。结合产业布局，分作物、分层次推进绿色防控，建设病虫绿色防控示范区，集成推广应用性诱、灯诱、食诱、翻耕深水灭蛹等绿色防控技术。推进统防统治，培育壮大一批装备精良、技术先进、管理规范的农作物病虫害专业化统防统治服务组织，支持其参与农作物病虫害绿色防控和重大病虫疫情防控项目实施。加强病虫监测预警能力建设，科学开展田间调查，做好病虫数据分析和趋势会商，准确掌握病虫发生规律，及时发布病虫情报，提高病虫防控指导能力，加快植保能力提升，探索重大病情监测预警智能化、自动化，提升病虫监测预警能力。

（3）开展农田氮磷面源污染综合防治

按照源头控制、过程拦截和末端治理的技术路径，探索农田氮磷面源污染治理模式，以降低农田氮磷等污染物流失对水生态环境质量的影响。严格执行《农田灌溉水质标准》（GB 5084—2021），加强灌溉水质监测与管理。以洞庭湖区和湘资沅澧四水干流及一级支流区域内县（市、区）为优先治理区域，充分利用现有沟、塘等，建设生态缓冲带、生态沟渠、地表径流集蓄与再利用设施，净化农田排水及地表径流。结合高标准农田、农田水利等项目建设，建立农田面源污染拦截、消纳体系，持续推进湖南省重点流域农业面源污染综合治理项目，因地制宜推广农田排水调控、循环利用、坡耕地径流拦截、生态净化等技术，减少氮磷流失，有效降低农田面源污染负荷。

5. 江西

江西省围绕农业资源永续利用、生态环境不断改善的总目标，坚持农业资源环境保护与农业生产相统筹、内源污染治理与外源污染防控相协同、政府推动与社会参与相结合"三项原则"，着力构建农业资源环境保护的长效机制，走产出高效、产品安全、资源节约、环境友好的现代农业发展道路，为全国其他地区农业面源污染治理提供了经验借鉴。

（1）加强重点区域污染治理

江西省将长江干流和赣江五河、重要饮用水水源地等敏感区域作为重点治理区域，以县为单位集中连片开展农业农村面源污染全覆盖、"拉网式"治理。强化重点区域治理要求，主要农作物测土配方施肥覆盖率达到93%以上，大面积施用高效低毒低残留农药，到2020年化肥农药施用量比2015年减少3%～5%，鄱阳湖周边地区化肥农药施用量比2015年减少10%以上；严格控制畜禽养殖污染，长江干流和赣江岸线延伸至陆域200米范围内基本消除畜禽养殖场（小区），强化规模养殖场粪污处理设施装备建设，基本实现畜禽粪污资源化利用；全面依法清理非法网箱网围养殖。2016年，江西省正式启动实施了南昌市新建区溪霞流域和余江县信江流域锦江段等2个农业面源污染综合治理试点项目，项目覆盖耕地总面积 5.7 万亩，中央投资共 6000 万元。项目的实施，为江西省农业面源污染治理提供了有力的抓手，项目建成后，预计将有效治理的粪污量为 54600 个猪当量①。

（2）推动农田面源污染治理

首先，江西省鼓励推广测土配方技术的应用和有机肥的使用。不断巩固提升测土配方施肥基础性工作，进一步优化施肥配方，加快"互联网＋测土配方施肥"服务系统建设，完善农企合作机制。以开展果菜茶有机肥替代化肥示范县创建、规模化养殖粪便有机肥转化补贴试点为契机，积极引导农民增施有机肥，因地制宜种植紫云英、肥田萝卜（油菜）等绿肥，大力推广秸秆还田，不断提升土壤肥力。其次，持续推进农药零增长行动。开展统防统治、绿色防控、安全用药等农药零增长行动技术示范，辐射带动大面积推广应用，提高绿色防控覆盖率、统防统治覆盖率和安全科学用药水平。最后，提高秸秆的综合利用率，落实秸秆焚烧管控。一方面，出台了《江西省农作物秸秆综合利用三年行动计划（2018—2020 年）》，因地制宜加大了肥料化、饲料化、能源化、基料化、原料化利用，加快构建秸秆收储运体系建设，进一步推动秸秆综合利用产业发展。另一方面，出台了《江西省人民代表大会常务委员会关于农作物秸秆露天禁烧和综合利用的决定》，切实加强了秸秆禁烧管控，实施网格化监管，严防因秸秆露天焚烧造成区域性重污染天气。

（3）优化农膜废弃物回收处理

加大强制性国家标准《聚乙烯吹塑农用地面覆盖薄膜》（GB 13735—2017）宣传推广力度，加快推广加厚地膜和可降解农膜。完善废旧农膜等回收处理制度，统筹考虑生活垃圾和农膜回收利用、处理，推动农膜回收和集中处理纳入农村生活垃圾收运处置体系。加大宣传，压实农膜使用者责任，建立"农膜使用者回收、农村生活垃圾收运处置"的机制。建立了"市场主体回收、专业机构处置、公共财政扶持"为主要模式的农药废弃包装物回收

---

① 根据农业农村部文件，猪当量用于衡量畜禽氮（磷）排泄量的度量单位，1 头猪为 1 个猪当量。1 个猪当量的氮排泄量为 11kg，磷排泄量为 1.65kg。

和集中处置体系。对开展农药包装废弃物回收、处置及资源化利用的企业予以扶持，逐步推行使用易于回收处理和再生利用的包装材料，鼓励使用大容量包装、水溶性包装，探索建立农药包装回收追溯体系。

6. 国内经验述评

毋庸讳言，我国在防治农业面源污染方面同样做了诸多工作，尤其是浙江、江苏、广东、湖南和江西作为农业面源污染治理的"排头兵"，在农业面源污染治理方面取得了良好的成效，这些省份既有其他省份的共性，也有其不同之处。从面源污染治理的方式来说，主要包括源头治理、过程阻断、回收利用和生态修复四个方面。具体而言，第一是源头治理，旨在避免过度使用化肥，优化水和养分管理，主要采用施肥管理和节水灌溉等措施来减少氮磷损失；第二是过程阻断，通过捕获和过滤农田流出污染物，在污染物到达河流、湖泊或溪流之前提供了防治水污染的第二道防线；第三是养分再利用过程，该过程通过在农田中回收和再利用过滤后的养分和水来减少进入水体的污染物量；第四是生态修复（或水体恢复），旨在通过生态措施和工程改善水质，开发生态浮床、生态潜水坝和沉水植物等技术修复面源污水路径。

三、对策建议

农业是经济平稳健康发展的压舱石。在粮食刚性需求的巨大压力下，过去相当长一段时间里，农业生产资料的不断投入解决了国家粮食安全问题。农业面源污染治理与农业生产行为高度相关。化肥农药减量增效、秸秆综合利用、农膜回收以及促进畜禽粪污还田利用是当前农业面源污染治理的主要任务，其中以化肥农药减量化、规模以下畜禽养殖污染治理为重点内容。基于农业面源污染问题的双重公共物品属性（农业生产公共物品属性、环境污染治理公共物品属性）、农业面源污染物来源的多样性、治理过程的复杂性，参与治理主体的异质性与多元性，需要构建技术与经济耦合、政府与市场协调的农业面源污染多元主体合作共治体系，以达到治理农业面源污染的目的，具体而言：

（一）构建生产投入品减量化技术体系，实现农业污染物源头减量

普及各类节肥、节水、节药技术，节约种子、化肥、农药、饲料等投入品。实施化肥零增长行动，合理调整施肥结构，优化配置肥料资源，合理调整施肥结构，推广测土配方施肥，鼓励使用有机肥、生物肥料和种植绿肥等。实施农药零增长行动，推广高效低毒低残留农药、生物农药和先进施药机械，推进病虫害统防统治和绿色防控等。科学配制饲料，提高饲料利用效率，规范饲料添加剂使用，加强饲用抗生素替代品的研发使用，逐步减少饲用抗生素用量等。

（二）加大政府政策支持力度，推动循环农业产业链条运转

总体而言，农业废弃物资源化利用产业生产成本相对较高、经济效益偏低，产品价格竞争优势不明显，无法纯粹依靠市场机制来运作。因此，做好循环利用必须借助政府的扶持力量来推动循环农业产业链条运转。政府应对农户收集、市场主体收储、企业加工利用等环节不同主体针对性选择补贴或税收优惠等政策给予支持。如在收储环节，实施"谁收集、补贴谁"的收储体系；在加工环节，实施"按量补贴"的废弃物利用制度；在销售环节落实即征即退的税收优惠政策。打通农业废弃物收储、加工与销售的各个环节，实现产业链条循环，产业结构升级，产业价值提升。最终形成农户收集、政府补贴、企业利用、市场化运作的专业化商业模式。

（三）构建农业废弃物收储体系，促进循环农业产业化发展

农业废弃物主要应以回收再利用为主，因此要合理布局，建立秸秆收储点和收储中心。按照政府推动、市场运作、企业牵头、农户参与的原则，构建秸秆收储体系，保障秸秆资源有效收储利用。依托畜禽粪便资源化利用企业与养殖户建立粪便收运关系，以乡镇为单位，建立若干个畜禽粪便收储中心，企业建立专业的经纪人队伍，负责上门收集（运输）畜禽粪污。按照"市场调节为主、政府扶持为辅"原则，构建畜禽粪便收储体系，促进畜禽粪便有效资源化利用。

（四）加强产学研合作，促进循环农业科技创新

全方位整合科技资源，建立健全"产学研推用"技术支撑体系。创新应用秸秆还田机械与配套工艺技术、稻秸还田小麦生产农机农艺融合全程技术、秸秆收集贮运技术，以及秸秆肥料化、基料化、饲料化、能源化与原料化应用关键技术等，实现秸秆全量资源化利用。规模养殖场推广应用精确饲喂、环境智能调控、疾病自动诊断等物联网技术、粪污处理机械应用等工艺技术，提升畜禽生产自动化、智能化、生态化、循环化水平，中小养殖场推广应用有益微生物生态养殖技术，实现减量化排放、资源化利用。研发推广农业废弃物的清洁收储、高效转化、产品提质、产业增效等新技术，加快农业新产业、新业态的形成与发展。

（五）构建产品质量标准体系，规范废弃物资源化利用产品市场

构建有机肥料和饲料产品标准体系，消除消费者对有机肥料、饲料产品性能不稳定性的担忧，促进农业废弃物综合利用加工产品商品化，集成专业

化投资建设管理模式，推进废弃物综合利用商业模式专业化。明确农业废弃物资源化利用政府责任部门，设计专门的农业废弃物资源化利用项目规划许可证，环保、安监、消防等部门按照许可证标准验收规划项目，全力扶持农业废弃物资源化利用企业的建设与发展。

主要参考文献

［1］高晶晶，彭超，史清华.中国化肥高用量与小农户的施肥行为研究——基于1995—2016年全国农村固定观察点数据的发现［J］.管理世界，2019（10）：122-132.

［2］高晶晶，史清华.农户生产性特征对农药施用的影响：机制与证据［J］.中国农村经济，2019（11）：83-99.

［3］郭英壮，王晓燕，周丽丽，等.控制流域氮流失的最佳管理措施配置及效率评估［J］.中国环境科学，2021（02）：860-871.

［4］金书秦，张惠.化肥、农药零增长行动实施状况评估［J］.中国发展观察，2017（13）：35-39.

［5］梁志会，张露，张俊飚.土地转入、地块规模与化肥减量——基于湖北省水稻主产区的实证分析［J］.中国农村观察，2020（05）：73-92.

［6］刘冬梅，管宏杰.美、日农业面源污染防治立法及对中国的启示与借鉴［J］.世界农业，2008（04）：35-37.

［7］佟新华.日本水环境质量影响因素及水生态环境保护措施研究［J］.现代日本经济，2014（05）：85-94.

［8］赵艺华，周宏.社会信任、奖惩政策能促进农户参与农药包装废弃物回收吗［J］.干旱区资源与环境，2021（4）：17-23.

［9］Guo, J. H., Liu, X. J., et al.,（2010），"Significant Acidification in Major Chinese Croplands", Science, 327（5968）：1008-1010.

［10］Laspidou, C. S., Samantzi, V.,（2015），"Identifying and Quantifying Nitrogen and Phosphorus Loadings from Agriculture and Livestock Waste in the Penios River Basin District". Toxicological & Environmental Chemistry, 97（1）：90-102.

［11］McLaughlin, P., Alexander, R., et al.,（2022），"Power Analysis for Detecting the Effects of Best Management Practices on Reducing Nitrogen and Phosphorus Fluxes to the Chesapeake Bay Watershed, USA", Ecological Indicators, 136：108713.

推动农业绿色发展的政策支持体系研究[*]

习近平同志强调，没有农业农村现代化，就没有整个国家现代化[①]。党的十八届五中全会提出了五大发展理念，党的十九大提出了实施乡村振兴战略，开启了新时期推进农业农村现代化建设的新篇章。当前我国农业发展面临着日益趋紧的资源与环境双重约束，如何推进农业绿色发展，不断增加绿色优质农产品和农业生态系统多种功能产品业态的有效供给，不仅是满足人民群众日益增长的对美好生活的需要，也是全面促进乡村振兴、实现农业农村现代化的必由之路。站在新的历史起点上，从生态补偿的政策视角深入开展农业绿色发展研究，具有十分重要的理论意义和应用价值。

---

[*] 本报告是清华大学中国农村研究院重点研究课题"推动农业绿色转型的生态补偿制度研究"的研究成果，报告观点仅代表课题组的看法，报告案例数据由调研整理所得。课题负责人：王晓莉，中共中央党校（国家行政学院）社会和生态文明教研部生态文明建设教研室副主任、副教授。报告执笔人：王晓莉、黄冰清、舒全峰、朱凯宁。

① 《习近平主持中共中央政治局第八次集体学习并讲话》，新华社，2018年9月22日。

一、推进农业绿色发展的重要性与必要性

（一）我国农业发展的绿色转型迫在眉睫

在国家绿色发展宏观战略的外在驱动和农业可持续发展要求的倒逼之下，我国农业发展的绿色转型迫在眉睫。自"十二五"规划开始，国家对农业领域的减排任务提出总体要求。2011年，国务院办公厅印发《"十二五"节能减排综合性工作方案》。2012年，国务院印发《节能减排"十二五"规划》，为"十二五"期间农业领域的减排工作提供了具体要求与目标导向。2016年，"中央一号文件"明确提出"推动农业绿色发展"。同年，财政部、农业部联合印发了《建立以绿色生态为导向的农业补贴制度改革方案》。2017年，"中央一号文件"提出"推进农业清洁生产""集中治理农业环境突出问题"等重点领域目标。随后，中办、国办印发了《关于创新体制机制推进农业绿色发展的意见》，提出了"资源利用更加节约高效、产地环境更加清洁、生态系统更加稳定、绿色供给能力明显提升"四个维度的目标任务。此后，"中央一号文件"、党的十九大报告、中央农村工作会议进一步对农业绿色发展的重点领域及措施作出具体部署。2019年11月，农业农村部制定了《农业绿色发展先行先试支撑体系建设管理办法（试行）》，提出力争到2025年初步建成农业绿色发展的支撑体系。2021年，农业农村部联合六部委出台了《"十四五"全国农业绿色发展规划》。2022年，党的二十大报告首次提出"农业强国"战略。

（二）我国农业生态补偿工作处于起步阶段

作为推进农业绿色发展的一项重要政策支撑，生态保护补偿机制的作用尚未充分发挥。党的十八大以来，随着生态文明建设被纳入"五位一体"的总体布局，生态保护补偿机制的建设也不断加速。目前，我国生态保护补偿的总体框架已基本形成。纵向有国务院办公厅《关于健全生态保护补偿机制的意见》，横向有财政部印发的《中央对地方重点生态功能区转移支付办法》以及财政部、环境保护部、发展改革委和水利部《关于加快建立流域上下游横向生态保护补偿机制的指导意见》。但是，目前的政策设计多以具体的生态系统为对象，比如流域、森林、草原、湿地、耕地、国家重点生态功能区等，缺乏对农业生态系统的整体性考虑。在耕地生态保护补偿领域，主要的政策手段单一，包括退耕还林政策（2002年第一期、2014年新一轮）以及2016年启动的耕地轮作休耕政策。由此可见，我国的农业生态补偿工作仍处于起步阶段，还没有形成一套完整的补偿体系。

（三）农业生态系统服务功能亟待被激活

作为生态系统服务的重要组成部分，农业生态系统服务是指农业生态系统及其生态经济过程向人类所提供的一系列功能与效益和所维持的人类赖以生存的环境，既包括农业生态系统提供的生态产品，如各类农产品和原材料，还包括保证人类生活质量的生态系统调节服务功能，如水土保持、水源涵养、气候调节、生物多样性保护、景观美化等。我国实施的农业补贴政策多是从农产品供给如粮食安全和农户生计改善的角度出发，忽视了农业的生态系统服务功能，忽视了农户作为农业生态系统保护者的主体身份，对农业生态系统服务供给的政策激励远远不足。目前，关于农业绿色发展补偿的实践、化肥农药减施补偿、秸秆粪污资源化利用补偿等均是以项目和试点的形式推动，且优先集中于种粮大户、家庭农场等新型经营主体，尚未成为国家制度，不足以激励小农户从事农业绿色发展实践。

二、国内外重点领域绿色农业支持政策与研究综述

自 1982 年"中央一号文件"提出绿色发展理念以来，我国农业绿色发展的相关政策演变大致经历了四个阶段：萌芽期（1982—1986 年）、中断期（1987—2003 年）、发展期（2004—2012 年）、成熟期（2013 年至今）。近年来，国家围绕农用化肥减施、畜禽粪污和秸秆资源化利用、农膜回收等重点领域连续出台了一系列支持政策，聚焦治理过程中"生态补偿"这一关键环节，本节将对上述四个重点领域的农业生态补偿政策进行梳理，进而更好地理解绿色农业支持政策尤其是生态补偿政策的演变。

（一）化肥农药减施

我国的化肥农药减施政策改革包含供给端和需求端两个维度。从供给端出发，取消化肥行业补贴政策，恢复其普通商品属性，纠正价格扭曲现象。自 2015 年开始，相继取消了过往在化肥生产流通领域提供的一系列优惠补助政策，诸如电价优惠、铁路运输补贴等；同时完善农业支持补贴，将补贴化肥生产转移至补贴农民与农业生产。从需求端出发，即聚焦到农业生产本身，绿色农业生态补偿得以具体展演。基于"政府引导、多主体参与"的基本逻辑，除常规性的对于生产主体进行经济补助外，在相关政策中，生态补偿机制更多聚焦于"技术支撑"。同时，化肥农药减施政策文件发展亦蕴含有渐进性的从化肥农药使用"零增长"到"减量化"的时代特征（见表 1）。

表1 化肥农药减施政策梳理（2015—2022年）

发布时间	政策文件	发文单位	效力级别
2015年2月	《到2020年化肥使用量零增长行动方案》	农业部	部门工作文件
2017年2月	《开展果菜茶有机肥替代化肥行动方案》	农业部	部门工作文件
2017年3月	《农药管理条例》（2017年修订）	国务院	行政法规
2022年11月	《到2025年化肥减量化行动方案》	农业农村部	部门工作文件

资料来源：作者根据"化肥农药""减施减量"等关键词，依托农业农村部官网、法律法规数据库等平台，对近年方针政策、法律法规等进行梳理。

（二）畜禽粪污资源化利用

畜禽粪污的资源化利用包括肥料化、饲料化和能源化三个方面，其中能源化[①]和肥料化[②]是主要利用方向，即规模化生物天然气工程与有机肥生产两大方向，与之对应推进有"大型沼气、天然气工程项目"与"种养一体模式"。畜禽粪污资源化利用相关政策中的生态补偿机制大多围绕项目设施建设、种养户经济补助展开；同时，市场主体也积极推进需求端建设，形成良性闭环。

从国家政策层面来看，2014年出台的《畜禽规模养殖污染防治条例》要求各地划定禁养区域，以巨大的环保责任倒逼畜禽养殖业废弃物资源化改革，侧重污染物的达标排放。2016年12月，中央财经领导小组提出在"十三五"时期要加快推进全国畜禽养殖废弃物资源化工作。2016年、2017年和2018年，连续3年的"中央一号文件"均提出要做好畜禽养殖产业废弃物资源化利用工作，并将其纳入农村突出环境问题综合治理工作。2017年，国务院办公厅专门印发《国务院办公厅关于加快推进畜禽养殖废弃物资源化利用的意

---

① 能源化利用技术主要包括制备沼气及沼气发电、生产沼液和沼渣、燃烧产热、废水处理再利用等，适用于大中型规模化养殖场。当前能源化利用投入大，市场机制还未成熟。

② 肥料化主要包括堆肥化处理和生物发酵技术，堆肥化处理通过建设蓄粪池等设施进行自然堆肥，而后通过就近还田方式完成废弃物肥料化利用和种养结合，往往适用于个体养殖户和小规模养殖场。生物发酵技术将畜禽废弃物转换成有机肥或有机—无机复合肥，处理规模较大，适用于中等规模以上的养殖场，适用于工厂化生产，往往由第三方企业、处理中心来集中处理和生产。

见》，开始试点整县推进畜禽粪污资源化利用工作（见表 2）。出现大型规模化养殖企业将肥料化与能源化相结合，开展畜禽废弃物资源化利用的"链融体"技术模式，打造全产业链条，饲料业、种植业、养殖业、屠宰业、能源环保等产业逐渐相互融合。畜禽养殖产业废弃物全量资源化利用纳入了《乡村振兴战略规划（2018—2022 年）》，提出要在 500 多个养殖县全县推进畜禽粪污资源化利用试点。

表 2　畜禽粪污资源化利用政策梳理（2017—2022 年）

发布时间	政策文件	发文单位	效力级别
2017 年 5 月	《国务院办公厅关于加快推进畜禽养殖废弃物资源化利用的意见》	国务院办公厅	国务院规范性文件
2017 年 6 月	《农业部、财政部关于做好畜禽粪污资源化利用项目实施工作的通知》	农业部、财政部	部门规范性文件
2017 年 7 月	农业部关于印发《畜禽粪污资源化利用行动方案（2017—2020 年）》的通知	农业部	部门工作文件
2018 年 9 月	《农业农村部关于切实做好大型规模养殖场畜禽粪污资源化利用工作的通知》	农业农村部	部门工作文件
2019 年 3 月	《农业农村部办公厅关于印发畜禽养殖废弃物资源化利用 2019 年工作要点的通知》	农业农村部	部门工作文件
2020 年 6 月	《农业农村部办公厅、生态环境部办公厅关于进一步明确畜禽粪污还田利用要求强化养殖污染监管的通知》	农业农村部、生态环境部	部门规范性文件
2020 年 7 月	《农业农村部办公厅、财政部办公厅关于做好 2020 畜禽粪污资源化利用工作的通知》	农业农村部、财政部	部门工作文件
2021 年 4 月	《财政部关于下达 2021 年农业绿色发展专项（畜禽粪污资源化利用整县推进项目）中央基建投资预算（拨款）的通知》	财政部	部门工作文件
2022 年 4 月	《财政部关于下达 2022 年农业绿色发展专项（畜禽粪污资源化利用整县推进项目）中央基建投资预算的通知》	财政部	部门工作文件

　　资料来源：作者根据"畜禽粪污""畜禽粪污资源化利用"等关键词，依托农业农村部官网、生态环境部官网、法律法规数据库等平台，对近年方针政策、法律法规等进行梳理。

（三）秸秆资源化利用

秸秆资源利用主要涉及秸秆收储、转化利用两个方面。从秸秆收储体系出发，相关政策中生态补偿机制聚焦于农民主体，尝试从保障其经济利益、促进创收的维度来抑制秸秆焚烧污染问题，推动资源利用；同时积极构建秸秆回收市场体系。从秸秆资源转化利用出发，我国的秸秆资源利用更多推行"产业化"路径，即聚焦企业主体。秸秆综合利用产业发展初期具有公益性强、投入高及投资回收期长等特性，相关政策中生态补偿机制更多强调政府财政支持、税收优惠、技术支撑等方面；同时需积极推进秸秆综合利用的消费群体建设，培育壮大市场主体，促成良好效益（见表3）。

表3　秸秆资源化利用政策梳理（2008—2022年）

发布时间	政策文件	发文单位	效力级别
2008年7月	《国务院办公厅关于加快推进农作物秸秆综合利用的意见》	国务院办公厅	国务院规范性文件
2015年11月	《国家发展改革委、财政部、农业部、环境保护部关于进一步加快推进农作物秸秆综合利用和禁烧工作的通知》	国家发展和改革委员会、财政部、农业部、环境保护部	部门规范性文件
2016年5月	《农业部办公厅、财政部办公厅关于开展农作物秸秆综合利用试点促进耕地质量提升工作的通知》	农业部、财政部	部门工作文件
2017年12月	《国家发展改革委办公厅、农业部办公厅、国家能源局综合司关于开展秸秆气化清洁能源利用工程建设的指导意见》	国家发展和改革委员会、农业部、国家能源局	部门规范性文件
2019年4月	《农业农村部办公厅关于全面做好秸秆综合利用工作的通知》	农业农村部	部门工作文件
2022年4月	《农业农村部办公厅关于做好2022年农作物秸秆综合利用工作的通知》	农业农村部	部门工作文件

资料来源：作者根据"秸秆""秸秆资源化利用"等关键词，依托农业农村部官网、法律法规数据库等平台，对近年方针政策、法律法规等进行梳理。

（四）农膜回收利用

农膜回收利用涉及农膜回收、废旧农膜再利用两大过程，相关政策中的生态补偿机制亦围绕二者展开。从农膜回收出发，我国致力于推进"机械化捡拾、专业化回收"路径，相关政策中的生态补偿主要聚焦于回收机械农具的购置补贴。从废旧农膜再利用出发，与秸秆资源再利用类似，我国致力于推行"产业化"路径，相关政策中的生态补偿主要聚焦于对该类企业的生产优惠政策，诸如减税、提供技术支持等（见表4）。

表4　农膜回收利用政策（2017—2021年）

发布时间	政策文件	发文单位	效力级别
2017 年 5 月	《农膜回收行动方案》	农业部	部门规范性文件
2017 年 11 月	《农用薄膜行业规范条件（2017 年本）》	工业和信息化部	部门规范性文件
2019 年 6 月	《关于加快推进农用地膜污染防治的意见》	农业农村部联合五部委	部门规范性文件
2020 年 1 月	《关于进一步加强塑料污染治理的意见》	国家发展和改革委员会、生态环境部	部门规范性文件
2020 年 7 月	《农用薄膜管理办法》	农业农村部联合三部委	部门规章
2020 年 9 月	《关于坚决杜绝"两薄"塑料制品流通的通知》	全国供销合作总社	部门工作文件
2021 年 2 月	《中共中央 国务院关于全面推进乡村振兴加快农业农村现代化的意见》	中共中央、国务院	党内法规制度

资料来源：作者根据"农膜""农膜回收"等关键词，依托农业农村部官网、生态环境部官网、法律法规数据库等平台，对近年方针政策、法律法规等进行梳理。

（五）发达国家农业绿色发展政策借鉴

发达国家农业绿色发展的政策体系，包括完善的法律体系、有力的财政支持、雄厚的科技实力、配套的标准体系、健全的农业行会组织，以充分发挥好政府、市场、社会三类主体在不同领域、不同维度的作用，打好行政主导机制、市场化机制、多元共治机制的"组合拳"。从美英日韩等国支持绿色农业的政策来看，完善的法律体系是其生态农业迅速发展的基础，有力的财政支持是其生态农业迅速壮大的前提，雄厚的科技实力是其生态农业持续发展的坚强后盾，配套的标准体系是确保其生态农产品质量的必要关口，健全的农业行会组织是维系其生态农产品产销协调的纽带。因此，要采取立法方式支持绿色农业产业发展，高度重视对绿色农业人才的培养，完善绿色农产品销售渠道。

具体来说，借鉴发达国家农业政策的绿色转型经验，一是要降低价格支持比例，提高脱钩直接支付的比例；二是要将直接补贴额同各类环保要求的遵守情况挂钩；三是要对农业生产者因生态环境保护造成的损失给予合理补偿；四是要更加关注偏远农村地区生态环境的保护；五是要提高政策制定的公众参与度，并在实施中不断调整完善。借鉴其生态农业发展经验，要加强宣传生态农业建设，提高全民环保意识，借助协会等非营利专业团体的组织力量，加大投入，因地制宜，加快立法，建立监管有序的农产品质量安全体系。

（六）绿色农业和生态补偿研究进展

目前，国内外关于生态补偿的研究已硕果累累，但绿色农业生态补偿相关的研究尚处于发展阶段。绿色农业生态补偿在基本概念、主体客体、补偿标准、补偿方式方面积累了一定的定量与定性研究成果，尤其是在化肥农药减施、畜禽粪污资源化利用、秸秆资源化利用等方面。2003年，亚太地区绿色食品与有机农业市场通道建设国际研讨会上，"绿色农业"的概念首次被提出。"绿色农业"是以可持续发展为基本原则，以绿色技术为基础，以资源利用更加节约高效、产地环境更加清洁、生态系统更加稳定、绿色供给能力明显提升为目标，旨在实现生态、经济和社会三大系统良性循环的新型农业生产模式（白瑛，2004）。目前，指标体系构建涵盖四个方面：资源利用节约高效、产地环境清洁、生态系统稳定、绿色供给能力提升[①]。

生态补偿标准是生态补偿研究中的核心问题和难点问题，由于生态系统的复杂性和环境服务的多样性，当前尚无统一的生态补偿标准测算方法。欧阳志云等（2013）认为，生态补偿标准应参照环境服务提供者的直接经济损失和投入成本与机会成本、生态受益者的获利、受害者的恢复成本、生态系统服务价值等因素，在此基础上，利益双方通过协商和博弈确定最终的补偿标准。靳乐山（2021）认为生态补偿标准的确定应因类而异，具体来看，市场化生态补偿标准的确定应以市场交易原则来确定，基于政府财政转移支付的以生态环境要素为实施对象的分类补偿应以生态保护成本为依据。学界对生态补偿标准确定依据较为一致的观点是，生态补偿标准要大于环境服务提供者的成本（包括直接的投入成本和机会成本），小于环境服务的价值。只有介于两者之间，环境服务的卖方和买方才有可能通过协商达成协议。

生态补偿方式有两种划分角度，一种是以补偿途径为划分依据，一种是以补偿主体为划分依据。以补偿途径为划分依据，可分为资金补偿、实物补偿、技术补偿和政策补偿等（中国生态补偿机制与政策研究课题组，2007）。以补偿主体为划分依据，可分为以政府为主体的政府补偿和以市场为主体的市场补偿。其中，政府补偿可分为纵向生态补偿和横向生态补偿。市场补偿的形式有排污权交易与减排补偿、水权交易与节水补偿、碳交易与碳汇补偿

①　资源利用节约高效包括三个方面的内容，一是通过农田轮作休耕、降低耕地使用强度、土地整治等措施提高耕地资源利用效率；二是通过农业灌溉用水总量控制和定额管理、取水许可管理、农业水价综合改革、农业节水技术推广等措施提高水资源利用效率；三是加强农业生物资源保护与利用。产地环境清洁包含两方面的含义，一是减少农业投入品使用，如化肥农药减量、有机肥/生物农药替代化肥农药等；二是农业废弃物资源化利用，如秸秆资源化利用、畜禽粪污资源化利用等。生态系统稳定是指实现田园、草原、森林、湿地、水域等生态系统的稳定。绿色供给能力提升是指提高农产品质量安全水平，提高品牌农产品的数量和质量。

等生态产权交易市场形式，以及生态产业、绿色标识、绿色采购、绿色金融、绿色利益发展机制等形式（靳乐山，2019）。

具体到绿色农业生态补偿领域，已经有不少学者分别在化肥农药减量补偿、畜禽粪污资源化利用补偿、秸秆资源化利用补偿、农膜回收利用、农业温室气体减排，以及耕地、草地、农业生物资源保护与利用等方面开展了大量实证研究。总体而言，农业绿色发展领域的生态补偿研究尚处于起步阶段。当前，对农业绿色生产行为进行补偿以激励农田环境服务供给者供给农田环境服务已得到较多学者的认同，并涌现不少研究成果，但是相关研究缺乏与生态补偿理论相结合的系统梳理和分析，缺少对补偿方式、补偿标准等核心问题的深入分析。我国生态补偿长期以来都是政府主导的，市场补偿发展迟滞。在政府财政收入增速放缓的大背景下，建立和完善市场化、多元化生态补偿机制具有重要意义。以生态产业化为导向，建立畜禽粪污、秸秆资源化利用市场交易体系是农业废弃物处理的发展方向。如何构建废弃物资源化利用市场补偿模式是未来农业绿色发展生态补偿研究中的关键议题。

三、重点领域绿色农业发展典型案例

（一）化肥农药减施案例——以浙江省黄岩区为例

我国化肥和农药使用强度远高于世界平均水平，土壤酸化、养分失衡、环境污染、食品安全等问题层出不穷，严重制约着农业的可持续发展。为遏制化肥、农药过量施用势头，我国推出化肥农药减施政策。作为全国首个气候生态区、全国农业绿色发展先行先试支撑体系试点县，浙江黄岩区 2019 年立足实际试点开展"肥药两制"改革，采取一系列行之有效的措施全面推行化肥农药购买实名制、施用定额制。从源头上推进科学合理施用肥药，从单一追求产量向追究生态、质量、产量和效益并重转变。

1. 农业生产投入品减施情况

在试点启动之前，化肥施用强度达到 26.09 千克 / 亩，远高于农业绿色发展先行区评价指标 14.7 千克 / 亩的要求。试点改革启动后，当年化肥和农药用量分别较 2014 年下降 29.57% 和 58.87%，其中黄岩化肥施用强度较全省化肥施用强度低 2.58%（见图 1）。目前，黄岩已建立"有机替代、测土配方、科学用肥、水肥一体"四大减肥技术体系和"理化诱控、生态调控、生物防治、农业防控、科学用药"五大减药技术体系，全区建成 5 个省级农业绿色发展示范区、10 个省级高品质绿色农业科技示范基地。截至 2021 年底，实现年均化肥减量 3.4%，农药减量 6.3%，全区化肥利用率、农药利用率均提高到 42% 以上。全部 278 家规模以上生产经营主体已实现农产品产销可记录、流向可跟踪、信息可查询、责任可追究，标识率和追溯率均达 100%，农产品监测合格率保持在 98% 以上。示范方统计数据显示，水稻、茭白、柑橘等农作物实施化肥定额制可在保证产量稳定的基础上推进化肥减量（见表 5）。

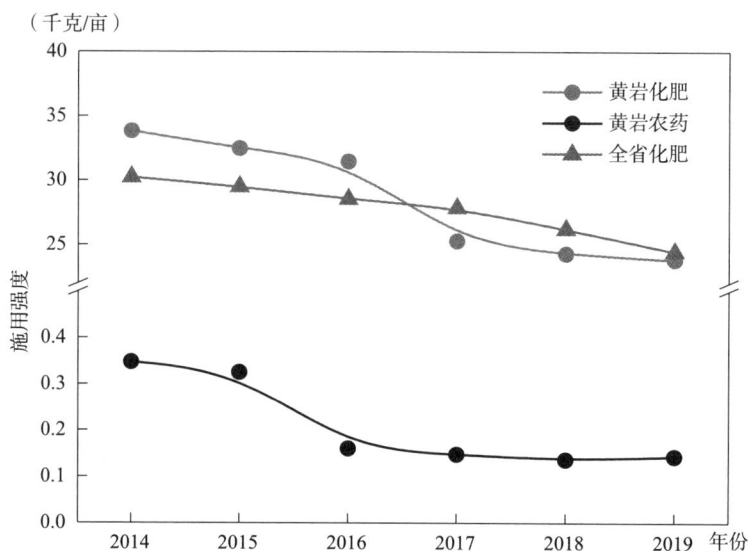

图 1　黄岩区化肥和农药施用强度年度变化情况（2014—2019 年）

资料来源：黄岩区政府有关部门提供相关数据。

表 5　黄岩区示范方化肥定额制对作物产量和化肥用量的影响（2019—2021 年）

示范作物	推广面积（亩）	覆盖主体数量（户）	产量（千克/亩）		化肥施用强度（千克/亩）	
			常规施肥	定额施肥	常规施肥	定额施肥
水稻	20000	40	500	510	24	21
茭白	2000	960	夏季 2500	2550	67.5	45
			秋季 900	950	45	35
柑橘	13000	5300	2480	2510	50	35

资料来源：黄岩区农业绿色发展示范方提供相关数据。

2."肥药两制"改革的政策支撑体系

（1）构建政策支持体系

强化组织协调与考核，成立试点工作领导小组，建立"三张清单"，并将试点工作进度列为区级乡村振兴考核的重要依据。构建主体发展评价机制，印发《黄岩区农业主体绿色发展评价制度（试行）》，采用"预设 + 触发 + 跟进 + 滚动"的方式，对 86 家试点主体开展动态评价和监测预警。此外，还组建了农业产业链专家智库，构建每个农业产业链由"1 个省农科院专家团队 +1 个黄岩区产业技术团队 + 若干个农业基地科技示范主体"的"1+1+N"的院地合作模式，完善农科教结合、产学研一体的"1+1+N"农业技术推广联盟建设，鼓励支持事业单位农业科研人员和农技推广人员离岗到农业生产经营主体从事科技服务或创办各类新型农业生产经营主体。

（2）完善"两制"奖补配套政策

推进化肥农药购买实名制改革，在农资经销终端推广应用"刷脸""刷卡"等实名购销新技术，实现"进（进货）—销（销售）—用（使用）—回（回收）"全周期闭环管理。同时，推进化肥农药施用定额制改革，发布主要农作物化肥投入定额标准并配套发布技术指导意见，修订完善"肥药双控"等奖补政策。根据肥药定额施用标准测算农业主体肥药限量额度，结合主体评价，动态关联农资实名购买补贴额度。整合各类涉农资金支持"两制"改革。自2019 年至 2021 年，累计落实地方财政补贴资金 3000 余万元。

（3）打造"肥药两制"改革数字化平台

生产主体可凭身份证或人脸识别在区内任一农资销售门店实名采购农资，相关信息会同步推送至"农资库存清单"。主体进行"喷药、施肥"农事操作时，选择相应农资品种栏目录入当次使用数量，农资库存随之减少，实现智能化管理。2021年，全区由86家试点主体向其余192家规模主体全面推行，9家农资示范门店向其余98家农资门店全面推行，实现"肥药两制"改革数字化监管平台主体全覆盖。

（4）以数字技术升级服务体系

首先，推进"智慧施肥"服务平台建设，建设土壤环境与绿色生产数据中心，构建农作物生产管理决策模型与数字化集成系统，修订黄岩区农作物肥药定额施用标准及技术指导意见，打造并优化"智慧施肥App"。例如，针对西瓜种植，推出"瓜农天下"智能选址应用场景，有效帮助全区4万瓜农避险增收。其次，借助数字技术打造证码合一追溯场景。例如，推广"永宁诚信农夫"App，打造"永宁诚信农夫"对接"浙农优品"平台，将食用农产品合格证制度从早期自我承诺制，升级成农产品生产全过程记录可追溯、产地检查和检测结果可查询的"证码合一"制。截至2021年底，已开具农产品合格证5万余张，规模主体农产品标识率、追溯率均达100%。

（5）完善绿色农业标准体系

健全农业生产技术标准，以打造黄岩蜜橘全产业链标准化生产为重点目标，已形成黄岩蜜橘产业"一套标准""一张模式图""一本管控手册"的质量安全标准体系，做到"一县一品一策"；健全产品质量安全标准，出台《黄岩区农资"两制"管理平台使用星级评定办法（试行）》，将全区符合建设条件的种植业、畜牧业、渔业生产经营主体逐步纳入农产品质量安全追溯体系建设范畴；为特色主导产业构建外观特征与内在品质并重的质量分级标准体系，全面推行规模生产主体食用农产品合格证制度，强化二维码合格证溯源功能。

3."肥药两制"改革典型案例启示

在黄岩区"肥药两制"改革中，充分体现了综合运用法律、行政、经济、技术、社会参与、数字化等手段，合力推动化肥农药减施的成效。最为突出的是，通过数字化技术赋能，一举解决了政府无法对接小农户提供直接补贴的难题。数字化助力"实名制＋定额制"，形成"进（进货）—销（销售）—用（使用）—回（回收）"的全周期闭环管理；数字化助力"证码合一追溯平台"，构建了农产品生产全过程记录可追溯、产地检查和检测结果可查询的绿色监测体系。进一步地，通过绿色标准体系、绿色产业体系和绿色经营体系建设，促成农产品提质增效、农民节本增收、面源污染物排放减量，为吸引市场资金进入种植业生态补偿领域创造了条件。

（二）稻田水"零直排"案例——以浙江省嘉兴市为例

打好农业面源污染治理攻坚战，提升农业绿色发展能力，是我国今后一段时期需要应对的重大挑战。自中央二轮环保督察问题反馈以来，浙江省嘉兴市按照省厅整改工作总体部署，把落实中央环保督察整改作为当前重大政治任务，动真格、出实招、抓落实，首创以稻田退水"零直排"为抓手，全力推进农业面源污染问题整改，取得了明显的成效。嘉兴市首创的稻田退水"零直排"模式获时任省委书记批示，并入选省乡村振兴最佳实践案例。

1. 稻田退水"零直排"实施情况

稻田退水又称稻田尾水，是指包括降雨径流、季节性人工排水、浅层地下径流、土壤淋溶等稻田系统产生的农业弃水。稻田退水"零直排"是指采用环境工程、生物工程、水利及建筑工程等技术手段，对稻田退水拦截降污，同时结合调蓄处理、循环灌溉等措施实现稻田退水的资源化利用，使稻田退水面源污染物不排入或不直接排入周围受纳水体，从而达到减量排放的效果。嘉兴市按照"系统思维、防治结合、灌区治理"的总体思路，在总结基层实践的基础上，探索农业面源污染小流域集中连片治理，通过对平原水乡浜塘河资源的生态化改造，首创全封闭型"稻田＋生态沟渠＋水塘（河浜）"、半封闭型"稻田＋生态沟渠＋生态塘"、开放型"稻田＋生态沟渠＋生态缓冲带"三种治理模式。

稻田退水"零直排"的核心治理思路是：在源头上抓化肥农药的减量，在过程中精准控制稻田灌溉用水，在末端削减稻田主要面源污染物的排放。截至 2021 年底，全市已建成稻田退水"零直排"示范面积 5.2 万亩，投入资金约 1 亿元，示范区内削减主要面源污染物 1/3 以上，有效缓解了河湖富营养化的问题。"十四五"期间，计划总投资 25 亿元左右，新建或改建高标准农田，完成稻田退水"零直排"工程覆盖面积 60 万亩，优质稻米生产示范区实现全覆盖，治理区内稻田面源主要污染物排放量削减 1/3 以上。目前，该项工程开始向经济作物、水生作物扩面，2022 年新增建设面积 10 万亩。

2. 稻田退水"零直排"的政策支撑体系

（1）强化组织领导，创新检查机制

2021 年 6 月，市政府办公室印发《嘉兴市加快推进稻田退水"零直排"工程建设行动计划（2021—2025 年）的通知》。首创建立农业清洁化生产检查评价机制，针对农业生产的"十大"重点领域和"三大"关键区域制定检查评价标准，按季度开展明察暗访。2021 年二轮检查累计发现问题 425 个，完成整改 415 个。将检查结果纳入对县（市、区）年度目标责任制、乡村振兴战略和"五水"共治考核内容，层层传递压力。2021 年，共计发布季度通报 4 次，召开协调会 4 次。

（2）加大资金投入，明确奖补机制

统筹绿色发展、高标准农田建设、水污染防治专项资金，市财政对稻田退水"零直排"工程每亩给予 2000 ~ 3000 元补助，对配方肥推广每吨给予 400 元补助，对示范性统防统治服务组织培育每家给予 2 万元奖励，对省级绿色防控示范区创建给予 3 万元奖励。截至 2021 年底，已落实稻田退水"零直排"补助资金 6400 万元、配方肥推广补助资金 922.26 万元、统防统治及绿色防控补助资金 881 万元。

（3）注重工程配套，叠加治理效果

结合"肥药两制"改革，在稻田退水"零直排"项目覆盖区、粮食功能区全面实施粮油等主导产业定额施肥、施药，推广配方施肥、有机肥替减、统防统治和病虫害绿色防控技术，肥药施用强度严格控制在省定标准以内。全面提标改造稻田灌溉系统，配套建设农田氮磷生态拦截沟渠，建立智能化低压输水管网。探索数字化稻田综合管理系统，将水稻生产模型等数据统一纳入数字稻田管理系统，实现稻田灌溉水层精准控制，灌溉用水、肥料利用效率分别提升40%和10%，实现肥水减排和节本增效。

3. 退水"零直排"改革典型案例启示

退水"零直排"是一项集成性技术，治理的关键在于以农业面源污染的小流域为单元，采取集中连片治理，采取全封闭、半封闭、开放型三种模式对小流域进行生态化改造。从面源污染治理的补偿来看，涉及两个关键环节：一是以小流域为单元的截污工程建管机制建设；二是面源污染治理补偿的主客体划分。

（1）截污工程的建管机制建设

当地建设了由政府主导、村集体经济组织负责管护、农户和专业管护人员共同参与的"建管并重、多元共治"模式。需要指出的是，村集体作为管理主体，存在水文单元与行政单元不重合的限制，即小流域跨行政村、乡镇乃至县域的情况。在这种情况下，行政村为单位的自治组织将无法发挥有效作用，需要引入专业的小流域管理机构，如农民退水"零直排"专业协会。

（2）治理补偿的主客体划分

补偿主体的政府倾向性是农业生态补偿的共同特征，主要基于农业的弱质性、基础性，以及绿色生产具有很强的正外部性。欧盟、美国等发达国家和地区的经验也表明，政府是农业生态补偿的主体。在嘉兴的案例中，当地政府已向稻田退水"零直排"示范区投入资金约1亿元。生态补偿的客体，理论上可以划分为生态环境的保护者、生态环境破坏的受损者、减少对生态环境破坏者三个主体。在本案例中涉及的三类角色，既有参与源头减量的配方肥的生产厂家（补偿标准为400元/吨），参与过程中提供统防统治、绿色防控服务的社会组织（补偿标准为2万元/家），又有参与末端"零直排"截污工程的施工主体（补偿标准为2000~3000元/亩），还有负责统一组织落实的示范区政府（补偿标准为3万元/家）。

（三）畜禽粪污资源化利用案例——以甘肃省凉州区为例

我国是农业大国，特别是畜牧业养殖总量逐年提高，每年产生的畜禽养殖粪污约 30 亿吨[①]。截至 2020 年底，全国畜禽粪污综合利用率达到 76%，规模养殖场粪污处理设施装备配套率达到 97%。随着养殖场规模的扩大，畜禽废弃物作为肥料还田的比率呈下降态势，而废弃物无害化处理的比率呈上升态势。甘肃省凉州区位于甘肃省中部、河西走廊东端，是全国生猪调出大县、全省肉牛产业大县、肉羊产业强县，是全国北方冬春设施蔬菜规模化生产基地之一、西北地区最大的设施蔬菜生产基地。2019 年被农业农村部确定为国家农产品质量安全县[②]。2021 年全区畜禽粪污资源化综合利用率达 91.49%。

1. 畜禽粪污资源化利用的实施情况

凉州区充分整合整县推进、种养循环试点、生猪调出大县奖励资金等项目资金，发挥项目资金撬动作用，提升设施装备配套水平。截至 2021 年底，整县推进项目总投资 1.27 亿元，25 家建设单位建成沼液储存池、黑膜沼气池等 15.8 万立方米，有机肥发酵区 1008 立方米、有机肥发酵车间 7680 平方米、粪肥发酵场 2.6 万平方米；铺设支农管网 2.1 千米、排污管道 2 千米，购置固液分离机、粪污运输车辆等设施设备 92 台（套）、配套单（双）膜贮气柜 3350 立方米、沼气工程设备 4 套、100 千瓦发电机组及配套设备 4 套。

截至 2021 年底，规模以上养殖场粪污处理设施装备配套率均达 100%。建成农村户用沼气 1.8 万户、联户沼气工程 9 处、平房集中供气 120 多户、大型沼气集中供气站 18 个、楼房集中供气 7000 多户，沼气工程厌氧发酵总容积近 30 万立方米，年处理畜禽粪污 35 万吨，年可生产沼气 1500 万立方米；畜禽养殖场（小区）累计建成粪污堆积发酵场 9.3 万平方米、化粪池 45 万立方米，全

---

① 畜禽养殖废弃物包括猪牛羊兔鸡鸭鹅肉鸽等家畜家禽的粪便和圈舍冲洗废水等，有些地方根据实际情况，还包括"丢弃的畜禽尸体（杭州市）""防疫危险废弃物（海口市）"等。

② 农业农村部关于命名第二批国家农产品质量安全县（市）的通知，甘肃省武威市凉州区入围。http://www.moa.gov.cn/nybgb/2019/201911/202001/t20200110_6334738.htm。

区粪污设施装备水平不断提高。通过种养循环增施有机肥、机械深施、使用水肥一体化新型肥料等多项措施的集成应用，与传统技术相比，西营高标准化肥减量示范区实现亩节肥 20%、肥料利用率提高 10%、亩节本增效 80 元。

2. 畜禽粪污资源化利用的政策支撑体系

（1）面向企业和个体全面落实扶持政策

凉州区出台《关于明确畜禽粪污资源化利用奖补措施的通知》（凉政办函〔2018〕259 号），从绿色生态为导向的农业补贴制度、农机具购置补贴、财政扶持、设施建设、有机肥推广使用等方面，加大对企业及个人的补贴与扶持。积极落实用电、用地、税收等优惠政策，对规模养殖场执行国家规定 0.4489 元/千瓦时（平段）的农业生产电价，对规模养殖及粪污资源化利用土地优先予以保障，落实畜禽粪污综合利用和无害化处理的环境保护税收优惠政策。

（2）探索多元利用途径，构建综合利用体系

首先，鼓励社会主体参与，建立以第三方为主的养殖废弃物综合处理新模式。除了对于养殖场（户）按照规模大小鼓励采取不同的肥料化、能源化利用方式①，更是依托不同社会主体因地制宜打造出不同处理模式：以第三方为主的"畜禽粪污 + 大型沼气工程 + 楼宇集中供气 + 工业供气 + 商业供气 + 沼气发电并网 + 沼肥综合利用 + 生态农业发展"养殖废弃物综合处理模式；以大型沼气站为主的"养殖场 + 沼气工程 + 沼气集中供气 + 农业园区"的中小型养殖场粪污处理模式；以农民合作社为主的散养户粪污"进棚入园"沼气处理模式。

其次，引导企业主体参与，建立市场化运作的长效机制。在畜禽无害化处理方面，引进武威中环成信环保科技有限公司，投资 3000 万元建成年处理病死畜禽达 1 万吨的凉州区病死畜禽无害化处理中心，按照"政府主导、市场运作，统筹规划、因地制宜，财政补助、保险联动"的原则，建立起"农户送交、镇设站点、流动收集、集中处理"的无害化处理体系，实现全流程

---

① 规模以下养殖场（户）畜禽粪污采取干湿分离、堆沤农家有机肥、生产沼气等方式，规模养殖场采取"种养生态循环、沼气净化、集中处理"等方式，实现养殖粪污肥料化、能源化利用。

信息化监管。截至 2021 年底，累计处理各类动物及产品 1867 吨。

在能源化利用方面，实现全省沼气发电并网"零突破"，形成"一站多能"新模式。引入兰州新融环境能源工程技术有限公司，与财政联合出资 9100 万元，建成"凉州区区域城乡有机废弃物第三方资源化集中处理中心①"，探索形成了"一站多能"（处理站即加气站、发电站、加肥站）的城乡有机废弃物资源化处理利用模式。该中心于 2020 年获批省首家沼气发电并网业务，2021 年 7 月首台发电机组实现并网，已完成 3 兆瓦的总装机容量，并正式发电并网（上网电价为 0.438 元 / 千瓦时）。截至 2022 年 1 月 31 日，已发电 5.6 万千瓦时②。

（3）健全完善管理制度，建立长效管理机制

严格执行"环评"和"三同时"制度。建立健全畜禽养殖场污染防治配套设施运转和资源化利用情况监管机制，做到一场一档，实行联网管理和信息直联直报。探索构建有利于促进化肥减量增效常态化实施的工作机制，广泛开展农企对接行动，加大《畜禽粪污还田技术规范》的宣传以及粪肥还田技术的培训与指导③。

3. 畜禽粪污资源化利用典型案例启示

畜禽粪污资源化利用需要区别分散型利用与集中型利用，同时根据养殖规模的不同，形成四对组合。"规模化养殖场 + 分散型资源化"（或称为"生态养殖场型"资源化模式④）、"规模以下养殖场（户）+ 分散型资源化"（或称为"传统农家肥型"资源化模式⑤）、"规模化养殖场 + 集中型资源

---

① 该中心 5 个站点覆盖全区 17 个乡镇约 8 万人，收集处理站周边 15 公里范围内的养殖场粪污、农村易腐垃圾、农作物秸秆、尾菜等，设计处理能力 820 吨 / 日。2021 年，实际处理有机废弃物 350 吨 / 日，综合运行成本约 180 元 / 吨，年可产沼气约 1350 万立方米，其中通过管网向周边供气约 145 万立方米；年可产沼肥约 12 万吨，用于销售或引导农户"以废换肥"。

② 该案例被农业农村部、国家乡村振兴局列为厌氧发酵协同处理技术模式——农村有机废弃物资源化利用典型技术模式与案例。

③ 2021 年举办科学施肥培训班 132 场次，印发技术明白纸 20000 余份，在关键农时季节进村入户开展田间施肥技术指导 1300 余人次。2021 年肥料利用率达 41.12%。

④ 即资源化是以养殖场为单位，资源化产品供给本养殖场及周边种植户使用。

⑤ 即以传统养殖户为单位，采用传统农家肥利用方式供给本养殖户及周边种植户使用。

化"（或称为"规模经济型"资源化模式）[1]、"规模以下养殖场（户）+集中型资源化"（或称"第三方组织收集型"资源化模式）[2]。在我国，畜禽养殖场周边难有足够的种植土地吸纳或利用畜禽废弃物，而废弃物产出的连续性与种植业肥料需求季节峰值性利用存在差异。因此，在鼓励种养分离的情况下，集中型资源化日趋成为主流，需要第三方（社会）组织力量完成粪污收集，需要产业链在企业尺度达到废弃物处理和资源化利用的规模经济，将其成本内部化为目标，兼顾降低废弃物资源化产生的负向溢出效应[3]。在本案例中，无论是针对规模化养殖场采取"规模经济型"模式，还是针对规模以下养殖场（户）采取"第三方组织收集型"模式，均属于集中型资源化。

规模化养殖场的"规模经济型"模式，核心是吸引社会资本投入，并与财政资金联合出资，探索打造出"一站多能"的城乡有机废弃物资源化处理利用新模式。该模式实现"规模经济"的关键在于形成了"气、电、肥"一站多能模式。目前该模式面临两大难题：一是生态补偿的公平性问题，相比于作物秸秆等生物质发电并网定价（0.75 元 / 千瓦时），目前凉州区首家沼气发电并网定价仅为 0.438 元 / 千瓦时，给企业造成负面激励；二是大规模集中处理的用地指标受限，为能够与现代产业结构转型升级相联系，凉州区在年度用地计划中对规模养殖及粪污资源化利用土地优先予以保障，该政策的可持续性面临考验。

规模以下养殖场（户）的"第三方组织收集型"模式，核心是打通散养户进行粪污收集和利用沼肥、沼气的"最后一公里"，凉州区的畜禽粪污收购专业合作社发挥了重要作用。针对中小型养殖场，可以采用大型沼气站为主

---

① 即养殖场与资源化场地通过产业链尺度实现资源化的规模经济目标，市场机制和中介服务提供资源化产品的供给。

② 其运作机理同第三类，只不过规模大小有区别。

③ 如"肥料化"利用中，未经发酵或不完全发酵产生的固体、液体（如沼液）直接排放对土壤、水体造成破坏；"能源化"利用中，燃烧或发酵产生的气体、发酵产生的液体，没有达到排放标准且因没有必要的管制而直接排放，对大气环境或水体环境产生影响。

的"养殖场＋沼气工程＋沼气集中供气＋农业园区"模式。针对散养户，可以采用以农民合作社为主的粪污"进棚入园"沼气处理模式。当前这一模式面临的难题：一是由于难以监管和缺乏必要的基础设施，会造成二次污染。为此，凉州区农业农村局和生态环境分局牵头，实行"一场一档"、联网管理和信息直联直报，监管成本高。二是补贴客体的选择问题。有机肥的业态处于初步形成阶段，当前严重依赖政府的生态补偿，并且规模以下养殖户在粪污资源化利用的市场中买卖角色不固定。为此，凉州区以鼓励就地"种养循环"利用模式为主，尽可能降低信息不对称、信任与制裁缺失带来的交易成本上涨问题。

（四）秸秆资源化利用案例——以广西壮族自治区宾阳县为例

我国秸秆产量大、种类多、分布广，但秸秆综合利用尚未形成市场化、产业化、高值化的综合应用体系。据联合国粮农组织（FAO）统计资料估算，我国的秸秆产出量居世界之首，约占全球秸秆资源总量的五分之一。据农业农村部统计，2020 年全国秸秆资源总量 8.56×10^8 吨，可收集资源量 7.22×10^8 吨，秸秆综合利用率达到 87.6%，但仍有约 8.9×10^7 吨的秸秆未被有效利用[1]。当前我国的秸秆资源以肥料化利用为主，利用率为 53.93%，饲料化和燃料化利用为辅，利用率分别为 23.42% 和 14.27%，基料化和原料化利用率较低，分别为 4.89% 和 3.4%[2]。秸秆综合利用率低[3]，关键技术工艺和装备

---

[1] 我国水稻、小麦、玉米三种作物产生的秸秆所占比例较大，达到了总量的 80% 左右。十三个粮食主产省区农作物秸秆资源占全国秸秆总量的 76.1%。

[2] 国务院办公厅印发《关于加快推进农作物秸秆综合利用的意见》（国办发〔2008〕105 号），将秸秆综合利用技术归纳为肥料化、饲料化、燃料化、原料化、基料化五类主要途径，简称"五化"。

[3] 一方面，单位面积秸秆量大，黄淮海一年两熟地区，大致亩产在 400 公斤以上。另一方面，地域广阔种植制度差异大、茬口紧，黄淮海地区茬口仅 5～12 天。2021 年主要秸秆产区综合利用率均达到 80% 以上，但与发达国家 90% 以上的综合利用率，仍有差距。

问题亟待解决[①]，秸秆综合利用结构不尽合理高效[②]，收储运体系不健全[③]，法律政策等制度供给不足[④] 等问题也较为突出。

1. 秸秆资源化利用的实施情况

广西壮族自治区宾阳县地处南宁市东北部。全县每年农作物播种面积220万亩左右，每年产生农作物秸秆量87.7万吨。主要农作物水稻86万亩、甘蔗27.5万亩，经济作物桑园9.2万亩、玉米15.6万亩、花生7.5万亩，其他作物74.2万亩。目前，宾阳县成功入选首批国家级农业现代化示范区创建名单，获批全国农业社会化服务创新试点县。2019至2021年，宾阳县利用上级资金950万元，其中中央资金800万元、乡村振兴资金150万元，在全县范围内开展秸秆资源化综合利用。按照"政府引导、政策推动、市场运作、整县推进、产业发展"的工作思路，以推进"秸秆禁烧、重点区域秸秆基本全量利用"为主攻点，以创建秸秆综合利用奖补模式机制为突破口，以发展秸秆高效利用产业为发力点，打造形成具有区域特色、基地带动、规模发展、产业融合、机制长效的秸秆资源化综合利用典型和模式。

2021年，全县秸秆综合利用率达91.27%，基本实现全量化利用，比2019年增长2%。截至2021年底，全县拥有秸秆粉碎还田机械8008台[⑤]，还田面积42万亩，早稻秸秆粉碎直接还田率达97.67%。早稻采用"秸秆粉碎＋腐熟剂＋尿素还田"的技术模式，建立2650亩示范区，每年秸秆粉碎还田面积42万亩，平均亩产增加22.76公斤，增产5.71%，增收126元/亩；2021

---

① 精准的测土配方、精准的技术指导，还有待完善。发酵技术、酶技术研究应用不足。秸秆气化、制沼气、直燃发电等新兴综合利用技术应用较少，且缺乏小型化技术和设备。

② 秸秆直接还田合适数量不精准、方式不科学，造成病虫害增多需加大农药用量、截断地下水分上传毛细通道增加灌溉用水、土壤不密实冬季麦苗易冻死等弊端。

③ 目前条件下，秸秆收储运环节的成本已占到秸秆综合利用总成本的5成以上，有的甚至达到8成。秸秆具有季节性、易腐烂、体积大、难收集、占地多等特点，虽然有自收自销、收储站、经纪人等模式，但相应的组织化程度、监管机制、技术工艺等还不完善，还没形成有效的体系。

④ 侧重出台有关秸秆禁烧及综合利用的规制文件，但在产业化方面的有效手段不足，产业布局缺乏统一规划，财政金融等政策兑现不到位、不及时。比如，出现了大量拖欠生物质发电补贴的情况，对于生物天然气没有补贴，等。

⑤ 2019年对加装秸秆切碎装置的1270台收割机每台给予700元的农机补贴，秸秆综合利用农机具配置更加科学合理。

年，引进县内外 18 家企业开展秸秆收储作业，年收储运农作物秸秆 20 万吨以上，并实行分区分片包干，购买收储机械 176 台套，新培育各类秸秆收储运社会化服务组织 100 多个，晚稻秸秆离田利用量达 8 万吨，覆盖面积达 30 万亩；秸秆利用能力建设不断完善，采取"秸秆利用企业＋农民合作社＋农户"的模式，建立秸秆利用全产业链和收储运体系。现有秸秆综合利用企业（基地）56 个，其中利用量千吨以上的企业 11 个，年总产值 2.4 亿元。此外，带动涉农运输业、机械加工、农村能源等相关行业发展，持续拉动新增就业和农民增收 [①]。

2. 秸秆综合利用的政策支撑体系

宾阳县构建形成了"三合一"的生态补偿机制，全面夯实秸秆综合利用收储运体系建设根基，实现以禁促收、以禁促用。持续培育壮大秸秆收储主体、推进秸秆离田队伍建设。"三合一"生态补偿机制成为全国秸秆综合利用生态补偿制度的典型案例。

（1）完善秸秆生态补偿机制和相关配套措施，打牢秸秆收储利用基础

一是完善秸秆生态补偿机制。作为县政府"一把手"工程，政府出台了《宾阳县秸秆综合利用"三合一"生态补偿机制》。按照属地负责和管理的原则，对实施有效措施保护耕地并进行水稻秸秆综合利用的农户，按规定及时发放稻谷目标价格补贴、耕地地力保护补贴和秸秆综合利用补贴。对焚烧秸秆或破坏耕地的农户，取消当年上述补贴。通过以点带面，进行整体推进。

二是强化乡镇推动和大户引领作用。乡镇政府每年与水稻种植大户签订《水稻秸秆综合利用承诺书》约 1700 多户，对自觉实施秸秆综合利用的水稻大户给予适当的奖励，反之取消其当年稻谷生产者补贴，目前已覆盖水稻种植面积近十万亩。同时，按照"从易到难"的原则，优先选择有基础、能力强、难度小、重视程度高的水稻主产区乡镇开展试点，形成好的经验与模式

---

① 以宾阳县宏达草垫有限公司采用"公司＋机手"组织模式为例，公司与收割机机手签订合同，按 90 元／亩向机手付费，机手免费为农户收割水稻，稻草由公司组织服务队到田间统一回收。2021 年回收稻草 2 万吨，消纳秸秆覆盖面积 6 万亩左右，为农户节约水稻收割费 540 万元，为机手创收 540 万元，实现"三赢"。

后全县推广。

三是强化秸秆露天焚烧案件惩处力度。建立县、镇、村三级巡查队伍共550支和秸秆禁烧智能化视频监控点32个，以"人工＋智能"的方式实现全面覆盖巡查。2021年，共查处违法焚烧秸秆案件40起，罚款3.28万元。取消地力保护补贴30户，涉及面积205.24亩，涉及金额1.38万元。通过加大奖补政策、惩罚机制的执行力度，有效引导群众自觉规范行为，使生态补偿机制深入人心。

（2）建设秸秆离田收储体系，提升秸秆离田收储能力

一是培育秸秆收储主体。对年秸秆收储量达到一定规模的收储主体，按照年度秸秆实际收储量实行"按量补贴"，实现"多收多补、多收多得"，培育壮大了一批收储主体。2021年底，全县共培育形成100多个各类秸秆收储运社会化服务组织，全部配备了规范化存储场地和专业化收储装备。

二是规划秸秆收储布局。按照乡镇种植面积、种植作物分布和现有秸秆收储主体情况，测算各秸秆收储站点覆盖半径，布局新建、扩建秸秆收储站点，重点优化水稻生产重镇和甘蔗主产区收储站点布局，支持7家年秸秆离田收储利用量达2000吨以上的企业新建收储站点，不断完善秸秆收储网络体系。

三是补齐秸秆收储机械短板。对全县各类农业企业、合作社、种养大户购置秸秆收储相关机械、建设秸秆收储场地等行动进行奖补。2021年，各类主体年内新增购买秸秆离田作业搂草机、打捆机、装夹机等机具176台（套），新增离田作业能力达到30万亩。

（3）强化秸秆离田收储作业，推进整县秸秆离田收集

一是引进秸秆离田收储公司，鼓励发展收储打包外运业务。2021年，引进广西湘润农牧科技有限公司等4家专业秸秆离田收储综合利用公司，引导推动秸秆收储大户、经纪人与秸秆利用企业进行对接，发展秸秆收储打包外运业务，逐步建立政府引导、市场推动、企业与合作组织牵头、农户参与的秸秆收储运体系。

二是实行逐级包片负责制度，建立科学统计台账。落实晚稻秸秆离田作业逐级包片负责制，各镇、各村有序引导企业做好晚稻秸秆离田清运工作，镇、村干部加强农机收割作业巡查监管，确保秸秆离田收储渠道畅通。水稻种植大户带头无条件配合企业离田作业，农户无偿配合企业开展离田收储。农业农村局统计农作物秸秆的产生量、还田量、离田利用量等基础数据，搭建起县级秸秆资源数据平台。

三是强化宣传，抓好技术培训。将"秸秆不能烧，还田得奖励"的补贴政策，采取"一个通告、一封信，田间地头做宣传"等多种方式进行宣传，发放《致农民的一封信》20多万份，进村入户宣传9000多人次。多次召开全区、全市现场会、技术培训会，制作宣传视频以提高农户秸秆综合利用的积极性和提升应用水平。

3. 秸秆资源化利用典型案例启示

农作物秸秆资源化利用的重点技术总体上是比较成熟的。国际上肥料化即"直接还田"是最主要的利用方式[1]，在我国仍要依赖国家补贴[2]，究其原因还是出在技术方面，一个至关重要的环节是如何促进农作物秸秆腐化。东北地区的秸秆综合利用率低于全国平均水平就是受制于腐化条件不够[3]。而即便地处温暖潮湿的广西，宾阳也正是因为采取了促腐化的微生物技术，才保证了"直接还田"的效果。2020年至2021年，宾阳针对早稻试点"秸秆粉碎＋腐熟剂＋尿素还田"技术，亩均增产22.76公斤，增产5.71%，具有推广

---

① 发达国家主要的利用方式也是直接还田，美国年产量4.5亿吨，还田率68%。英国73%，日本也超过70%。当前我国直接还田占比62%。

② 我国最早从1999年就出台了《秸秆禁烧和综合利用管理办法》，1998年至2020年，国务院办公厅、国家各部委局单独或联合发布了30余个关于秸秆禁烧管理的行政规范性文件。16年以来，国家安排试点，逐年加大投入力度。2016年包括东三省在内10个省区市，投10亿元；2017年13亿元；2018年15亿元。2019年开始全国搞试点，19.5亿元。2020年，27亿元。2021年，35亿元。配套到县，一个县平均1000万元左右。

③ 东北天寒，秸秆覆盖慢、腐烂慢，需要深翻。深翻需要大马力拖拉机，以合作社为主体，成本较高。相比之下，简单覆盖技术的成本约每亩62元，粉碎技术成本约每亩79元，而深翻成本每亩则要100多元。目前国家直接补贴给农户的，每亩地20~30元左右，成本尚有较大缺口。在追求秸秆综合利用率（重数量）的"十三五"时期，个别地区为了套国家补贴，为了还田而还田，结果还田后腐烂不了，反而降低了产量和出苗，影响了农民积极性。

价值。

当前"饲料化"利用已经有比较成熟的经验，不依赖国家补贴，可以市场化运作。"饲料化"利用方面，宾阳经验主要是依靠引入市场化、组织化手段实现其经济可行性[①]。秸秆"饲料化"利用涉及三大主体，即供给者（农户、农场主或合作社、农业企业等）、需求者（秸秆加工品或转化品的消费者）、中间参与者（技术研发企业、流通业者）。其中，中间参与者扮演关键角色。目前条件下，我国秸秆收储运环节的成本已占到秸秆综合利用总成本的 50% 以上，有的甚至高达 80%。宾阳的成功之处就在于强化秸秆离田收储的组织化程度，建设有"政府引导、市场推动、企业与合作组织牵头、农户参与"五位一体的有效收储运体系，构建完备资源化利用产业链，激发市场活力；探索共建共治共享新路径，凝聚社会共识。

四、推进农业绿色发展的政策建议

推进农业绿色发展是农业发展观的一场深刻革命。党的十八大以来，各地各部门认真落实党中央、国务院决策部署，自觉把农业绿色发展作为实施乡村振兴战略的重要方面，创新工作思路，强化工作举措，农业绿色发展取得了积极成效。党的二十大首次提出加快建设"农业强国"，意味着中国要实现从农业大国向农业强国的转型。绿色农业是农业由重"量"到"量""质"并重转向的重要向度。与世界农业强国相比，我国仍面临着化肥农药过量施用、畜禽粪污、秸秆和农膜综合利用率低、养殖场水污染物排放量超标、农业生产成本不断攀升、农业产业规模大而不强等问题，需要借鉴国际先进经

---

① 相较而言，"燃料化"利用更助于落实"双碳"目标。每公斤秸秆燃料化利用，减排 1.1 公斤二氧化碳左右，而"肥料化"利用仅减排 140 克。用作户用生物质燃料、电厂发电是两种"燃料化"的方式。但"燃料化"面临与化石能源竞争成本优势的问题，提升其经济可行性要涉及复杂的能源转型问题。

验，并立足国情农情推进农业绿色发展，建设农业强国。

目前已有的政策机制大致可以分为行政领域的行政主导机制、市场领域的多元博弈机制、社会领域的影响网络机制三大类（赵静、薛澜，2021）。相应地，环境政策工具也可以归为上述三类政策机制。行政主导机制类的政策工具有：不可交易的排放许可证、最低技术要求、对于污染活动发生地点的规定，以及与执行有关的环境标准、污水标准或技术标准，针对特定行为颁布法律，或对个人和企业限定资源使用量或废物排放量等；市场机制类的政策工具有：排污税（费）、补贴、可交易的许可证、其他（产品费、税差、保证金返还制度、环境绩效债券）等税收制度或可交易许可证制度；社会影响网络机制类的环境政策工具有：道德说服、财产权、义务法等。

农业绿色转型发展是建设"农业强国"的当务之急，是一场牵一发动全身的系统改革，需要不断完善顶层设计，更需要及时总结地方先行先试的典型经验。纵览上文四个领域的典型经验，关键是合理、灵巧地匹配政策机制与问题领域，充分调动各方积极性，让政策机制真正发挥作用，不断将制度势能转化为治理效能。从政策机制与问题领域的匹配来划分，可以细化为农业面源污染治理、农业废弃物资源化利用、耕地生态保护修复等政策子领域。经研究发现：行政主导机制、多元博弈机制、影响网络机制或分别或共同发挥作用，形成了不同的政策组合，带来了一定的治理成效，具有推广价值。

（一）减污治污领域的政策优化建议

从物品属性来看，减污治污领域的治理具备纯公共物品的属性，如空气、水、土壤的污染治理，需要以行政机制为主导。这类治理往往是环保督查所带来的"问题倒逼改革"，如浙江黄岩区和嘉兴市的两个案例。一般由政府来制定政策目标，靠党的领导、强大的行政执行力就能够落地见效。生态补偿类政策工具在该领域发挥重要作用。在浙江黄岩区和嘉兴市案例中，地方政府进一步系统地推进绿色技术、绿色标准、绿色产业、绿色经营、绿色政策、绿色数字化等六大体系的改革。其中，"肥药两制"改革最大的特色是用数字技术赋能，稻田退水"零直排"则是从源头、过程、末端生产全流程的集成性技术创新。在发挥行政主导机制优势的基础上，打出改革组合拳，有效引入市场机制，使得改革更具有可持续性。

1. 加强负向约束，健全监管责任

把化肥农药实名购买、定额使用纳入农业生产经营主体诚信体系建设范围，建立健全红黑名单制度，探索出台区域农业产业负面准入清单。同时，压实农业绿色发展的属地管理责任，将"肥药两制"、退水"零直排"改革纳入实绩考核。

2. 建立涉农资金统筹整合长效机制

加大国家和省级各项涉农专项资金、配套资金的支持力度，鼓励地方统筹整合。通过补贴、贴息等方式撬动政策性金融资本投入，充分调动生产主体的积极性和主动性。鼓励和支持社会资本参与，对接金融机构，创新投入模式。打通生态补偿政策落地的"最后一公里"。

3. 强化技术人员和高素质农民队伍建设

实施农业科技领军人才工程，建立包括院士、科技专家、乡土农技人才在内的人才资源库。实施农业科技中青年骨干人才工程，例如"大学生农业定向培养机制"、"师徒＋基地＋项目"模式、农村青年电商培育工程。优化基层农技人员定向培养机制，加大新型职业农民培训力度，探索建立乡村人才职业技能等级认定制度。

4. 鼓励构建社会化服务体系

政府通过相关扶持政策构建绿色农业社会化服务体系，以村为单位开展统一施肥、统防统治等社会化服务，树立改革样板。例如，浙江苍南县"农创客"曾祥亮创办信实庄稼医院，为周边农户提供作物看病、对症开药、物资采购、技术指导、委托作业等一站式服务，构建起"庄稼医院＋小农户"的社会化服务体系，有效保障农业绿色生产。信实庄稼医院被温州市农资行业协会评为"2017—2018年度温州市农资诚信示范企业"。

5. 鼓励以水文为边界的小流域建立专业协会或协会联合会

对于跨行政单元的治理，需要建立以流域为单元的协会，替代村集体作为管理主体，将"谁受益、谁管护"的原则落实到位。一方面，对工程的农业生产、工程运行、生态环境状况等相关基础数据进行必要的跨区域监测，以更好指导农田面源污染治理。另一方面，加大对于农产品品牌建设的扶持力度，鼓励协会发展成为有服务载体的产业联合会，可持续运营。

（二）资源化利用领域的政策优化建议

从物品属性来看，废弃物的资源化利用，一定程度上具有资源使用的竞争性高、排除潜在受益者的困难程度低的特征，从物品属性来看可以纳入私人物品属性。治理特征是通过一定的技术手段，"变废为宝"，将废弃物化为资源，而资源是能够竞争使用的私人物品。当前种养业污染治理正体现了这一思路，通过激励性政策充分发挥市场主体的作用，以"受益者付费""市场化监管"等竞争机制来推动畜禽粪污资源化利用产业发展，建立种养结合循环农业，实现秸秆变废为宝的资源化利用。甘肃凉州的畜禽粪污"资源化利用"和广西宾阳的秸秆"资源化利用"两类典型案例，治理核心就在于让供给者（农户、农场主或合作社、农业企业等）、需求者（加工品或转化品的消费者）、中间参与者（技术研发企业、流通业者）三方皆能获利。供给者获得直接收入或奖补，中间参与者也有奖补，需求者消费者可以购买秸秆转化的绿色饲料等。

1. 更好发挥有为政府的作用，建立健全推进落实机制

创设秸秆利用区域性补偿制度，实现由粮食生产激励性补贴向秸秆还田养地等功能性补偿的转变。充分发挥政府专项债、政府和社会资本合作、绿色金融、绿色基金、税收优惠、用地用电等财政金融和产业政策作用，进一步整合相关涉农惠农项目资金，采取以奖代补、先建后补的方式，对达标运行的规模化养殖场、有机肥企业和施用有机肥的合作社等进行补贴。拓宽利用渠道，结合高标准农田项目建设，在初步设计阶段，围绕增加改善土壤理化性状、提高土壤肥力、增施有机肥等工程建设措施，通过鼓励、扶持、奖补等政策，配套沼肥消纳地管网设施，拓宽畜禽粪污有机肥、沼肥、堆沤发酵还田渠道。

2. 更好发挥有效市场的作用，抓好资源化利用产业发展

市场主体的培育是绿色农业产业构建的核心内容。首先，要培育废弃物加工转化的市场主体，把现有的农业产业园区、农业龙头企业引导到资源化利用中来，积极引导能源、环保企业进入资源化产业领域。其次，进一步建立和完善废弃物收储体系建设，大力培育收储运服务主体。发展一批综合利用市场化主体，按照合理运输半径，建设"县有龙头企业、乡镇有规范收储组织、村有固定收储网点"的收储运体系，推进废弃物收储运组织化、市场化、专业化、标准化。最后，持续推进与新能源相适应的电力市场改革，包括优化沼气并网补贴电价的标准。

3. 更好发挥有机社会的作用，充分调动农民的主动性

进一步通过科技培训、印发资料、现场观摩、线上资源开发等方式，向广大农民大力宣传废弃物资源化利用对改善农业面源污染、改善农村人居环境和发展绿色农业的重要意义。例如，向农户普及"农作物或畜禽废弃物是农牧业生产的'另一半'，是放错了地方的资源，用则利、弃则害"。开展主要废弃物资源化综合利用技术示范、推广，加大宣传培训力度，发挥典型示范带动作用，提高综合利用水平。动员全社会力量投入到农牧业废弃物资源化利用中，充分发挥社会影响网络机制的作用。

4. 加强协同创新和技术推广，进一步提升经济可行性

借鉴国际先进经验，加强产学研相结合的协同创新。整合现有资源，以企业为主体，依托产业技术创新战略联盟、高等院校和科研机构，加强废弃物化学、生物处理等技术方面的研究，特别是促进秸秆腐化的生物菌等微生物技术的研发。共同推进关键共性工艺技术突破、设备国产化研发、商业模式创新、示范工程建设、专业化运营服务和标准规范制定。建立综合利用科技示范基地，通过技术培训、宣传咨询，有组织、有计划地加大示范应用力度。发挥农机购置补贴导向作用，推广先进适用的秸秆处理机械。

5. 强化组织保障和监督考核，建立科学监测平台

建立由党委政府牵头，农业农村、发展改革、财政、生态环境、科技、自然资源等多部门共同参与的联席会议制度，形成上下协调、多方联动的工作格局。强化典型引导，形成一批典型模式，示范带动秸秆、畜禽粪污综合利用工作深入推进。把废弃物综合利用纳入目标管理责任制，加强监督检查和考核力度。建立废弃物综合利用减排固碳的监测指标、关键参数及核算方法，制定一批减排固碳利用技术和核算方法等标准规范，为秸秆、畜禽粪污综合利用项目纳入温室气体减排交易等提供数据支撑。

农业面源污染治理、农业废弃物资源化综合利用，是当前我国农业绿色发展转型的重点任务，事关农业强国建设，事关农民共同富裕，事关乡村全面振兴。要按照党中央的决策部署和习近平总书记的一系列指示要求，立足于真研究问题，研究真问题，充分发挥有为政府、有效市场、有机社会结合的作用，借鉴地方先进经验，加强技术自主创新，突破重点难点，打出改革组合拳，助推农业绿色转型和高质量发展，充分发挥农业生态系统的经济效益、社会效益和生态效益。

主要参考文献

［1］白瑛，张祖锡.试论绿色农业［J］.中国食物与营养，2004（9）：60-63.

［2］于法稳.习近平绿色发展新思想与农业的绿色转型发展［J］.中国农村观察，2016（5）：2-9+94.

［3］于法稳.实现我国农业绿色转型发展的思考［J］.生态经济，2016，32（4）：42-44+88.

［4］严立冬，邓远建，屈志光.绿色农业生态资本积累机制与政策研究［J］.中国农业科学，2011，44（5）：1046-1055.

［5］赵大伟.中国绿色农业发展的动力机制及制度变迁研究［J］.农业经济问题，2012，33（11）：72-78.

［6］于法稳.绿色发展理念视域下的农村生态文明建设对策研究［J］.中国特色社会主义研究，2018(1)：

76–82.

［7］欧阳志云，郑华，岳平.建立我国生态补偿机制的思路与措施［J］.生态学报，2013，33（3）：686–692.

［8］靳乐山.以分类原则确定生态补偿标准［J］.中国党政干部论坛，2021（10）：84–85.

［9］中国生态补偿机制与政策研究课题组.中国生态补偿机制与政策研究［M］.北京：科学出版社，2007.

［10］靳乐山.中国生态保护补偿机制政策框架的新扩展——《建立市场化、多元化生态保护补偿机制行动计划》的解读［J］.环境保护，2019，47（2）：28–30.

［11］赵静，薛澜.探究政策机制的类型匹配与运用［J］.中国社会科学，2021（10）：50–54.

农村老龄化与发展农村社区养老研究[*]

　　党的二十大报告提出要实施积极应对人口老龄化的国家战略，发展养老事业和养老产业，优化孤寡老人服务，推动实现全体老年人享有的基本养老服务。随着我国人口老龄化形势的日益严峻和城镇化进程的持续推进，中青年农民不断向城市流动，农村家庭规模相对缩小，农村高龄、独居、空巢、失能老年人的养老服务数量与质量的需求都非常强烈。农村地区较为常见的养老模式中，社会养老模式的水平相对较低，传统家庭养老的效能受多种原因影响愈来愈薄弱。近年来，我国城市地区在完善兜底性、普惠型和多样化的养老服务体系的工作中取得了巨大的成绩，在不少地区建立和推广了社区养老，对有条件的农村地区建立社区养老产生了积极的影响。不少有条件的乡镇也采取了社区或准社区养老的措施。社区养老具有低成本、高效率、针对性强、满足老年人心理等诸多益处，是应对我国现阶段人口老龄化问题的有效举措。探讨社区养老在农村地区应用的基础条件、制约因素和有效路径，以提升农村老龄居民的养老服务质量，具有非常突出的理论和实践意义。

---

　　* 本报告是清华大学中国农村研究院重点研究课题"农村老龄化与发展农村社区养老研究"的研究成果，报告观点仅代表课题组的看法。课题负责人：蓝志勇，清华大学公共管理学院教授、北京市组织学习与城市治理创新研究中心主任。报告执笔人：蓝志勇、雷渌瑶。部分师生参与了这一课题的案例研究。感谢支持本报告形成的基层调研对象、相关政府官员、养老机构管理者和服务人员。

一、研究背景

农村养老问题一直以来是党和国家关注、重视的公共问题，早在 20 世纪 50 年代，我国就构建了农村公社集体和家庭相结合的养老保障制度（刘丹、宋坤、刘艳，2018）。90 年代初，全国又相继开始探索建立农村养老保险制度。进入 21 世纪，随着社会经济的发展，党中央明确提出了"覆盖城乡居民的社会保障体系基本建立，人人享有基本生活保障"的要求[1]。党的十八大报告中指出，要加快形成政府主导、覆盖城乡、可持续的基本公共服务体系。党的十九大报告中指出，要积极应对人口老龄化，构建养老、孝老、敬老政策体系和社会环境，推进医养结合，加快老龄事业和产业发展。党的二十大报告再一次强调，要实施积极应对人口老龄化国家战略，发展养老事业和养老产业，优化孤寡老人服务，推动实现全体老年人享有基本养老服务。健全覆盖全民、统筹城乡、公平统一、安全规范、可持续的多层次社会保障体系。这些指示和精神，对加快推进社会养老服务体系建设具有重要的指导意义和推动作用，也为农村养老工作开展指明了方向。

众所周知，我国老龄化形势严峻。截至 2021 年末，我国 60 周岁及以上老年人口 26736 万人，占总人口的 18.9%（见图 1）；全国 65 周岁及以上老年人口 20056 万人，占总人口的 14.2%。全国 65 周岁及以上老年人口抚养比 20.8%[2]。

---

[1] 中国共产党第十六届中央委员会：《中国共产党第十六届中央委员会第六次全体会议公报》，2006 年 10 月。

[2] 国家卫生健康委，全国老龄办：《2021 年度国家老龄事业发展公报》，2022 年 10 月。

图1 2012—2021年全国60周岁及以上老年人口数量及占全国总人口比重

资料来源：国家统计局。

图2的人口金字塔图显示，只要我国医疗条件和生活条件不断改善，在未来三十年，老龄人口呈绝对增长的趋势。

其中，到2020年底，农村60岁及以上老年人口数量为1.2亿人，占全国老年人口46%。高龄老人的比重也很高[1]。据预测，未来25年内我国农村高龄

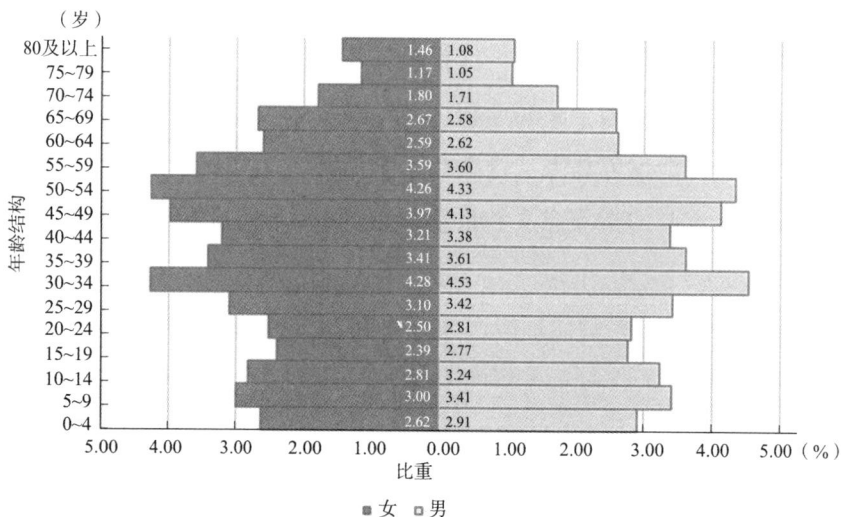

图2 2020年我国人口金字塔图

资料来源：国家统计局。

---

[1] 国家统计局：《中国统计年鉴2021》，北京：中国统计出版社，2021年9月，表2-20。

老人增长率为 1%，是全国平均速度的 2 倍[①]。在农村老龄人口数量大、增长快的同时，农村中青年人口也在持续向城市迁移，家庭养老模式普遍受到挑战，当前社会养老模式的覆盖面和效力有限，农村地区老人面临的养老压力更加显著。

在政策体系方面，我国已相继出台了多项应对人口老龄化，丰富养老服务，提升老年人生活质量的宏观及专业政策，有了一定的政策基础（见表 1）。但从政策的具体领域和政策对象来看，聚焦在社区养老的相关政策，尤其是以农村老年人为对象的具体政策相对欠缺。既有政策强调了社区养老、农村养老的重要性，但并没有对农村社区养老如何建设和发展给予指向性、规范性、具体化的操作依据。

表 1　21 世纪以来社区养老相关政策整理

政策名称	时间	主要内容与意义
中共中央、国务院《关于加强老龄工作的决定》	2000 年	建立以家庭养老为基础、社区服务为依托、社会养老为补充的养老机制
全国老龄工作委员会办公室、国家发展改革委等 10 部委《关于全面推进居家养老服务工作的意见》	2008 年	推进居家养老服务工作的基本原则：第一坚持以人为本；第二坚持依托社区；第三坚持因地制宜；第四坚持社会化方向
《中华人民共和国老年人权益保障法》	2012 年	提倡、鼓励义务为老年人服务，鼓励慈善组织、志愿者为老年人服务，倡导老年人互助服务
民政部《关于推进养老服务评估工作的指导意见》	2013 年	国家建立和完善以居家为基础、社区为依托、机构为支撑的社会养老服务体系。地方各级人民政府和有关部门应当采取措施，发展城乡社区养老服务，鼓励、扶持专业服务机构及其他组织和个人，为居家的老年人提供生活照料、紧急救援、医疗护理、精神慰藉、心理咨询等多种形式的服务

① 中国养老金融 50 人论坛编著；董克用，姚余栋主编：《中国养老金融发展报告 2016》，北京：社会科学文献出版社，2016 年 11 月。

政策名称	时间	主要内容与意义
国务院《关于加快发展养老服务业的若干意见》	2013 年	加大对基层和农村养老服务的投入，充分发挥社区基层组织和服务机构在居家养老服务中的重要作用
国务院办公厅《关于政府向社会力量购买服务的指导意见》	2013 年	在公共服务领域更多利用社会力量，加大政府购买服务力度
财政部、国家发展改革委、民政部、全国老龄工作委员会办公室《关于做好政府购买养老服务工作的通知》	2014 年	在购买社区养老服务方面，主要包括为老年人购买社区日间照料、老年康复文体活动等服务
民政部《关于开展养老服务和社区服务信息惠民工程试点工作的通知》	2014 年	以更好地满足社区居民尤其是老年人服务需求、基层社会管理和公共服务需求为导向，优先发展与老年人、社区居民切身利益密切相关的服务项目，推进基本公共服务均等化
财政部、民政部、工商总局《关于印发〈政府购买服务管理办法（暂行）〉的通知》	2014 年	将养老服务、社区建设服务纳入购买内容
民政部等 10 部委《关于鼓励民间资本参与养老服务业发展的实施意见》	2015 年	鼓励民间资本参与居家和社区养老服务。鼓励民间资本在城镇社区举办或运营老年人日间照料中心、老年人活动中心等养老服务设施，为有需求的老年人，特别是高龄、空巢、独居、生活困难的老年人，提供集中就餐、托养、助浴、健康、休闲和上门照护等服务，并协助做好老年人信息登记、身体状况评估等工作
卫生计生委、民政部、国家发展改革委、财政部等《关于推进医疗卫生与养老服务相结合的指导意见》	2015 年	把保障老年人基本健康养老需求放在首位，对有需求的失能、部分失能老年人，以机构为依托，做好康复护理服务，着力保障特殊困难老年人的健康养老服务需求；对多数老年人，以社区和居家养老为主，通过医养有机融合，确保人人享有基本健康养老服务

续表

政策名称	时间	主要内容与意义
民政部、国家发展改革委等 11 部委《关于支持整合改造闲置社会资源发展养老服务的通知》	2016 年	全面建成以居家为基础、社区为依托、机构为补充、医养相结合的多层次养老服务体系,目标提供物质保障
国务院办公厅《关于全面放开养老服务市场提升养老服务质量的若干意见》	2016 年	鼓励各地建设农村幸福院等自助式、互助式养老服务设施,加强与农村危房改造等涉农基本住房保障政策的衔接。改造利用现有闲置厂房、社区用房等兴办养老服务设施
民政部会同全国社区建设部际联席会议成员单位《城乡社区服务体系建设规划（2016—2020 年）》	2016 年	发扬农村邻里相亲、守望相助传统,开展以生产互助、养老互助、救助互助等为主要形式的农村社区互助活动和志愿服务,增强农村居民自我服务能力
民政部等《关于加快推进养老服务业放管服改革的通知》	2017 年	尽快破除养老服务业发展瓶颈,激发市场活力和民间资本潜力,促进社会力量逐步成为发展养老服务业的主体
国务院《关于印发"十三五"国家老龄事业发展和养老体系建设规划的通知》	2017 年	通过邻里互助、亲友相助、志愿服务等模式和举办农村幸福院、养老大院等方式,大力发展农村互助养老服务
国务院办公厅《关于制定和实施老年人照顾服务项目的意见》	2017 年	鼓励和支持城乡社区社会组织和相关机构为失能老年人提供临时或短期托养照顾服务
《政府工作报告》	2018 年	积极应对人口老龄化,发展居家、社区和互助式养老
《乡村振兴战略规划（2018—2022 年）》	2018 年	以乡镇为中心,建立具有综合服务功能、医养相结合的养老机构,与农村基本公共服务、农村特困供养服务、农村互助养老服务相互配合,形成农村基本养老服务网络

续表

政策名称	时间	主要内容与意义
《关于推进养老服务发展的意见》	2019 年	大力发展政府扶得起、村里办得起、农民用得上、服务可持续的农村幸福院等互助养老设施；打造"三社联动"机制，大力支持志愿养老服务，积极探索互助养老服务
全国农村养老服务推进会议	2020 年	大力发展互助型社区养老服务，推进互助设施和平台建设，加强互助服务的组织引领
《中共中央关于制定国民经济和社会发展第十四个五年规划和二〇三五年远景目标的建议》	2020 年	健全基本养老服务体系，发展普惠型养老服务和互助性养老，支持家庭承担养老功能
《"十四五"民政事业发展规划》	2021 年	构建乡镇牵头，村委会、老年人协会、低龄健康老年人、农村留守妇女、村干部、党员、志愿者等广泛参与的农村互助养老服务格局
《中共中央国务院关于加强新时代老龄工作的意见》	2021 年	结合乡村振兴战略的实施，鼓励以村级邻里互助点、农村幸福院为依托发展互助式养老服务
《"十四五"国家老龄事业发展和养老服务体系规划》	2022 年	补齐农村养老服务短板，以村级邻里互助点、农村幸福院等为依托，构建农村互助式养老服务网络；将专业养老服务延伸至村级邻里互助点、农村幸福院和居家老年人

资料来源：根据中国政府网、国家发展和改革委员会、人力资源和社会保障部、民政部等政府资料汇总整理。

二、存在的问题

我国农村养老自 1949 年以来经历了传统家庭养老、社队集体养老和新型家庭养老等发展阶段。新时期，农村养老的发展趋势将逐步由家庭养老转向社会化养老（穆怀中、陈曦，2015）。然而，长期存在的城乡经济发展差距和城乡二元体制使我国农村养老服务水平滞后于城市，具体表现在供给不足、服务提供主体单一、服务水平低、社会保障水平不高且区域差异大等诸多方面。

第一，农村养老的实际需求刚性强、数量大，当前的农村养老服务能力无法满足需求。长期以来，乡村养老以居家养老为主，但城乡人口流动趋势和家庭结构的变化弱化了代际照料能力。同时，乡村社会化养老发展水平低，乡村养老服务财政投入不足，农村养老服务基础设施建设落后，社区养老设施不完善，难以满足乡村老年人养老需求。既有新型农村养老保险制度及城乡居民基本养老保险的覆盖面和资金额度较低。

在当前农村养老问题的难点中，经济保障难、健康护理难、精神关爱难是三大核心问题。其原因包括城乡二元结构下的经济发展水平不一、农村老年人居住分散、医疗养老设施不足、基础设施和基本公共服务落后、人员短缺、社会服务能力差、子女和青壮年人口大量流出、地处偏远等等，使得农村养老服务的专业化、市场化进程难度大，城市养老服务经验很难移植到农村。特别是，随着传统家庭养老功能的弱化和农村实行联产承包，我国农村养老一直遵循的"以家庭养老为基础和主体，辅之以集体供养，群众帮助和国家救济"的政策精神难以实施，需要根本性的变化。

第二，社会化养老服务起步晚，农村养老服务提供主体单一（陆杰华、沙迪，2019；王雪辉、彭聪，2020）。众所周知，养老服务的基础性工作是完善基本生活服务设施、医疗配套设施、文化活动设施的建设和提供，但养老机构数量、养老服务人员数量不足（刘海霞、戈艳霞，2021），研究显示，我国农村的养老机构已经从2012年的32787家减少到2019年的15932家，减少了51%（陈欣欣，2021）。2019年，我国农村地区的社区综合服务设施覆盖率仅为59.3%，每个社区服务机制和设施拥有社会工作者仅为1人[1]。由于劳动力人口外流，农村留守、独居的老龄人口比例较高，农村养老服务的市场

---

[1] 民政部：《2019年民政事业发展统计公报》。

需求激增，现有的农村养老基础服务设施远不能满足市场需求。养老服务设施的智能化水平、信息化水平较低。"互联网+"、物联网、信息技术等应用范围有限，所提供的服务也是大众化、一体化基本服务需求，有针对性、个性化的服务少。

民政部数据显示，2020年，农村社区综合服务设施覆盖率为65.7%，远低于城市100%的覆盖率[①]。乡村老年人参与机构养老的意愿很低（吕雪枫等，2018；夏春萍等，2017）。单一的养老服务提供主体和老人不愿入住机构养老，加大了乡村老年人无人照料的风险。

第三，农村养老服务水平低。尽管部分地区进行了农村养老服务内容和方式的有益探索，但我国农村养老的服务内容和对象仍然较为单一。作为我国乡村社会救济的主要制度保障，"五保"制度为缺乏养老服务的老人，包括"低保"老人、特困供养老人、孤寡老人、失能老人等提供了必要的照料和供养（陆杰华、沙迪，2019）。但整体水平较低，以生活照料为主，忽视了老年人的心理、精神文化需求。另外，乡村地区经济水平更高的老年人群体的养老需求没有得到应有的关注，也没能有效开发老年社会价值（杜鹏、王永梅，2019）。

第四，保障水平低，区域间保障差异大。传统的家庭养老方式使乡村老人依赖个人积蓄或子女供养获得经济来源和生活照料服务。新型农村养老保险制度设立以来，乡村老人获得了来自集体和政府的补贴，经济保障来源更加多样。但人口结构和传统观念的变化是乡村老人养老保障缺失的挑战，"未富先老"的国情使我国农村养老保障政策绩效整体水平偏低，且保障水平存在显著的省域差异（黄俊辉、李放，2013）。在中西部乡村，60岁以上的老人每月能领到110元左右的基础养老金，而在东部发达地区的乡村，老人每月可以领到200~300元的基础养老金（舒奋，2019）。

第五，农村养老服务转型困难。产业融合是乡村振兴政策背景下农村养

---

① 民政部：《2020年民政事业发展统计公报》。

老服务发展的新趋势。但传统的农村养老服务多以人力资本的投入为主,简单对接医疗产业、保险产业,这种发展模式远不适应农村养老产业的发展。在绝大多数地区,"居家为基础、社区为依托、机构为补充、医养结合"的养老服务体系并未建立(张志元,2021)。完整的农村养老服务需求应该是"一核多元"的框架,以赋权增能为核心,涵盖生产服务、生活服务、医疗保健、康复护理、精神慰藉、临终关怀等多个方面(杜鹏、王永梅,2019),但实际情况是,大部分的农村养老服务机构仅仅围绕生活服务和医疗保健展开,缺乏较高质量养老服务需要的医疗、康养、护理、心理咨询、社会救护等多种人才,养老服务也未形成统一的产业(陈显友,2021),也没有形成市场、家庭广泛参与的协同供给体系,企业和社会组织对农村养老服务的参与积极性也不足。养老管理机构"九龙治水",养老机构由民政部门负责,医疗卫生机构由各级卫健部门管理,医养结合机构的准入和监管由两部门共同负责,而医保报销的核定准入和报销标准则由人社保障部门负责(郑吉友,2021),各部门之间存在着功能交叉重叠、责任边界不清的问题,使得养老服务体系中各部门各自为战,缺乏整合动力。

三、国内外案例

(一)国外案例

1. 澳大利亚

澳大利亚属于高度城市化的国家,农村和边缘地区居民较少,社会福利保障体系已经实现全国一体化。澳大利亚城乡差距的一个重要原因是居住密度和地理位置所带来的成本差异。普惠养老极适用于澳洲绝大多数人群,极少数地区可以享受偏远地区额外补贴(RAA),偏远地区包括绝大多数税务

A 区，税务 B 区和特别地区的居民，也包括四个岛区①。对单身人士，目前每两星期最多补贴为 18.2 澳元（人民币 85.5 元），夫妻每人 15.6 澳元（人民币 73.3 元）。虽然居住在偏远地区某些服务（比如交通和购物）会有不便，但是总体基本的生活成本并不会提高许多，所以这些额外补贴不多。

政府在边远乡村地区介入较多的是医疗卫生和延深的部分长期护理服务。澳大利亚每一到两年会发布乡村边远地区卫生情况报告。需要强调的是，澳洲的土著人和托雷斯（TORRES）岛民相对来说预期寿命短，慢性疾病更多且住院概率更高，而他们虽然大多数人已经居住在城镇，但 2021 年他们只占城镇人口的 1.8%，而在非常偏远地区，他们却占到人口的 32%（澳洲健康福利局，AIHWi）。

对于偏远地区，政府实行灵活的医疗护理政策来应对人口密度和距离带来的挑战。多样性服务（MPS）有点类似中国提出的医联体模式，将乡村偏远地区的卫生医疗和护理机构整合在一起，灵活支配。另外，也有一些具体的项目来支持偏远地区提供护理服务，比如：

（1）遍布 900 多个乡村地区的全科医生诊所；

（2）提供额外的针对心理健康和社工服务，关节炎复健康复师和营养师；

（3）改进专科医生的服务；

（4）支持当地医生的一些具体措施；

（5）对乡村私人医院和养老院的额外支持；

（6）对土著人和托雷斯岛民的长期护理支持；

（7）对访问医生给予较高的医疗服务津贴。

在 2020 年澳大利亚老年护理的皇家调查专项报告中，关于创新模式的篇章提到了对偏远地区护理模式的一些创新②。

老年痴呆是长期护理最大的挑战之一，尤其在地广人稀的乡村偏远地区。

---

① 包括 the Torres Strait Islands，Lord Howe Island，the Cocos（Keeling）Islands and Christmas Island.

② 资料来源：Review of Innovative Models of Aged Care（royalcommission.gov.au），p22–23，作者翻译整理。

而偏远的土著人社区更是面临着照护者和养老设施匮乏的双重压力。由于土著人的身体健康状况与普通澳大利亚人不同，他们 50 岁就可以享有长期护理服务（其他人是 65 岁）。由于在偏远地区缺少设施，他们通常需要被送往语言不通并且与家人分离的近郊城市养老院去，在以人为中心的社保理念下，越来越多的试点开始在他们的居住地开展，希望他们能在熟悉的环境下得到照护。

比如外延服务项目，对老年痴呆的老人和他们的照护者加入了一些额外的服务。一个例子是把个案管理、家庭拜访、行为管理、照护者计划和卫生健康咨询等不同服务整合在一个多功能的以社区为基地的服务包中；另一个例子是对临终关怀提供流动的多功能支持，包括缓解照护者情绪等。在土著人居住的非常偏远的社区，培训当地人照护老年痴呆病人，并融入其特有的文化元素，让这些本来会被送去陌生城市养老院的老人得到了极大的安慰。居家电子医疗也在乡村偏远地区得到初步应用。

居家电子医疗是 2022 年创新的卫生医疗服务模式[①]。它涉及由远程临床医生通过远程会诊及远程程序提供医疗和护理服务，适用于交通不便的人和居住在农村和偏远地区的老人。这种方法还可以支持慢性老年人的疾病管理。在线健康维护与预防实现大规模交付自动化、自定进度、持续监控健康，提供反馈和激励信息，甚至可以量身定制，以满足个人的喜好。

有些技术使用交互式软件代替真人健康顾问来进行各种健康教育和实现行为管理目的，例如健康风险因素修正和服药依从性。它们也常用于改变健康行为，包括体育活动、肥胖、关节炎和疼痛领域管理。这些方法的成功取决于个人能够遵守给他的在线指导，这可能会受到各种影响，比如参与的技术、人工智能的会话技术等。支持老年人行为改变的第二种流行方法是提供在线游戏，因为参与娱乐可能具有积极的影响意义，这已被证明是许多卫生领域的有效干预方法，特别是在使用"运动游戏"促进身体活动方面。

---

① 这一段资料来自：Review of Innovative Models of Aged Care（p37–38）。

在应对偏远地区的老年痴呆照护调整时，澳洲老年痴呆机构（Dementia Australia）的虚拟森林（Virtual ForestTM）是一个互动的例子。这是个屏幕投影游戏，可商业购买，患有痴呆症的人可以被输入到虚拟公园般的环境中进行一系列活动。另一个可以通过在线机制解决的健康老龄化问题是应对社会隔离的难题。参与传统的公共社交网站（可以与适当的事先培训一起使用）并且在线活动的增加可能会减少老年人的孤独感和孤立感，但这些技术方法在解决老年人的社会孤立问题方面的潜力并没有得到充分利用。澳洲在偏远地区尝试这些技术对老年照护带来了便利。

乡村偏远地区还有许多政府开展的创新服务模式。鼓励医护人员深入乡村偏远地区解决服务可及性难题的项目，提供对老年痴呆和临终关怀的流动护理。社区融入奖学金则鼓励大学生深入乡村，融入当地老人生活。创建友好社区让老人被更好地接受也是一种有益探索。另外，还设置有协调员帮助老人获得已经建成的服务网络。

这些因地制宜的老年护理模式，不仅对需要照顾的老人有积极的意义，对于照护他们的家人也是一种极大的安慰和帮助，对他们的身心健康都起到了很大的作用。

2. 日本

日本实行全民医疗保险、全民长期护理保险、全民养老金、公共卫生、低保、成人监护、医养结合的养老制度，城乡一体无差异，城市和农村的居民都享受统一政策，基本实现了城乡均等化。在具体政策实施方面，日本采取合作模式，将老年人养老需要的各个阶段的服务整合，建立国家、地方政府、社区、居民组织的合作网络，以社区综合支援中心为基点，联合医疗、护理、企业、非营利组织等各种服务机构，围绕着本地区的需求形成具有本地区特色的综合服务体系。在具体服务上，农村与城市还是有一定的差距。这种差距主要来自于农村的生活方式和生产方式、收入、人口规模等因素。因此，农村无论是在护理机构的规模上、提供服务的多样化上，以及服务质量上都比城市有明显的劣势，需要有意识地努力解决。

基本启示是，要发展养老事业，完善制度体系的建设是根本。此外，依据各地的需求因地制宜，联合多方面的力量，形成服务合作网络，提供多样化服务。

（二）国内案例

1. 浙江

（1）杭州市萧山区江西俞村智慧互助养老

江西俞村位于杭州市萧山区浦阳镇的南部，浦阳江西岸，为浦阳镇第二大村庄，村域面积3.8平方公里。全村常住人口3138人，其中60岁及以上老年人932人，约占全村人口的30%，70岁以上老年人430人，占全村人口的14%，高于全国、全省平均水平。江西俞村年轻人大都外出上海、杭州市区等地经商、务工，所以江西俞村"空心化"严重，养老压力巨大。由于地理位置不佳，交通较为不便，村集体经济发展一直较为困难。2020年，该村集体经济总收入为121万元。依靠村集体收入，难以承担江西俞村的养老服务。

2018年，"中央一号文件"首次提出"数字乡村"新概念，江西俞村迅速抓住乡村振兴的新动向，确定了建设"数字乡村第一村"的村庄发展新定位，制定了数字乡村建设方案。2019年7月，杭州电信和广州无线电集团正在寻找数字乡村实验地，江西俞村村委明确了借助5G发展数字乡村的战略目标，主动对接、服务，达成战略合作意向。然后，在村书记和回归乡贤的推动下，江西俞村联合杭州乾源欣农科技有限公司研发出了"乾源乐养"App、子女、京东家医、社工四方联动共享系统化智慧互助养老硬件与软件。

此外，还搭建了"乾源乐养"智慧化养老平台并建立了好农民智慧互助居家养老协会。"乾源乐养"App具有以下特点：一是及时性，平台能快速接收到产品收集的信息，紧急按钮、烟感等报警信息会迅速传到后台，并以App推送、短信等方式10秒钟内告知老人的监护人员。二是联动性，智能产品与网络、社会机构相关联，平台可将老人健康档案连通至社区医院，若无法解决，则联通至京东医疗，跨越时空局限享受更高服务。三是大数据，平台将采集的各种数据进行大数据分析，通过大屏幕数据管控中心，分区域直接呈现各数据。2019年，回归乡贤俞成信在萧山区民政局登记注册好农民智慧互助居家养老中心。2021年6月，经中国老龄产业协会审批，成立好农民智慧互助居家养老协会，旨在吸引村民主动参与农村智慧互助养老建设，为其提供平台。村民加入好农民智慧互助居家老年协会需要缴纳会费，分为三类：个人会员880元／年；秘书长、副会长、监事长5800元／年；会长8000元／年。加入协会的村民可享受如下服务：免费使用智慧养老产品、食堂送餐、理发、健康监测服务、专业的精神慰藉服务、好农民商城购买优惠服务及送货上门、突发事件的互助服务、代办各类生活缴费等。好农民智慧互助居家养老协会一方面给杭州乾源欣农科技有限公司提供了人力和财力支持，另一方面也给村民提供了多元化的养老服务以及参与养老建设的平台。

（2）桐庐县"家院一体"小型养老服务机构

桐庐县针对现有老年人口状况，从2013年前后开始探索符合地方特色的养老服务模式。首先在政策法规方面填补了空白，制定了《桐庐县养老服务业综合改革试点方案》（县委办〔2017〕79号），从各方面详细分解了工作任务，促进养老服务业的发展。有了相关规定和细则后，改变了以往养老服务业不规范的现象，以及出现问题时无据可依的情况，也保障了广大从业者的权益。为配合相关方案和政策的有效实施，从2017年开始，桐庐县每年投入1000多万元专项资金用于保障各类养老服务项目。

桐庐县农村中小微型的养老服务机构在十年前就有，只是此前没有进行统一审批和管理。2015年，桐庐县开始对农村小微型养老服务机构发放设立许可证。随后这种类型的养老服务机构如雨后春笋般在桐庐县其他农村地区建立起来。这种养老服务机构的设立出发点是依据老年人不愿离开家去外面养老的心理，为了让老年人"享受在家一般的养老"，所以一般都设立在本村中，以自家原有房屋改建而成，相对成本较低。与此同时，这些机构又能提供比在家养老更丰富的为老服务资源，所以很受农村老年人的喜爱。桐庐县当前大部分的小微型养老服务机构都是属于个人承包政府补助型康养结合养老服务模式。随着纪录片《辉煌中国》的播出，这种类型的养老服务模式也被称为"桐庐经验"，旧县街道上峰村的阳光照料服务中心正是在这一背景下建立起来的。

该中心是创办人张阿姨用自家闲置的空房创办起来的，建筑面积有480平方米，25张床位，目前入住的老人共有20位，属于桐庐县典型的小型养老服务机构。按照《杭州市养老机构等级评定办法》，张阿姨在2017年向主管部门申请了养老机构等级评定，获得了较高等级的四星，这使得她的机构获得较高的运营补助。在接受访谈过程中，张阿姨也介绍，目前他们正在积极进行消防改造，通过消防部门消防审核后，能够报销其所投资金的50%，她认为这些投入都是值得的。这些办法和细则的出台，使机构的创办者和管理者能找到明确的发展方向，也因为有资金补助，所以他们都对此评价较高。

目前照料中心共有14位工作人员，全部都是本村或邻近村村民，大部分都有在家里照顾老人的经验，其中负责专业护理的9名人员上岗前大多考取了相关证书。其余工作人员主要负责餐饮、门卫（保安）等工作。虽然是村里的养老服务中心，但是依然注重加强老年人康养结合模式的管理。目前配置了厨房、餐厅、室内外活动室、康复室等，提供的养老服务范围有日间照料、就餐服务、康复复健辅助、娱乐休闲等，基本涵盖老年人日常所需。也正因为是本村的养老服务机构，所以在满足入住老年人的实际需求方面比其他类型的机构有着天然优势。平时管理者与入住老人之间像唠家常似的谈论机构在环境、设施和服务方面的问题，对于老人们反映的问题也能较快进行处理，无须层层汇报和审批。此外，老人的家属们来探望也比较方便，以及出现突发情况时也能及时通知家属和得到较快回应。这类小微型养老服务机构的特点就是能够兼顾农村老人浓厚的恋乡情结和自身的经济情况，实现就近养老。

在桐庐县"家院一体"小型养老服务机构形成的众多经验中，最具有特色的做法是阳光照料中心这两年来作为浙江省康养体系建设首批试点单位，县财政拨款专项资金用于智慧医疗与健康养老的有效衔接。依据村（社区）卫生服务站、镇卫生院、县级医院为基础的三级诊疗机制，为入住的老人建立了个人专属健康档案，按照100张以下（含100张）床位的养老机构应与医疗机构建立稳定的医疗合作联系的要求，与上峰村医疗合作社签订了服务协议，探索个性化康养联合体建设，破解了小型养老机构医疗服务难题。现在，除了每周医生和护士前往照料中心进行健康检查和配备基本药品外，机构内的护理工作人员还会陪同生病的老人到上一级医院进行治疗。桐庐县的"中药养生文化"十分盛行，所以在照料中心内，还开展中医理疗康复治疗等特色康养结合养老服务。

（3）温州市居家养老服务中心

温州市农村居家养老服务的服务主体为乡镇（街道）政府、村社、专业服务机构、社会组织等。据统计，温州市140个乡镇（街道）中，共有46个乡镇（街道）通过政府购买服务的方式全部交由专业服务机构或社会组织承接运营，其他乡镇（街道）和村社一级居家养老服务中心则主要采取政府管控，村（居）委会运营的模式，一些村居也会将部分服务外包。服务队伍建设方面，截止到2019年，温州市通过实地考察、互动磋商、案例分析等方式引进重庆百龄帮、上海夕悦颐养、江苏太仓老伙伴、福建微尚、厦门国太亚医、杭州元墅等9家外地专业养老服务组织，同时培育打造了温州睦邻、温州嘉园、龙湾元善等多家本土专业养老服务团队参与乡镇（街道）居家养老服务。对专业养老服务组织及团队来说，从业人员的数量、质量都能得到一定的保证。对村居来说，从业人员一般由村两委干部、村民等非专业人员担任，则数量和质量无法得到保证。

温州市乡镇（街道）级居家养老服务中心主要采取"政府建设、退居幕后""社会运营、专业服务"的建设运营模式，根据《温州市民政局关于开展镇街养老服务中心建设的通知》（温民福〔2018〕55号），服务中心建设主体为政府，验收合格后，由财政给予一定的建设奖补，再交由专业服务机构或社会组织承接运营，经等级评定后给予一定的运营补助。村社居家养老服务照料中心则多由村（居）委会负责运营，或将部分服务外包。在建造和管理的衔接方面，温州市打破了传统的"政府先建，社会后参与"的社会力量参与模式，提早引入专业管理团队参与项目选址、图纸设计、装修施工等前期建设环节，对项目功能设置、无障碍设计、设备采购等方面给予专业指导，实现项目建设和运营管理的无缝对接，比如鹿城区南滨街道在项目建设前通过采购程序确定神农蜂康养集团承接服务中心的运营和管理。

在管理方面，温州市实行区域化统筹机制，全省首创"政府＋社会"社区养老管理模式，探索乡镇（街道）养老服务中心的溢出效能，填补镇（街）级政府在社区居家养老服务管理工作的缺位，统筹区域居家养老服务设施发展，助推政府居家养老服务职能发挥效应实现从"1"到"1+1>2"的飞跃，实现有效覆盖，比如，瓯海区潘桥街道养老服务中心对下辖 24 个村、17 家社区居家养老服务照料中心开展业务指导帮扶工作。

在运营方面，各居家养老中心服务人员的数量不一，有条件的基本按照老年人和服务人员 14∶1 的比例配备。以目前老年人居家养老助餐费用、场所费用、服务人员薪资费用等进行计算，每个半托老人的月均成本为 750 元左右，每个全托老人的月均成本则超过 1000 元。营收的来源大部分为政府补助，包括政府对居家养老服务中心的运营补贴，补贴金额由各区域统筹，综合考虑工作任务、服务对象人数、工作绩效等因素进行分配；对低保老人、高龄老人等群体的政策补贴，根据《浙江省养老服务补贴制度实施意见》（浙民福〔2012〕81 号）文件精神，实施两类补贴标准：一类补贴适用于 60 周岁以上且生活不能自理的低保对象，对接受居家养老服务的，每人每年最高补贴 4800 元（不包括低保金）；二类补贴适用于有条件的县市区，可扩大补贴对象范围并自行制定相应的补贴标准。如温州市瓯海区将 80 周岁以上困难家庭中的空巢、独居老人，60 周岁以上的特殊困难老人群体（如残疾军人、"三属"、"两参"、"三老"）列入补贴范围，制定的二类补贴标准为 2400 元每人每年。文成县为 87 周岁以上的老年人每人每月购买 100 元的居家养老服务项目；少部分未能享受补贴政策的老年人也会购买部分服务。

在监管方面，根据温州市民政局印发的《关于温州市养老机构等级认定管理办法（修订稿）的通知》（温民福〔2019〕86号），每年会组织一次对养老机构（包括居家服务照料中心等政府设立的居家养老机构）进行等级认定，从低到高依次分为二星级、三星级、四星级、五星级4个等级（各县市区可能会有微调），一经认定有效期为3年，第二年起可以申请高一星级的认定。养老机构已低于现有等级要求的、被举报或检查问题突出没有整改的、申报材料隐瞒事实的以及发生重大责任事故造成人员伤亡或年检不合格的，由认定委员会作出降低或取消等级的处理。被降低等级后1年内不得提出高于原等级的认定申请，被取消等级后3年内不得提出等级的认定申请。在实践中，温州市全省首创社区养老机构"条""块"结合监管机制，对社区养老照料中心进行"块上监管"和"条上监管"。"块上监管"是面上的监管，实行街道、社区、单元小网格三级监管制度，建立"三级"采办制度，其中"一级"指专职网格员采集的相关信息，能处理的及时处理；不能及时处理的，上升为"二级"由网格长组织网格指导员、辅导员再次处理；若仍无法处理的，上升为"三级"，通过"四个平台"流转处置。"条上监管"是专项上的监管，分为备案登记和"星级"评定。备案登记是对目前尚不具备登记条件的社区养老照料中心通过降低准入门槛进行事前备案，以明确责任主体；"星级"评定是根据评定标准对社区养老照料中心的"星级"实行动态升降管理，以提升养老服务水平。同时建立健全退出机制，对经评估不合格的运营组织，要求无条件退出，以强化对运营组织服务管理的约束和监督。

（4）庆云县农村居家养老服务

据庆元县民政局统计，截至2021年底，庆元县总户籍人口为201101人，60岁以上老年人口为37721人，占总人口的18.76%[①]。城区60岁以上的老年

---

① 数据来源：庆元县人民政府网。

人口 3854 人，占老年人口总数的 10.34%；农村 60 岁以上的老年人口 33406 人，占老年人口总数的 89.66%。庆元县老龄化速度进一步加快，而且农村老龄化形势严峻，农村养老问题日益凸显。

居家养老服务是庆元县农村养老服务的一个重要模式，因其符合传统的在家养老的观念，又可以就近便捷地享受到养老服务，因此符合山区农村老人的养老习惯。庆元县因地制宜，按照方便实用的原则，积极整合闲置学校、旧办公楼、老年活动室等各类资源，通过改建、扩建等途径不断加强居家养老服务照料中心建设。

自 2012 年以来，庆元县多方面筹集 4000 万元资金用于农村居家养老服务中心建设。截止到 2021 年，全县养老机构 5 个，养老床位 1263 张，乡镇（街道）级居家养老服务中心 13 家，村（社区）居家养老服务照料中心 190 家[①]。其余农村社区基本上建有居家养老服务站（小型的农村社区居家养老服务场所），实现了村村都有养老场所的目标。照料中心主要为高龄老人、空巢老人及其他有需求的老人，提供集中就餐、日间照料、文化娱乐等养老服务。在经费保障方面，为了保障居家养老服务照料中心的正常运转，县财政每年平均补助 1.2 万元日常运转经费，对实行集中就餐服务的照料中心再另外给予不少于 5 万元的补助。同时，积极动员社会各界捐赠资金和结对支援帮扶，积极鼓励和引导社会力量参与中心运行管理。如庆元县张村乡设立"浙鑫老人关爱基金"，主要用于对庆元县 60 周岁以上的困难老人提供帮助，有力助推了农村养老事业的发展。同时，落实养老服务补贴制度，对农村困难家庭中的失能老人、80 岁以上高龄老人等特殊老人群体，根据养老需求的评估结果，发放相应社会养老服务补贴。2021 年养老服务补贴上门服务 8768 人次，发放养老服务补贴 78.25 万元。开展第三方的等级评定和满意度调查，全年发放居家养老服务设施建设及运营补助资金 763.058 万元[②]。在养老服务补贴的使用上，主要通过政府购买服务的方式运作，由县民政局委托居家养老服

① 数据来源：庆元县人民政府网。
② 数据来源：庆元县人民政府网。

务组织金太阳养老服务中心为养老服务补贴对象开展服务；老人们如果有养老服务需求，只需要支付养老服务券，就可以兑换民办居家养老服务组织上门提供的日常生活照料、精神慰藉服务、卫生保健服务以及法律维权服务等多层次、全方位的服务，开启了庆元居家养老服务的新模式。2021年，县民政局精心开展养老服务补贴工作，累计上门服务5.2万人次，发放补助322.76万元，惠及2500多名困难老年人，占全县老年人数的6.7%[①]。

2. 四川

宜宾市长宁县将农村养老工作的开展交给了村老年协会，由老年协会来组织和安排各类活动，老年协会也通过多种方式来推动农村养老问题的解决。

2014年以来，长宁县试图在农村大规模推广建立日间照料中心，但是基本以失败告终。因为长宁县是典型的山区丘陵地形，村均依山而建，地域范围比较广，村民居住得非常分散，很多村民的家离日间照料中心比较远，步行需要较长时间，把村民集中到日间照料中心开展活动效果不佳。

县民政局在考察了现实情况之后，将农村养老工作的开展交给了村老年协会，给予了老年协会较大的自由，并且根据老年协会的需要提供政策支持。每年乡镇会评选优秀的老年协会并给予2000～3000元的资金支持。保民村所在乡镇共有8个村设立了老年协会，其中6个村的老年协会办得比较好。老年协会的管理层主要由退休的村干部组成，这些老干部具有很强的管理能力，退休后热情不减，致力于老年协会的管理和运行。他们在村民心中威望较高，对老人具有较强的号召力，同时熟知老年村民的需求，组织的活动比较吸引人。

保民村的老年协会下设议事会、红白理事会、道德评议会和禁毒会。道德评议会的主要职责是处理村内邻里和家庭纠纷。老年协会的经费一部分来源于会费，每人20元/年左右，标准较低，因此入会的老年人较多。值得一提的是，有些村的红白理事会通过提供服务获得了一些收入，再用于老年协

---

① 数据来源：庆元县人民政府网。

会的运作。村老年协会普遍缺乏工作场所，经常借用村支"两委"的办公楼，老年人的集中活动空间较小。保民村的邻里关系较好，有群众自发的互助养老，老人赶集前会询问邻里是否需要帮忙代买物品，也会互相帮助种地种菜。如果有老人需要帮忙，老年协会积极入户慰问看望，邻里也会提供帮助。

县民政局明确表示，未来县委县政府将提供资金、服务和文化的帮扶，村支"两委"发挥积极作用，引入多元力量来提升农村服务质量。

保民村老年协会的特色经验包括以下两点。

（1）结合实际收集老年活动经费

因为老年协会的管理人员基本都是乡村退休的老干部，多年工作下来有较强的群众号召力，且对本地的经济和文化情况了如指掌，自己也是老年人，更加理解老年人的需求，因而开展的服务实践性强，非常具有民间智慧。比如说，老年协会为了增加活动经费，就成立了红白理事会，通过为本村以及周边村提供红白喜事服务来获取收入补贴协会的运作，收集来的经费最后再用于本村老年人的活动。

（2）根据本地特色组织老年活动

村老年协会组织了很多老年人喜闻乐见的活动，如跳坝坝舞等。实地调研时，有老年人着统一服饰，聚在路边跳坝坝舞，氛围很好。据说服装是由老年协会统一置办的，减轻了老年人参与活动的经济压力，收获了好评。也通过这个方式将老年人更方便地聚在一起，形成了一个很便利的沟通平台，老年人会互相聊天，如有困难也会在这个时候提出，大家想办法一起解决。

3. 福建

调研团队对福建省三明市的多个县区（沙县、尤溪、泰宁等）进行了深入调查和访谈。截至2022年底，全市60周岁以上户籍老年人口54.17万人，占全市户籍人口的18.96%；农村户籍老年人37.87万人，占全市老年人口的70%。2022年以来，市县两级民政部门认真贯彻落实积极应对人口老龄化国家战略，聚焦补短板、解难题，加大资金投入，完善设施网络，创新服务模式，推动养老服务业向高端发展，做出了许多成绩。一是全市新改扩建农村区域性中心14个，建设长者食堂44个，争取省级建设补助资金2060万元，超额1000多万完成计划投资5920万元，为年度投资计划的138.97%。推进农村幸福院质量提升行动，落实奖补资金208万元。实施城企联动普惠养老、地方政府专项债项目，争取中央预算内资金支持，市阿尔茨海默症康复中心完成投资5200万元，沙县区养老院、三明康养城养老护理院、永安城乡养老服务中心等项目建成，三元区社区居家养老服务照料中心组网项目争取到中央预算内资金860万元，年度养老工程累计完成投资超2亿元，新增各类养老床位1200张以上。二是积极争取试点示范，先后被国家发展改革委、民政部、财政部、卫生健康委等部委，列入2022年全国居家和社区基本养老服务提升行动项目地区、国家积极应对人口老龄化重点联系城市，争取中央专项彩票公益金支持2876万元，编制出台"一老一小"整体解决方案。沙县区积极争创区乡村三级养老服务体系改革创新试点，列入国家发改委支持赣南等原中央苏区振兴发展部际联席会议支持事项。9月，全省银杏乐龄学堂试点建设培训班在沙县举办；大田县"互联网＋居家养老服务110"模式，被福建省委改革办列入福建改革创新案例。全市新增2家养老机构、19个农村幸福院被省民政厅评定为五星级养老服务设施，数量全省最多。三是保障老年人合法权益。实施678户困难老年人家庭适老化改造项目，每户补助1000元。拓展长者助餐服务，助餐系统嵌入"e三明"，市区长者食堂实现刷社保卡结算就餐功能，为特殊困难老年人群体给予每份午餐4元的就餐补助。在农村，依托农村幸福院，创新开展农村幸福院民非组织法人登记工作，大力发展互助餐桌模式，推动长者食堂可持续运营，探索出宁化"四化"互助养老、沙县"慈善长者食堂"等一些经验做法。开展打击整治养老诈骗专项行动，摸排养老服务领域线索问题2条，全部整改到位。开展养老机构消防安全、自建房安全隐患排查，沙县幸福庄园养护院以优异成绩通过国务院安委会督导组消防安全检查，保障老年人生命财产安全。全市组织开展养老服务从业人员培训2345人次，专业化服务水平进一步提升。尤溪县首推法制化老年救助，利用法律为子女情况复杂（比如收养子女、子女不能履行赡养义务）的老人确权，做到应保尽保，不漏一户一人。并联合残联、医保、乡村振兴多个单位，共同解决漏网参保老人问题，将其纳入社会保障范围。

调研也发现一些问题和不足。如新区和老旧小区养老服务设施配建不到位；市本级财政性资金投入不足，政府购买居家养老服务标准较低，对居家和社区基本养老服务提升项目后续支撑不足；长者食堂建设运营管理长效机制尚未建立；城乡养老服务发展不均衡，农村养老服务市场发展较慢、幸福院运营质量有待进一步提升；产业融合发展程度及医养融合发展程度还不够；养老服务人才队伍仍比较紧缺、养老机构招工难以及老年人长期照护保险制度尚未建立等。对于经济和地区来说有一定的代表性。农村养老面临的问题包括以下9个。

（1）养老资金不足。农村老人在60岁以后身体变差，不便外出打工或从事其他生产，收入大幅度下降或者全无。（2）保障水平低。2023年月保障收入150元，只够零花。（3）老人子女大多进城，需要供房，后代教育费用高，难以支持父母养老。（4）空巢老人现象普遍。除了电视机外，缺乏陪伴、亲情交流和文化生活，单调刻板。农村老人精神和文化生活质量较差，宗教、封建迷信活动仍然存在。（5）医疗服务不理想，乡村卫生院基础设施落后、医疗能力不足、缺乏人才，整体处于中低端水平。（6）新农合医疗保险与城镇职工医保实行不同缴费制度，享受的报销待遇差别大，因此，不能满足医疗需求。（7）受经费、管理人员、场地限制，农村传统养老院改造有限，运营困难。改造后的幸福院对其他老人开放，但需要付一定费用。如果子女经济能力差或者不愿意付费，老人无法享受养老服务等，也是市场主导的机构养老服务难以到达乡村的原因。（8）农村老人居住分散，交通不便，商业机构到农村运营成本大，商业机构无法设计出适合农村也能盈利的农村养老服务产品，没有政府购买，寸步难行。（9）农村失能和半失能老人照护是家庭的沉重负担。农村老人支付能力差，不能请照护。家有卧床老人的子女不能出外打工，全家陷入困境。一旦农村老人失能和半失能，会造成巨大的家庭负担。

4. 新疆

为解决农村困难老年人的生活照料问题，2020 年新疆维吾尔自治区党委把建设农村幸福大院作为当年实施的重大民生工程，并要求"当年部署、当年建成使用"[①]。昌吉市在农村幸福大院建设的前期摸排中，以滨湖镇为起点，利用原水管站闲置的办公室，运用援疆资金将其改造扩建，建成了滨湖镇农村幸福大院。按照《农村幸福大院运行管理工作指南》配备管理人员和工作人员，为农村困难老年人提供养老服务。市财政提供经费予以保障农村幸福大院后期的运行和管理。

滨湖镇农村幸福大院位于集镇区镇政府东北方 200 米处，于 2020 年 5 月 10 日开工建设，2020 年 9 月 30 日竣工，总投资 550 万元，设置床位 40 张。利用镇原水管站闲置办公用房，按照"四合院"模式进行改扩建，占地面积 3864.99 平方米，建筑面积 1089.67 平方米。

幸福大院配备 8 名工作人员，其中护理员 4 名、厨师 2 名、保安 2 名。设有 30 个房间，其中老人宿舍 20 间、食堂 4 间、活动室 2 间、理疗室 1 间、办公室 1 间和公共洗浴室 2 间。院内主要分为文化长廊休闲区、健身器材区、娱乐休闲区、蔬菜种植区，配备相应设施设备。

农村幸福大院人员主要有五类人员：一是农村低保对象中身边无人照料、生活自理有困难的留守独居空巢老年人；二是农村低保对象中身体残疾或身患重病的老年人；三是子女外出务工、身边无人照料的农村经济困难老年人；四是散居"五保"供养对象；五是农村生活困难的"四老"人员。入住老人为生活相对能自理老人，大院老人生活不能自理时，无条件纳入敬老院进行集中照料，实现幸福大院和敬老院服务功能的无缝衔接。

入住老人基本生活费按照每人每月 800 元标准收取，具体根据入住对象性质分三类。一类是低保户按照每月发放低保金个人缴纳低保金额，差额由市财政承担补足至 800 元；第二类是散居"五保"供养对象每月 800

---

① 新疆维吾尔自治区民政厅：《破解农村困难老年人养老难题的新疆谋策》，《社会福利》，2020（10）。

元由民政局发放供养金缴纳；第三类是子女外出务工、身边无人照料的农村经济困难老年人和农村生活困难的"四老"人员由本人每月缴纳800元。主要提供生活照料、膳食、清洁卫生、洗涤、文体活动、心理支持服务等。

农村幸福大院是由政府出资，在乡（镇）统一规划建设的农村困难老年人养老服务场所。新建幸福大院原则上选择在乡镇政府驻地，利用现有供水、供电、排污、通信、医疗等资源，减少配套投入。也可以利用闲置办公用房、站所、校舍、厂房等进行改扩建。按照单层平房四合院式建筑设计，并规划一定面积的菜园。乡镇幸福大院初期规模按照50~100人确定，今后可根据实际需要再逐步扩大。加强项目资金的管理，不允许贪大求洋、标准过高、不切实际、盲目铺摊子。

幸福大院的运行经费按照相应的标准纳入市级财政预算。市财政对幸福大院配备的护理人员、厨师、安保人员的最低工资都设定了标准，幸福大院的运行经费按照入住人员，每人每年2000元补助，公共取暖费按取暖面积每平方米22元计算。入住的农村低保户老人中生活能自理的，按照每人每月400元的标准补助；生活不能自理的，按照每人每月1600元的标准补助。

昌吉市滨湖镇农村幸福大院项目是在原水管站闲置办公用房基础上改建的"四合院"式建筑，充分利用援疆省市资源，由福建泉州市援疆指挥部打造的民生工程，由援疆资金全额支援建设。其运行经费按照市级制定标准，申请拨付。

农村幸福大院的工作人员由院长、护理员、炊事员、卫生员、安全员等组成。护理服务人员参照农村敬老院标准配备。农村幸福大院院长由乡镇人民政府会同县级民政部门选定，报县市党委、政府确定。院长上岗前需进行岗前培训，年度考核由乡镇人民政府和县级民政部门组织实施。对年度考核不称职或者信任度测评达不到50%以上的进行调整。护理服务人员通过配备公益岗位解决，由县市根据需要统筹安排，人员选聘由乡镇人民政府会同市民政局负责实施。其考核由院务管理委员会组织入住困难老年人测评，对连续两次信任度测评达不到50%的，将会解除职务。

四、解决方案

第一，在政策上针对"经济保障难、健康护理难、精神关爱难"三大核心问题，提供解决问题的有力支持。否则，基层干部有无力感。

经济保障需要至少以省为单位，最好以国家为单位，实现城乡养老标准的一体化、区域化、均等化。偏远地区特困老人实行简单优惠是不够的，要保障特困、失能、愿意进入机构养老的老人的支付能力能够满足商业养老机构的基本运行标准，补助300元、500元到1000元不等。可以通过省级财政精算定标准。要根据财政筹资和个人缴费的能力，合理调整财政出资率和个人缴费率，适当提高给付标准，满足庞大的农村老龄群体的养老需求。同时，还应该鼓励个人提高缴费率、设置养老设施基金等方法，进一步提高乡村老年人的保障待遇。设置养老设施基金方法指养老设施中的老年遗产的公益捐赠，作为公益基金反哺养老机构。

积极推动第三方养老机构建立农村养老服务中心，政策上予以扶持、加强监管，提供护理人才培训，做好服务中心的工作。同时，发挥村集体的主观能动性和积极性，用好集体资源，综合使用不同委办局提供的社会服务资源，发动较年轻的老人参与养老照护工作，给健康和不愿意参与社区养老的老人多元化的生活支持。

精神关爱的提升可以学习三明等地的经验，建设社区"乐龄中心"，将小学、社区服务站、卫生保健、法律咨询、老年大学、乡村娱乐等机构毗邻而建，不同委办局的乡村资金可以综合使用，集体规划，鼓励有文化的老人参与学校教学和故事会活动，懂事的孩子与老人建立一对一、一对多的互动关系，增加老人的社会活动机会。世界卫生组织提出"积极老龄化"（Active aging）的概念，强调要关注老年人的多维度需求，包括健康、参与和保障，鼓励老年人积极参与社会、文化、体育和公共事务，提高健康的预期寿命和生活质量。农村社区建设也需要结合我国国情，提高对老年人的精神慰藉、医疗保健、康复护理和临终关怀等服务。

第二，用好信息技术，构建呼唤服务和救助的网络，用手环等便捷的单功能电子设备，提醒老人药物治疗、提高散居老人享受社会和集体服务的能力。

第三，积极发展社会化互助养老，拓宽服务提供主体，有效培育社区力量，提高机构服务水平，构建政府、社会和家庭多元主体参与的多层次养老服务体系。用第三方团体提供"保健、沟通、风险防范、法律意识、公共意识等新的生活技能"的培养。用好非正式资源，发挥村民自治组织、社会组织等多元组织力量，弥补家庭养老的不足。积极培育农村互助养老组织，如老年协会、其他本土社会组织、外来社会组织等，发挥社会力量的作用，提供面向多元对象的不同性质的互助服务，包括福利性、公益性和营利性服务。此外，还需要探索建立互助养老组织等级评估机制，允许有资质的社会组织提供互助养老服务。

第四，加大对乡村地区养老基础设施的建设力度。采取特许经营、公建民营和民办公助等多样化的形式发展社会化养老机构，特别关注贫困和失能老人的护理（杜鹏、王永梅，2019）。调研事实显示，良好管理的机构养老为老人提供的生活质量比分散居住质量高得多。但农村老人传统上习惯家庭居住，不愿意受拘束。对于身体良好、家庭住房条件合适的老人，基本没有问题。但对于身体有问题的老人，机构养老的重要性就显现出来。高质量的机构护理对农村老人有足够的吸引力，也有利于使在外工作的年轻人放心。关键在于建设良好、符合本土居住生活环境的养老实施，配以合适的服务。

第五，完善乡村养老服务体系。老年人的需求比劳动年龄人口更加多元。除了日常生活方面的需求，老年人还面临更高的健康风险，如病无所医、病无照料、因病致贫等。需要监管单位的设计、访问和监督。

第六，加强法律服务，协助农村老人维权、护权。调研中发现，常常出现问题的是家有子女但不履孝道的啃老家庭。政府邻里以为没有问题但偏偏问题最大。老人不懂法，缺乏知识和胜诉渠道，造成不公的晚年生活。这是传统农村养老政策中容易忽略的问题。

第七，抓住乡村振兴战略实施的政策机遇，努力推动建立健全完善的农村养老服务体系。随着国家乡村振兴战略的实施，资本、技术、人才等资源有望流向农村地区，带来农村生活的巨大变化。科学、合理、高效地利用这些发展资源，整合农村地区的养老服务资源的碎片化的问题，形成养老服务资源的多元化、多主体、多层次提供，老年护理人才健康成长，老人自己也能积极应对的新局面。传统的农村养老服务主要关注解决农村老人的基本生活需求问题，未来农村养老可以向高端化、多元化、动态化、赋能化的方向发展，让新时代的农村老人，像城里老人一样享受高质量的幸福晚年。

主要参考文献

[1] 刘丹，宋坤，刘艳.农村养老模式与农村养老保险保障研究 [M].成都：西南财经大学出版社，2018.

[2] 中国养老金融50人论坛编著；董克用，姚余栋主编.中国养老金融发展报告2016 [M].北京：社会科学文献出版社，2016.

[3] 穆怀中，陈曦.人口老龄化背景下农村家庭子女养老向社会养老转变路径及过程研究 [J].人口与发展，2015（1）：10.

[4] 陆杰华，沙迪.新时代农村养老服务体系面临的突出问题、主要矛盾与战略路径 [J].新疆师范大学学报（哲学社会科学），2019，40（2）：78-87+2.

[5] 王雪辉，彭聪.农村社会养老服务供给水平研究 [J].华南农业大学学报：社会科学版，2020，19（1）：12.

［6］杜鹏，王永梅.乡村振兴战略背景下农村养老服务体系建设的机遇、挑战及应对［J］.河北学刊，2019，39（4）：7.

［7］黄俊辉，李放.农村养老保障政策的绩效考察——基于 27 个省域的宏观数据［J］.人口学刊，2013（1）：7.

［8］舒奋.从家庭养老到社会养老：新中国 70 年农村养老方式变迁［J］.浙江社会科学，2019（6）：11.

［9］陈显友.乡村振兴背景下农村养老服务供给问题研究［J］.广西社会科学，2021（11）：8-16.

［10］郑吉友.乡村振兴战略下农村医养结合型养老服务体系研究［J］.广西社会科学，2021（11）：17-26.

［11］刘海霞，戈艳霞.共同富裕目标下提升农村养老服务水平［N］.中国社会科学报，2021-11-17.

［12］陈欣欣，等.我国农村养老面临的挑战和养老服务存在的突出问题［J］.中国农业大学学报（社会科学版），2021，38（4）：64-77.

［13］吕雪枫，于长永，游欣蓓.农村老年人的机构养老意愿及其影响因素分析——基于全国 12 个省份 36 个县 1218 位农村老年人的调查数据［J］.中国农村观察，2018（4）：15.

［14］夏春萍，郭从军，蔡轶.湖北省农村中老年人的机构养老意愿及其影响因素研究——基于计划行为理论的个人意志因素［J］.社会保障研究，2017（2）：9.

［15］张志元.乡村振兴战略下农村养老服务高质量发展研究［J］.广西社会科学，2021（11）：1-7.

中国农村人口变化与生育意愿研究 *

人口发展关系中华民族的未来，同时是判断国家长期发展潜力的重要依据。习近平总书记曾多次强调，人口问题始终是我国面临的全局性、长期性、战略性问题。当前，我国人口形势正经历深刻变革，人口问题的复杂性日益加剧。随着预期寿命的延长和经济社会的飞速发展，我国正面临人口老龄化、少子化等重大挑战。第七次人口普查显示，当前我国育龄妇女总和生育率仅为 1.3，是全面放开二胎政策后的最低生育水平。另一方面，我国 65 岁以上老龄人口已达到 1.9 亿，占总人口的 13.5%。由此预见，我国在未来一段时期将面临人口长期均衡发展的压力。

随着我国城市化进程的加速，农村人口问题日渐突出。农村人口数量不断减少，老龄化程度日趋严重，农村"空心化"问题加剧。这不仅是我国人口问题的一大困境，而且对农村发展和乡村振兴构成了巨大的挑战。因此，应对农村人口问题，推动乡村振兴已然成为当下和未来我国发展的重要任务之一。当下农村面临的人口问题根源何在？发展趋势如何？会造成何种负面影响？

在此背景下，本研究旨在深入分析中国农村人口变化与生育意愿状况，探讨农村人口问题的成因、发展趋势及其对人口结构和生育水平的影响，从而对

* 本报告是清华大学中国农村研究院重点研究课题"我国农村人口变化与乡村人口生育意愿研究"的研究成果，报告观点仅代表课题组的看法。课题负责人：周绍杰，清华大学公共管理学院教授。报告执笔人：周绍杰、王拓、胡珺祎。

我国人口发展形势形成新的认识，为农村人口、乡村振兴等领域的研究和实践提供借鉴和启示。为此需要关注以下几个方面的问题：一是农村人口规模的变化及其原因；二是农村生育意愿和生育水平的变化；三是城乡人口流动对农村人口结构和生育情况的影响；四是地域文化、计划生育政策、经济社会发展等因素对农村人口发展的影响。因此，研究将从历史、经济、社会发展等多角度出发，展开横向、纵向比较：首先，通过对历次人口普查数据的整理和分析，对比不同年份的农村人口规模、人口结构、生育率等数据，揭示我国农村人口发展的基本趋势；其次，通过年龄—时期—时代模型，结合历次人口普查微观数据，对农村人口变化趋势的时期和世代影响进行剥离分析，厘清人口变化问题的本质；再次，结合农村人口变化、生育意愿和婚育观念等方面的数据，以及青少年生育配套支持政策需求抽样调查数据，系统分析我国农村人口现状及农村育龄人口婚育观念；最后，有针对性地提供生育政策建议。

一、中国农村人口问题现状

在中国农村人口问题成因错综复杂的背景下，要了解农村人口问题的根源，需要分析发展趋势，以及农村人口问题的不同表现形式所带来的负面影响，需要进行更加细致、深入和系统的剖析。本文以 2000 年、2010 年、2020 年三次人口普查数据为基础，通过对农村人口总量、结构和生育问题的横向、纵向比较，全方位地分析农村人口问题的现状及趋势。

（一）农村人口总量问题

从 2000 年至 2021 年，我国农村人口总量持续下滑，从 2000 年的 8.08 亿减至 2021 年的 4.98 亿，下降约 38.4%，平均每月下降约 120 万人（见图 1）。

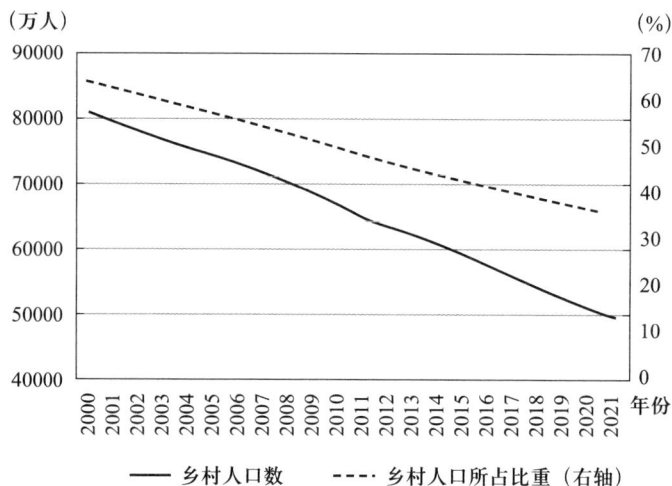

图1 中国农村人口变化情况（2000—2021年）

资料来源：EPS数据库中国人口宏观统计资料。

这21年间，农村人口的急剧减少，缘于农业劳动力向城市的大量转移，同时导致了巨大的人口结构变动。

农村人口总量问题还涉及农村人口流动以及城乡人口比例失衡等多个方面，影响农村劳动力资源的供给、农业生产和农村经济发展。我国各地区农村人口数量情况及农业发展情况如下（见表1）。

表1　中国农村人口数量状况及农业情况分布　　单位：%

	农村人口占总人口比			农村人口份额			一产占比		
	2020年	2010年	2000年	2020年	2010年	2000年	2020年	2010年	2000年
全国	36.2	49.7	63.1	100	100	100	7.7	9.3	14.7
北京	12.5	14.0	22.5	0.5	0.4	0.4	0.3	0.8	2.4
天津	15.3	20.6	28.0	0.4	0.4	0.4	1.5	1.9	4.6
河北	39.9	56.1	73.7	5.8	6.1	6.3	10.8	13.7	17.8
山西	37.5	51.9	64.8	2.6	2.8	2.7	6.5	5.7	9.7
内蒙古	32.5	44.5	57.3	1.5	1.7	1.7	11.8	13.4	22.8
辽宁	27.9	37.9	45.1	2.3	2.5	2.4	9.1	10.6	10.5
吉林	37.4	46.6	50.3	1.8	1.9	1.7	12.7	14.5	22.6

续表

	农村人口占总人口比			农村人口份额			一产占比		
	2020年	2010年	2000年	2020年	2010年	2000年	2020年	2010年	2000年
黑龙江	34.4	44.3	48.5	2.1	2.6	2.2	25.3	15.5	13.2
上海	10.7	10.7	11.7	0.5	0.4	0.2	0.3	0.6	1.6
江苏	26.6	39.8	57.7	4.4	4.7	5.4	4.4	5.8	12.3
浙江	27.8	38.4	51.3	3.5	3.1	3.0	3.3	4.8	10.2
安徽	41.7	57.0	73.3	5.0	5.1	5.5	8.4	12.1	23.7
福建	31.3	42.9	58.0	2.5	2.4	2.5	6.3	8.5	16.4
江西	39.6	56.2	72.3	3.5	3.8	3.7	8.7	12.2	24.2
山东	36.9	50.3	61.8	7.4	7.3	7.1	7.4	10.1	15.1
河南	44.6	61.5	76.6	8.7	8.7	8.9	9.9	13.8	22.3
湖北	37.1	50.3	59.5	4.2	4.3	4.5	9.6	12.6	18.7
湖南	41.2	56.7	72.5	5.4	5.6	5.9	10.2	13.3	22.1
广东	25.9	33.8	44.3	6.4	5.3	4.8	4.3	4.8	9.1
广西	45.8	60.0	71.8	4.5	4.2	4.0	16.5	19.2	26.8
海南	39.7	50.3	59.3	0.8	0.7	0.6	20.4	25.8	36.4
重庆	30.5	47.0	66.9	1.9	2.0	2.6	7.2	8.1	15.4
四川	43.3	59.8	72.9	7.1	7.3	7.7	11.5	13.8	24.1
贵州	46.8	66.2	76.0	3.5	3.5	3.4	14.2	13.3	26.3
云南	49.9	65.3	76.6	4.6	4.5	4.1	14.7	14.1	21.8
西藏	64.3	77.3	80.6	0.5	0.4	0.3	7.9	12.6	30.1
陕西	37.3	54.3	67.9	2.9	3.1	3.1	8.7	9.6	14.3
甘肃	47.8	64.1	76.0	2.3	2.5	2.4	13.2	12.0	18.4
青海	39.9	55.3	67.7	0.5	0.5	0.4	11.2	11.6	15.2
宁夏	35.0	52.0	67.6	0.5	0.5	0.5	8.5	9.6	15.6
新疆	43.5	57.2	66.2	2.2	1.9	1.6	14.4	18.7	20.1

资料来源：2000年、2010年、2020年《中国人口普查年鉴》。

注：1."农村人口占总人口比"衡量地区农村人口规模，计算公式为：农村人口占总人口比＝地区当年农村总人口数／地区当年总人口数。2."农村人口份额"衡量地区农村人口占全国水平，计算公式为：农村人口份额＝地区当年农村人口数／全国当年农村人口总数。3."一产占比"衡量地区农业发展水平，计算公式为：一产占比＝地区当年第一产业增加值／地区当年总增加值。

首先，全国范围内农村人口比例下降，各省农村人口比变化呈现地域差异。从2000年到2020年，我国农村人口比例从63.1%降至36.2%，减少了近一半，这说明我国城市化进程在不断推进。从地域差异来看，在经济发展成熟的地区，比如北京、上海和广东，农村人口占比相对较低；而发展相对较慢的省份，比如西藏、贵州和广西，农村人口占比仍然较高。我国城市化进程存在一定程度的区域差异。

其次，农村人口比重与农村人口份额存在集聚现象。农村人口占总人口比较高的地区往往在农村人口份额上也占有较大比重，比如河南、山东和四川等省份。这些地区面临的农村人口问题可能更加严重，需要采取针对性的政策来促进农村经济发展、改善农村居民生活水平和解决就业问题。

最后，农业发展区域差异大，演化进程与城镇化错配。在第一产业占比方面，各个省份之间的差异较大。一些地区的第一产业在地区经济中占有较高的份额，如黑龙江、海南和广西等。这意味着这些地区的农业产业在整体经济中可能具有较高的地位。与此同时，在经济较为发达的江苏、浙江和广东等地，其第一产业占比相对较低。这些地区的经济结构更多地依赖于第二产业和第三产业。从演化进程来看，2000年到2010年，我国第一产业占比下降了36.7%[①]，农村人口占总人口比下降了21.2%。而2010年到2020年，我国第一产业占比下降了17.2%，农村人口占总人口比下降了27.2%。这说明2000年到2010年期间，我国产业发展进程要快于我国城镇化进程，而2010年到2020年期间，第一产业占比下降程度比农村人口占比下降程度低，说明该阶段我国城镇化速度较产业发展速度更快。但过快的城镇化进程可能会导致产业发展不协调，进而对我国经济发展造成阻碍。

我国各地区以2000年为基准的农村人口数量变化及分性别情况如下（见表2）：首先，全国农村人口比例普遍下降，各地差异明显。相比于2000年，2020年我国农村人口数量下降了35%，显示出农村人口持续减少，城乡人口

---

① 此处为后一时间段数值相较于前一时间段数值变化百分比，比如：（14.7%-9.3%）/14.7%=36.7%。后同。

比例逐步趋于平衡的状况。除上海和西藏外，各省市的农村人口比例也普遍呈下降趋势。其次，东部地区农村人口减少较快，人口流向城市。从2010年至2020年，江苏、浙江等东部沿海地区农村人口比例大幅下降，农村人口向城市集聚的趋势更为明显。这与东部地区经济较快发展、城市化进程加速有关。再次，西部地区农村人口比例相对较高，发展潜力待挖掘。数据显示，西藏、新疆等西部地区的农村人口比例相对较高，尽管也有所下降，但仍高于全国平均水平。这意味着西部地区农村人口尚未充分参与城市化进程，具有较大发展潜力。最后，部分省份农村人口性别差异明显，需关注性别比例失衡问题。如河南、广东等地，男女农村人口比例差距较大，可能导致性别比例失衡、劳动力供需不平衡等问题。

表2　中国农村人口数量变化情况

| | 农村人口比例（以2000年为基准） | | | | | |
| | 2020年 | | | 2010年 | | |
	总	男	女	总	男	女
全国	65.0	65.3	64.7	84.6	83.8	85.4
北京	89.5	94.8	83.8	90.4	92.5	88.1
天津	76.9	78.4	75.3	96.4	98.7	94.1
河北	60.6	60.8	60.5	82.0	81.9	82.1
山西	62.2	62.8	61.5	88.2	88.1	88.2
内蒙古	58.5	59.3	57.7	82.2	82.9	81.4
辽宁	62.9	62.5	63.4	87.8	87.3	88.3
吉林	66.7	66.4	67.0	94.9	93.9	96.0
黑龙江	62.4	62.3	62.4	96.7	95.7	97.8
上海	138.8	157.4	120.2	128.5	134.8	122.2
江苏	53.4	54.2	52.5	74.2	73.2	75.2
浙江	76.2	78.3	74.1	88.6	89.0	88.1

续表

	农村人口比例（以 2000 年为基准）					
	2020 年			2010 年		
	总	男	女	总	男	女
安徽	58.8	59.2	58.4	78.5	77.1	79.9
福建	65.6	67.0	64.1	80.0	80.0	80.0
江西	61.2	61.6	60.8	85.8	85.2	86.5
山东	67.4	67.8	67.0	86.6	86.2	87.0
河南	63.4	61.5	65.4	82.8	80.7	85.0
湖北	60.5	61.0	60.0	81.3	80.0	82.7
湖南	59.7	59.4	60.1	81.2	80.1	82.4
广东	86.2	89.0	83.2	93.4	93.5	93.2
广西	72.9	72.2	73.6	87.6	86.0	89.5
海南	89.3	90.5	88.0	97.3	97.3	97.3
重庆	48.0	48.4	47.4	66.4	64.8	68.1
四川	60.3	60.6	60.0	80.1	78.7	81.5
贵州	67.4	66.8	68.1	85.9	84.6	87.3
云南	72.7	73.1	72.2	92.5	92.2	92.7
西藏	111.2	114.9	107.5	110.1	112.1	108.1
陕西	61.5	61.6	61.4	84.5	84.1	84.8
甘肃	62.6	62.3	62.8	85.8	84.3	87.3
青海	72.5	72.9	72.0	95.3	95.7	94.9
宁夏	68.1	69.7	66.4	88.5	88.4	88.5
新疆	92.0	92.3	91.8	102.2	102.4	102.0

资料来源：2000 年、2010 年、2020 年《中国人口普查年鉴》。

注：1. 本表数值为以 2000 年数据为基准的份额，即 2000 年相应数据的数值为 100。2. "农村人口比例"展示纵向维度农村总人口变化，计算公式为：农村人口比例 = 地区当年农村人口数 / 地区 2000 年农村人口数 × 100。

总之，我们需要关注农村的人口总量问题，对中国各地区在农村人口和农业发展方面的差异进行合理判断，这有助于我们更好地制定针对性的政策措施，促进农村人口、经济发展以及优化我国城镇化进程。同时，政策制定者还需关注农村人口性别失衡这一问题，采取相应措施缓解性别比例失衡带来的负面影响。

（二）农村人口结构问题

近二十年来，中国农村人口结构出现显著失衡。通过分析 2000 年至 2020 年的人口普查数据（见表 3），发现农村人口结构失衡主要表现在以下三个方面。

表 3 中国农村生育人口情况变化表 　　　　　　　　　　　单位：%

	2000 年	2005 年	2010 年	2015 年	2020 年
农村人口占比（全年龄）	63.49	55.16	49.73	43.90	36.16
农村人口占比（0～4 岁）	68.14	61.31	59.04	45.42	35.98
农村人口占比（15～44 岁）	59.29	51.34	45.06	38.58	28.77
农村人口生育比	13.07	13.27	14.81	15.22	17.53
全国人口生育比	11.37	11.11	11.30	12.93	14.02

资料来源：2000 年、2010 年、2020 年全国人口普查及 2005 年、2015 年全国人口抽样调查数据库。

首先，农村新生人口引领效应消失。农村人口中 0～4 岁幼儿占全国 0～4 岁幼儿比重从 2000 年的 68.14% 下降到 2020 年的 35.98%。2015 年及之前，这一比例始终高于全年龄人口情况，农村一直以来为我国贡献了更高的生育率，其中 2010 年这一比例差值最高，接近 10%；而到 2020 年，农村幼儿人口占比低于全年龄人口占比，农村的生育问题严峻程度凸显，我国农村对于整体生育率的贡献已不如城市，农村人口生育问题亟须妥善应对。

其次，农村育龄人口大量流失。将 15～44 岁人口作为生育人口的代表，研究发现，农村生育人口从 2000 年的 59.29% 下降到 2020 年的 28.77%，且普遍低于全年龄人口比例。中国农村育龄人口比重不断向城市流入，人口流动的加剧给农村生育问题带来了巨大压力。

最后，农村生育意愿不断加强。从农村人口生育比 ① 来看，我国农村人均生育数量始终高于城市，较高的生育意愿对农村总体新生人口比重提供了支撑。然而，从变化趋势来看，这一比重从 2000 年的 13.07% 上升到 2020 年的 17.53%，相对于全国而言已达到较高水平，进一步提升的空间有限，对政府的制度和实施提出更高要求。

综上所述，从农村生育人口情况的变化来看，中国农村正面临比较严重的缺子化问题。农村人口流出加剧和生育意愿提升的阻力进一步加大了应对农村生育问题的难度。

农村人口结构问题是农村人口问题的根源。这一问题覆盖农村地区人口年龄、性别、文化程度等方面的结构性差异，涉及老龄化、性别比例失衡等问题，可能导致农村地区劳动力短缺、社会福利负担加重以及发展潜力受限。

我国农村人口的年龄性别结构情况如下（见表 4）：首先，农村人口老龄化趋势明显，青壮年劳动力减少。2020 年农村人口中，60 岁及以上人口所占比例逐年上升，而 20～44 岁的劳动力年龄段所占比例下降，说明农村人口老龄化趋势加剧。其次，农村童龄人口减少，生育意愿下降。从 2000 年到 2020 年，农村 0～9 岁儿童所占比例逐年下降，这表明农村地区的人口生育意愿减弱。最后，农村人口性别比例失衡问题较为严重。在 2020 年，农村人口中 15～19 岁、20～24 岁年龄段的性别比例分别为 79.2% 和 81.2%，严重低于平均水平。相比于 2010 年、2000 年，农村青年人口性别比严重失衡。

---

① 本研究使用 0～4 岁人口占 15～44 岁人口比重衡量这一比例，计算公式为：人口生育比 =0～4 岁人口总量 /15～44 岁人口总量。

表 4   农村人口年龄性别结构情况   单位: %

	年龄人口占比			性别比		
	2020 年	2010 年	2000 年	2020 年	2010 年	2000 年
合计	100.0	100.0	100.0	92.7	95.4	93.5
0 岁	0.9	1.3	1.2	89.7	84.0	83.8
1~4 岁	4.6	5.5	4.8	90.3	83.3	81.6
5~9 岁	6.8	6.1	8.1	88.6	84.2	86.3
10~14 岁	7.0	6.4	11.4	87.1	86.3	92.1
15~19 岁	3.8	7.0	7.8	79.2	90.5	91.2
20~24 岁	4.2	8.5	6.8	81.2	101.5	96.3
25~29 岁	5.4	6.5	8.8	82.7	98.2	94.3
30~34 岁	6.9	6.2	9.9	85.6	95.0	95.9
35~39 岁	5.5	8.0	8.2	86.4	96.0	96.6
40~44 岁	5.6	9.2	6.1	89.6	98.2	92.9
45~49 岁	7.9	7.8	6.9	94.0	99.5	94.3
50~54 岁	9.5	6.0	5.2	97.1	95.6	92.0
55~59 岁	8.1	6.6	3.9	97.6	96.6	90.0
60~64 岁	6.1	4.9	3.4	94.7	94.6	89.0
65~69 岁	6.7	3.5	2.9	99.3	95.3	97.9
70~74 岁	4.7	2.7	2.2	101.6	98.6	108.0
75~79 岁	3.0	2.0	1.4	107.9	113.8	123.7
80~84 岁	1.9	1.1	0.7	120.8	134.0	150.8
85~89 岁	1.0	0.5	0.3	152.3	166.1	187.1
90~94 岁	0.3	0.1	0.1	190.3	212.6	239.0
95~99 岁	0.1	0.0	0.0	233.5	241.0	220.5
100 岁及以上	0.0	0.0	0.0	278.9	334.1	267.4

资料来源: 2000 年、2010 年、2020 年《中国人口普查年鉴》。

注: 1."年龄人口占比"展示农村人口年龄结构分布, 计算公式为: 年龄人口占比 = 当年农村该年龄段人口数量 / 当年农村人口总数。2."性别比"展示农村人口性别年龄结构分布, 计算公式为: 性别比 = 当年农村该年龄段女性人口数量 / 当年农村该年龄段男性人口数量。

总体来看，相关部门需要重视农村的人口结构问题，对中国各地区农村人口的年龄结构和性别年龄结构问题加深理解，制定针对性的政策措施，解决农村地区劳动力短缺、可预期社会负担加重以及发展受限等痛点问题。同时，政策制定者需评估各地农村人口结构问题的严重性以及问题演化趋势，抓住时机推动问题的有效解决。

（三）农村人口婚育问题

农村人口婚育问题是农村人口问题的隐患。这一问题不仅涉及农村地区的生育观念、生育政策和婚姻状况等方面，还包括晚婚、晚育、低生育率以及未婚率上升等诸多方面，可能对农村人口的稳定、社会和谐以及家庭发展产生重大影响。从长远来看，婚育问题将会成为未来农村人口总量问题和结构问题的潜在隐患。表5展示了我国农村人口婚育相关指标，详细分析如下。

首先，农村出生婴儿数量在过去20年间呈现下降趋势。数量从2000年的9344779人减少至2020年的4692004人，这一趋势反映了农村地区生育率的下降。为了应对人口减少带来的挑战，政府需要采取措施鼓励生育，提高农村地区的生育意愿。其次，农村地区的生育潜力在减弱。农村育龄群体人口占比和农村育龄群体女性占比均呈现下降趋势，这将极大程度对农村生育问题造成阻碍。因此，从政策层面加大对农村地区妇女教育和职业培训的投入以提高女性在家庭和社会中的地位是必要的。此外，尽管结婚率在过去20年间略有波动，但生育意愿逐渐上升。农村育龄女性整体结婚率暂未明显下降，在76%左右波动，且平均生育率有所上升，表现出生育意愿增强的特征。这为通过政策手段进一步激发生育意愿提供了可能。最后，整体来看，农村出生婴儿数量的下降在当前阶段主要由总量因素和结构性因素导致。根据计算公式，即"农村出生婴儿数量 = 全国人口数量 × 农村人口占比 × 农村育龄群体人口占比 × 农村育龄群体女性占比 × 结婚率 × 生育意愿"，可以发现上述因素均会对农村新生婴儿数量造成影响。综合各指标可以发现，

2020 年农村出生婴儿数量的下降主要由农村人口占比、农村育龄群体人口占比和农村育龄群体女性占比这三个农村人口总量因素和农村人口结构性因素导致。

表5　农村人口婚育相关指标

	农村出生婴儿数量（人）	全国农村婴儿人口比（%）	农村人口占比（%）	农村育龄群体人口占比（%）
2020 年	4692004	0.3	36.2	39.3
2010 年	8411155	0.6	49.7	53.3
2000 年	9344779	0.8	63.1	54.5
	农村育龄群体女性占比（%）	平均生育率（%）	结婚率（%）	生育意愿（%）
2020 年	46.3	5.1	76.6	6.6
2010 年	49.3	4.8	75.6	6.4
2000 年	48.6	4.5	77.4	5.8

资料来源：2000 年、2010 年、2020 年《中国人口普查年鉴》。

注：1. "农村出生婴儿数量"指农村地区当年年龄为 0 岁的总人数。2. "全国农村婴儿人口比"指农村婴儿占全国总人数的比重，计算公式为：当年全国农村婴儿人口比 = 当年农村出生婴儿数量 / 当年全国总人数。3. "农村人口占比"指农村人口占全国人口比重，计算公式为：农村人口占比 = 当年农村总人口数 / 当年全国总人数。4. "农村育龄群体人口占比"指农村地区育龄群体人口比重，育龄群体此处均采用 15 ~ 49 岁定义方式，计算公式为：农村育龄群体人口占比 = 当年农村地区 15 ~ 49 岁人口数 / 当年农村地区总人口数。5. "农村育龄群体女性占比"指农村地区育龄女性占育龄群体的比重，计算公式为：农村育龄群体女性占比 = 农村地区 15 ~ 49 岁女性人口数 / 农村地区 15 ~ 49 岁人口数。6. "平均生育率"指农村地区育龄女性当年平均生育数量，计算公式为：平均生育率 = 当年农村出生婴儿数量 / 当年农村育龄女性数量。7. "结婚率"指育龄女性结婚率，计算公式为：结婚率 = 农村 15 ~ 49 岁女性结婚人数 / 农村 15 ~ 49 岁女性人数。8. "生育意愿"衡量已婚农村女性当年生育情况，计算公式为：生育意愿 = 平均生育率 / 结婚率。

表6 展示了我国农村婚育人口年龄结构分布的相关情况。首先，各年龄段农村女性占育龄女性比例发生了显著变化。具备更强生育能力的年轻女性占比下降，而年龄较大的女性比重变高。这表明农村地区的生育年龄结构正在发生变化，需要政府关注并调整相应的生育政策。其次，各年龄段

农村女性占比有所下降。这一占比下降较为均匀，各年龄段平均下降 3% 左右，表明农村地区的性别比例在各年龄段保持相对稳定。因此，持续关注性别比例的变化对农村地区的人口结构平衡具有重要意义。再次，农村地区的女性结婚年龄逐渐提高，整体结婚率呈现下降趋势。尤其是在 25～29 岁和 30～34 岁年龄段，相比于 2000 年水平分别下降了 18.2% 和 5.3%。这将进一步挤压生育潜力。政府应进一步关注此趋势并采取相应措施。最后，长期来看，未来农村生育婴儿数量下降将更大程度受到婚育因素影响。农村育龄女性储备不足、结婚率降低、结婚年龄推迟均会造成生育数量的大幅下降。

表6　农村婚育人口年龄结构分布　　　　　　单位：%

	女性占育龄女性比			女性占比			已婚女性占女性比		
	2020年	2010年	2000年	2020年	2010年	2000年	2020年	2010年	2000年
15～19岁	11.5	12.6	13.8	45.9	47.4	48.3	2.2	3.1	1.2
20～24岁	10.2	15.9	12.6	46.3	50.6	50.0	29.8	41.6	42.5
25～29岁	12.8	12.0	16.0	46.0	49.8	49.8	74.7	83.3	91.3
30～34岁	17.4	11.4	17.8	46.4	49.1	49.5	93.5	95.6	98.7
35～39岁	13.7	15.0	15.6	46.2	49.4	49.3	97.5	98.7	99.5
40～44岁	14.1	17.7	11.6	46.9	49.9	48.6	98.8	99.5	99.7
45～49岁	20.4	15.4	12.5	48.2	50.3	49.0	99.4	99.7	99.8

资料来源：2000年、2010年、2020年《中国人口普查年鉴》。

注：1．"女性占育龄女性比"指的是该年龄段农村女性人口占农村总育龄女性人口比重，计算公式为：女性占育龄女性比=该年龄段农村女性人口数/农村15～49岁育龄女性人口总数。2．"女性占比"指的是该年龄段农村育龄女性比重，计算公式为：女性占比=该年龄段农村女性人口数/该年龄段农村人口数。3．"已婚女性占女性比"指的是该年龄段农村女性结婚率，计算公式为：已婚女性占女性比=该年龄段农村已婚女性人口数/该年龄段农村女性人口数。

从 15～44 岁育龄群体人口结构来看（见图2），中国农村人口现阶段存在较为严重的年龄失衡和性别比失衡问题。年龄结构方面，中国农村育龄人口整体上存在"大龄化"现象，具体体现在 30 岁以上人口数量明显高于 30 岁以下人口数量，且作为生育主力军的年轻人数量愈发降低。年轻群体的匮乏将成为未来我国农村生育问题面临的最大阻碍。性别比方面，男性人口数量普遍高于女性。尤其是 16 ~ 20 岁群体的性别比超过了 1.25，育龄妇女的不足也将成为一大困扰。整体来看，我国农村育龄人口同时存在年轻力量不足以及男女性别比过高两大问题，结构失衡的改善将成为未来解决我国农村生育问题的关键。

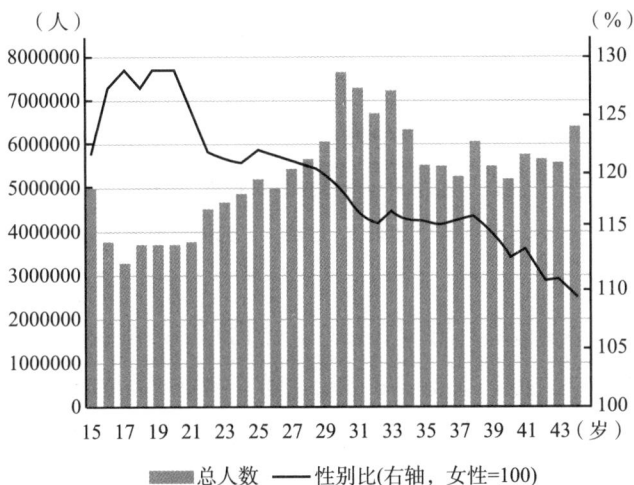

图 2　2020 年中国育龄人口结构现状（15 ~ 44 岁）

资料来源：2020 年全国人口普查数据。

生育特征方面，我国农村女性初育年龄追赶效应明显。生育行为除了受外界政策环境等宏观因素、个人家庭决策等微观因素影响，还受限于生育年龄等生理因素。我国的限制生育政策逐渐放开，但提升生育数量的效果有限。除了生育意愿的转变之外，其中一个主要影响因素是我国女性生育年龄的变化。随着经济的快速发展，我国整体受教育水平不断提升，同时出于职业发展等因素考量，我国女性初育年龄不断上升，并且上升趋势不断加快。到 2015 年，城市女性平均初育年龄超过 28 岁，而农村女性也超过了 27 岁。从趋势来看，近年来农村女性初育年龄与城市女性差异不断缩小，在未来可能实现赶超（见图 3）。

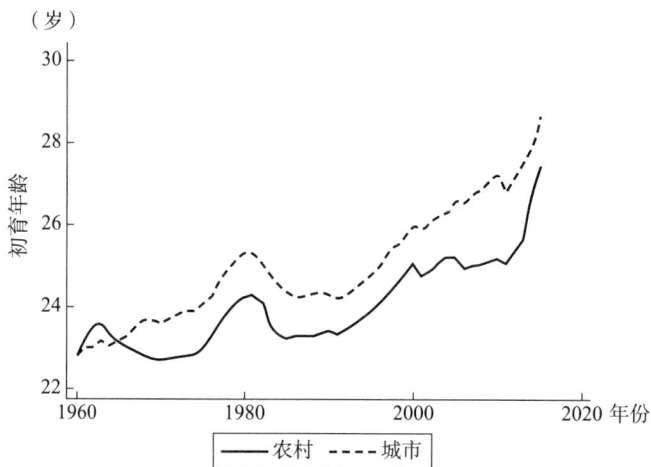

图3 我国城乡女性初育年龄变迁情况

资料来源：根据1982年、1990年、2000年、2005年、2010年和2015年全国人口普查微观数据测算。

初育年龄的不断推迟不利于农村人口生育问题的解决。就现实而言，我国当下整体生育率的提升主要依靠多胎。随着初育年龄的不断推迟，人们生理机能发生改变，进行多胎决策的概率发生改变，多胎支撑的力度将被不断削弱。

二、中国农村生育问题的时期——世代分析

随着社会经济的不断发展，中国农村人口问题在过去的几十年里发生了显著的变化。随着农村地区的现代化建设和经济发展，人们的观念也逐渐转变，对子女的期望随之改变。农村家庭对于子女的教育和生活质量更加重视，而对于子女数量的期望却逐渐降低。这一变化说明了计划生育政策对农村人口问题的影响深远。

然而，对于传统的人口研究，世代效应常常被忽略。这可能导致对不

同年代人群的需求把握不准确，从而制定出不切实际的政策，无法有效解决实际问题。为了解决这一问题，本文采用年龄—时期—世代（APC）模型进行分析（Yang & Land，2006；Yang & Land，2008），可以更准确地展现中国农村人口问题的时期变迁和世代变迁，为相关政策制定提供更全面、有效的依据。

APC 模型是一种可以同时考虑年龄效应、时期效应和世代效应的统计方法，有助于揭示人口问题的深层次规律。其中，年龄效应主要反映不同年龄段人口的特征，如生育率、死亡率、婚姻状况等，这些特征在不同年龄阶段有显著差异。时期效应关注同一时间段内所有年龄段人口的共同特征，这些特征可能受到社会、政治、经济等因素的影响。世代效应则主要反映不同出生年代的人所面临的社会环境及其特点，如教育水平、健康状况、收入水平等。

具体地，本文使用事件史分析（EHA，Event History Analysis）的方式作为 APC 模型的年龄项约束，然后使用两阶段模型对时期效应和世代效应进行分析。数据主要来源于 1982 年、1990 年、2000 年、2005 年、2010 年和 2015 年人口普查微观数据。

（一）事件史分析：年龄效应

从风险率分布来看（见图 4），女性生育行为在不同生育次数之间呈现明显的集中趋势。对于第一胎生育，18 岁至 25 岁是女性生育概率较高的阶段，而在 35 岁之后，生育第一胎的行为逐渐趋于平稳。在第二胎生育方面，20 岁至 30 岁的女性发生概率较高，然而在 35 岁以后，生育第二胎的行为同样趋于稳定。最终，大约有 25% 的女性未经历生育第三胎的行为。至于第三胎生育，女性在 25 岁至 35 岁之间的发生概率较高。然而，随着年龄的增长，约 65% 的女性最终未有生育第三胎的行为。通过观察 KM 图（见图 5），我们可以清晰地看到这一趋势。这种趋势表明，在不同生育次数中，女性的生育行为呈现一定规律。

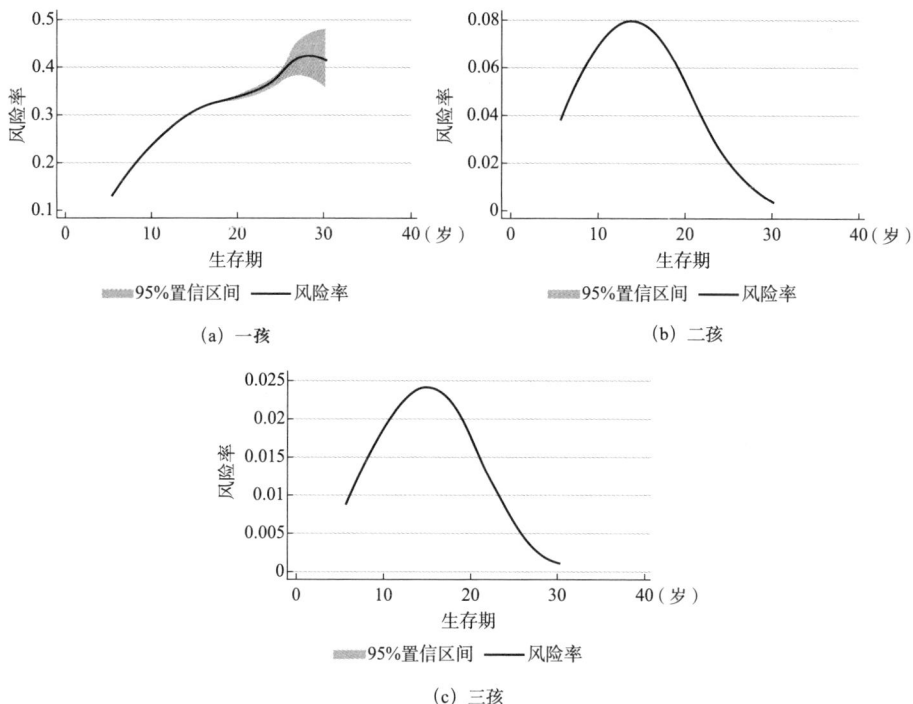

(a) 一孩

(b) 二孩

(c) 三孩

图 4　不同孩次生育生存分析风险率分布 [①]

资料来源：根据 1982 年、1990 年、2000 年、2005 年、2010 年和 2015 年人口普查微观数据测算。

（二）世代效应和时期效应

基于事件史分析方法，本文对中国农村女性生育行为的年龄效应实施了有效约束。通过使用 APC 模型，可以分析出中国农村女性生育行为的世代效应和时期效应。图 6、图 7、图 8 分别展示了一孩、二孩、三孩生育行为的世代效应和时期效应。

世代效应方面，1951 年至 1980 年左右出生的农村女性生育第一胎的风险率上升，这代表着一胎生育率的有效提升。该现象与当时国家对于人口增长

---

① 风险率分布图，又称生存分析中的风险函数图，用于表示在特定时间点上，事件发生的瞬时概率。风险率分布图反映了在某个时期内，特定事件（如生育、死亡等）的风险水平。在本研究中，风险率分布图用于展示不同年龄段女性在不同孩次下的生育风险，有助于更直观地观察生育行为的集中趋势。

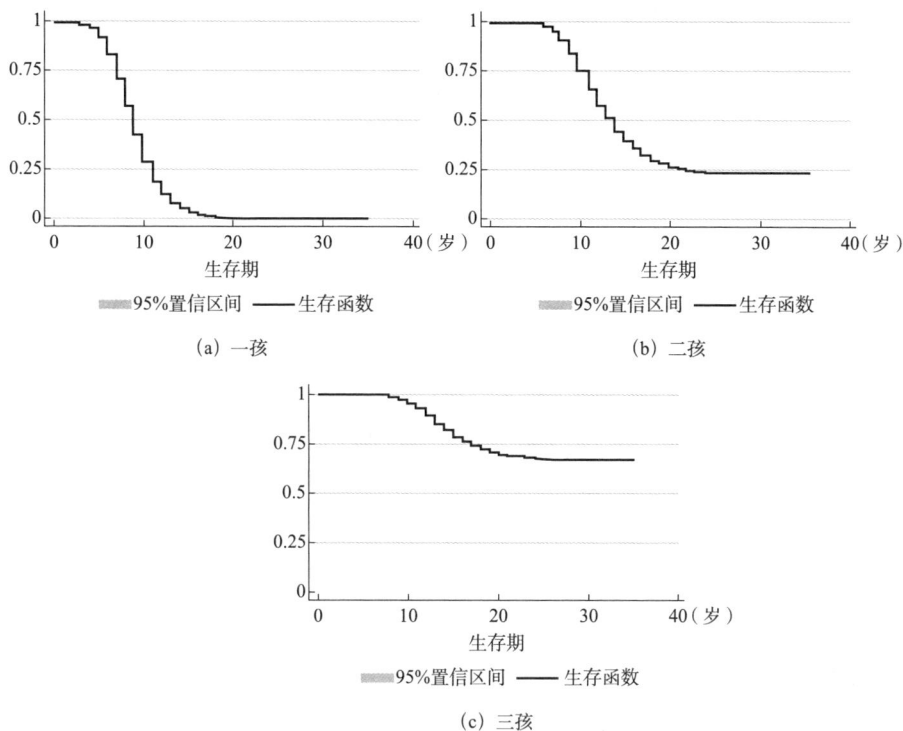

(a) 一孩

(b) 二孩

(c) 三孩

图 5 不同孩次生育生存分析 KM 图 [1]

资料来源：根据 1982 年、1990 年、2000 年、2005 年、2010 年和 2015 年人口普查微观数据测算。

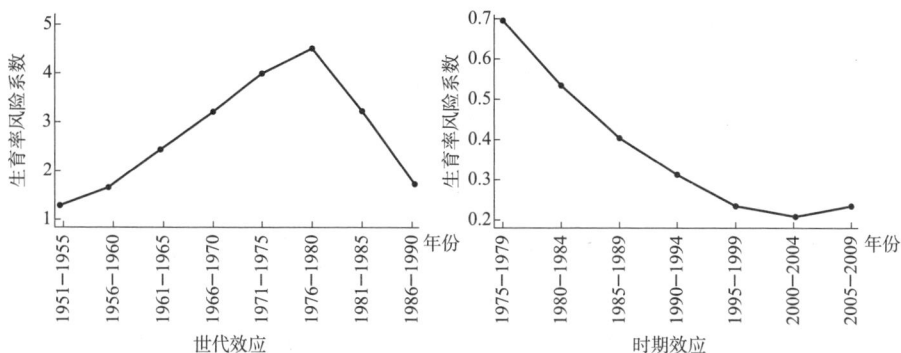

世代效应

时期效应

图 6 生育一孩的时期—世代效应

资料来源：根据 1982 年、1990 年、2000 年、2005 年、2010 年和 2015 年人口普查微观数据测算。

[1] Kaplan-Meier（KM）图是一种生存分析的图形表示方法，用于描述生存数据的时间分布特征。KM 图可以展示在给定时间内特定事件（如生育、死亡等）的发生概率。在本研究中，KM 图用于揭示不同年龄段女性在不同孩次下的生育概率，有助于分析女性生育行为在不同年龄和生育次数之间的关系。

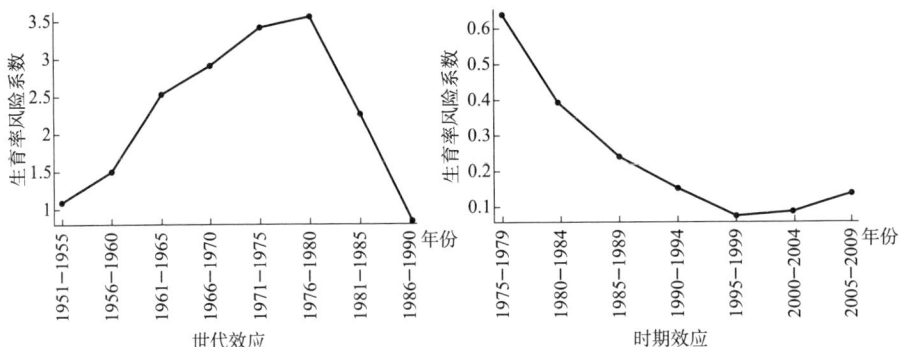

图 7　生育二孩的时期—世代效应

资料来源：根据 1982 年、1990 年、2000 年、2005 年、2010 年和 2015 年人口普查微观数据测算。

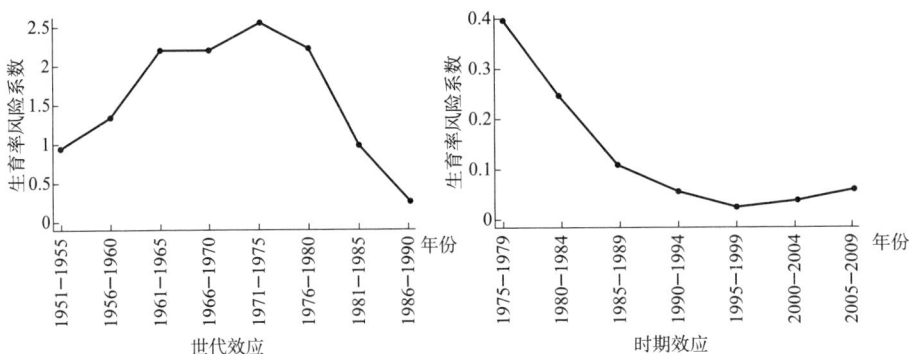

图 8　生育三孩的时期—世代效应

资料来源：根据 1982 年、1990 年、2000 年、2005 年、2010 年和 2015 年人口普查微观数据测算。

的积极态度以及较低的计划生育政策约束有关。这一时期，农村家庭对子女数量的期望较高，子女被认为是劳动力和养老保障。然而，之后世代出生的女性生育率下降。该现象可能与计划生育政策严格执行下女性的生育观念转变有关。1980 年之后，我国经济迎来了高速发展，农村生活水平也获得了极大提升，家庭观念开始发生转变，最终导致女性的生育意愿开始下降。

在时期效应方面，1975 年至 2004 年女性生育第一胎的风险率下降，这一现象可能与计划生育政策的实施、农村地区的经济发展、人们受教育程度的提高、家庭观念的变迁以及社会保障体系的建立等因素密切相关。而在 2004 年至 2009 年期间，生育风险率出现上升，这可能与国家政策的逐渐放松、家庭观念的改变以及生育需求的回升有关。此外，随着农村地区的经济发展，人们的生活水平得到提高，对子女教育和生活质量的关注逐渐增强，这些因素也对生育行为产生了一定的影响。

农村女性生育二孩的世代效应和时期效应的整体趋势与生育一孩的情况相似。具体来说，世代效应呈现倒"U"形的变化，其中 1980 年之后出生的女性世代受到的影响更加显著。这一现象反映了计划生育政策对人们在生育第一胎后的生育行为产生了更加深远的影响，该影响可能与计划生育政策的严格执行、农村地区的经济发展、家庭观念的转变以及社会保障体系的建立等因素密切相关。随着社会经济的发展，农村家庭对子女数量的期望逐渐减少，更加关注子女的教育和生活质量。同时，计划生育政策的逐步推行为人们生育第二胎形成了较大的约束。此外，社会保障体系的建立使得农村家庭对子女作为养老保障的依赖逐渐减弱。这些因素共同影响着农村女性在生育第二胎方面的决策，从而导致 1980 年之后出生的女性世代在生育二孩方面受到更大的影响。

关于农村女性生育三孩的情况，其整体趋势与生育二孩相似。在世代效应方面，我们观察到从 1975 年开始，生育三孩的风险率逐渐下降，且整体下降幅度较大。这一现象表明，计划生育政策在农村的影响是逐步从多孩次向少孩次扩散，最终影响到由少孩次到一孩次的生育行为。该变化可能与计划生育政策的严格执行、社会观念的转变、经济发展以及社会保障体系建设等因素有关。随着计划生育政策的推广，农村家庭对子女数量的期望不断降低，更加重视子女的教育和生活质量。同时，随着农村地区的经济发展和社会保障体系的建立，农村家庭对子女作为劳动力和养老保障的依赖逐渐减弱，从而影响了家庭生育三孩的意愿。

三、中国农村的生育意愿与婚育观念

人口生育水平是由个体生育行为汇聚而成的。生育意愿和婚育观念则与生育行为紧密相关，因此对于我国农村人口问题的判断和解决有十分重要的意义。

（一）生育意愿

生育意愿是个人在生育子女方面的愿望和要求，它体现在对生育孩子的数量、时间、性别、素质等方面的期望，其中数量最为重要。我国农村人口的生育意愿在中国各地区存在较大差异，其中男性的生育意愿普遍高于女性。报告利用生育调查数据和各省人口结构数据，详细分析了中国各省农村居民的生育意愿情况，同时对比了男女之间的性别差异（见表7）。研究结果揭示了以下三个特点：第一，整体生育意愿偏低。平均来看，我国农村居民的生育意愿为1.7个孩子。生育意愿最高的省份为宁夏、广西和海南，分别为2.04、1.96和1.96；而生育意愿最低的省份为上海、内蒙古和江苏，分别为1.41、1.49和1.49。第二，男性生育意愿普遍高于女性。在农村地区，男性生育意愿平均为1.78，女性为1.64，男性比女性高出0.14。从整体上看，仅有内蒙古、山西、湖南三个省份的女性生育意愿高于男性。第三，不同省份男女生育意愿差异较大。男女生育意愿差异最大的省份为甘肃、贵州和黑龙江，分别为0.43、0.39和0.41。生育意愿的性别差异扩大将严重阻碍整体生育意愿的释放。而新疆、湖南和云南的男女生育意愿几乎不存在差异。

总的来说，我国农村青年的生育意愿并不强烈。生育意愿下降的原因包括人口结构变化、受教育年限延长和婚姻节奏变化等客观因素。同时也需要关注"不愿生"以及"生得起，养不好"等问题。为了促进生育，各地区需要根据实际情况，分析所面临的具体生育问题，从根本上解决生育难题。

表7　2021年中国各省份农村生育意愿情况

省份	整体生育意愿	男性生育意愿	女性生育意愿
北京	1.66	1.77	1.57
天津	1.57	1.72	1.42
河北	1.73	1.82	1.64
山西	1.75	1.73	1.77
内蒙古	1.49	1.46	1.52
辽宁	1.58	1.73	1.46
吉林	1.50	1.53	1.47
黑龙江	1.51	1.70	1.29
上海	1.41	1.54	1.32
江苏	1.49	1.56	1.43
浙江	1.59	1.71	1.49
安徽	1.80	1.87	1.76
福建	1.73	1.85	1.63
江西	1.85	1.92	1.79
山东	1.81	1.85	1.76
河南	1.69	1.82	1.61
湖北	1.53	1.61	1.47
湖南	1.65	1.64	1.65
广东	1.79	1.85	1.73
广西	1.96	2.10	1.81
海南	1.96	2.16	1.86
重庆	1.50	1.62	1.43
四川	1.61	1.72	1.54

续表

省份	整体生育意愿	男性生育意愿	女性生育意愿
贵州	1.75	2.02	1.63
云南	1.84	1.87	1.82
西藏	1.86	1.90	1.82
陕西	1.82	1.92	1.73
甘肃	1.72	1.97	1.54
青海	1.66	1.69	1.62
宁夏	2.04	2.20	1.91
新疆	1.73	1.75	1.72

资料来源：根据 2021 年共青团中央青少年生育配套支持政策调查数据测算。

此外，不同世代群体的生育意愿差异较大，新生代年轻人的生育意愿呈上升趋势。从 2021 年的数据来看（见图 9），我国农村不同出生世代群体的生育意愿存在以下两个趋势：首先，整体生育意愿呈现先下降后上升的态势。生育意愿从 90 世代的 1.7 左右下降到 00 世代的 1.5 以下，随后迅速上升至 1.7 以上。80 世代群体的生育意愿最高，超过了 1.8。这主要是因为 90 年代至 00 年代出生的群体受独生子女政策影响较大，而随着生育政策的逐步调整，这一影响在 00 世代后逐渐消失。另外，90 年代至 00 年代出生的群体正处于婚育的核心年龄段，往往已经完成了教育阶段，而 00 年代之后的群体尚未接受完全的高等教育，这也会对生育意愿产生影响。其次，生育意愿的性别差异在不断扩大。从数据中可以发现，1995 年之前出生的群体生育意愿性别差异较为平稳，而 1995 年之后出生的群体则出现了较大的差异。这主要是由于目前社会存在性别不平等、婚育市场女性地位较低、家庭母职惩罚等因素的影响。同时，我国女性发展水平不断提高，性别教育差异几近消失，导致女性在面临生育决策时成本过高，进而压缩其生育意愿。

研究还发现，生育意愿随着教育水平的提高而下降，但研究生群体的生育意愿相对较高（见图 10）。总体来说，我国农村青年生育意愿随着受教育程度的提高而降低，从小学学历的 1.87 降低到大学本科学历的 1.56。这与客观

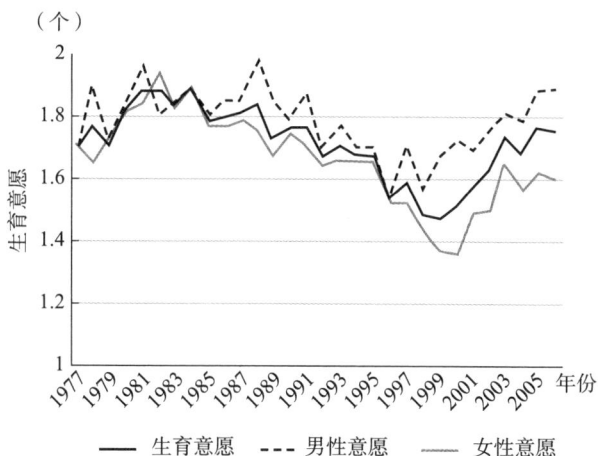

图 9　2021 年我国农村不同出生年份群体生育意愿变化 ①

资料来源：根据 2021 年共青团中央青少年生育配套支撑政策调查数据测算。

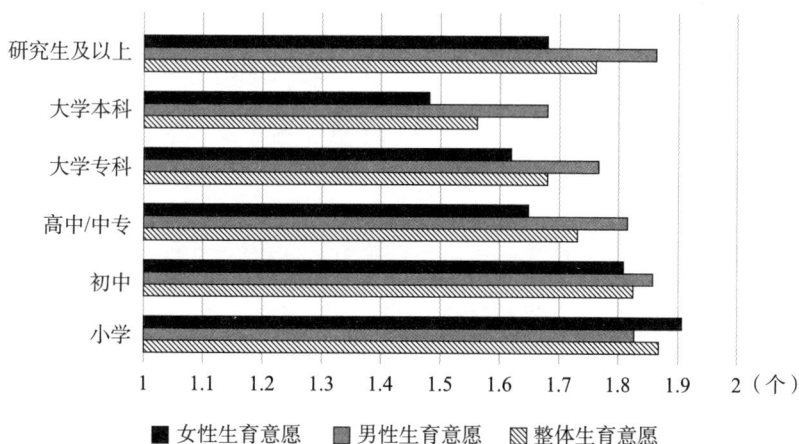

图 10　2021 年我国农村不同学历群体生育意愿变化

资料来源：根据 2021 年共青团中央青少年生育配套支撑政策调查数据测算。

规律相符合。研究生群体的生育意愿达到 1.76 左右，主要原因可能是该群体的收入水平和生活质量较高。从性别角度来看，大学本科女性的生育意愿降低幅度更大，相较于高中学历女性下降约 0.17。

---

① 已根据各省份人口结构进行加权调整。

综上所述，我国农村青年生育意愿受到多种因素的影响，包括人口结构、教育水平、婚姻节奏等。为提高生育意愿，政府和相关部门需要采取针对性的政策措施。

（二）婚育观念

随着社会观念的变迁，越来越多的人开始对婚姻持有不同的看法，其中爱情和陪伴逐渐成为婚姻的主要目的之一。调查显示，超过三分之一的青年已不再将婚姻视为人生必经之路，他们对结婚的态度更加开放。值得注意的是，这种态度在性别和代际上存在较大差异。一方面，超过60%的男性认为人生中必须要结婚，而不到45%的女性同意这一观点。另一方面，老一辈人群对婚姻的认同程度普遍较高，新生代则相对较低。这一现象在女性群体中尤为明显。80年代出生的农村女性中，超过50%的人认同结婚的重要性；然而，在95后的农村女性中，这一比例降至25%以下（见图11）。

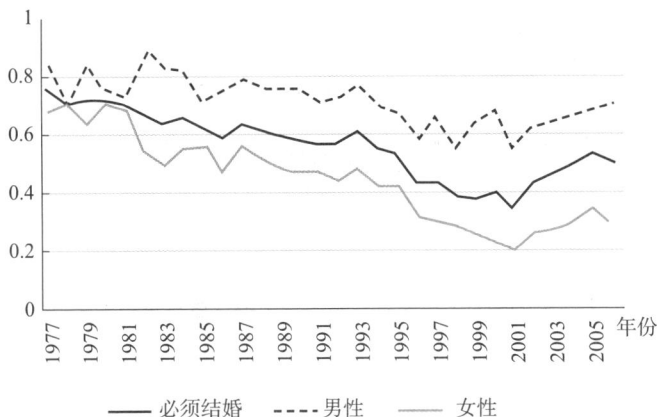

图11　2021年我国农村不同出生年份群体婚姻认同情况

资料来源：根据2021年共青团中央青少年生育配套支撑政策调查数据测算。

在探讨婚姻的目的时，超过40%的人认为婚姻的首要目的是"为了爱情"。从调查结果来看，"为了爱情""为了有稳定的性伴侣"和"避免孤独，有个依靠"被农村人口认为是婚姻的主要目的，占比均超过 50%（见表 8）。随着现代化、理性化、个体化的发展，人类社会的组织方式发生了重大变革，这对年轻人的婚育观念产生了深远的影响。调查分析发现，这种影响已经渗透到农村群体，农村年轻人对于婚育的功能和价值认知逐渐摆脱了传统观念的束缚。

表 8　农村人口结婚的主要目的

婚姻目的	首要目的（%）	主要目的（%）
为了爱情	41.81	63.28
为了有稳定的性伴侣	14.09	56.66
避免孤独，有个依靠	9.71	52.65
为了有经济依靠	15.26	46.20
延续和养育后代	7.13	33.96
保障自己未来的养老	3.69	19.55
降低日常生活成本	2.26	10.24
实现父母长辈的愿望	1.70	5.82
遵从社会习俗或规范	1.53	4.81
没有想太多	1.56	4.23
其他	1.26	2.59

资料来源：根据 2021 年共青团中央青少年生育配套支撑政策调查数据测算。

与婚姻认同观念的变化相一致，生育认同也呈现类似的趋势，生育的情感意义和价值功能受到越来越多人的关注。我国农村青年对于生育认同情况的性别和代际变化规律与其对婚姻认同的变化趋势一致，都表现出越来越开放的特征（见图 12）。在谈论生育目的时，超过半数青年认为"孩子是爱情或婚姻的自然结果"。将生育原因进行汇总，青年们最主要的选择仍然是"孩子是爱情或婚姻的自然结果"（占比 74.84%），其次是"延续血脉、基因"（占比 68.23%）以及"保障自己未来的养老"（占比 64.56%）（见表 9）。这表明，农村青年更多地认为，孩子承载了延续血脉的情感意义，同时具备养老的功能。然而，对于快乐、成就、投资等功利性需求，他们并没有表现出强烈的关注。

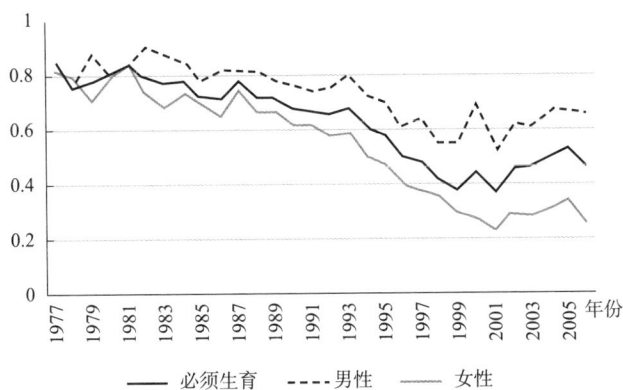

图 12　2021 年我国农村不同出生年份群体生育认同情况

资料来源：根据 2021 年共青团中央青少年生育配套支撑政策调查数据测算。

表 9　农村人口生育的主要目的

生育目的	首要目的（%）	主要目的（%）
孩子是爱情或婚姻的自然结果	51.46	74.84
延续血脉、基因	18.89	68.23
保障自己未来的养老	10.91	64.56
实现父母长辈的愿望	11.32	47.20
遵从社会规范或习俗	4.01	26.41
享受养育孩子带来的快乐和成就	1.42	10.35
养孩子比其他投资和享受更有意义	0.91	4.37
怀孕后不想打掉	0.45	1.96
没有想太多	0.28	1.23
其他	0.35	0.86

资料来源：2021 年共青团中央青少年生育配套支撑政策调查结果。

（三）生育政策评价

在我国农村人口生育状况、生育意愿和婚育观念剧烈变化之际，促进生育的相关政策不断出台。作为直接政策对象的农村青年对这些政策如何评价？

农村青年对于生育政策的评价（见表 10）显示，住房养老政策和就业政策在促进生育方面取得了显著效果。在养老住房相关政策方面，约 60% 的农村青年认为这些政策对他们有所帮助。这些政策涉及为新婚夫妇、多子女家庭提供住房保障服务，以及为随迁老人提供支持。此外，就业因素在解决生育问题上也发挥了重要作用。62.45% 的农村青年表示，提高工资水平将促使他们生育，其中认为工资政策非常有帮助的人占比超过 40%。促进就业公平也是农村青年关注的焦点，良好的公平就业环境有助于降低女性就业风险，从而刺激生育率。

表 10　相关政策对促进生育效果评价　　　　　单位：%

以下政策是否有用	完全没帮助	不太有帮助	一般	不清楚	比较有帮助	非常有帮助
为年轻人创造更多接触异性的机会，如多举行联谊活动等	2.70	2.74	30.04	17.29	26.58	20.65
对天价彩礼等婚嫁陋习进行引导与规范	3.34	2.67	27.01	18.54	23.4	25.04
提高年轻人的工资水平	1.34	0.92	20.26	15.03	22.34	40.11
对"996"之类的加班现象予以规范	2.19	1.84	24.83	20.59	21.23	29.32
为新婚夫妇提供政策性住房保障	1.55	0.85	20.74	17.00	22.46	37.40
为多子女家庭提供政策性住房保障	1.61	0.94	21.12	17.09	22.25	36.99
为老人随迁提供支持，如改进医保异地结算	1.36	0.74	20.76	17.27	22.33	37.54

续表

以下政策是否有用	完全没帮助	不太有帮助	一般	不清楚	比较有帮助	非常有帮助
教育青年一代结婚和生育的社会价值	1.64	1.44	24.67	17.86	23.09	31.30
允许高等教育阶段适龄结婚、保留学籍休学生育	2.12	2.51	25.73	19.86	21.88	27.90
促进就业公平	1.41	0.75	21.37	17.43	22.87	36.17

资料来源：2021年共青团中央青少年生育配套支撑政策调查结果。

在具体服务类生育支持政策方面，农村青年认为多孩生育津贴和促进教育公平等政策能发挥重要作用。一方面，超过60%的农村青年认为多孩生育津贴对促进生育有积极影响，超过39%的农村青年认为生育津贴将产生很大作用。另一方面，相较于幼儿教育，基础及以上教育受到了更多的关注。教育政策主要集中在三个方面：义务教育免费的同时质量均等化、免费普及高中教育以及增加更多双一流类的优质大学。超过30%的农村青年认为这些政策在促进生育方面具有很大的作用（见表11）。

表 11 服务类生育政策评价 单位：%

服务类生育支持政策	有作用	有很大作用
提供普惠性0~3岁托育服务	44.89	23.87
3~6岁幼儿园教育普惠化	52.03	27.04
出台父母带薪育儿假政策	50.88	28.37
实行弹性工作时间制度	49.39	27.01
提供公益性科学育儿讲座或培训	44.83	23.31
社区提供婴幼儿活动场所	48.57	25.23
增加公共场所儿童娱乐设施	48.87	25.50
增加针对婴幼儿的图书馆建设	48.19	25.27
加强对课外培训班的整治力度	47.55	25.51

服务类生育支持政策	有作用	有很大作用
义务教育免费的同时质量均等化	53.50	30.34
免费普及高中教育	55.55	33.78
增加更多双一流类的优质大学	52.56	30.86
多孩生育津贴	60.94	39.22

资料来源：2021 年共青团中央青少年生育配套支撑政策调查结果。

综上所述，住房养老政策、就业政策以及具体服务类生育支持政策在促进农村青年生育方面发挥了关键作用。因此，在制定生育政策时，政府应充分考虑这些因素，以切实提高农村青年的生育意愿和能力。

四、政策建议

报告分析显示，中国农村人口面临的问题主要有三个方面：农村人口总量减少、农村人口空心化加剧、农村人口生育动力下降。其中，农村人口数量逐年减少，主要受到城市化进程和农村地区经济发展相对滞后的影响。此外，出生人口减少也是导致农村人口数量下降的一个因素。农村地区人口空心化加剧主要受到老年人口占比持续上升、劳动力减少等因素的影响，这给农村经济发展带来了沉重的压力。农村地区的生育动力下降则主要受到生育成本、教育和医疗等基础设施不足的影响。与此同时，婚育人口结构的变化、结婚率下降、结婚年龄推迟等因素也是导致生育动力未来持续下降的隐患。综合来看，分析农村人口问题需要从多角度、多方向、多阶段进行，结合实际问题和长短期趋势，制定合理的规划和政策设计。

（一）关于农村人口问题的政策建议

针对我国农村当前面临的人口问题，我们提出如下建议。

第一，明确问题意识，结合地方农村人口发展现状、应用科学数据对当地人口问题做出全面精准诊断，因地制宜。首先，建立有效信息收集机制。各级政府应积极建立地方人口数据分析系统，以便收集、整理和分析地方农村人口发展现状。其次，明确地方农村人口问题本质。根据地方农村人口问题类型，制定具体的、有针对性的政策措施。针对人口流失严重的地区，重点关注产业布局和农村经济发展；针对人口老龄化问题严重的地区，优先发展养老服务产业，提高养老保障水平。再次，创新人口治理模式。鼓励地方政府因地制宜进行探索，借鉴国内外先进经验，灵活运用政策工具。最后，谋求多方协商治理的手段。鼓励社会各界参与农村人口问题的研究和解决，提高公众对农村人口问题的认识和关注，形成政府、企业、社会组织和民众共同参与的农村人口治理新格局。加强区域合作，共享人口资源和优势，实现协同发展，如人口密集地区与人口稀疏地区可以在劳动力、教育、医疗等方面开展合作，优化资源配置。

第二，挖掘新型政策工具，强化已有政策工具，打开理解农村人口问题的新视角。城市化进程不可逆转，解决农村人口问题并非解决农村人口数量下降问题，重点在于如何让我国城市化进程更为协调，让新农村发展更为健康。政策的目标并非将人口留在农村，而是更加优化资源配置，增加农村发展机会，减量增流。对此，可以改善农村基础设施和公共服务，提升农村居民生活水平和幸福感，进而缓解农村人口空心化问题，促进城乡人口均衡发展；可以发展特色产业，为农村居民提供就业机会，挖掘农村经济潜力，进而提高收入，稳定农村人口基数，缓解生育潜力下降问题；可以强化农村妇女权益保障，通过完善法律法规提高农村妇女在家庭、社会和政治领域的地位，为农村育龄女性创造有利的成长环境，从而缓解育龄女性数量降低问题；

可以搭建城乡协作平台，推动城乡资源共享；可以落实以人为本的发展理念，健全农村居民的医疗、养老、教育等方面的社会保障体系，提高农村居民的生活水平，稳定农村人口。

第三，着眼未来，加速推动乡村振兴，激发农村文化活力，增强农村居民的归属感和认同感。农村生活的活力是挽留人口的重要因素，但我国农村目前存在文化生活匮乏，活力不足的现象。因此，可以从以下方面着手改善：一是发展农村特色文化运动，如民间艺术、传统手工艺等，传承和弘扬乡村特色文化，增强农村文化底蕴；二是建立乡村体育场所，加大对篮球场、乒乓球馆等体育场地设施的投入，丰富农村居民的体育生活；三是促进特色文化产业发展，通过政策扶持和市场引导，将乡村特色文化资源与现代产业相结合，为农村经济增长创造新动力；四是组织村落间文化交流与竞赛，增强乡村凝聚力，如当下热门的"村 BA"①；五是推广农村文化教育。加强农村文化教育普及，提高农村居民的文化素质，为乡村振兴提供人才支持；六是融入乡村旅游发展，将乡村特色文化资源纳入乡村旅游发展规划，吸引游客体验和了解乡村文化，为乡村旅游发展注入新活力。

（二）关于农村人口生育问题的政策建议

人口是国家生存和发展的基础，是一个民族振兴和强盛的保障。农村青年人口的规模和结构、生育意愿和婚姻行为，不仅对我国农村社会发展产生深远的影响，更关乎我国农村现代化的发展大计。在此建议，立足农村生育人口现状，以促进农村青年人口长期均衡发展为目标，树立鲜明有针对性的农村青年生育政策导向。

基于我国农村人口结构发展趋势及现状，结合农村青年婚姻意愿心声，制定和完善鼓励生育政策应当考虑以下几点原则：一是注重政策的群体针对

① "村 BA"来自贵州台江县台盘乡台盘村的一场篮球比赛，该比赛由当地村民参与，吸引了十里八乡群众前来围观，其热闹的氛围迅速走红网络，被亲切地称为"村 BA"。

性。不同地区、年龄、性别的青年群体所面临的主要生育问题和政策需求存在很大差异，应避免"一刀切"，采取差异化应对策略。二是注重政策实施的阶段性。我国还处于发展阶段，面临城乡流动加快、农村"空心化"加剧等基本国情，不能简单照搬福利国家的补贴政策，需要先补短板，再扩大以提质增效。三是注重政策的孩次差异性。生育一孩较为普遍，农村对二孩及以上的生育意愿更强，在资源有限时，可以分别从促进婚恋及二孩以上生育着手制定相关政策。四是注重政策支持的发展内涵性。与城市面临的婚育问题类似，我国农村生育问题也面临就业因素的干扰，女性生育意愿普遍低于男性。生育支撑政策应注重促进农村女性就业，帮助女性平衡好工作和家庭的关系，提高女性劳动参与质量。

具体政策建议如下：

第一，加速新农村建设，吸引劳动人才回流。乡村人才是实施乡村振兴战略的中坚力量，乡村人才的回流不仅有助于我国农村发展，还为当下农村人口生育问题的根本性解决提供了思路。具体而言，首先，鼓励乡村挖掘特色优势资源发展主导产业，发挥农业多功能性，引入新业态，推动产业融合，为人才回流创造更多的就业机会和更宽广的发展前景。其次，对返乡人才提供差别化激励。一是通过经济补贴等方式为乡村人才提供更高的人力资本报酬。二是挖掘"乡愁"的文化价值，通过加强乡村人才与乡土的情感连接来激发其参与家乡建设的积极性。三是通过适当的经济补助、医疗和子女教育优惠等措施，为回流人才解决后顾之忧。最后，提升乡村公共服务供给水平。加大公共资源分配向乡村倾斜的力度，推进乡村建设行动，加快补齐乡村基础设施短板，把强化乡村基础设施建设纳入新基建规划，全面落实城乡统一、重在乡村的基础设施建设保障机制。加大财政投入力度，引导企业、集体经济组织、社会资本和个人参与乡村基础设施运营管护，持续改善乡村基础设施条件。由此为乡村人才回流提供优质保障。

第二，聚焦形势政策和婚育文化开展宣传引导。通过乡村宣传加强对农村青年的生育国情和时政教育。联合基层部门及村委会等，向青年科普人口结构变化对我国经济社会发展的深远影响，对生育、抚育、教育、住房、养老等政策进行阐释，帮助他们把握人口发展趋势和国家政策，同时引导农村青年树立文明、健康、理性的婚育观和家庭观。

第三，完善经济补贴、生育保险等生育保障制度，促进教育高质量发展。首先，建立生育多孩家庭阶梯式生育津贴发放机制。比如为生育二孩、三孩的家庭发放不同金额的生育奖励金，对有生育意愿但经济困难的家庭给予生育困难补助等。其次，完善农村居民生育保险制度。建立农村专项生育保险体制，逐步实现生育保险农村全覆盖。政府统筹分配相关收入，促进生育成本的社会共担。最后，促进教育高质量发展。教育是农村居民实现社会流动的主要渠道，但近年来，"寒门难出贵子"这一现象越发凸显。应保证义务教育阶段质量均等化，加强优质师资的校际流动；优先向农村地区居民提供免费且自愿的中等阶段教育服务；从根本上为优质寒门学子提供更多优质高等教育机会。同时，应对不同教育水平的群体制定相应的政策：对于受过高等教育的青年，可以通过提供职业发展机会、创业扶持、灵活的工作安排等方式，降低生育对职业生涯的影响。对于受教育水平较低的青年，可以通过扩大职业培训和技能提升机会，增加就业选择，从而提高他们的生活质量和生育意愿。此外，加强家庭教育和性别平等教育，使新生代年轻人更加重视家庭价值和责任，从而提高生育意愿。教育的公平、高质量发展有助于打通农村居民社会流通渠道，进一步释放农村地区的生育意愿。此外，还需要改善女性在职场和家庭中的地位，减轻家庭母职惩罚，消除性别歧视，以平衡男女生育意愿差异。

综上所述，通过实施多元化的政策措施，有针对性地解决各地区和不同群体的生育问题，将有助于提高我国农村青年的生育意愿，促进人口稳定增长。

主要参考文献

[1] 陈俊杰, 穆光宗. 农民的生育需求 [J]. 中国社会科学, 1996 (2): 126–137.

[2] 陈卫, 靳永爱. 中国妇女生育意愿与生育行为的差异及其影响因素 [J]. 人口学刊, 2011 (2): 3–13.

[3] 风笑天, 张青松. 二十年城乡居民生育意愿变迁研究 [J]. 市场与人口分析, 2002 (5): 21–31.

[4] 顾宝昌. 生育意愿、生育行为和生育水平 [J]. 人口研究, 2011, 35 (2): 43–59.

[5] 侯佳伟, 黄四林, 辛自强, 等. 中国人口生育意愿变迁: 1980—2011[J]. 中国社会科学, 2014(4): 78–97+206.

[6] 孙奎立. 农村妇女生育意愿影响因素分析 [J]. 人口学刊, 2010 (3): 20–24.

[7] 王军, 王广州. 中国育龄人群的生育意愿及其影响估计 [J]. 中国人口科学, 2013 (4): 26–35+126.

[8] 姚从容, 吴帆, 李建民. 我国城乡居民生育意愿调查研究综述: 2000—2008 [J]. 人口学刊, 2010 (2): 17–22.

[9] 郑真真. 生育转变的多重推动力: 从亚洲看中国 [J]. 中国社会科学, 2021 (3): 65–85+205.

[10] Becker G. S., Lewis H. G. On the Interaction between the Quantity and Quality of Children [J]. *Journal of political Economy*, 1973, 81 (2, Part 2): S279–S288.

[11] Bongaarts J. Fertility and reproductive preferences in post–transitional societies [J]. *Population and development review*, 2001, 27: 260–281.

[12] Yang Y, Land K C. A mixed models approach to the age–period–cohort analysis of repeated cross–section surveys, with an application to data on trends in verbal test scores [J]. *Sociological methodology*, 2006, 36 (1): 75–97.

[13] Yang Y, Land K C. Age–period–cohort analysis of repeated cross–section surveys: fixed or random effects? [J]. *Sociological methods & research*, 2008, 36 (3): 297–326.

乡村建设行动与加强乡村规划研究
——基于土地综合整治的视角 *

　　乡村建设行动内涵丰富、实践路径多元，国土空间规划是一个认识和理解乡村建设的重要视角。乡村建设不是单一的产业提升或者经济建设，而是面向乡村生产、生态和生活的全方位发展，需要以乡村规划为引领协调好生产空间、生态空间、生活空间，促进农村人居、环境、发展的格局完善。习近平总书记提出山水林田湖草沙是生命共同体，强调统筹山水林田湖草沙系统治理①。经过多年实践积累，土地综合整治已成为提升土地利用质量效率、打造"山水林田湖草沙生命共同体"的重要手段。基于此，本研究提出了以乡村规划为引领、以全域土地综合整治为抓手优化"三生"空间，进而助力乡村建设的路径框架，并以东中西部地区的案例为例介绍该路径的实践过程，提出新时期乡村规划助力乡村建设的对策建议。

　　* 本报告是清华大学中国农村研究院重点研究课题"乡村建设行动与加强乡村规划研究"的研究成果，报告观点仅代表课题组的看法。课题负责人：殷成志，清华大学公共管理学院副院长、副教授。报告执笔人：殷成志、肖建华。
　　① 《统筹山水林田湖草沙系统治理》，人民网，2022 年 6 月 1 日。

一、新时代乡村建设的实践背景和现实需求

强国必先强农，农强方能国强。习近平总书记在广东考察时强调，推进中国式现代化，必须全面推进乡村振兴，解决好城乡区域发展不平衡问题[①]。实施乡村振兴战略，是党中央作出的重大决策部署，是全面建设社会主义现代化国家的重大历史任务，是新时代"三农"工作的总抓手。新时代十年来，乡村振兴扎实推进，农村面貌明显改善，农业农村现代化迈上新台阶。2018 年，以产业兴旺、生态宜居、乡村文明、治理有效和生活富裕为目标的《乡村振兴战略规划（2018—2022 年）》出台，对乡村生活空间、生产空间和生态空间的需求发生了重大改变，需要构建以农业为核心的六次产业融合发展空间布局、以农村为中心的生活空间布局和人与自然一体化的生态空间布局。2020 年 10 月《中共中央关于制定国民经济和社会发展第十四个五年规划和二〇三五年远景目标的建议》提出"优先发展农业农村，全面推进乡村振兴"，明确"实施乡村建设行动。把乡村建设摆在社会主义现代化建设的重要位置。统筹县域城镇和村庄规划建设，保护传统村落和乡村风貌。完善乡村水、电、路、气、通信、广播电视、物流等基础设施，提升农房建设质量。因地制宜推进农村改厕、生活垃圾处理和污水治理，实施河湖水系综合整治，改善农村人居环境。"

与此同时，改革开放 40 余年来，城乡二元结构在不断加剧，城乡两极差异化格局在不断显现。目前我国乡村空间呈现居民点分布分散、村庄空心化、"三产"和"三生"空间分布混乱等特点，亟须以规划的力量促进农村空间格局的优化和提升。乡村规划是开展乡村建设、乡村振兴和乡村治理的重要工具与手段，它的角色和使命至关重要。然而，受到社会、经济、政策等多方

[①] 《推进中国式现代化，必须全面推进乡村振兴》，《人民日报》，2023 年 4 月 16 日。

面的影响，乡村规划的研究远远少于城市规划。传统规划的理念与方法在今天大背景下依然有积极作用，但其主要作用于县域及以上的行政单位，难以被有效应用于县域以下行政单位。同时，村庄的差异性较大，因此，需要站在更高层面认识乡村规划的角色和作用，更充分把握土地改革机遇，盘活土地活力，把创新发展乡村规划理论与方法论、科学推进乡村建设、落实乡村振兴战略作为科学研究服务支撑乡村振兴国家战略的立命准则、时代重任。

另外，乡村空间的规划和发展离不开农村土地制度的支撑。土地制度是国家的基础性制度，事关经济社会发展和国家长治久安①。实施乡村振兴战略，实现"产业兴旺、生态宜居、乡风文明、治理有效、生活富裕"，同样离不开土地制度的支撑保障。当前，面临的主要问题是农民土地财产性收入实现不充分、土地增值收益用于"三农"不足、建设用地安排"重城轻乡"等，现在已经到了解决土地增值收益"取之于农、用之于城"的问题，破解农村自己的地"不能用、用不好"困局的时候了。因此，未来要进一步深入推进农村土地制度改革，为乡村振兴提供基础制度支撑。尤其是要进一步评估农村土地制度改革试点（农村土地征收、集体经营性建设用地入市、宅基地制度改革）的成效和经验，创新农村土地制度，形成制度合力助推乡村建设行动和推动实施乡村振兴战略。

因此，基于上述背景，面向我国新时代乡村建设实际需求，以习近平生态文明思想和绿色发展理念为指导，本研究基于农村土地制度改革的视角，以土地综合整治为平台和抓手，试图厘清乡村规划推进乡村建设的逻辑和路径，为支撑和保障乡村建设行动，实现乡村振兴战略目标、建设美丽中国提供重要参考。具体的研究意义体现在两方面：第一，本研究旨在从公共管理的视角，系统研究乡村规划的核心制度——土地整治，提出优化乡村规划中土地全域综合整治的途径，对于我国乡村地区落实生态文明思想和绿色发展理念、进一步完善乡村法治，实现乡村振兴战略目标，具有重要和深远的理

---

① 《"三块地"改革、"三权分置"、"两权"抵押贷款，聚焦农村土地制度改革立法新期待》，新华社，2018年12月24日。

论意义。第二，作为国土空间组成部分的乡村空间，是乡村产业振兴、人才振兴、文化振兴、生态振兴、组织振兴的空间载体，只有实现乡村空间的高质量管控，才能保障和促进乡村振兴战略目标的实现。本研究面向乡村规划管理实务，对于在实践中进一步改革和优化乡村规划编制、管理和实施，推进乡村建设，实现"高标准农田建设""坚决遏制土地违法行为""农业面源污染治理""农村人居环境整治"等具有重要的参考价值。

二、乡村规划的发展历程和基本现状

（一）乡村规划的制度变迁

从新中国成立伊始颁布《中华人民共和国土地改革法》实现了封建地主的土地所有制向农民个体所有制的转变，到 20 世纪 50 年代末探索农业合作化和建立人民公社，土地由农民个体所有制转变为集体所有制，以此改善农业基本建设条件；从 1978 年实施家庭联产承包责任制的农村改革，到 1982—1986 年连续五年发布以"三农"为主题的"中央一号文件"，对农村改革和农业发展作出具体部署；从改革开放初期促进城乡要素流动（1983 年放活农村工商业、1984 年发展农村商品生产、1985 年取消统购统销）到 20 世纪 90 年代以乡镇企业为代表的小城镇建设；从 2004 年十六届四中全会明确"工业反哺农业、城市支持农村"，实现工业与农业、城市与农村协调发展，到以全面建成小康社会为目标的新农村建设、美丽乡村、传统村落保护，"中央一号文件"连续 19 年关注"三农"问题，如今乡村振兴已上升为国家战略，《中华人民共和国乡村振兴促进法》的施行更为加快推进乡村振兴提供了法治保障。表 1 梳理了党的十八大以来与乡村规划相关的法律、条例、规范、文件。

表1　与乡村规划相关的法律、条例、规范、文件

序号	标题	效力位阶	制定机关	发布日期
1	自然资源部办公厅关于进一步做好村庄规划工作的意见	部门规范性文件	自然资源部	2020.12.15
2	自然资源部办公厅关于加强村庄规划促进乡村振兴的通知	部门规范性文件	自然资源部	2019.05.29
3	中央农办、农业农村部、自然资源部等关于统筹推进村庄规划工作的意见	部门规范性文件	中央农村工作领导小组办公室等	2019.01.04
4	住房和城乡建设部办公厅关于公布2016年县（市）域乡村建设规划和村庄规划示范名单的通知	部门工作文件	住房和城乡建设部	2017.02.22
5	住房和城乡建设部办公厅关于开展2016年县（市）域乡村建设规划和村庄规划试点工作的通知	部门工作文件	住房和城乡建设部	2016.04.29
6	住房和城乡建设部关于公布2014年全国村庄规划、镇规划和县域乡村建设规划示范名单的通知	部门工作文件	住房和城乡建设部	2015.05.26
7	住房和城乡建设部关于印发《村庄规划用地分类指南》的通知	部门工作文件	住房和城乡建设部	2014.07.11
8	住房城乡建设部关于公布2014年村庄规划、镇规划和县域村镇体系规划试点名单的通知	部门工作文件	住房和城乡建设部	2014.06.05
9	住房和城乡建设部关于做好2014年村庄规划、镇规划和县域村镇体系规划试点工作的通知	部门工作文件	住房和城乡建设部	2014.03.28
10	住房和城乡建设部关于公布第一批全国村庄规划示范名单的通知	部门工作文件	住房和城乡建设部	2013.11.20
11	住房和城乡建设部关于公布2013年村庄规划试点和试点村庄规划编制单位名单的通知	部门工作文件	住房和城乡建设部	2013.04.25
12	住房和城乡建设部关于做好2013年全国村庄规划试点工作的通知	部门工作文件	住房和城乡建设部	2013.02.04
13	住房和城乡建设部标准定额司关于同意陕西省地方标准《村庄规划技术规范》和《城镇道路和建筑物无障碍设施施工质量验收规程》备案的函	部门规范性文件	住房和城乡建设部	2009.06.29

资料来源：基于北大法宝数据库（https://www.pkulaw.com/）搜集整理。

（二）乡村规划、村庄规划和乡村建设的关系

梳理乡村规划和村庄规划相关的法律法规和政策文件，有助于进一步厘清乡村规划、村庄规划和乡村建设之间的关系。《自然资源部办公厅关于加强村庄规划促进乡村振兴的通知》（自然资办发〔2019〕35 号）首先指出了村庄规划和乡村规划的关系。具体而言："村庄规划是法定规划，是国土空间规划体系中乡村地区的详细规划，是开展国土空间开发保护活动、实施国土空间用途管制、核发乡村建设项目规划许可、进行各项建设等的法定依据。要整合村土地利用规划、村庄建设规划等乡村规划，实现土地利用规划、城乡规划等有机融合，编制'多规合一'的实用性村庄规划。"《中共中央国务院关于建立国土空间规划体系并监督实施的若干意见》（2019 年 5 月 23 日）强调"分级分类建立国土空间规划"，在城镇开发边界外的乡村地区，以一个或几个行政村为单元，由乡镇政府组织编制"多规合一"的实用性村庄规划，作为详细规划，报上一级政府审批。

可以发现，乡村规划是个相对宽泛的概念，包括村土地利用规划、村庄建设规划等。当下正在建设的国土空间规划体系中，强调村庄规划是法定规划，是"多规合一"的实用性村庄规划，即将宽泛的乡村规划"多规"的功能更直接、集中地映射到村庄规划的概念中。因此，国土空间规划体系中的村庄规划具体承接了早期乡村规划的主要内容，本研究也将村庄规划视为乡村规划的更为清晰、可操作化的载体。

另外，《自然资源部办公厅关于加强村庄规划促进乡村振兴的通知》（自然资办发〔2019〕35 号）也进一步指出了村庄规划促进乡村振兴的思路，即"坚持先规划后建设，通盘考虑土地利用、产业发展、居民点布局、人居环境整治、生态保护和历史文化传承"。可以发现，乡村规划的定位是规划引领作用（先规划后建设），而乡村建设是一个包含产业发展、居民点布局、人居环境整治等内容的综合行动和复杂过程。进而说明，乡村规划和乡村建设的联系也较为复杂。

（三）乡村规划推进乡村建设的基本现状

传统意义上的村庄规划编制工作具有积极影响，但在建设"多规合一"的国土空间规划体系、全面推进乡村振兴战略的大背景下，乡村规划与乡村建设行动仍然存在诸多问题。

1. 村庄规划编制与"应编尽编"要求存在较大差距

习近平总书记强调，实施乡村振兴战略要坚持规划先行、有序推进，做到注重质量、从容建设[①]。做好法定的村庄规划，有利于厘清村庄发展思路，明确乡村振兴各项任务优先序，优化乡村生产生活生态空间。2019 年 1 月《关于统筹推进村庄规划工作的意见》强调，到 2020 年底，结合国土空间规划编制在县域层面基本完成村庄布局工作，有条件的村可结合实际单独编制村庄规划，做到"应编尽编"。但是，《中国城乡建设统计年鉴》（2010—2016 年）数据显示（见图 1），2016 年全国编制村庄规划的行政村占比 61.46%，自然村占比 31.73%，从 2010 到 2016 年的增长趋势平缓。可以发现，在国土空间规划改革前的村庄规划编制比例并不高，若基于当前全面推进乡村振兴战略目标下的村庄规划标准，符合村庄规划编制条件的村庄比例则更低，与"应编尽编"要求存在较大差距，不利于乡村建设行动的科学有序实施。

2. 乡村规划供给与乡村建设需求存在结构性矛盾

乡村地域系统是一个综合性复杂系统，兼具生产、生活、生态、文化等多重功能，《乡村振兴战略规划（2018—2022 年）》也指明了"产业兴旺、生态宜居、乡风文明、治理有效、生活富裕"的乡村振兴战略总要求。因此，乡村建设的综合目标必然是促进乡村的全面发展，而地区间、阶段性差异必然带来多维度的发展目标需求。客观上，乡村规划供给与乡村建设需求存在结构性矛盾。一方面，乡村规划的基本职能、管控权限有限，乡村规划本身

---

① 农业农村部：《中央农办 农业农村部 自然资源部 国家发展改革委 财政部关于统筹推进村庄规划工作的意见》（农规发〔2019〕1 号），2019 年 1 月 4 日。

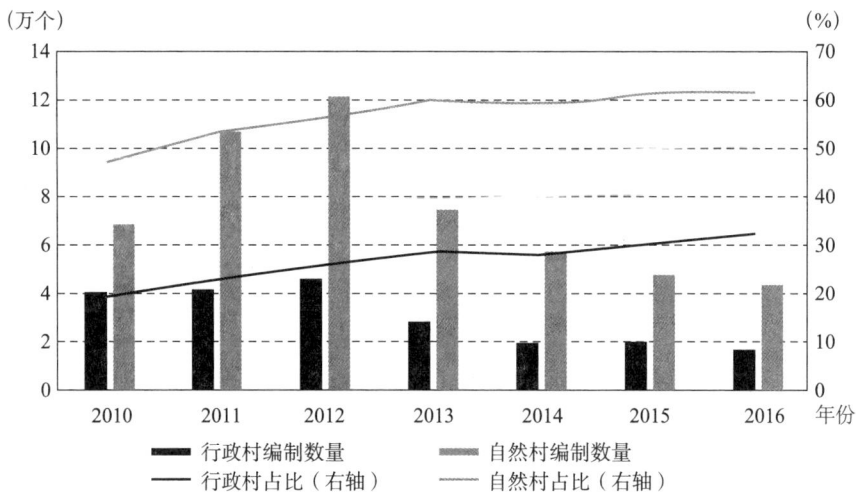

图1　2010—2016 年全国村庄规划编制情况

资料来源：《中国城乡建设统计年鉴》（2010—2016 年），作者自制。

不能因外部问题的复杂与多样，"潜意识"地放大职能效力；另一方面，现实中的乡村规划体系庞杂，多头管理问题突出，催生了当下乡村规划的低质供给。同时，乡村建设行动具有长期性和动态性，而乡村规划更多应用于一定时段较为固定的空间规划安排，乡村规划难以及时捕捉乡村形势发展和需求。因此，加强村庄规划作为实施乡村振兴战略的基础性工作，需要认识乡村发展特点和乡村规划局限。

3. 乡村规划推动乡村建设缺乏合适的载体和抓手

乡村规划作为实施乡村振兴战略的基础性工作，兼具技术性和政策性。首先，乡村规划形式上是一项技术性工作，须通过指标设计、空间测绘、专业制图和数据库技术等呈现乡村规划的理念、目标和内容，且乡村与城市的形态结构存在较大差异，城市规划的技术实践方案并不能简单地嫁接到乡村规划，因此当前乡村规划的重难点问题在于"谁来编""怎么编"，以及如何让村民看得懂、想参与。其次，乡村规划本质上是一项公共政策，乡村规划推动乡村建设的核心在于规划目标的有效落实，即需要一系列能够支撑其落地的政策工具。但是，早期的村庄规划多是对乡村建设相关政策要求的应和，

"纸上画画，墙上挂挂"，这也反映了乡村规划缺乏合适有效的载体和抓手，以至于在推动乡村建设行动上力不从心。

三、乡村规划推动乡村建设的逻辑

（一）乡村规划推进乡村建设的逻辑和路径

1. 乡村建设行动的目标定位

要厘清乡村规划推进乡村建设的逻辑和路径，首要的是明确当前乡村建设行动的目标定位。乡村建设行动内涵丰富，早在 20 世纪 20 年代至 40 年代，晏阳初率先引领实施平民教育，开展乡村建设活动，陶行知、梁漱溟、卢作孚等人受其感染和启发，引领大批学者投身其中，在全国从东到西践行"上山下乡"，分头实施乡村建设试验，意图复兴濒临崩溃的中国乡村的社会思潮。当然，认识和理解"乡村建设行动"不宜机械参照历史事实，要立足于当下语境，尤其是全面实施乡村振兴战略的新时代背景。[①]

2018 年 2 月，中共中央、国务院印发《关于实施乡村振兴战略的意见》，"到 2035 年，乡村振兴取得决定性进展，农业农村现代化基本实现。农业结构得到根本性改善，农民就业质量显著提高，相对贫困进一步缓解，共同富裕迈出坚实步伐；城乡基本公共服务均等化基本实现，城乡融合发展体制机制更加完善；乡风文明达到新高度，乡村治理体系更加完善；农村生态环境根本好转，美丽宜居乡村基本实现。""到 2050 年，乡村全面振兴，农业强、农村美、农民富全面实现。"由此可见，乡村振兴战略不是单一的产业提升或者经济提升，而是面向乡村生产、生态和生活的全方位的振兴，是包括产业振兴、

---

① 王立胜：《深刻理解"乡村建设行动"和"全面推进乡村振兴"的内在关系》，澎湃新闻，2022 年 10 月 11 日。

人才振兴、文化振兴、生态振兴、组织振兴的全面振兴。进而，可以确定乡村建设行动的总目标和任务路线，即以全面实施乡村振兴战略为终极目标，为实现"农业农村现代化"总目标，在"农业农村优先发展"总方针引领下，推动实现"产业兴旺、生态宜居、乡风文明、治理有效、生活富裕"，全面推进生产、生态和生活的全方位发展。因此，基于乡村规划的视角，乡村建设行动要协调好生产空间、生态空间、生活空间，全面提升乡村的生产、生态和生活。

2. 乡村空间发展存在的主要问题

立足于优化乡村生产空间、生态空间、生活空间的目标要求，要准确定位当前乡村空间发展存在的主要问题。

第一，宅基地空虚化。近年来，随着城镇化进程加快，大批农村人口涌向城市，大量农村宅基地长期闲置。根据农业农村部抽样调查数据，2019 年全国农村宅基地闲置率为 18.1%。从 2000 年到 2016 年，我国农村常住人口由 8.08 亿人减少至 5.89 亿人，减少了 27.1%，但同期农村宅基地面积反而由 2.47 亿亩扩大为 2.98 亿亩，增加 20.6%。[1] 因此，宅基地空虚化也衍生出农村土地资源巨大浪费，包括土地利用布局散乱、闲散土地盘活利用收益不高、主动退出闲置宅基地和农房的比例较低等问题。第二，土壤污染呈加剧之势。据 1990 年中国环境状况公报，当时全国遭受工业"三废"和城市垃圾危害的农田达 667 万公顷；据 1997 年中国环境状况公报，全国 1000 万公顷的耕地受到不同程度的污染，占当年全国耕地总面积的 7.7%；据 2000 年中国环境状况公报，对 30 万公顷基本农田保护区土壤有害重金属抽样监测，土壤重金属超标率达 12.1%；2011 年，环境保护部组织对全国 364 个村庄开展的农村监测试点结果表明，农村土壤样品超标率为 21.5%。来自各方面的数据表明，我国耕地土壤污染规模呈扩大之势[2]。第三，土地细碎化。土地细碎化是我国

---

① 陆铭：《尊重农民意愿，多种方式盘活农村闲置宅基地》，人民日报客户端，2023 年 3 月 6 日。
② 陈印军：《对我国耕地土壤污染应注意的几个问题》，《农村实用技术》2014 年第 5 期，第 12–13 页。

全面推进乡村振兴战略、加快农业农村现代化的掣肘。20 世纪 80 年代初期实施家庭联产承包责任制后，小农户家庭经营成为中国农业经营的基本形态。小农户家庭经营下，土地细碎化主要表现为地块多、分散化和不规则化。由此带来无法实现农业机械耕作、农田水利条件难以改善等问题。

3. 乡村规划的引领作用

近年来，国家和地方颁布多项政策，大力统筹推进村庄规划，以规划力量加快推进乡村振兴战略。其中，《国家乡村振兴战略规划（2018—2022 年）》强调，推进城乡统一规划，分类推进乡村发展，集聚提升类、城郊融合类、特色保护类、搬迁撤并类村庄，《关于统筹推进村庄规划工作的意见》提出，把加强村庄规划作为实施乡村振兴战略的基础性工作，《中共中央国务院关于建立国土空间规划体系并监督实施的若干意见》再次强调，在城镇开发边界外的乡村地区，以一个或几个行政村为单位，由乡镇政府组织编制"多规合一"的实用性村庄规划。特别是在《中华人民共和国乡村振兴促进法》中以法律形式确定了乡村规划的发展思路，要"因地制宜安排村庄布局，依法编制村庄规划，分类有序推进村庄建设"。实施乡村振兴战略要坚持规划先行、有序推进，做到注重质量、从容建设，要通盘考虑土地利用、产业发展、居民点布局、人居环境整治、生态保护和历史文化传承，编制"多规合一"的实用性村庄规划。

因此，实施乡村振兴战略和乡村建设行动，必须重视乡村规划的引领作用，坚持做好村庄规划有利于厘清村庄发展思路，明确村庄定位、发展目标、重点任务；有利于科学布局农村生产生活生态空间，尽可能多地保留乡村原有地貌和自然生态，系统保护好乡村自然风光和田园景观；有利于统筹安排各类资源，集中力量，突出重点，引导城镇基础设施和公共服务设施向农村延伸，加快补齐农村基础设施和公共服务设施短板。坚持村庄规划引领，做到发展有遵循、建设有依据，确保乡村振兴始终沿着正确的方向推进。

4. 农村土地制度的政策支撑

土地是人类最基本的生产生活资料和赖以生存的空间载体，土地制度是国家的基础性制度。改革开放以来，我国发挥土地制度特有优势，有力推动了工业化、城镇化进程。实施乡村振兴战略，实现"产业兴旺、生态宜居、乡风文明、治理有效、生活富裕"，同样离不开土地制度的支撑保障。当前，土地方面的主要问题是农民土地财产性收入实现不充分、土地增值收益用于"三农"不足、建设用地安排"重城轻乡"等，现在已经到了解决土地增值收益"取之于农、用之于城"的问题，破解农村自己的地"不能用、用不好"困局的时候了。因此，未来要进一步深入推进农村土地制度改革，为乡村振兴提供基础制度支撑。尤其是要进一步评估农村土地制度改革试点（农村土地征收、集体经营性建设用地入市、宅基地制度改革）的成效和经验，创新农村土地制度，形成制度合力助推乡村建设行动和推进乡村振兴。

5. 基于土地整治的政策工具

在乡村规划的引领下，在全面提升乡村的生产、生态和生活的空间发展目标要求下，土地综合整治是实现乡村规划推进乡村建设行动的重要平台和抓手，也是农村土地制度改革背景下的关键政策工具。山水林田湖草沙是一个生命共同体，要统筹山水林田湖草沙系统治理。经过多年实践积累，土地综合整治已成为优化国土空间开发格局、提升国土利用质量效率、打造"山水林田湖草沙生命共同体"的重要手段。一些地方结合实际探索出新的土地综合整治模式。

根据中华人民共和国标准《土地整治术语》（TD/T 1054-2018），土地整治是为满足人类生产、生活和生态的功能需要，对未利用、低效和闲置利用、损毁和退化土地进行综合治理的活动，具体包括：土地开发（对未利用土地，通过工程、生物或综合措施，使其达到可利用状态的过程。包括开发为农用地和开发为建设用地）、土地整理（按照土地利用规划和城市规划所确定的目标和用途，采取行政、经济、法律、工程和生物等措施，对田、水、路、林、村进行综合整治，对土地利用状况进行调整改造，对土地资源进行重新分配）、土地复垦（对生产建设活动和自然灾害毁损的土地，采取综合整治措施，使其达到可利用状态的活动）、土地修复（对受污染土地、退化土地采取综合整治措施，改变土地不良性状、恢复和提高土地生产能力活动）、生态修复（指基于生态保护的要求而开展的一项工作，是协助一个被退化、损伤和破坏的生态系统恢复过程）。而当前提出的全域土地综合整治则是更为系统的政策工具，属于土地整治的一种类型，也称国土综合整治、全域国土综合整治，是指在特定范围内，为满足生态文明建设、乡村振兴、国土空间综合治理等多重目标需要，依据国土空间规划及相关规划，整合耕地占补平衡、国土空间用途管制、基本农田保护、农业农村产业发展等相关政策和资金，针对土地资源闲置低效、生态退化及环境破坏等区域，整体开展农用地整治、建设用地整治、矿山地质环境整治、基本农田和生态保护修复等一体化项目实施，实现国土空间整体保护、系统修复、综合治理的活动。

（二）乡村规划推进乡村建设的体系框架

基于上述"目标定位—问题界定—规划引领—政策支撑—政策工具"的逻辑思路，本研究进一步整合形成乡村规划推进乡村建设的体系框架（见图2）。

图2外圈层（虚线框外）的思路是，"促进生产、改善生活和优化生态"是乡村建设行动的主体目标，也是乡村振兴战略的本质要求。然而，当前农村空间发展面临诸多亟待解决的重难点问题，包括农地非农化、土地闲置废弃、耕地细碎化、宅基地空虚化、土地面源污染、土地产出低效等。全域土地综合整治是解决农村土地和空间发展问题的重要抓手和载体。而土地整治和空间发展的底层支撑是土地相关的制度政策环境，包括农村土地制度"三块地"改革试点、"三权分置"制度、土地承包经营确权以及其他改革举措。

图2内圈层（虚线框内）的思路是土地整治的具体机制，相对更为复杂。首先，根据村庄规划的土地用途分类，土地可分为农用地、建设用地和未利用地。根据用地类型，农村土地整治可以划分为三类空间类型：一是开发区，

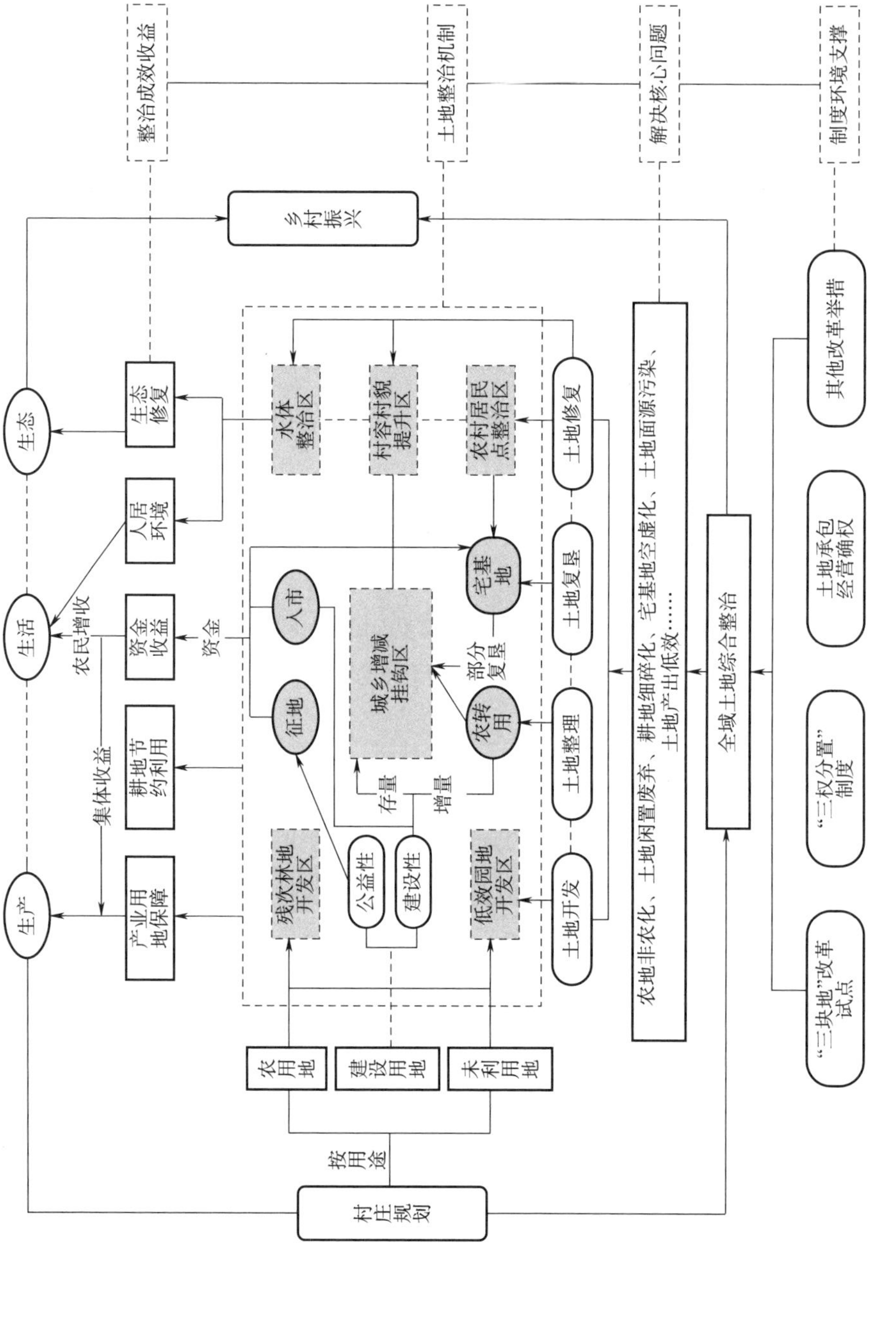

图 2 乡村规划推进乡村建设的体系框架

资料来源：作者根据相关资料整理。

包括残次林地开发区、低效园地开发区；二是整治提升区，包括水体整治区、农村居民点整治区、村容村貌提升区。经过上述土地开发、土地整理、土地复垦和土地修复，一定程度上重新塑造了农村土地利用的整体格局。结合存量的农村建设用地，以及农地转建设用地、部分宅基地复垦等综合形成城乡增减挂钩区可使用的土地库存，进而通过农村土地征收、集体经营性建设用地入市等方式实现部分土地的充分利用。

因此，经过土地的开发和整治，挖掘出可供农村进一步使用的产业发展用地，同时实现耕地保护和集约化利用；经过农村居民点和水体等的整治、村容村貌的提升，实现农村人居环境的改善和生态的修复；更为重要的是，通过城乡增减挂钩区的土地资源利用，提升土地的资金受益，农村增收和村集体增收，从而改善了农村居民的经济水平和生产建设。

综合可知，基于图2的乡村规划推进乡村建设的体系框架，在农村土地制度环境的支撑下，基于乡村规划的全域土地综合整治能够有效解决农村土地和空间发展的诸多问题，同时也有助于提升农村的生产、生活和生态，最终促进乡村建设和推动乡村振兴目标的实现。

为了验证上述理论框架在实践中的解释力，本研究将进行案例研究，更为细致地评估基于土地综合整治的乡村规划推进乡村建设的成效。

四、乡村规划推进乡村建设的制度环境和政策工具：基于东中西部地区的案例分析

正如乡村规划推进乡村建设的逻辑体系中指出的，以乡村规划为引领的乡村建设行动非常复杂，涉及多个目标、多个主体、多个工具、多种路径等，进而最终指向乡村振兴的总体目标。在复杂的逻辑关系中，需要找到乡村规划推进乡村建设的主要矛盾。经研究发现，土地问题，尤其是涉及土地的体

制机制问题是乡村规划和乡村建设联系的底层逻辑。比如，乡村规划首先是用地布局规划，乡村建设首要是解决当前农村土地非农化、耕地细碎化、宅基地空虚化等问题，需要进行全域土地综合整治。也就是说，土地政策是乡村规划推进乡村建设的重要制度支撑，无法脱离土地政策和土地要素去研究乡村规划和乡村建设。因此，本研究试图从土地政策的视角来思考乡村规划推进乡村建设的逻辑。

同时，进一步梳理了农村土地制度改革的历程和现状。农村土地制度改革三项试点（农村土地征收、集体经营性建设用地入市、宅基地制度改革试点）工作，是党的十八届三中全会部署的重大改革事项，关乎城镇化、农业现代化进程，深刻影响着乡村规划和乡村建设。因此，农村土地制度改革是基于土地政策视角来思考乡村规划推进乡村建设的重要政策抓手。本部分将基于东中西部地区的典型案例，介绍农村土地制度改革试点的经验成效，包括两个部分：一是县级行政区的试点情况、主要措施和经验；二是试点中的乡村的土地整治情况（土地综合整治是土地制度改革落地的政策工具和重要抓手）。

（一）东部地区试点案例：山东省禹城市

1. 案例的基本情况

自 2015 年 3 月开展全国农村土地制度改革试点工作以来，禹城市在坚守"土地公有制性质不改变、耕地红线不突破、粮食生产能力不减弱、农民利益不受损"四条底线的前提下，坚持开拓创新、坚持统筹推进，打造了具有鲁西北平原地区特点的农村土地制度改革"禹城经验"，提报修法建议 39 条，其中"风险评估""征地程序""民主协商"等 8 项创新实践被新《中华人民共和国土地管理法》及相关法律法规吸收采纳。

2. 制度环境支撑：禹城市土地制度改革试点成效

山东禹城市农村土地制度改革的主要做法包括以下几个方面。

一是一定两创、公开透明、阳光顺畅"征地"。首先，禹城市通过缩小土地征收范围，创制科学征地流程和多元保障机制，创新形成了"范围适当、认定合理、民主协商、保障有力、和谐征迁"的农村土地征收制度改革模式，在 163 宗 15733 亩土地上实验新的征地流程，新征土地没有发生一起行政复议、行政诉讼及信访案件。并且制定了《禹城市土地征收目录》，构建以听证为关键环节的公共利益认定机制，既缩小了征地范围，又保障了发展用地需求。其次，禹城市首创"一评估二协商三公告四协议"征地工作流程，构建了"与 2/3 农户签订确认意见"为主要内容的多层次民主协商机制，风险评估规避社会稳定风险；协商公告保障群众知情权、参与权和表决权等合法权益；四个部门共同与被征地村集体签订协议，为农民权益保驾护航。最后，禹城市首创"一代管、二提高、三保障"多元保障模式，全国首创征地补偿资金代管，全省率先提高征地区片价和社保补贴，实施养老、住房、就业多重保障，确保被征地农民原有生活水平不降低、长远生计有保障。

二是同地同权、建章立制、高效集约"入市"。农村集体经营性建设用地入市试点以来，禹城市创新形成了"同地同权、布局规范、增存统筹、公平公开、高效配置"的农村集体经营性建设用地入市改革模式，实现入市 407 宗 4844 亩，保障了 400 余个项目落地，有力推动了农村产业发展，促进了乡村振兴，助推了城乡融合发展。第一，摸底调查，明确"哪些入市"。一方面"摸清存量"，组织队伍，对全市存量农村集体建设用地情况和入市意向进行摸底；另一方面"规划增量"，根据土地利用总体规划和城乡规划，在全市11 个镇街各规划建设一个产业园区，确定主导产业及规模，明确入市范围和位置。第二，界定主体，明确"谁来入市"。明确乡镇政府（街道办）、村民委员会、村民小组等作为入市主体，土地所有权为村集体的由村民委员会作为入市主体，土地所有权为乡镇农民集体的由镇财政农经管理中心作为主体实施入市。第三，规范程序，明确"如何入市"。实施就地入市、整治入市和调整入市，并对 2330 亩零星分散农村集体经营性建设用地（含农村宅基地）复垦验收后，指标全部调整到产业聚集区入市。同时，探索了出让、转让、作价出资入股等多种入市方式。健全机制，全面保障入市。制定 9 个规范性文件，提供入市政策支撑，构建城乡统一的地价体系，协调金融机构办理农村集体经营性建设用地不动产权抵押贷款 55 宗 5034 万元，实现了集体建设用地与国有建设用地同等权利。

以点带面，全域铺开，积极稳慎推进"宅改"。2017 年 12 月，禹城市在"征收""入市"基础上，新增加农村宅基地制度改革试点任务，创新形成了"一规引领、三权分置、全域有偿、多元保障"的农村宅基地制度改革模式。具体的做法包括：全域编制国土空间规划和村庄规划，进一步充实完善各项规划，做到"一张蓝图绘到底"；开展"全域有偿使用"，科学制定宅基地有偿使用"13523"标准，实施农村宅基地有偿使用工作，没有发生一起行政复议、市长热线和信访案件；按照"宜工则工、宜商则商、宜农则农"原则，实施废弃宅基地和空闲地收回整治，打造"一村一品""一村一韵"；采取"二榜公示""三级审查"，实施房地一体不动产权登记，保障群众住房权益。

试点取得的主要成效如下：第一，攻克一批农村土地管理利用中的难题。通过"征地"改革，破解了公共利益难认定、征地范围过宽泛、征地社保补贴资金难落实、征地矛盾纠纷多等征地改革难题；通过"入市"改革，破解了农村集体经营性建设用地不能与国有建设用地同等入市、同权同价问题；通过"宅改"，破解了宅基地取得、使用和退出制度不完善、用益物权难落实等问题。第二，为农民群众释放更多改革红利。征地补偿费实现保值和增值，被征地农民收益比以往提高 700 ~ 1100 元 / 亩；率先提高征地区片价和社保补贴标准，分别提高 2.4 万 ~ 2.6 万元 / 亩和 0.5 万元 / 亩；完善安置补偿政策，健全农民房屋权能，让群众分享到更多红利。第三，有效助力乡村振兴。"入市""宅改"带来直接收益 3 亿余元、赋权抵押贷款近 6000 万元、节余指标交易 22 亿元，切实解决了乡村振兴"钱从哪里来"问题。同时，通过"入市"建成 10 个乡镇产业育雏园，引进投资 60 亿元，落地项目 400 余个，有效破解了乡村振兴"产从哪里兴"的问题。

3. 政策工具使用：禹城市土地综合整治成效

本部分以禹城市伦镇为例介绍土地综合整治成效^①。伦镇位于禹城市西南部，辖 70 个行政村，4.2 万人，耕地 10 万亩，是个传统的农业大镇。近年来，伦镇党委聚焦乡村振兴，坚持党建统领，以产业振兴为切入点，以区域党建共同体为载体，在土地上做好"三类地"文章，充分发挥农村基层组织的"龙头"作用。

第一，作为农业大镇，伦镇既不临城靠站，又没有丰厚资源，最大的资源就是镇域内的 10 万亩耕地。为实现耕地的效能最大化，伦镇按照"1+8+70"模式，在全镇 8 个管区建设区域党建共同体，指导各村按照市场需求开展土地规模化流转。截至 2023 年 3 月，该镇已流转 4.85 万亩土地支持产业发展。如誉瀚区域党建共同体，通过土地入股的方式，引进视界牧业万头奶牛牧场、燧禾农业有限公司等，发展奶牛养殖、牧草种植，带动群众年均增收 2 万元，促进产业发展，实现群众、集体、合作社共赢发展。

第二，在闲散地整理工作上，突出"三三模式"促进工作，使闲散土地再生"金"。一是突出"三清理"，重点清理废弃宅基地、闲置宅基地和废弃坑塘。伦镇收回并盘活农村闲散地和废弃宅基地 7830 亩，整理和收回坑塘127 处。通过闲散地整理，彻底改变了农民固有的"祖业"的传统观念，从根本上消除因占地引发纠纷的隐患，增强了农民依法使用集体土地的法律观念。二是引导"三利用"，通过出台《闲散地整理利用指导意见》，引导各村本着宜绿则绿、宜农则农的原则充分利用整理出的闲置土地。各村在整理出的闲散地上种植经济作物、粮食作物，修建广场、停车场等公共服务设施等，

---

① 《伦镇：点土成金，集约高效 激活乡村振兴新动能》，禹城市人民政府，2020 年 8 月 27 日。

既能美化村庄环境，又能实现集体增收。三是实现"三受益"，通过闲散地整理，让村集体、群众和村庄环境都受益，取得良好的经济效益和社会效益。通过闲散地发包及闲散地"飞地"建设工业园，使村集体获得长期收益；群众在原来废弃的上地上种出玉米、小麦又多得了一份收入；村庄环境在闲散地整理过程中变美，群众有了更多休闲娱乐的地方，村风更和谐。

第三，借助闲散地整治，该镇将29个村腾退出406亩废弃宅基地建设用地指标，"飞地"支持该镇创新创业园建设。在扣除整理土地的成本后，将剩余的800余万元资金全部用于助推村集体发展，截至2023年3月，该园区已成为全国创新创业园。2022年，在经济严峻的情况下，园区实现税收1300余万元。在探索土地指标"飞地"经济的同时，该镇也重点探索了经济"飞地"模式，赵庄新村将1000万元土地出让金投资村西的智能制造产业园建设。根据园区运营实际，在园区投产之前，每年获得10万元保底收益，待园区建成投产后，每年将收益30万元以上，使村集体稳定增收，同时园区还能带动餐饮、物流等服务业的发展，解决近1000名劳动力的就业问题，为附近村民提供就业岗位。

（二）中部地区试点案例：山西省泽州县

1. 案例的基本情况

2015年，泽州县被列入首批改革试点。时年，全国人大常委会授权全国33个区县开展农村土地制度改革试点工作，宅基地制度改革与征地制度改革、集体经营性建设用地入市并列，成为三项试点内容之一。

2. 制度环境支撑：泽州县土地制度改革试点成效

被确定为农村土地制度改革试点以来，泽州县按照中央统一部署，在坚守"土地公有制性质不改变、耕地红线不突破、农民利益不受损"三条底线的前提下，结合实际，以"试制度、试成效"为核心，大胆探索、勇于创新，总结了泽州县土地制度改革十大典型经验，形成了一系列制度性成果，为国家修法立规提供了诸多可资借鉴的做法和经验：土地征收试点稳步推进，按照"程序规范、补偿合理、保障多元"的要求，在缩小征地范围、规范征收程序、完善保障机制方面进行了积极探索，制定出台了 10 项制度。2018 年底完成农用地转用的 29 宗 1989.07 亩。实施征收的土地 6 宗 1219.73 亩^①。

农村集体经营性建设用地入市试点成绩突出。按照"同权同价、流转顺畅、收益共享"的目标要求，构建了"1+9+3"制度体系，即"一个总体制度"，整体设计入市政策；"九个配套制度"，完善入市程序、土地权属调整等操作层面细节问题；"三个保障制度"，明确交易公证、纠纷解决等相关问题。推进集体土地与国有土地同等入市、同权同价。在集体建设用地入市改革实践方面，多渠道探索入市途径，实现了就地入市、调整入市、村庄整治入市等方式的全覆盖。就地入市即原土地利用现状数据库中土地地类为建设用地的；调整入市是占用的土地在数据库中为非建设用地，需使用复垦的建设用地作补充后才能使用；村庄整治入市，仅指村庄用地在利用或复垦后作为指标利用。建立统一的交易市场，集体经营性建设用地与国有建设用地在同一个平台上发布信息、进行交易；科学把控入市"前、中、后"三个环节，对完成入市的每一宗土地都及时进行分析总结，评估其入市成果。2018 年底完成 53 宗集体经营性建设用地入市，面积 1761.7 亩，成交金额 2.08 亿元。

在土地征收制度改革实践方面，制定出台 10 项制度，实现农用地转用 29 宗 1989.07 亩，实施征收土地 6 宗 1219.73 亩。围绕"公共利益"列目录有效缩小土地征收范围：对于属于征收目录的项目用地进行征收，全部使用国有土地；对进入限制征收目录的项目用地不再进行征收，原则上使用集体土地；对未列入征收目录和限制征收目录的项目，通过听证会来解决。同时，建立多元化合理补偿机制，保障被征地农民的利益。

---

① 《乡村振兴背景下，我市"四块地"改革前景展望》，晋城市人民政府，2021 年 1 月 22 日。

宅基地试点成效明显，按照"依法公平取得、节约集约使用、自愿有偿退出"的要求，建立了"1+5"制度体系。按照宅基地"三权分置"的要求，适度放活农村宅基地和农民房屋使用权，将大阳镇7个村585户农房出租给旅游公司用于发展旅游，出租总建筑面积43000平方米。自2018年下放宅基地审批权以来，乡镇人民政府已批准用地3宗，面积60.87亩。完成7个乡镇17个村的宅基地整治退出工作，共退出宅基地496户，整治复垦土地503亩，另有51个村1002亩宅基地正在整治复垦中。

泽州县通过"三块地"改革，一方面，极大提高了农村土地资源配置效率，显化了农村土地资产价值，建立了城乡统一的建设用地市场。另一方面，保障了农民土地权益、居住权和财产性收入，夯实了乡村治理体系的基础，形成了民事民议、民事民办、民事民管的多层次协商格局。

3. 政策工具使用：禹城市土地综合整治成效

本部分以晋城泽州县靳庄村为例①，具体分析泽州县土地整治的成效。巴公镇靳庄村位于泽州县北部，距离市区20公里，共438户1209口人，耕地2293亩、宅基地350亩、集体建设用地640亩。近年来，因此地工矿企业多、距离市区近，村内劳动力普遍就地就业、外出打工或从事个体运输，耕地撂荒、宅基地闲置、建设用地废弃等问题凸显。村党支部坚持靶向发力，做好土地文章，为村集体增加经营性收入47.8万元。

化零为整，撂荒耕地规模经营。按照每亩500元标准集中流转分散零碎、长期撂荒的耕地1500亩，集体投资180万元启动"小块地"整理工程，建设高标准农田，与金硕园农业专业合作社、建立农业科技有限公司等企业，分别签订种植协议、供销协议，打造种植、收购、销售全产业链，经营收入由种植大户、农户、村集体按照7：2：1的占比进行分配，每年可增加经营性收入10万元。

增减挂钩，宅基地退出复垦。泽州县抢抓全国农村宅基地制度改革试点

---

① 《晋城泽州县靳庄村：做活土地文章 增加经营性收入》，晋城市人民政府，2022年12月14日。

县机遇，结合村庄建设规划，连片整治凋敝宅基地，按照每平方米200元至1300元的标准，有偿退出223户256座房屋，腾退空间160亩，复垦土地120亩，获取指标交易资金1800万元。同时利用建成的120亩高标准农田，以每亩500元标准流转给合作社统一耕种，村集体再按照收益的30%比例进行分红，每年可增加经营性收入7.8万元。

市场运作，建设用地入股分红。在山西农业大学指导下，利用荒坡地发展养殖业，引进金硕园"生猪养殖"产业园项目，坚持"产权清晰、收益归村"原则，将原煤矿废弃建设用地20亩土地入市，拍卖金300万元入股金硕园农牧有限公司年产12万吨的饲料厂项目，在就近解决30个劳动力的同时，村集体每年按照股金的10%进行分红，村集体年增加经营性收入30万元。此外，靳庄村通过"清化收"专项行动，规范认定村内11家企业、租户，统一租金、物业收费标准，村集体每年可收取租金66万元。

（三）西部地区试点案例：广西北流市

1. 案例的基本情况

北流市位于广西东南部，毗邻粤西，辖22个镇、3个街道，305个村（社区），总人口152万人，全市土地总面积为2457平方公里，其中，耕地保有量5.32万公顷，人均耕地保有量0.66亩，纯耕地面积为4.13万公顷，人均纯耕地面积为0.45亩，低于全区和全国的平均水平。[①]

2. 制度环境支撑：北流市土地制度改革试点成效

北流市是全国33个试点地区之一，2015年起开展农村集体经营性建设用地入市改革试点，2016年底增加了土地征收制度改革试点任务，2017年底开始统筹推进宅基地改革试点。对三类制度试点的基本情况、主要做法和经验举措分析如下。

---

① 数据来源于北流市土地制度改革成果总结，作者实地调研获取。

第一，农村集体经营性建设用地入市改革试点。北流市坚持"能不征、就不征""可入市、尽入市"的原则，着力建立城乡统一的建设用地市场，推动城乡一体化和新型城镇化建设。截至2020年9月，北流市已实施集体经营性建设用地入市265宗，入市面积14326.08亩，成交价款59.96亿元。实现抵押贷款9笔，贷款额7177.55万元。主要做法包括：摸清家底，夯实试点基础；培育主体，强化民主自愿；整治复垦，确保改革底线；推动实践，积累真实经验。主要创新举措包括：一是商住用地入市。目前已拍卖出让商住项目用地145宗，面积8112.52亩，分别占入市项目宗数、面积的54.72%、56.63%。其中位于乡镇村商住项目用地入市109宗，面积5276.86亩，分别占全部入市商住项目宗数、面积的71.53%、61.75%，中心城区主要是城中村整治改造商住项目入市为主。在试点实践中，将国有土地商住项目的服务和监管制度运用到入市项目中，同等管理、同等监督，收到较好的效果。二是成片整治入市。通过对零星分散地块整治复垦，集中连片整治后入市，让群众共享入市收益。目前，通过政府主导，政府平台公司参与，与入市集体组织签订实施成片综合整治开发入市用地协议6500亩，创新了农村集体建设用地一级开发模式。三是公益用地入市。北流市积极探索创新公益项目用地保障新方式。协议出让公建项目用地8宗，面积234.3亩，土地价款4468.08万元；在入市项目中捆绑配套建设道路、公园、公共配套等项目，涉及入市项目97宗。四是新增集体建设用地入市。尝试了新增集体经营性建设用地入市，获得批准新增用地90.21亩，及时解决了项目用地问题，也创新了缩小征地范围后建设用地保障新途径。

第二，土地征收制度改革试点。2016年9月，北流市启动了土地征收制度改革试点工作，制定了"一办法、一目录、两标准"的规章制度体系，找准了土地征收制度改革和集体经营性建设用地入市改革的结合点，统筹国有和集体建设用地市场供应，除了21类公益性建设项目可实施土地征收外，其余经营性建设用地全部通过集体经营性建设用地入市保障。其中，属于存量建设用地的，通过直接入市解决；属于农用地的（需农转用的），通过新增建设用地入市（只转不征）解决。目前，已完成土地征收制度改革试点项目

345 宗用地，面积 11296.71 亩。土地征收制度改革实施风险评估，建立调处机制，实行灵活多元补偿，保障农民权益。主要创新举措包括：找准土地征收制度改革和集体建设用地入市改革的结合点，将土地征收项目用地范围缩减为 21 类项目。不属于土地征收目录的项目，严格禁止动用土地征收权，通过集体建设用地入市渠道保障项目用地。其中，属于存量建设用地的，通过直接入市解决；属于农用地的（需农转用的），通过新增建设用地入市（只转不征）解决。

第三，宅基地制度改革试点。2017 年底，北流市开始实施宅基地制度改革，具体包括：一是在北流镇新城村和潮塘村、新圩镇河村、民安镇高车村实施宅基地制度改革，积极探索宅基地有偿使用、退出、流转和整治入市。目前因村庄规划问题、历史遗留（一户多宅问题、新宅建设旧宅不退出问题、违章违法用地建房等）、资金投入缺乏问题等，推进缓慢。目前，已完成了北流镇新城村和潮塘村、新圩镇河村的村庄规划方案；实施旧宅基地退出，通过入市出让作为宅基地改革资金平衡项目，潮塘村已完成一宗宅基地退出入市商住用地出让，新城村宅基地退出商住用地出让方案目前已完成编制，两个村宅基地退出有序开展，复垦工作正在推进，其他各项工作同步有序开展。二是全面展开第二批农村宅基地制度改革试点村涉及 20 个镇共 27 个村的宅基地改革，目前正在编制村庄建设规划，宅基地退出、拟计划复垦等工作正在有序开展。三是正在全面展开全市农村宅基地历史遗留问题的处理工作，印发了《关于北流市农村宅基地制度改革中历史遗留问题的处理意见》，通过分类依法处理和打击农村违法占地建房，实现宅基地制度改革工作有序开展。目前北流市宅基地制度改革工作有序开展，各镇共处理历史遗留问题宅基地 11653 宗，面积 1324972.3 平方米；已审批历史遗留问题宅基地 3110 宗，面积 358287 平方米；已确权历史遗留问题宅基地 2707 宗，面积 291714.44 平方米；已退出老宅 1033 宗，面积 152626 平方米；已实施复垦 785 宗，面积 145747.92 平方米。

3. 政策工具使用：北流市土地综合整治成效

本部分以北流市新圩镇河村为例分析土地综合整治成效。为指导和服务村域规划研究,北流市按照"宜农则农、宜建则建、宜留则留、宜整则整"的原则,明确全域土地综合整治的目标任务、整治区域、主要内容、空间布局,突出"简单、实用、节约、可行"八字方针,组织编制了《北流市新圩镇河村村庄规划(2020—2035年)》,重点关注村庄布局、边界、用地比例结构和动态调整机制等问题,统筹激活全要素资源、全域土地综合整治与生态修复等内容,全面推动乡村振兴战略。

河村通过一系列土地整治措施,提高土地利用效率,优化土地结构。结合乡土特色试点村建设,推进乡村闲置用地复垦入市,把有条件的土地改造为水田,实现高效耕地利用和城乡用地空间重构。

第一,在生产方面提升集体经济收益、优化产业发展结构和改善农业生产条件。一是通过低效园林整治、残次林地、城乡建设用地增减挂钩拆旧区等改造建设工程,可获取相关用地指标,通过土地流转入市可获取相关指标收益,按自治区内交易指标计算,项目指标交易总收益达到2982.57万元。二是合理挖潜区域内种植产业、养殖产业、旅游产业、信息产业、物流产业等各类产业的融合发展,着力打造成独具山水田特色的乡村旅游度假地。构筑集精准扶贫、产业融合为一体的国家级国土空间综合整治示范区。三是通过农用地整理、建设用地整合等工作,有效增加项目区耕地面积和提高耕地质量,提升农业生产规模与土地利用率,为农业机械化、规模化、集约化生产的发展提供良好的条件,提高农民参与社会化生产的能力,促进项目区内落后低效的生产方式,推动现代农业的发展。

第二,在生活方面促进农民增收、优化乡村格局和提升村庄整体风貌。一是项目区开展全域土地综合整治,增减挂钩收益直接有利于增加农民的农业生产收入,提高农民农业生产积极性。二是合理布局生活空间,遵循项目区内乡村传统肌理和格局,合理开展农村居民点整理,引导生活空间尺度适宜、布局协调、功能齐全。三是通过生态空间整理工程,在项目区开展农村人居环境整治行动,以建设美丽宜居村庄为导向,以农村垃圾、污水治理和村容村貌提升为主攻方向,全面提升项目区农村人居环境质量;通过科学规划村庄建筑布局，大力提升农房设计水平，突出乡土特色。

第三，在生态方面修复和改善乡村生态环境，提升区域生态功能和服务价值。一是项目区开展全域土地综合整治，完善项目区农村基础设施和公共服务，改善农村生产生活条件，降低农村生活污染，提升村庄生态环境。二是树立山水林田湖草沙是一个生命共同体的理念，加强对项目区自然生态空间的整体保护，减少化肥、农药、农膜等化学产品的使用。三是对生态环境修复进行退耕还林、还草，加强防护林带等配套设施的建设。

五、以乡村规划推动乡村建设的政策建议

（一）推进乡村规划"应编尽编"，提供乡村建设方向指引

乡村规划是实施乡村振兴战略的基础性工作，是乡村建设行动的重要工具与手段。传统意义上的村庄规划编制工作仍具有积极影响，但在建设"多规合一"的国土空间规划体系、全面推进乡村振兴战略的大背景下，乡村规划与乡村建设行动仍然存在诸多问题，如远未达到"应编尽编"的要求、与乡村建设需求存在结构性矛盾和缺乏合适的载体与抓手。

各地要明确乡村规划对乡村建设的引领作用，做到应编尽编。各地开展乡村建设行动要做好顶层设计，注重规划先行、目标引路，按照地域特点、乡村特色，摸清村庄家底，挖掘文化特色，下足绣花功夫，编制兼顾当前需求和长远发展、兼具乡土气息和现代理念的实用性乡村规划。乡村规划要严格按照"三区三线"确定的范围，有序引导乡村生产生活，有条件的要利用测绘技术手段让村民更清晰、直观、准确地了解建设范围和底线。特别是强化规划用地管控机制，设立合理的用地管控目标，如通过直接的用地管控确保基本农田数量、质量不受损害，从而起到保护生态空间和农田的作用。

（二）优化土地市场等经济环境，提升农村土地制度改革试点成效

习近平总书记强调，全面实施乡村振兴战略的深度、广度、难度都不亚于脱贫攻坚，要完善政策体系、工作体系、制度体系，以更有力的举措、汇聚更强大的力量，加快农业农村现代化步伐，促进农业高质高效、乡村宜居宜业、农民富裕富足[①]。这为做好"三农"工作提供了根本遵循。扎实推进乡村振兴，必须把制度建设贯穿其中，强化制度保障。要按照"产业兴旺、生态宜居、乡风文明、治理有效、生活富裕"的总要求，建立健全促进乡村振兴的制度，推动乡村振兴战略规划贯彻落实，走好中国特色社会主义乡村振兴道路。因此，要想更好发挥农村土地制度改革的效果、更好达到预期目标，需要同步优化土地交易市场等相关经济社会环境，从而增强制度发挥效能的系统性和连贯性。未来要进一步总结和吸收农村土地制度改革试点的经验，加大政策保障和体制机制创新力度；在政策制定上问计于民、聚智成策，加强政策研究、调研、评估，并在一定范围进行试点，从而增强政策的针对性、有效性、连续性，充分发挥政策的引领、激励作用，更好满足农村创新发展需求。

（三）推进全域土地综合整治，优化农村"三生"空间

第一，加强规划管控，依法依规审批用地。一方面，加强规划管理控制，依据法规审批用地。未经批准，不得擅自调整城乡建设用地管制边界，严格控制建设项目用地的审批，做到不占用或少占用耕地。另一方面，严守底线，强化耕地资源保护。按照规划，鼓励和引导工业、城镇用地向低丘缓坡荒滩

---

① 习近平：《坚持把解决好"三农"问题作为全党工作重中之重 举全党全社会之力推动乡村振兴》，《求是》，2022 年第 7 期，第 4–17 页。

等未利用地、劣质农用地等区域发展。第二，加强节约集约用地，鼓励开发利用地上、地下空间和城市低效用地"二次开发"。在高层楼房、厂房建设中充分运用节地技术，避免低效用地。从严控制城市建设规模，依法加强和规范城市建设用地管理，严禁在城市规划区外审批项目。促进城市从外延式扩张向内涵式发展转变，坚决杜绝"一指一栋楼、一划一片地"的现象。严格按规划推进城乡建设，加大城区和乡村的改造力度，盘活科学规划用地，提高土地的利用效率。第三，着力推进"空心房"整治工作，促进节约集约用地，不断优化农村土地开发利用布局，整治农村居住环境，提高村庄建设管理水平。

（四）完善乡村规划"一张图"系统，提高乡村建设科技水平

第一，基于乡村规划的技术基础和监测系统，提高乡村建设数据科学性，以第三次全国国土调查数据为基础，考虑人口、资源、环境、经济、社会等因素，与国土空间规划相衔接，提高农村土地要素的数据权威。完善农业结构调整管理，科学调整优化农业结构，做好与林地、草地、湿地等资源保护政策衔接，科学划定永久基本农田控制线。加强土地资源数据共享，完善土地资源信息互通机制，要掌握和充分利用好第三次全国国土调查数据。第二，探索土地科技创新，要构建全面、立体、动态的土地利用科技支撑体系。充分运用物联网、大数据、云计算、人工智能、5G 等技术，推动土地利用实现"互联网＋监管"，建立土地利用智慧监管平台，强化土地利用全流程动态网格化监管，及时发现存在违法违规利用土地问题。

（五）持续提升村民参与积极性，创新乡村规划的组织管理

乡村规划要充分发挥村民自治，提高乡村规划的可执行性，改变"政府干村民看""只规划不实施"的窘境。一是乡村规划与设计要坚持以人民为中心，充分运用"共同缔造"理念，积极探索建立融"说、议、办、评"于一

体的"村民说事"制度，做到有事要商量、有事好商量、有事多商量。采用信息技术手段，让镇政府、村委会、村民、村内企业家等各利益相关方在信息对称的基础上，实现平等交流、共同参与，提出并形成更科学合理、更切实可行的规划方案。[①]二是要进一步创新乡村规划的组织管理，积极探索乡村规划师驻镇村服务合作机制，大力支持"规划下乡"，切实引导城市规划资源向乡村倾斜，如鼓励大专院校和规划设计机构下乡提供志愿服务。同时，要重视集体经济组织的作用，特别是在已具备集体经营性建设用地入市条件，或积累了产业发展资源的乡村，要摸索建立强有力的组织机构，做实做优乡村集体财产。

主要参考文献

[1] 李珺，陈文胜.全面推进乡村振兴中的乡村规划研究[J].湖北民族大学学报（哲学社会科学版），2023，41（3）：118-128.

[2] 赵之枫，杨帆.乡村治理视域下的乡村规划：基于"项目制"的分析[J].中国农业资源与区划，2023，44（4）：125-131.

[3] 谢瑞武.处理"六大关系"，营造"六个场景"——超大特大城市背景下现代乡村规划建设的成都实践[J].城市规划，2023，47（3）：22-27+37.

[4] 张云辉，汪洋."三块地"改革对县域经济发展的影响研究[J].农林经济管理学报，2022，21（6）：754-764.

[5] 张安录.中国农村土地制度改革的逻辑——评《农村土地制度改革的中国故事：地方政府行为的逻辑》[J].中国土地科学，2022，36（11）：135-138.

[6] 王桂芹，王雯思宇.乡村振兴背景下乡村规划的文化向度[J].湖南科技大学学报（社会科学版），2022，25（5）：144-151.

[7] 严金明，蔡大伟，夏方舟.党的十八大以来农村土地制度改革的进展、成效与展望[J].改革，2022，342（8）：1-15.

[8] 尹广文，姚正.从"文字下乡"实验到"数字乡村"建设：中国百年乡村建设行动研究[J].青海社会科学，2022，254（2）：112-121.

---

① 《乡村规划要让村民共同参与——对话张辉、陈安华、饶罡明、曾文婷》，农民日报，2022年12月8日第8版。

[9] 王健，冯雨豪，吴群."三块地"改革是否影响地方政府土地财政收入 [J].农村经济，2022，472（2）：25–36.

[10] 丰雷，胡依洁.我国政策试点的中央政府行为逻辑探析——基于我国农村土地制度改革"三项试点"的案例研究 [J].中国行政管理，2021，434（8）：138–145.

[11] 桂家红.中国乡村建设思想贡献与实践经验——评《百年中国乡村建设的思想与实践论集》[J].中国农业资源与区划，2021，42（6）：77+126.

[12] 魏广君.中国乡村规划浪潮——特征、困境和思考 [J].国际城市规划，2022，37（5）：131–137.

[13] 孔雪松，王静，金志丰，等.面向乡村振兴的农村土地整治转型与创新思考 [J].中国土地科学，2019，33（5）：95–102.

[14] 李哲，李梦娜.供给侧结构性改革背景下农村土地整治路径探析 [J].农村经济，2018，430（8）：5–11.

[15] 刘新卫，赵崔莉.土地整合探索与农村土地整治反思——以广东省清远市为例 [J].西北农林科技大学学报（社会科学版），2018，18（1）：18–26.

[16] 诸培新，王敏，胡军.农村土地整治的区域条件与微观农户意愿研究——以南京市万顷良田工程为例 [J].南京农业大学学报（社会科学版），2015，15（1）：61–67+125.

[17] 江娅.安徽省整体推进农村土地整治调查与思考 [J].理论视野，2012，154（12）：67–68.

[18] 吴九兴，杨钢桥，汪文雄.农村土地整治项目收益分配与投资博弈分析——以农村居民点用地整治为例 [J].西北农林科技大学学报（社会科学版）2012，12（5）：38–44.

城乡融合视角下乡村治理体系建设研究*

　　乡村有效治理是全面推进乡村振兴战略实施的关键支撑，也是国家治理体系和治理能力现代化建设的重要内容。在我国城乡发展环境持续变化的背景下，城乡发展仍存在差距显著、不平衡、不充分等关键问题，乡村社会结构以及农村家庭生产、生活特征的变化引致乡村治理的对象、环境、体制机制等出现新的特征和趋势，对原有治理体系提出了更高要求和更严峻挑战，迫切需要实现从传统治理向现代治理的重大转变。党的十八大以来，我国明确提出"以自治增活力、以法治强保障、以德治扬正气，健全党组织领导的自治、法治、德治相结合的乡村治理体系"，为新时期乡村治理的有序推进提供了根本遵循。城乡融合发展成为新阶段我国重要的发展战略，2021年"中央一号文件"提出，"把县域作为城乡融合发展的重要切入点，强化统筹谋划和顶层设计，破除城乡分割的体制弊端，加快打通城乡要素平等交换、双向流动的制度性通道"。当前，我国已进入全面建设社会主义现代化国家的新发展阶段，党的二十大报告明确了到2035年基本实现国家治理体系和治理能力现代化的目标。在城乡基层治理面临共性矛盾与特殊矛盾相互交织的困境下，推进乡村治理体系和治理能力现代化需要结合城乡融合发展的时代背景，进

　　* 本报告是清华大学中国农村研究院重点研究课题"加强乡村治理体系建设研究"的研究成果，四川省哲学社会科学研究课题"城乡融合战略背景下四川乡村治理体系建设研究"（SC22TJ20）阶段性研究成果，报告观点仅代表课题组的看法。课题负责人：郭晓鸣，四川省社会科学院研究员。报告执笔人：骆希、丁延武、王萍。

一步强化乡村治理体系构建的重要性和紧迫性的深刻认识。本研究旨在紧扣我国城乡关系发展重大历史性变革的背景，聚焦城乡融合的视角，对乡村治理体系建设进行系统研究，以期为加强我国乡村治理体系构建提供一定的理论借鉴和实践指导，同时丰富适用于中国乡村特征和中国式现代化国情的治理研究话语体系，并为乡村治理贡献更多更好的中国实践和中国方案。

一、城乡融合视角下中国乡村治理体系建设的历史沿革、成效评价与关键挑战

乡村治理体系是国家治理体系的重要组成部分，新中国成立 70 多年以来，我国乡村治理体系建设的演进既伴随着国家治理体系现代化的发展，也是其持续发展的重要结果。本部分将从城乡分治阶段、城乡非均衡发展阶段、城乡融合发展阶段梳理中国乡村治理体系建设发展历程，以比较和动态的视角，对治理体系建设的现实成效、关键挑战进行梳理总结。

（一）中国乡村治理体系建设历史沿革

1. 城乡分治阶段

新中国成立初期，我国乡村地区最迫切的任务是巩固政权、深化土地改革、尽快恢复农业生产。基于此，"政党下乡"既是当时最重要的政策措施，也是新中国乡村治理不同于传统乡村治理的根本所在，为后续乡村治理演变奠定了组织基础。工业化逻辑下，国家通过行政控制达到"以农补工""以乡助城"的目的，人民公社体制成为城乡分治的制度起点。随着 1958 年《中华人民共和国户口登记条例》颁布后城乡二元户籍制度确立，以及粮食统购统销制度形成，城乡之间在就业、医疗、养老等诸多福利、待遇方面逐渐形成

制度性差异，城市与乡村也成为相对独立的治理体系，呈现明显的城乡二元分治特征。

2. 城乡非均衡发展阶段

随着人民公社制度的深入推进，其"三级所有、队为基础"的管理模式一直延续到20世纪80年代初期。人民公社"政社合一"的模式在治理层面实现了国家对乡村政治、经济、文化、社会管理等领域的整体性控制，在强有力汲取农业剩余的同时有效维系了农村稳定，但农民劳动积极性低下，农业生产效率低，乡村社会内在的经济、社会治理等活力发挥有限，农业农村农民的发展长期在低水平徘徊。城乡整体发展态势的严重失衡，进一步加剧了在治理层面国家与乡村良性互动的不足，掩盖了部分社会矛盾和不和谐的干群关系，对这一时期的乡村治理提出挑战。

3. 城乡融合发展阶段

改革开放40余年来，尽管经济社会取得巨大成就，但与此同时城乡经济和社会发展的严重失衡也成为新时期迫切需要解决的突出问题。同时，有文献指出，乡村治理的发展导向逐步强化，乡村治理的需求也随着城乡关系演进出现根本性转变。城乡融合发展的内涵是把城乡当作一个有机整体，让城乡资源要素对流畅通，产业联系紧密、功能互补互促，推动城乡生产方式、生活方式以及生态环境向一体化方向和谐发展。乡村有效治理是城乡融合发展政策落实的有力支撑，城乡融合发展政策的贯彻落实也对强化党组织领导下"三治合一"治理体系建设，强化乡村治理发展导向等提出了更高要求。

为深入推进乡村治理，2019年中共中央办公厅、国务院办公厅印发《关于加强和改进乡村治理的指导意见》，对全国乡村治理工作进行了全面部署安排。为进一步强化试点示范作用，中央农办、农业农村部会同其他部门在县级和村镇两个层面开展乡村治理试点示范工作，2019年在全国首次确定115个县（市、区）开展乡村治理体系建设试点示范，并共同开展了全国乡村治理示范村镇"百乡千村"创建，99个乡镇、998个村创建成第一批示范村镇。

2021 年创建了第二批全国乡村治理示范村镇，包括 100 个乡镇、994 个村。此项试点示范工作主要内容包括探索共建共治共享的治理体制、乡村治理与经济社会协同发展的机制、乡村治理的组织体系、党组织领导自治法治德治相结合的路径，完善基层治理方式、村级权力监管机制，创新村民议事协商形式、现代乡村治理手段。全国各地区通过试点示范，积极探索乡村治理路径方法，健全相关政策制度，培育和树立一批乡村治理的先进典型陆续向全国推介，发挥其引领示范和辐射带动作用，为走中国特色社会主义乡村善治之路做出重要的模式探索。

（二）中国乡村治理体系建设成效评价

经过多年以来中央及各地在乡村治理中的持续投入以及全国乡村治理改革试点的深入推进，我国乡村治理体系建设取得显著成效，多个地区乡村治理领域呈现一系列广泛且深刻的重大变化。

1. 乡村治理效能显著提升

近年来，通过乡村治理工作的持续深入推进，全国各地区乡村治理质量不断提升，基层党组织建设进一步加强，村民议事协商形式涌现多种创新，法治乡村建设持续加快，乡风文明实现大幅改善。从全国乡村治理体系建设试点地区的情况来看，乡村治理的有效性、满意度、获得感均趋于提高，各种矛盾纠纷趋于降低。并且，多个地区的治理实践呈现公共服务资源不断向镇村下沉的重要特征，治理重心不断向农村社会微观层面下沉，进一步提升了乡村治理资源的可及性。整体上，农村地区乡村治理的能力和水平得到大幅度提升。

2. 乡村治理实践不断创新

自 2019 年乡村治理改革试点工作深入推进以来，全国各地乡村治理实践涌现了一大批的典型案例。始于浙江桐乡的"三治融合"探索上升为国家层面的乡村治理指导性方针，浙江象山"村民说事"经验，已在全国多个地区推广。2019 年起，中央农村工作领导小组办公室（后文简称"中央农办"）、中华人民共和国农业农村部已择优向全国推荐了四批 120 个各有特色、务实可行的乡村治理典型案例，覆盖东中西部不同区域。更重要的是，各地积极探索所形成的典型案例，形成了全国乡村治理典型案例库，为各地因地制宜探索形成符合本地实际的乡村治理方法、模式、机制等提供了有益的借鉴。

3. 乡村治理机制持续优化

为了强化乡村治理体系建设的顶层制度引领，加强各部门间的统筹协调，形成工作合力，国家层面率先建立了中央农办牵头的全国加强乡村治理体系建设部际联席会议制度，由 10 多个与乡村治理相关联的部门作为联席会议制度的成员单位，共同协商和推进乡村治理领域相关工作。同时，全国 20 多个省成立了乡村治理领导小组，定期会商重大事项，并建立部门联动工作机制，从国家层面到各级党委政府层面形成多部门协调推进乡村治理工作的格局。通过不断总结和深化基层的实践探索，村庄层面乡村治理机制也不断优化，如建立健全积分制、推进网格化管理、推进小微权力清单制度等，在地方探索和总结的基础上形成具有较强普适性、操作性强的乡村治理机制，逐步向全国推广，符合农村实际的乡村治理制度体系日趋健全。

4. 城乡协同联动特征明显

从我国乡村治理体系建设的实践可清晰观察到城乡分割的状态正在有效改变，城市要素、社会治理要素在大规模、持续地进入乡村，城乡融合和协同联动的发展趋势明显。一方面，多个地区在乡村治理中加强统筹谋划，通过城乡统一规划，促进城乡资源要素优化配置，推动城乡治理融合发展；并通过城乡公共服务一体化建设，加快市政基础设施和优质公共服务持续向农村延伸，以城乡基本公共服务均衡发展促进城乡治理体系建设。另一方面，各地在乡村治理中注重引入城市要素，通过监察职能向基层延伸、调解工作室"下村入社区"等举措，推动城市治理手段和资源下沉农村。通过多措并举，已有相当部分地区城乡治理的二元分割体制正在被逐渐打破，城乡关系正在走向协同，城乡治理态势趋于融合互促。

（三）中国乡村治理体系建设面临的关键挑战

尽管中国乡村治理体系建设已取得显著成效，从乡村治理的发展趋势来看，新形势下乡村治理体系建设面临的四大突出挑战，值得高度关注。

1. 自上而下的传统治理模式与村民有效参与不足的矛盾

坚持农民主体地位是构建基层社会治理机制的基本原则，村民的深度参与是实现乡村有效治理的本质和核心。受到长期以来传统管理体制的影响，当前仍有相当地区的乡村治理以行政权力为中心的自上而下传统治理模式为主，治理方式单一。政府往往处于治理的主导地位，村民对治理的实际参与程度低，逐渐形成政府主体、农民客体的治理局面，导致农民在乡村治理中的主体地位难以体现，参与治理的自主能力和创造能力薄弱。整体上，乡村治理仍面临着从"社会管理"到"社会治理"转变的共性挑战，村民"自己的家乡自己建、自己的家乡自己管"的乡村治理格局尚未形成。

2. 治理资源分散化与多部门整合机制缺失的矛盾

当前农村社会处于关键的转型时期，各种不稳定因素使基层社会治理面临的形势更加严峻复杂，也使基层社会治理呈现碎片化、分散化、矛盾化的特点。例如在县级层面突出表现为农业农村、政法、民政、信访、综治、维稳等职能部门在乡村治理中业务体系分割，治理主体的碎片化引发治理资源的分散化。并且，治理的相关部门呈现"只重分工但缺乏整合"的模糊状态，乡村治理参与主体协同机制缺失，有效的信息沟通机制以及合作激励机制建设仍不完善，容易导致治理资源的重复投放和低效使用，进而难以形成乡村治理合力，影响乡村治理效能。

3. 公共服务需求增多与社会组织参与不足的矛盾

随着乡村从封闭走向开放，村庄居民的类型和身份更加多样化。随着人民群众生活水平的不断提高和权利意识的增强，群众对公共服务多元化、个性化的需求日益提升，迫切需要相关优质公共服务。乡村治理中引入类型丰富、优势突出的专业性社会组织的需求同步增长。在此背景下，一方面，要坚持政府作为公共服务主要供给者的主体地位，另一方面，应充分发挥社会组织在公共服务参与中的积极作用，构建多元主体参与的公共服务供给体系，提升公共服务供给质量以及效率。但现实中地方政府在有效满足人民群众多元服务需求中面临资金、人员、能力等多方面的制约。而乡村公共服务供给领域仍相对封闭，加之对社会组织的支持引导力度不足，外部社会组织进入有限，以致服务供给滞后于服务需求的增长。

4. 社会矛盾更加复杂多元与传统治理手段更新滞后的矛盾

随着中国特色社会主义进入全面建设社会主义现代化国家的新征程，社会主要矛盾已经转化为人民日益增长的美好生活需要和不平衡不充分的发展之间的矛盾。伴随着宏观经济背景的转变，社会问题不断出现新特征，欠发达地区人口净流出导致出现乡村人才流失、治理资源不足、效率有待提升等问题。而在城市近郊等外来人口流入的地区，群体结构复杂、利益诉求多元，乡村治理面临着利益是否均衡、公共服务能否均衡供给的压力。部分地区传统意义的矛盾纠纷也由过去的社区邻里矛盾、婚姻家庭矛盾、经济纠纷赔偿等常见性矛盾，转变为以利益分配为主的更具特殊性的复杂社会矛盾。也存在个别地区因土地权属不清、集体经济收益分配矛盾等历史遗留问题，导致治理中矛盾化解难度巨大。加之互联网、自媒体等传播手段的快速发展，很多社会治理问题已无法通过以往召开坝坝会等传统方式得以有效解决，传统治理手段更新相对滞后，难以满足复杂多元的社会治理需求。

二、城乡融合视角下中国乡村治理体系建设实证研究

全国多个地区结合自身实际，采取突破性和针对性政策举措，已经走出了具有自身特色的基层治理之路。本部分将基于城乡融合视角，聚焦于城乡

融合程度差异显著的城市近郊、传统农村、低弱山区三类典型区域，对乡村治理体系建设进行实证研究，分析不同治理情境下乡村治理体系建设的主要举措及成效，总结代表性地区的经验启示。

（一）城市近郊地区乡村治理体系建设——基于四川省彭山区案例

四川省眉山市彭山区作为全国第二批农村改革试验区，自申报"健全党组织领导下的自治法治德治相结合的乡村治理体系试验""探索家庭农场社会保障政策改革"两项试验任务以来，区委区政府高度重视试验任务的推进工作，成立了由区领导牵头，多部门参与的试点工作专项领导小组，主要领导为第一责任人，有序推进改革任务。彭山区自启动试点工作以来，积极完善乡村治理体系建设的制度体系，做出一系列重要探索。

1. 主要举措

（1）突出一核引领，完善党组织领导乡村治理的体制机制。一是建强组织体系。健全"区委—镇（街道）党（工）委—村（社区）党委—村民小组（小区、片区、网格等）党支部—党员联户"五级治理组织架构，实现了把党组织建在乡村治理"最前沿"，推动党对乡村治理的全面领导。二是区委一线指挥。区委实施片区党组织设置和运行机制改革，由区委书记、区长分别担任城乡发展融合片区和文旅农融合片区党委书记、9个区级领导分别担任村级片区党委书记，靠前推动乡村治理。三是完善领导机制。制定六类主体抓基层治理的职责清单，实行三级党组织书记负责制，区级领导、区级部门、各类社会主体联动制，推进乡村治理体系取得新成效。

（2）推动"四治"融合，全力构建现代化乡村治理体系。一是激发群众自治活力。建立落实"四议两公开一监督""一约四会一公开"制度，实行基层治理项目资金一事一议制度。二是提升法治保障能力。共建综治中心、派驻检察室、基层法庭等区镇执法场所；增派法律服务工作者、人民调解员、警务助理等基层法务人员，实现全区"一村一警务助理"全覆盖。三是增强德治教化功能。深入开展"文明村镇""文明家庭"创建，实现区级以上文明村镇创建全覆盖，并涌现"中国好人""四川省道德模范"等近百名道德典范。建立志愿服务队伍，打造"童心向党·强国有我""银龄计划"等志愿服务品牌。四是强化智治支撑效能。打造智慧党建云平台，将全区基层党支部接入云平台，同时整合各类农业服务政策及项目进云平台，助推跨部门、跨层级、跨区域政务信息资源共享和业务协同。

（3）坚持"三农"为本，探索形成乡村发展与治理互促并进格局。一是强化产业发展与治理优化联动，夯实产业发展基础。优化"6+3"现代农业布局，建成省五星级现代农业园区1个、市级现代农业园区2个、高标准农田22.4万亩。此外，探索区镇村+网格员的"田长制"，实行地块监管责任制，实现耕地非农、非粮实时监管和智能预警机制，探索产业发展与乡村治理的有效联动。二是强化乡村建设与治理优化联动，实施连片规划，统筹划分2个镇级片区、9个村级片区，同时推进"三大革命"，建立人居环境整治长效管护机制。

2. 进展成效

（1）形成乡村治理新机制。彭山区通过强化党建引领引导多元组织载体协同参与乡村治理。一是纵向构建了"一核引领"治理架构，推动建立村居民小组党支部，强化党组织对基层各类组织的领导。二是横向构建了"多元协同"治理格局，全面建立"党建综合＋经济发展＋社会治安＋便民服务＋综合行政执法"综合管理平台，多组织协同推进乡村治理。同时，基于此形成"横纵联动"，建立起"纵向到底、横向到边、横纵联动、无缝对接"的乡村治理体制。

（2）构建乡村治理新动力。彭山区乡村治理体系建设强调以搭建参与平台强化村民自治。一是尊重农民主体地位，充分引导村民积极参与自我管理，明确其在乡村治理中的主体性权利。二是加强农村自治组织建设和管理，通过建立村庄议事会、监委会等自治组织，提升乡村社会治理能力。三是充分发挥社会组织作用，通过引入社会组织承接社区养老、儿童关爱、社会救助、社区助残等居民需求服务，以乡村内外部要素双重参与，形成乡村治理新的动力机制。

（3）创新乡村治理新阵地。彭山区的改革实践将过去乡村公共服务转变为新时代乡村治理开放性的平台，探索形成了乡村治理的新阵地。如观音街道果园村通过建立"小区议事、多元筹资、综合管理"三大机制，强化自治基础，开展"法律服务进小区、普法宣传进家庭、守法用法进生活"行动拓展乡村治理新平台。

3. 经验启示

（1）以党建引领为核心，创新更具效率的乡村治理组织体系。一是党建贯穿治理全过程。采取单独建、联合建、派驻建的方式，将党支部建在小组、网格、小区、院落，实现党建贯穿基层治理全过程，建立起更具效率的社会治理组织体系。二是建立乡村全域网格化管理制度。统筹发挥村民小组长和网格员的作用，通过综合调度一体化实时连接网格员，实现数据及时与调度中心互通，避免乡村治理"死角盲区"，推动乡村治理"提质扩面"。彭山区通过党建引领再造了乡村治理组织体系，利用组织优势更大范围调动多方资源有效参与，极大地促进了基层治理效能提升。

（2）以群众参与为支撑，激活更为持久的乡村治理内生动力。彭山区的乡村治理实践充分激发了群众内生动力，让群众参与成为治理创新的不竭源泉。乡村治理内生动力来自村民不断提升的获得感、幸福感，通过赋予村民民主权利，能够让老百姓充分参与到村庄公共事务决策上，提高其主动参与村庄公共事务的积极性，并最大限度动员村民参与，激活乡村治理内生动力。

（3）以两大力量为依托，提升更具靶向的乡村治理成效。彭山区实践充分实现社会力量与内部力量的良性互补。一是外部社会组织嵌入式参与成效显著。通过购买服务将更多资源下沉到基层，如黄丰镇团结村引进"青创公益组织"社会组织，打造了"最美女神""老人婚纱照""村娃造梦营"等活动。外部社会组织的进入不仅弥补了村庄自身的资源不足，同时具有示范引领性的作用，催生乡村内生动力的成长。二是内部治理主体成长式参与作用凸显。彭山基层内部治理主体正快速成长，全区目前共有农村文明实践队伍240支，农民义务实践志愿者3100余人，构建起村民自治全员参与的志愿服务模式。

（4）以数字手段为基础，实现更为智慧的乡村治理有效赋能。彭山区将智慧化数字化技术赋能基层治理，全面提升了治理效能。一是建立智慧党建云平台；按照"大数据＋网格化＋微治理"的管理思路，将全区基层党支部融入大数据平台，为乡村治理提供了更精准有效的定时定量监测反馈的技术手段，并对群体性事件演化趋势进行前瞻性分析，实现基层治理智慧化。二是综合治理服务体系智能化，建立社会治理指挥调度中心，接入"雪亮工程""慧眼工程"等，同时将综合治理服务中心下沉到镇，助推乡村治理能力提升。

（二）传统农村地区乡村治理体系建设——基于广东省广育村案例

广育村位于广东省梅州市蕉岭县广福镇西南向，距离县城24公里，东邻大坝罗岗，西至石峰围墩，南接文福镇暗石、长潭镇罗赖坝，北与大坝赤岭交界。该村主要经济作物为黑木耳、制种、烤烟、西瓜等，烤烟种植1060亩，晚稻制种860亩，是广东省宜居示范村、广东省卫生村、梅州生态村。同时，广育村宗祠文化深厚，拥有始建于明崇祯时期的永泰公祠，是黄氏宗族的开基祖祠。2019年，广育村作为全县16个试点村之一，为推进乡村治理体系和治理能力现代化，不断加强基层党组织建设和推进乡村振兴战略实施，并以"多元共治"理念为导向积极探索乡村治理模式，聚焦乡村全要素统筹，激发村庄发展内生动力。

1. 主要举措与成效

（1）重视制度建设，健全乡村治理。广育村在乡村治理中充分运用法治思维，与时俱进不断探索乡村治理方式，多维推动基层善治。一方面，广育村经过深入调查发现乡村治理中存在环境整治、用水、防火等多个较为突出的问题亟待解决。针对这些问题，村委会组织召开多次党员座谈会、村民代表座谈会讨论解决问题的方案，并广泛收集群众意见，制定了《广育村环境卫生村规民约》《广育村自来水用水公约》《广育村村民防火公约》，并正式施行。另一方面，为进一步构建新时代社会治理的新格局，广育村建立起党员、群众、社会各界人士等多元主体广泛参与的"协商议事会议制度"，完善基层协商民主制度，最大程度实现村级事务的民主决策。

（2）培育乡贤文化，力促乡德民风。蕉岭县有深厚的乡贤文化，蕴含着重要的道德力量，为促进乡村治理现代化发挥了重要的引导作用。近年来，广育村充分挖掘和运用本地丰厚的乡贤文化资源，以乡情为纽带吸引和凝聚各方人士支持家乡建设，传承乡村文明。一方面，广育村开展丰富多彩的集体活动。例如，开展"美丽广育"系列活动，邀请多位成长于乡土、奉献于广育的道德模范、身边好人等现代"新乡贤"参与宣讲，让大家在互动参与中学习榜样、改善认知，激发提升道德素养的内生动力。另一方面，广育村持续开展"最美广育村、四德好人榜"评选活动，展示尊老爱幼、助人为乐、爱岗敬业、诚实守信的事迹。通过宣传乡贤人物，广育村向百姓有效传播了正能量，引领积极向上的社会风尚，进一步促进乡贤人物不断涌现，壮大乡贤队伍，有力促进了乡风和民风转变。

（3）改造村民理事会，构建自治载体。广育村在改革中基于过去宗祠理事会成立了村民理事会，吸纳在村乡贤、退休教师、退休干部等参与。村民理事会积极配合村党委，在人居环境整治、基础设施建设、邻里关系调节、红白事等村庄公益事业中充分发挥了"宣传员、信息员、调解员、督办员"的重要作用，激活自治动力，有效促进村民自治的实现。

（4）建好文化阵地，强化文化治理。广育村村"两委"充分借助政府和社会各界资源，有效建强乡村文化阵地。一是建设黄氏家祠文化俱乐部，设置阅览室、器乐室、健身室等多个功能室，配套建设文体小广场、篮球场，为村民提供休闲娱乐、节庆聚会、婚宴活动、乡亲议事场所，方便群众就地、就近享受公共文化服务。二是打造精神文明建设宣传阵地，建设新时代文明长廊和文明实践站，合理布局家风家训、格言警句等内容，引导和教育群众养成讲文明、讲道德、讲秩序等良好习惯。

（5）开展丰富活动，引领文明风尚。广育村坚持积极培育和营造和谐向上的治理氛围，以通俗易懂、群众喜闻乐见的方式，开展群众性精神文明建设活动，形成团结向上的治理氛围。例如，在节庆日组织村民开展体育竞技活动，引导群众参与文娱活动，在全村营造"学习最美、感悟最美、崇尚最美、争做最美"的浓厚氛围，进一步塑造文明乡风。

（6）打造宜居环境，建设美丽乡村。为改变环境卫生的"破窗效应"，广育村村"两委"在广泛征求群众意见的基础上，启动实施"建设美丽乡村、共享幸福生活"的庭院美化行动，引导村民们主动将自家院落打扫干净，积极争创五美庭院。并且，广育村在人居环境整治中，结合"三清三拆三整治"行动，发动群众筹资 50 万元用于自然村新农村建设和环境卫生整治，筹资安装 350 套太阳能路灯，以政策引导激活多种资源和要素参与乡村治理。

2. 经验与启示

（1）建立多元共治的治理秩序。实现村庄"良治"的关键不在于技术，而在于协调村庄内部不同利益主体的关系，只有形成共同利益才能化解不同主体的利益冲突，进而构建稳定的治理秩序。实现乡村共治的首要内容正是强调村庄资源的"公共性"，使资源的使用成为全体村民的公共事务，增强村民治理主体意识。广育村在人居环境治理、垃圾整治等村庄公共产品供给过程中，采取不同的举措，在明确这些事务是全体村民共同参与、共同受益的基础上，通过机制构建、规则设计不断强化村民共同价值的实现，推动村庄治理实现共建共治共享。

（2）完善多元共治的利益联结机制。在乡村治理中，外部资源持续投入可能引致的公共资源利益分配不均，极易引发村民之间的矛盾。因此，治理中应注重资源投放的公平性，各个项目的实施应通过强化村民利益联结化解矛盾。广育村的乡村治理，重视基础设施、公共服务等普惠性项目的投入，以公共产品的共享强化村民的利益联结；同时注重强化集体经济组织建设，以股份合作、利益共享为导向发展集体经济。2019 年，广育村以资金合作帮助农民完成产业发展贷款 240 万元，引进水稻制种和食用菌两大新产业，直接带动 100 多名村民就业，村集体经济年增加 20 余万元。集体经济的发展壮大不仅促进村民增收，同时强化了村民之间的利益联结，有助于村民关注公共事务、参与乡村治理。

（3）重塑多元共治的重要载体。广育村在乡村治理体系构建中最为重要和突出的举措正是对传统宗祠理事会进行现代化改造，使其持续发挥重要的治理功能。广育村于 2013 年起进行祠堂理事会的改造，通过从县级层面到村社基层的规范性制度体系设计，以党建引领为基础，在保留宗祠理事会原有核心治理机制的前提下，进一步提升宗祠理事会的治理能级。改造后的理事会成员边界从过去同姓的祠堂理事会拓展到小组成员甚至跨小组，理事会的职能范围从过去仅仅处理宗族公益性事务增加到政策宣传、公共服务供给、干群矛盾纠纷协调等多种职能。广育村在群众工作中充分发挥村民理事会成员亲缘、地缘的关系优势，既分担了村委工作压力，也改善了干群关系。村中众多事务改变了过去"干部在干，群众在看"的状态，合力打通乡村治理的"最后一公里"。

（4）加强基层组织引领与发动农民参与相互促进。乡村治理体系构建中基层组织是动员者、组织者、引领者，农民群众是参与者、实施者、受益者，只有将组织引领与农民群众参与有机衔接，才能实现所构建的乡村治理体系有效落地。广育村的实践表明，乡村治理体系构建一方面必须充分发挥基层组织的动员、引领和示范作用，准确把握乡村治理体系建设的重点和方向；另一方面，应当充分尊重农民群众的主体地位，鼓励群众充分参与和发挥主观能动性，构建乡村治理的长效动力。

（5）实现建立制度规范与构建激励机制双向突破。完善的制度规范是乡村治理体系构建的重要保障，有效的激励机制是制度有效推行的保证，二者双向推动是乡村有效治理持续推进的根本保障。从广育村的实践看，一方面，建立和完善相应的制度规范对于提高乡村治理效率不可或缺，但基于乡村实际，制度规范应当可操作、易推行，并与具有内生约束力的村规民约有机结合；另一方面，乡村治理需要创造性地构建激励机制，充分结合传统乡村"熟人社会"的特征，探索建立物质与精神相结合的激励机制，让农民群众在乡村治理中提高参与感、获得感和荣誉感。

（三）低弱山区乡村治理体系建设——基于四川省石棉县案例

四川省雅安市石棉县在乡村治理中面临老工矿区、移民库区、革命老区、民族地区、地震灾区等"多区叠加"的县情实际，其一是民族地区与库区交织引致融合难。石棉县作为少数民族聚居的山区县，县内有 5 个少数民族乡，少数民族 3.5 万人，占全县总人口的 31%；同时，境内有库区移民 2.5 万人，占全县人口的 22%。两类人群数量众多，移民后人多地少矛盾突出，加之少数民族移民因文化背景和生活习惯不同而导致融入发展更为困难，引发的乡村资源争夺现象严重。其二是特殊地形导致多重灾害叠加。石棉县是全国 11 个地震重点监视防御区和地震危险区之一，县域内 4.5 级以下地震多发。并且，石棉县属于中高山区，山地面积约占辖区面积的 98%，泥石流、滑坡、山洪、崩塌等自然灾害易发。全县森林覆盖率达 69.86%，冬春干旱，山风强烈，森林防火压力巨大，是全省火灾中级风险区。

多重灾害的叠加导致城乡基层应急性的治理问题比较严重，且多民族交织的复杂的移民安置工作显著加大石棉县社会治理的难度，其区域内公共服务的改善、资源配置的公平公正比其他区域难度更大、成本更高，对构建及时、精准、高效的灾害应急性治理体系的需求极为紧迫。为此，石棉县以防汛、防灾、防火、防疫、防地震和保安全、保稳定"五防两保"为主，构建

"平战结合"的精细化乡村治理体系，探索形成了一系列可复制、可推广的创新经验。

1. 主要举措

（1）围绕"五防两保"，提升基层应急能力。一是完善网格组织体系，将全县按 30 户左右划分为 867 个基础网格，落实县、乡、村、组四级包户责任人 867 名，形成"平战结合"的精细化治理格局。二是建立健全"应急指挥—应急预案—应急工作体系"，实现乡镇、村、组三级预警预报信息通达，对全县 115 处地质灾害群测群防监测点实行 24 小时动态监测，并加强对网格员和基层群众的应急培训和演练，提升网格员风险隐患识别、信息报送能力以及群众临灾避险、应急自救互助能力。

（2）成立村民议事会，强化村庄自治载体。石棉县建立了村落议事会、村民议事会等基层自治载体，增强村民自治的能动性。村落议事会选出村民代表对本网格内的公共事务开展议事协商，实行民主管理和监督。村民议事会成员由党员、离职村干部等乡村骨干力量组成，发挥政策宣传及对村内事务进行民主协商决议等功能。在矛盾调解方面，充分发挥民族文化在治理中的重要作用，建立"路吉达克""德古""宝喜"四语调解室①、乡贤调解室等，因地制宜调处化解治理中的各类矛盾。

（3）组建志愿者服务队伍，激发内生动力。石棉县以基层群众为主体，组建了基层治理志愿服务队伍，使之成为基层治理力量的有效补充，基本构建起常态化、制度化、规范化的志愿服务工作体系；同时，探索打造网格化三级志愿服务队伍，深度参与乡风文明建设、居家社区养老、家庭积分汇总等治理工作，有效打通了服务群众、教育群众的"最后一公里"。

（4）培育内生性社会组织，助力基层治理。石棉县积极推进社会组织培育和孵化，现已自主培育祥福通养老服务中心、社会工作者协会、万家馨社会服务中心等专业社会组织，分别为不同区域和群体提供精准的专业服

---

① 四语调解室均由通晓民族语言的村民开展调解工作。"四语"是指涉及汉族、藏族、彝族三个民族的尔苏藏语、木雅藏语、彝语、汉语"四种语言"。

务。社会组织以政府购买服务的方式积极参与基层治理，并发挥了自我管理与服务功能，逐步形成了以群众为主体、社会组织多元参与社会治理的新格局。通过采取多元举措统筹推进，石棉县乡村治理取得了显著成效，不仅应急管理成效彰显，基层自治活力显著增强，乡风文明质量逐步趋优，并且基层干群关系有效改善，精英治理作用充分发挥，有效抑制了社会矛盾外溢上行的风险，提高了解决社会新矛盾新问题的能力，夯实了乡村治理基础。

2. 主要成效

（1）高效应急管理成效彰显。全县以政府力量为主，基层社区、社会组织、群众个人协同参与的基层应急管理体系全面构成，显著提高了应急管理联防联控的效率，大幅降低了群众人身和财政安全受损的概率，基层群众避灾避险意识明显提高。截至 2021 年 9 月，全县网格员上报办理事件 42273 件，办结率为 100%，并被评为 2021 年"全省平安建设先进县"。

（2）基层自治活力显著增强。多种类型村级自治组织的成立，有效解决了群众参与不足问题，强化了村民作为主人翁的责任感和使命感。全县基层自治能力显著增强，基层民主活力竞相迸发。丰乐乡腊树村、安顺场镇安顺村被评为全国乡村治理示范村。海耳村的"红黑分积分制"和村民议事会两项工作，被中国网、四川新闻网等多家国省市级媒体宣传报道，并被评为"全国村级议事协商创新实验试点单位"。

（3）基层干群关系有效改善。石棉县借助网格化治理体系，打造基层综合服务新平台，推动乡村干部专业化、精细化、高效化解决群众诉求和困难，不断提高工作效率和服务水平。各级干部深度参与到社会治理微观层面，通过经常性的走访，实打实地帮助群众解决生活生产中的难题，得到了群众广泛认可。同时，石棉县积极推进村级事务阳光工程，实现了"为民做主"到"由民做主"的重要转变，干群关系显著改善。

（4）精英治理作用充分发挥。石棉县充分发挥乡贤、少数民族带头人等力量在基层治理中的"头雁效应"，为本土化乡村精英作用的发挥搭建了重要平台。全县依托网格化治理体系、调解室等载体，有效吸纳党员代表、人大代表、政协委员、党员、乡贤 1000 余人① 参与城乡基层治理工作，其中，尤其注重少数民族精英的治理参与，选配了 30 余名民间少数民族"达人"担任调解员，充分发挥各类精英在治理中的重要作用。

3. 经验启示

（1）以高质量党建为引领，推进基层治理有序进行。石棉县在基础网格上成立村落党支部和村落理事会，探索"村党组织—村落党组织—党员"和"村委会—村落理事会—村民"双线运行、三级结构的治理模式，将基层党建、社区服务、综治维稳等治理任务整合成"一张网"，强化了党组织的领导作用，保障了乡村治理的稳定性和包容性。

（2）以双重治理任务为重点，构建复合型制度体系。石棉县以网格化治理体系为抓手，统筹"五防两保"多项治理任务，构建常规治理和应急管理相结合的复合型乡村治理体系，不仅能够及时发现群众矛盾纠纷，反映和协调群众利益诉求，将各类隐患消除在萌芽状态，在常规性治理中有效提升基层公共服务和管理效能；同时在应急管理中也显著提升了基层应急处突、维护稳定以及公共安全保障水平。

（3）以多主体共同参与为关键，实现基层协同共治。一是发挥村民自治组织作用，充分调动村组干部、党员、退休干部、退伍军人、返乡"五老"等骨干力量参与基层治理，使其在公共事务中充分发挥"宣传员、信息员、调解员、督办员"的重要作用。二是发挥社会组织和志愿者等的重要补充作用，培育孵化内生性社会组织和发展志愿者队伍，为村民提供专业社会服务，并积极参与政策宣传、灾情预警等公共事务，缓解基层工作人员短缺困境。通过构建多层次多主体共同参与的治理机制，有效促进村民自治内生动力、村组干部代表的行政力量与社会组织外部专业治理能力的协同叠加，形成多元共治的良好态势。

---

① 课题组收集各乡镇网格员数据汇总而得。

（4）以多目标联动推进为导向，促进治理要素集成。石棉县乡村治理工作涉及面广、任务繁重，需要突破不同部门资源配置割裂、细碎的制约，以统筹多项任务为导向促进要素集成。一是形成部门之间要素集成。通过建立"五防两保"网格化治理体系，将农业农村、民政、人社、应急等部门的治理任务高效整合，实现各类要素深度融合，同时将资源力量下沉网格，形成"一网共治"格局。二是有效盘活闲置资源。结合"五防两保"，盘活乡镇行政区划和村级建制调整"两项改革"后各村闲置的村委会办公室、村小学等集体建设用地、房屋等资源，建设41个转移避险安置点，同时作为村庄日常聚会、文体活动等公共场所，将闲置资源激活为具有综合性功能的社区公共空间。

（5）以全方位激励为重点，完善基层治理长效机制。基层治理仅靠情怀、精神激励难以保证其持续性，需要建立适当的激励机制实现长效治理。石棉县采用分类型、分层次的政策激励方式，有效提高治理主体和客体的积极性。一是对网格员采取考核评价和财政保障双重激励，针对公职人员和村干部担任的网格员，将其参与治理情况、民主评议等作为考核选拔的重要参考。二是对志愿者和群众采取物质奖励和精神奖励的双重激励，特别优秀的志愿者纳入后备网格员队伍。三是开展"最美志愿者"评选活动，进行年度表彰，将其表现情况作为日后项目扶持、志愿服务评价等重要依据。

（6）以多民族传统文化为载体，创新基层治理方式。多方位深度挖掘传统治理中的积极因素，实现传统治理方式与现代治理方式的有机融合，是中国乡村向现代化转型背景下治理能力提升的重要途径。石棉县作为少数民族县，在乡村治理中充分尊重少数民族传统文化，将彝族、藏族等传统治理方式创新性地引入网格化治理，探索构建少数民族地区"德古""路吉达克"调解模式，将精通彝族、藏族传统习俗且德高望重的村民组成专业调解队伍，有效促进国家法律法规和民族传统习俗的有机结合，顺应民族地区自我管理、基层群众自治导向，促进乡村治理的稳定有序。

三、城乡融合视角下中国乡村治理体系建设的 重要经验与关键挑战

全国多个地区在乡村治理体系建设领域探索出一系列可供其他区域借鉴推广的重要创新经验。以前述内容为基础，本部分将从城乡融合角度总结中国乡村治理体系建设的重要经验，并立足新发展阶段分析当前乡村治理体系建设仍面临的主要问题。

（一）中国乡村治理体系建设的重要经验

1. 注重以党组织为核心，保持乡村治理有序运行

要素短缺是欠发达地区乡村治理的重要瓶颈。政府作为乡村治理的重要主体，其强大的资源供给和组织动员能力不可替代，而强化村民自治同样是乡村善治过程中的重要导向，应在明确不同类型治理主体作用边界的基础上，以政府的"有为""有效"参与，确保乡村治理的稳定和有序。整体上，全国多地乡村治理实践表现出以党建促治理，以治理促党建的显著特征。例如，广东蕉岭县在改革中坚持党建引领，采取了"联乡兴村"等多种举措，在推进党组织下沉的同时明确责任边界，强化外部监督，以党建引领保障乡村治理的稳定性和包容性。同时，乡村社会是熟人社会，乡村精英在其中发挥了重要作用。在乡村空心化、老龄化背景下，乡村本土精英大多吸纳在党组织、政府体系。培养基层党组织的带头人，本质上是对乡村治理核心主体赋能，全面提升治理主体的能力。乡村治理体系建设中，各地不仅持续推进党和政府的组织体系重心下移和力量下沉，并将最基层党组织带头人的培养作为政府参与治理的有效路径，通过推动带头人和班子队伍能力整体提升来优化村

党组织领导力，充分发挥党员、干部的示范、带动效应。

2. 注重以内生化的双重主体发力为支撑，增强乡村治理动力源泉

乡村治理需要改善农村的社会环境、居住家园，建设更加和谐美好的乡村家园。农民、集体经济组织既是受益主体，同时也是参与主体甚至是实施主体。利益主体充分有效的参与是构建可持续乡村治理的内在要求。多个地区的乡村治理中，激励农民参与公共决策、项目投入等已经形成了制度化的成果，集体经济组织的制度架构中也已内含着农民的参与机制，而且多地建立了议事厅、公众号等一系列公共的对话平台。可以认为，农民和集体经济组织两个重要利益主体以不同的方式双重参与乡村治理，是构建乡村治理体系建设重要的内生动力源。村民内生动力的激活不仅让干部了解到群众的建设需求，也让群众积极参与到乡村建设，有效激活内生治理动能。

3. 注重以传统文化现代化改造为关键，构建乡村治理内生动力

乡村治理是村民、基层政府、企业、社会组织多元主体共同参与的过程，各个主体有其各自的优势和重要功能。乡村治理离不开政府力量，但单纯依靠政府主体也难以实现治理有效的目标。健全乡村治理体系需要传承发展我国农耕文明中的优秀传统，形成文明乡风、良好家风、淳朴民风。深度挖掘传统治理中的积极元素，为其注入现代治理新元素，是中国乡村向现代化转型背景下治理能级提升的重要途径。如部分乡村地区宗族文化浓厚，部分家族设立了宗祠理事会等组织，对本家族的祠堂修缮、重大活动组织等公共事务进行管理，理事会核心管理人员大多是当地具有一定威望、公益心强、村民信任度高的"乡村精英"，在传统治理中发挥了重要功能。但由于传统宗祠对公共事务的治理范围仅聚焦于本家族成员，以及以捐资为主的治理方式较为单一，在乡村治理内容和形式发生了显著变化的情况下，其局限性和不适应性也日益凸显。广东蕉岭县在乡村治理体系构建的实践中最为重要和突出的举措正是对传统宗祠理事会进行现代化改造，将其与现代化治理机制相融合，使其持续发挥重要的治理职能，通过规范性制度设计，在保留宗祠理事会原有核心治理机制的基础上，进一步拓展和深化了宗祠理事会的治理能级。

4. 注重以改革系统集成推进为导向，引领乡村治理全面深化

乡村治理体系构建是一项系统工程，应当提高站位，将其置于农业农村现代化的高度予以充分重视，注重将治理优化、产业提升和乡村振兴等多元目标统筹推进。同时，乡村治理涉及农业农村发展的各个方面，选择适当的突破口，以村民关注度最高的重点和难点问题为切入点，能够获得村民更高的关注和参与，产生共振效应。多个地区的实践深刻表明，如果将乡村治理决策过程与村民民主自治联动，将乡村治理群众动员和提高基层干部现代治理能力联动，将乡村治理机制建设与乡村基础设施现代化联动，能够实现多元目标协同推进。一方面，部分地区在乡村治理体系建设中同步探索了农村宅基地三权分置和退出、全要素优化配置、"集体经济 + 合作社"运行模式创新、农村金融改革等多项重要改革，以乡村治理为引领，全方位深入推进乡村发展，形成改革集成效应。另一方面，多个地区将乡村治理全面贯穿乡村振兴工作，综合推进党建引领、人居环境整治、要素资源整合，推动乡村治理有效与产业兴旺、生态宜居、乡风文明、生活富裕的目标共同实现。例如，四川省彭山区将乡村治理体系建设与农村人居环境整治、农村集体产权制度改革、农村特色产业发展等重点工作有机融合，全面释放乡村治理体系建设能量，并以此形成牵一发而动全身的效应，在短期内极大调动了农民的价值认同。

5. 注重以外部资源力量导入为支撑，强化乡村治理智力支持

我国农村地区在整体经济发展中仍属于相对欠发达地区，因而乡村治理面临两大突出困境，一是缺乏对区域内乡村治理体系进行制度性构建的专业资源；二是受政府财力限制很难以购买服务的方式导入公益组织的服务。在整合内部治理资源的基础上，多个地区加强外部合作，引才借智，弥补发展短板，激活内生发展动能。例如，部分村庄引入众多农业企业导入发展资源。这些外部主体的进入不仅能够为当地带来新的发展理念、生产技术、经营模式、商业信息等要素，促进农村电商、互联网营销、直播、民宿等新业态发展，对产业发展形成有力支撑；同时，通过构建乡村治理外部力量进入的平台、渠道与合作机制，这些外部主体与本地镇村的发展形成紧密关联，并在乡村治理中发挥重要的技术外溢、信息传播等功能作用。此外，多个地区在乡村治理体系建设中开展多元合作，引入外部智力支持，积极与能够进行乡村治理制度建设的高校、科研院所等乡村治理、农村发展领域研究团队建立战略合作关系，为其乡村治理具体实践提供理论和政策指导。

（二）中国乡村治理体系建设面临的主要问题

尽管我国乡村治理体系建设已经具有良好的基础，但着眼于实现国家治理体系和治理能力现代化，全面建成社会主义现代化强国的宏伟目标，乡村治理体系建设仍面临着突出的短板亟待解决。

1. 乡村治理能力仍需进一步增强

虽然从总体情况来看，我国绝大部分地区的乡村治理能力已经显著提升，但社会治理并非一成不变的，随着经济社会的进一步发展，乡村治理不仅存在多元化需求、个性化需求快速增加的现象，一些镇街干部、村组干部还面临着社会治理能力不足的制约，解决新型社会治理问题的技巧不够，在一定程度上难以满足日益增长、要求提高的乡村治理需求。

2. 多元主体治理分工仍需进一步明确

从整体情况看，在村社层面均存在村两委、集体经济组织、村民理事会等不同治理主体。虽然这些主体之间有大致相同的职能分工，但在基础设施建设和维护、低收入群体帮扶等公共服务供给中仍然存在分工不明、职能边界模糊等情况，在缺乏明确分工和有效协调的情况下，容易造成低效率的资源配置，埋下冲突隐患。多元主体在治理中协同效应的充分发挥应以各自职能明确为基本前提，未来还应以明确的制度对不同主体参与治理的职能、权责、方式等加以规范。

3. 集体经济治理职能仍需进一步强化

目前，整体上乡村治理体系建设中集体经济组织发挥的作用相对不足。

集体经济组织在供给农村区域多元服务方面具有天然优势，是承担这些服务的重要主体。依托传统"熟人社会"在治理中的优势，当前一些村民理事会等组织承担了部分的公共服务供给职能，但集体经济组织应在未来承担更加重要的服务功能。未来还应以系统规范的制度设计，对如何强化集体经济组织服务能力、集体经济服务供给方式和具体标准等予以明确。

4. 社会组织参与程度仍需进一步深入

目前，总体上乡村治理中社会组织的参与程度和范围仍较为有限。农村社区内部内生性社会组织的发育仍然不足。随着城乡融合背景下乡村治理进程的推进，群众日益增加的对公共服务的多元化需求、城乡快速变迁中利益格局的重构等均会对乡村治理提出新挑战。乡村治理中引入更加专业化、多元化公益组织的需求也将同步增长。因此，需要加快完善社会组织参与治理的体制机制，尽快出台相应的制度和引导政策，深化社会组织有效参与。

四、城乡融合视角下中国乡村治理体系建设的关键路径

基于上述研究，本部分将从以多元共治为导向优化治理组织、以提质增效为导向提升治理方式、以利益共享为导向协调治理机制、以全面赋能为导向拓展治理能力四个方面提出促进我国乡村治理体系建设的关键路径。

（一）以多元共治为导向的治理组织优化路径

随着群众对公共服务需求提升，乡村治理体系也应进一步强化其开放性的服务供给，为群众提供高质量、多样化、可及性的公共服务产品。各级政

府应切实推进服务型政府的建设，提供并满足基层群众劳动就业、社会保险、社会救助、养老托育等各类公共服务需求。更值得关注的是，市场主体和社会组织以其丰富的社会工作经验和人员配备，能够在乡村治理中发挥其专业性、灵活性、创新性的优势，是对政府治理职能的重要补充。引导市场主体、社会组织等主体积极参与乡村治理，不仅已经在全国多个地区取得了显著成效，而且代表着未来中国乡村治理的重要方向。在乡村治理体系建设未来的探索实践中，应进一步强化市场力量和社会组织的参与。一方面，要更加注重市场主体社会治理诉求表达，在满足其治理需求的同时，为其搭建更多、更合理的参与平台，形成参与和受益互动的良性循环。另一方面，要拓展辖区内社会组织等社会主体的参与形式和参与渠道，充分利用市场机制的驱动作用，激发其参与积极性和持续性。

（二）以提质增效为导向的治理方式提升路径

在深化乡村治理体系建设过程中，一方面，要强化多元激励作用，形成经济激励基础上的非经济激励机制，例如通过乡村"头雁工程"加强培训，给予村干部公务员、事业编制以及社会保障等激励其持续发挥作用；通过积分奖励、进入村社任职等形式激励非户籍人口主动参与乡村治理。另一方面，应强化信息化技术导入提升管理效率以实现乡村治理有效赋能。在广东省南海区、四川省石棉县等不同区域都已经显现出以信息技术提升乡村治理的创新实践和乡村治理手段的现代化改造和应用，能够有效提升乡村治理能力和质量，既是我国乡村治理体系建设十分重要的创新经验，也是促进乡村治理提质增效的重要路径。

（三）以利益共享为导向的治理机制协调路径

激发农民参与基层治理的内生动力是从乡村社会内部探索乡村治理具有

持久活力的重要保障。在乡村治理体系建设中，应注重以利益共享为导向，持续完善村庄内部不同主体的治理参与机制以强化内生性激励。这一路径下的有效措施包括：统筹省市县涉农资金，采取"以奖代补"方式大力扶持村级集体经济发展；强化对治理一线人员如网格员等的激励，可推行网格员"基本报酬＋考核绩效＋发展性奖励"的报酬制度，允许集体经济组织或村内农民合作社将增长收益的一定比例用于本村网格员补助和奖励；持续完善利益共享导向下的收益分配制度，探索集体经济发展收益预留部分用于村内扶贫助弱、激励治理参与、社区营造等公共事务，强化村民的凝聚力和参与治理的积极性等。

（四）以全面赋能为导向的治理能力提升路径

各地区应有针对性地加强镇街、村干部和党员的乡村治理理念和能力培训。一方面，要继续以"头雁"工程为重点，夯实三级党建网格的治理能力培育。另一方面，要完善乡村治理指导手册，让参与治理的多元主体能够快速有效地掌握最基本的乡村治理知识、技能，强化基层治理能力建设，同时在乡村治理实践中注重制度建设、构建长效机制，在相关部门、镇村和村庄探索新举措、形成新成效、构建新模式。与此同时，各地应全面强化系统经验总结。目前，全国多个地区在乡村治理方面已经开展了众多极富价值的实践探索，形成了丰富的改革创新经验，而且还将持续进行创新。这些改革试点区域应与全国社会治理领域的专业研究团队深度合作，及时总结创新经验，将其上升为政府层面的制度设计，提高探索试点示范的规范化程度，强化指导性、拓宽覆盖面，加快形成在乡村维度国家治理体系和治理能力现代化的系统性中国实践典范与中国特色化路径。

五、城乡融合视角下加强乡村治理体系
建设的政策优化建议

针对当前乡村治理体系建设的主要问题,本部分将以乡村治理体系建设四大路径为基础,结合城乡融合视角对乡村治理体系建设进一步提出具体政策优化举措,完善当前政策体系。

(一)探索集体经济多层次参与路径

农村集体经济组织是促进乡村有效治理的重要支撑,各地应注重以发展壮大集体经济全面促进乡村治理的优化提升。集体经济组织应重点关注以下发展机遇:一是为农户和新型经营主体提供生产技术、物流、劳务、农机等覆盖全产业链的农业生产性服务,为新进入农村的主体提供物业服务、安全服务等综合性服务。二是承担政府购买的各类公共服务,如绿色防控、基础设施维护、垃圾污水处理、小微型基础设施维护、森林防火等。同时,在集体经济组织的发展中尽可能吸纳低收入群体,在收益使用方式中强化各类社区公共服务供给,并在收益分配制度中强化其扶贫助弱的社会职能。

(二)创新构建发展性激励制度

基层热情参与、主动作为愈加成为推动城乡基层治理的重要动力。激发基层治理队伍工作积极性需要以系统、科学、精准的考评体系和发展性激励机制为重要支撑。一是建立考评机制。针对网格员制定激励与约束兼具的考评体系，综合服务对象、相关业务部门、管理部门等多维度进行评价。二是建立发展激励机制。将基层治理成效纳入年度目标考核，对表现突出的网格员分等级进行奖励，在干部选拔上优先考虑。三是建立荣誉激励机制。定期开展"十佳网格员""优秀网格长""荣誉村民"等评选活动，充分发挥新闻媒体和网络新媒体作用，大力表彰，提升乡村治理带头人的社会声誉。四是建立保障性激励机制。探索出台对网格员、集体经济管理者、村民理事会带头人等基层治理关键人员的社保补贴政策，鼓励符合条件的人员以个体身份参加企业职工基本养老保险。

（三）着力强化社会组织的深度参与

市场主体和社会组织的植入不仅能够解决长期以来农村社区内部社会组织严重不足、人才短缺的短板问题，而且能够产生重要的裂变效应，为乡村治理提供专业化、组织化的重要支撑。一是引进专业社会组织强化公共服务供给。积极对接优秀社会组织，以政府购买服务的方式由社会组织承接网格化治理延伸出来的多项公共服务。二是强化本土内生性社会组织孵化和扶持力度。引进专业的社会组织孵化机构，积极培育本土内生性社会组织。通过设立"创益基金""种子基金"，鼓励本地居民、返乡大学生等积极策划发起社区公益项目，或创办文化娱乐、弱势群体救助、农村养老等互助性组织。

（四）全面赋能多元化基层治理主体

乡村治理需要深化政府、公众、市场、社会组织等不同主体的合作关系，既注重各级部门的有效分工与合作，同时发挥村"两委"、集体经济组织、红白理事会、社会组织和志愿者等在基层治理中的积极作用外，进一步探索多元主体参与治理新路径。一是明确不同主体的职能范围。不同治理主体应以职能互补为导向，明确各自的治理边界。其中，村"两委"应以提供公共服务为主，集体经济组织可从公积金公益金中提取来满足对孤寡老人陪护、学生教育奖励等帮扶需求。村民理事会等非正式组织应发挥其公信力作用，以协调村民矛盾纠纷、开展政策解读宣传等工作为主。二是构建协商议事机制。通过内部组织整合，完善多层协商、流程清晰的协商议事制度，发挥村民理事会、退休人员等村庄内部治理主体的能动性。三是发挥乡村能人的带动作用。运用"物质+精神"的双重激励手段，促进新乡贤、农民工、大学生、退伍军人等各类乡村精英人员回归家乡。

（五）探索建立整合性治理平台

乡村治理是一个系统工程，必须建立整合性治理平台，加强政策、资源、多方主体的协同和统筹。首先，充分运用互联网、大数据技术，以整合政府内部相关职能部门条块间的信息资源为重要切入点，实现多主体治理资源的有效整合。可由农业农村部门牵头对政法委、应急管理局、公安、民政、信访等涉及乡村治理职能部门的信息平台进行优化整合，构建统一的多功能"大网格化"综合信息管理平台，打破不同职能部门、不同政府层级的信息壁垒，使各个职能部门的治理信息实现共享。其次，对县级各部门、镇村相关治理和服务平台的内容进行有效整合，搭建智能一体化政务服务平台，为群众提供精准化、精细化服务，提高基层治理数字化、智能化水平。

主要参考文献

［1］埃莉诺·奥斯特罗姆.公共事务的治理之道——集体行动制度的演进［M］.上海译文出版社，2012.
［2］曼瑟·奥尔森.集体行动的逻辑［M］.格致出版社，1995.
［3］高强.健全现代乡村治理体系的实践探索与路径选择［J］.改革，2019，310（12）：26-36.
［4］姜晓萍，许丹.新时代乡村治理的维度透视与融合路径［J］.四川大学学报（哲学社会科学版），2019，223（4）：29-37.
［5］徐勇.城乡一体化进程中的乡村治理创新［J］.中国农村经济，2016，382（10）：23-26.

［6］项继权，刘开创.城镇化背景下中国乡村治理的转型与发展［J］.华中师范大学学报（人文社会科学版），2019，58（2）：1-9.

［7］吴理财，李佳莹.从"文字下乡"到"数字下乡"的百年乡村建设——基于政府治理的视角［J］.中国农村观察，2023，170（02）：2-15.

［8］张海鹏.中国城乡关系演变70年：从分割到融合［J］.中国农村经济，2019，411（3）：2-18.

［9］耿国阶，王亚群.城乡关系视角下乡村治理演变的逻辑：1949—2019［J］.中国农村观察，019（6）：19-31.

［10］左停，李卓.自治、法治和德治"三治融合"：构建乡村有效治理的新格局［J］.云南社会科学，2019，229（3）：49-54+186.

［11］邓大才.走向善治之路：自治、法治与德治的选择与组合——以乡村治理体系为研究对象［J］.社会科学研究，2018，237（4）：32-38.

［12］刘彦随.中国新时代城乡融合与乡村振兴［J］.地理学报，2018，73（4）：637-650.

［13］吕德文.迈向城乡共治的乡村治理新格局——基于P县的田野发现［J］.广西师范大学学报（哲学社会科学版），2021，57（6）：21-32.

［14］刘守英，熊雪锋.中国乡村治理的制度与秩序演变——一个国家治理视角的回顾与评论［J］.农业经济问题，2018，465（9）：10-23.

［15］王文彬.自觉、规则与文化：构建"三治融合"的乡村治理体系［J］.社会主义研究，2019，243（1）：118-125.

［16］陈松友，卢亮亮.自治、法治与德治：中国乡村治理体系的内在逻辑与实践指向［J］.行政论坛，2020，27（1）：17-23.

［17］丁志刚，王杰.中国乡村治理70年：历史演进与逻辑理路［J］.中国农村观察，2019，148（4）：18-34.

［18］党国英，卢宪英.新中国乡村治理研究回顾与评论［J］.理论探讨，2019，210（5）：5-14.

［19］张晓山.简析中国乡村治理结构的改革［J］.管理世界，2005（5）：70-76.

［20］李三辉.乡村治理现代化：基本内涵、发展困境与推进路径［J］.中州学刊，2021，291（3）：75-81.

数字乡村建设的关键政策问题研究 *

本文立足于数字乡村建设的政策演进与研究现状，围绕农业数字化生产、乡村数字治理和数字金融减贫等方面，构建了数字乡村建设的研究框架，并以安徽省长丰县、四川省邛崃市、天津市付村和福建省永泰县为典型案例，阐释了数字乡村建设的基本做法和经验启示，进而解析了数字乡村建设面临的困境及挑战，最后提出数字乡村建设的未来提升路径。

一、研究背景

数字乡村建设是数字中国战略的重要组成部分，又是乡村振兴战略的重大举措，还是助推农业农村现代化的有力支撑。党的十九大提出乡村振兴战略，将"产业兴旺、生态宜居、乡风文明、治理有效、生活富裕"作为中国特色复兴乡村的总目标。在推进乡村振兴过程中，城乡发展不平衡与城乡二

* 本报告是清华大学中国农村研究院重点研究课题"数字乡村建设的关键政策问题研究"的研究成果，国家社会科学基金重点项目"数字时代背景下推进农业农村现代化的战略、机制与政策研究（22AZD050）"以及清华大学文科建设"双高"计划专项"面向复杂社会生态系统诊断的公共事务治理研究"（2021TSG08204）的阶段性成果，报告观点仅代表课题组的看法。课题负责人：王亚华，清华大学公共管理学院副院长、教授，清华大学中国农村研究院执行院长。报告执笔人：王亚华、李星光。

元体制、超大规模人口与大规模农村劳动力外流、人多地少资源禀赋基础上的小农户经济以及社会主义公有制体系下的农村集体所有制等基本国情农情构成了我国农业农村现代化发展的基本约束条件，对实现乡村振兴提出了更高的挑战（王亚华，2020）。

伴随人类社会进入以数字化生产力为主要标志的全新历史阶段，世界各国都把数字化作为经济发展和技术创新的重点，能否适应和引领数字化发展，成为决定一个国家兴衰的关键。以移动互联网、大数据、云计算和人工智能为代表的数字技术（以下简称"数字技术"）蓬勃兴起，不断催生新产品、新模式、新业态，引领农业农村在理念思路、体制机制、决策方式等方面实现系统性、全局性变革，为农业农村现代化发展创造了前所未有的重大机遇。近年来，国家一系列的政策文件表明数字乡村建设已成为乡村振兴的重要战略方向，成为加快农业农村现代化步伐的重要抓手。2018年"中央一号文件"《中共中央 国务院关于实施乡村振兴战略的意见》明确提出要实施数字乡村战略；2020年1月，农业农村部、中央网络安全和信息化委员会办公室印发的《数字农业农村发展规划（2019—2025年）》提出数字农业农村主要发展指标和完善数据采集体系；2022年1月，中央网络安全和信息化委员会办公室等十部门印发《数字乡村发展行动计划（2022—2025年）》，对"十四五"时期数字乡村发展做出部署安排。"十四五"时期是开启全面建设社会主义现代化国家新征程、向第二个百年奋斗目标进军的第一个五年，需要加快推进数字乡村建设，充分发挥信息化对乡村振兴的驱动引领作用。

随着一系列数字乡村战略政策文件的落地实施，各地区数字乡村建设发展取得了良好成效：2021年，农作物耕种收综合机械化率超过72%，农机应用北斗终端超过60万台套，产品溯源、智能灌溉、智能温室、精准施肥等智慧农业新模式得到广泛推广，大幅提高了农业生产效率；乡村治理数字化水平大幅提升，农业"放管服"电子审批初见成效，平安乡村数字化平台初步建成。

虽然我国数字乡村建设近年来取得良好成绩，但是，我国农业农村信息化仍处于起步阶段,与发达国家数字乡村建设和我国智慧城市建设相比,都存在一定差距。与以美国为代表的发达国家相比,从数字农业市场规模来看,2020 年全球市场规模约 268 亿美元,我国约为 34 亿美元,占比 13%,而美国占比 31%。从农业生产信息化水平来看,2021 年全国数字乡村发展水平达到 39.1%,而在美国,80% 农场实现了信息化,每个农场都连接 50 个以上的物联网设备,数字农业农村发展总体水平超过 70%。从互联网普及率来看,截至 2022 年 6 月,我国农村地区互联网普及率为 58.8%,低于美国和欧洲的平均水平。与智慧城市建设相比,我国数字乡村建设滞后于智慧城市建设,表明城乡数字鸿沟将长期存在。

探究数字乡村发展路径,不仅有助于提炼完善我国乡村治理理论,同时也有助于提升农业农村现代化发展水平。数字乡村建设作为解决"三农"问题的全新方案,是乡村振兴的必然举措,也是提炼完善中国乡村治理理论的试验田(冯朝睿和徐宏宇,2021)。随着经济社会的快速发展,传统简约层级式的乡村治理已无法满足当前农村居民的生产生活要求。数字乡村建设利用数字化技术探寻乡村社会的发展路径,构建现代化的乡村治理体系,实施网络化治理和数字化治理,有助于完善和提升现有的乡村治理理论。另外,数字经济的快速发展为数字乡村建设提供了重要载体和强大动力。探究数字乡村发展路径,破解当前实践中存在的难题,推动传统农业全方位、全角度、全链条的数字化改造,不断开创数字乡村建设新局面,可为乡村全面振兴提供新动能,不断提升农业农村现代化水平。基于此,本文试图评估数字乡村建设的经济影响和社会影响,并据此提出相关政策优化建议。具体而言,首先,廓清数字技术在数字乡村建设过程中的应用现状、基本特征与现存问题,从而系统揭示数字技术的实践逻辑和发展趋势。然后,利用案例调查归纳数字乡村建设的典型模式和特色做法,最后,在经验借鉴的基础上,提出助力乡村产业兴旺、推动城乡融合发展、实现共同富裕、改善农村公共事务治理能力的政策优化建议,为乡村振兴取得新进展、农业农村现代化迈出新步伐提供有力支撑。

二、数字乡村建设现状分析

（一）数字乡村建设政策演进现状

我国数字乡村建设肇始于 21 世纪初期。党的十五届三中全会提出要运用生物工程和信息技术实现农业科技革命，推动传统农业向现代农业转变、从粗放经营向集约经营转变（中共中央文献研究室，2000）。1999 年，世界首次数字地球国际会议在北京召开，推动中国实务界和学术界提出"数字中国"构想。在 2003 年召开的全国首届数字农业与农村信息化发展战略研讨会上，石元春、汪懋华、孙九林等院士表达了对我国农业信息化发展战略、精细农业技术和农村科技基础数据共享平台建设的关切，随即我国启动了"数字农业技术研究与示范"专项研究。在社会主义新农村和美丽乡村建设时期，党和国家越来越重视农业现代化发展。2006 年"中央一号文件"提出："要积极推进农业信息化建设，充分利用和整合涉农信息资源，重点抓好'金农'工程和农业综合信息服务平台建设工程，强化面向农村的广播电视电信等信息服务"。此后，连续 10 年的"中央一号文件"都对加快农业信息化工作做出要求。

进入新时代，数字乡村建设成为乡村振兴的新引擎。中央和各级地方政府相继出台了一系列有关数字乡村建设的政策文件（见表 1），极大地推动了数字乡村的发展。依据数字乡村建设的发展趋势和发展阶段，可以将新时代以来数字乡村建设分为三个阶段：

表 1　数字乡村建设的相关政策文件

时间	文件	发文单位
2023 年	《2023 年数字乡村发展工作要点》	中央网信办、农业农村部等五部门

续表

时间	文件	发文单位
2022 年	《数字乡村发展行动计划（2022—2025 年）》	中央网信办、农业农村部
2022 年	《数字乡村标准体系建设指南》	中央网信办、农业农村部等四部门
2021 年	《"十四五"推进农业农村现代化规划的通知》	国务院
2021 年	《国务院关于印发"十四五"数字经济发展规划的通知》	国务院
2021 年	《中共中央 国务院关于全面推进乡村振兴加快农业农村现代化的意见》	中共中央、国务院
2021 年	《数字乡村建设指南 1.0》	中央网信办、农业农村部等七部门
2020 年	《数字农业农村发展规划（2019—2025 年）》	农业农村部、中央网信办
2020 年	《中共中央 国务院关于抓好"三农"领域重点工作确保如期实现全面小康的意见》	中共中央、国务院
2020 年	《2020 年数字乡村发展工作要点》	中央网信办、农业农村部、国家发展改革委、工业和信息化部
2019 年	《数字乡村发展战略纲要》	中共中央、国务院
2019 年	《中共中央 国务院关于坚持农业农村优先发展 做好"三农"工作的若干意见》	中共中央、国务院
2018 年	《中共中央 国务院关于实施乡村振兴战略的意见》	中共中央、国务院
2017 年	《决胜全面建成小康社会夺取新时代中国特色社会主义伟大胜利》	党的十九大报告
2016 年	《中共中央 国务院关于落实发展新理念加快农业现代化实现全面小康目标的若干意见》	中共中央、国务院
2015 年	《国务院关于积极推进"互联网 +"行动的指导意见》	国务院
2015 年	《中共中央 国务院关于打赢脱贫攻坚战的决定》	中共中央、国务院
2013 年	《"宽带中国"战略及实施方案》	国务院
2011 年	《中国农村扶贫开发纲要（2011—2020 年）》	中共中央、国务院
2006 年	《2006—2020 年国家信息化发展战略》	中共中央、国务院
2001 年	《农业科技发展纲要（2001—2010 年）》	国务院

资料来源：国务院及相关部委网站。

第一个阶段是萌芽阶段（2000—2014年）。这一阶段的建设重点包括数字农业、农业信息等，主要是对农业生产过程数字化的关注。由于通信基础设施建设不足、农业生产效率低下、农业机械化水平不高等，乡村发展较为落后，数字技术在乡村的应用普及率不高。针对此阶段乡村数字技术的发展情况，我国制定了相应的政策以指引数字乡村建设。《农业科技发展纲要（2001—2010年）》明确农业发展及实现农业发展跨越最终要依靠科技进步和创新。《2006—2020年国家信息化发展战略》对推进面向"三农"的信息服务、持续推进农村现代远程教育等作出战略部署。《中国农村扶贫开发纲要（2011—2020年）》对科技扶贫和完善信息服务基础设施等扶贫措施作出了部署。2013年发布的《"宽带中国"战略及实施方案》明确了农村宽带网络2013—2020年的发展时间表。

第二个阶段是兴起阶段（2015—2019年）。这一阶段的建设重点包括"互联网+"、电子商务、精准扶贫、乡村旅游、大数据等。农民收入持续增长，乡村信息基础设施有所改善，脱贫攻坚战取得阶段性进展，新一轮科技革命和产业变革正在孕育兴起，并为农业转型升级注入新动力，数字乡村发展基础条件有所改善。2015年发布的《国务院关于积极推进"互联网+"行动的指导意见》指出，要发展"互联网+"现代农业，促进农业现代化水平提升，大力发展农村电商。同年发布的《中共中央 国务院关于打赢脱贫攻坚战的决定》提出加大"互联网+"扶贫力度，实施电商扶贫工程，加大科技扶贫力度。2016年，我国对"互联网+"现代农业和脱贫攻坚作出了规划部署。2017年，党的十九大报告《决胜全面建成小康社会夺取新时代中国特色社会主义伟大胜利》首次提出乡村振兴战略。2019年发布的《数字乡村发展战略纲要》明确了数字乡村的定义、具体内容及战略目标。

第三个阶段是快速发展阶段（2020年至今）。这一阶段的建设重点包括数字乡村、数字金融、数字治理等。这一时期我国完成了脱贫攻坚战，实现了全面建成小康社会的发展目标，乡村发展取得了阶段性胜利。其间，我国在大数据、人工智能、物联网等数字技术方面处于领先地位，数字乡村建设进入快速发展轨道。这一时期出台的政策文件也为数字乡村建设指明了方向。2020 年 1 月发布的《数字农业农村发展规划（2019—2025 年）》提出加快种植业、畜牧业、渔业、种业及新业态生产经营数字化改造；加快农业人工智能研发应用；建设数字农业服务体系等，为实现乡村全面振兴提供有力支撑。2020 年 2 月发布的《中共中央 国务院关于抓好"三农"领域重点工作确保如期实现全面小康的意见》提出建设农业农村大数据中心，加快物联网、大数据、区块链、人工智能、第五代移动通信网络、智慧气象等信息技术在农业领域的应用。2021 年 7 月中央网信办、农业农村部等七部门发布的《数字乡村建设指南 1.0》，提出了数字乡村建设的总体参考架构以及若干可参考的应用场景，供各地区推进数字乡村建设时借鉴使用。2022 年 1 月中央网信办、农业农村部发布的《数字乡村发展行动计划（2022—2025 年）》对"十四五"期间数字乡村发展作出了部署安排。2023 年 4 月中央网信办、农业农村部等五部门发布的《2023 年数字乡村发展工作要点》明确了 2023 年数字乡村建设的工作目标，提出到 2023 年底，数字乡村发展取得阶段性进展。

（二）数字乡村建设的研究现状

国内关于数字乡村建设的研究还处于起步阶段，主要集中在概念解析、运行逻辑、发展模式等方面。一是数字乡村建设的内涵和外延。数字乡村建设是信息技术在农业农村领域的全面应用和深度融合，是以数字技术为主要驱动力的农业农村现代化发展进程（曾亿武等，2021；沈费伟，2021），其发展目的是最大化发挥数字红利的普适、普惠作用，使农村、农民都能获得数字福利（陈潭、王鹏，2020）。学者们普遍认为数字乡村建设是新时代农业农村信息化发展的必然结果，是统筹推进乡村振兴战略的内在需求，是数字中国、智慧社会建设的外在要求，是实现农业农村现代化的应有之义，具有极为重要的战略意义和现实价值（夏显力等，2019）。比如，赵成伟和许竹青（2021）认为数字乡村建设是以农业农村大数据为基础，以数字技术促进传统农业转型升级，以现代信息技术提升乡村治理与公共服务水平，以数字创新提高农民现代信息素养和技能，为农民生活创造数字化便利的重要路径。

二是数字乡村建设的运行逻辑。数字乡村通过构建"物理世界"和"数字世界"孪生的虚拟空间，催生、激活和放大各种功能效应，为农业生产、农村流通、社会治理、生活形态、文化观念等应用场景赋能，进而助推乡村振兴（王胜等，2021）。沈费伟（2021）则认为设计层级结构是数字乡村运作前提、激活参与主体是运作关键、优化资源要素是运作核心、维护村民权益是运作保障。王盈盈和王敏（2020）从城乡、乡村和生态尺度思考数字技术与乡村发展的关系。王铮和唐晓飞（2020）提出以"政府主导—农民参与—社会驱动"的模式推动数字县域建设。夏显力等（2019）提出围绕五大发展理念、农业供给侧结构性改革、农业产业兴旺找准"数字乡村"实现路径、科技驱动型路径、结构优化路径等乡村高产业振兴质量的驱动路径。彭超（2019）和吕普生（2020）着眼于提高农民数字素养以期激发数字乡村发展的内生动力。

三是数字乡村建设的发展模式。胡亮等（2021）对典型发达国家数字乡村发展模式进行了总结，主要包括美国多元共进矩阵型发展模式、日本政策导向与信息技术支撑的联动型发展模式、英国双向协同的秩序化发展模式、法国"互联网企业＋政府＋信息技术"推动的多元组团发展模式。北京大学新农村发展研究院通过实证评估发现我国县域数字乡村整体处于起步发展阶段，且乡村经济数字化和治理数字化是主要短板，而据《2021 全国县域农业农村信息化发展水平评价报告》，2020 年全国县域数字农业农村发展总体水平已达 37.9%，但仍处于较低水平。

四是数字乡村面临的困境及发展路径。冯朝睿和徐宏宇（2021）认为城乡数字鸿沟难破除、农业数字化转型难推进、乡村数字治理体系难形成的实践窘境，已成为阻碍数字乡村建设的主要因素，需要推动政策高效落实、夯实数字环境、推进产业振兴、促进治理有效 4 条路径破解数字乡村建设壁垒。

杨森和汤星雨（2020）认为数字乡村推进过程中面临基础设施不足、观念意识淡薄、专业人才阙如、要素资源缺乏等问题，应从信息化基础设施建设、信息化人才培养、信息化普及宣传、信息化服务体系建构四个方面进行解决。徐旭初（2021）分析了数字乡村在乡村数字经济、数字治理、数字生活等方面的发展趋势及其疫情效应。师曾志等（2019）以及沈费伟和叶温馨（2021）关注到乡村善治、人本伦理、协同创新等方面的未来走向。

国外有关数字乡村的研究更关注面向具体问题的实证性、理论性讨论。在英文文献里很难找到"数字乡村"的严格对应词，"digital agriculture""digital country""digital rural area"等表述均较为常见，且较多关注乡村数字化转型可能带来的"负面性讯息"，而非观念类、政策类解读（李敢，2021）。第一，信息与通信技术（ICT）使用引发的区域不平衡研究。Gladkova et al.（2020）发现俄罗斯人占多数的地区（如中部和西北部）往往在 ICT 技术发展方面处于领先地位，另外，生活在大城市的人往往拥有更高水平的"数字资本"。Ono and Zavodny（2007）考察了美国、瑞典、日本、韩国和新加坡五个国家信息技术使用的模式和决定因素，发现这五个国家在使用信息技术方面存在差异，但三个亚洲国家的差距比美国和瑞典更普遍。第二，数字技术应用引发的社会不平等研究。Hoque and Soarrw（2015）发现获取信息和通信技术对任何国家的经济、社会和政治都变得越来越重要。然而，城乡之间的"数字鸿沟"造成了信息平等获取、大众传播和 ICT 方面的巨大差距，特别是在孟加拉国等发展中国家较为明显。即便是数字技术发展很早的美国乡村地区同样存在着诸多缺陷。Ruopu et al.（2020）发现，在美国乡村地区，近年来的 ICT 发展开始出现一种新型数字鸿沟——"智能鸿沟"，包括智能基础设施供给、智能应用和服务等内容，这已构成一类新兴的社会不平等。第三，发展中国家乡村地区数字技术面临的困境。虽然信息通信技术在促进发展中国家农村发展方面发挥着重要作用，但是在项目实施中面临获得基础设施和正规教育的路径有限、培训和能力建设不足、财政和政治限制等诸多挑战，导致项目无法持续开展，或者最终失败。可持续性是发展中国家农村地区 ICT 项目有效性的关键（Pade et al. 2008）。

国内外有关数字乡村的研究为本课题的开展奠定了较好的基础，但现有研究主要集中在数字乡村的概念内涵、内容概况、运行逻辑等方面，有关数字乡村发展模式及路径的研究较少，且不够系统和深入。第一，现有研究对我国数字乡村建设的发展模式、特色做法和典型经验的探讨不多。利用典型案例归纳总结实践中数字乡村建设的典型经验和特色做法对确定未来发展方向和实施路径具有重要的借鉴意义。第二，现有研究基于总结发达国家的实践经验进而明确我国数字乡村建设未来方向和发展路径的相关研究较少。历史的经验值得借鉴，总结发达国家在数字乡村发展中所走过的历程，可以给我国带来较多启示，也可以清晰地看到我国数字乡村建设中的短板和弱项。基于此，深入研究国内外数字乡村建设推进政策、制度法规、发展模式等，提出推进我国数字乡村建设的发展方向和实施路径，为乡村振兴战略全面实施提供更有力的核心驱动力，为实施数字中国战略夯实乡村根基。

三、数字乡村建设的研究框架

数字乡村建设的成效至少可以反映在如下 4 个方面：一是要素组合的改变。在数字经济时代，数字已不单纯是一种符号或度量单位，而是一种新的生产要素，这种要素一旦与其他要素，如土地、劳动力、资本、技术、制度等要素匹配，就会改变要素组合结构，形成数字生产力。因而加快数字乡村建设不仅是要通过数字化进程，优化乡村要素组合，而且是要实现数字化对其他要素的赋能，以信息流带动资金流、技术流、人才流、物资流，激活乡村各种要素，提高乡村经济社会运行和发展的质量和效率。二是时空关系的改变。网络化、信息化和数字化一旦融入乡村的方方面面，乡村时空关系会发生深刻变化，乡村物理时空性将呈现网络时空性的特点，传统乡村的信息壁垒将被打破，区位偏远的劣势将得到缓解。这种时空关系变化对城乡关系的疏通和融合、乡村自然生态与人文生态价值的更好展现与实现，均具有积极的意义。三是交互方式的改变。随着网络化、信息化和数字化在乡村的普及，乡村信息运用与传递变得更加快速便捷。在这种情境中，乡村日常人际交往活动、各类经营主体产品营销与物流、百姓消费品选择与购买等经济社会活动，既可以线下进行，也可以线上进行，这大大增强了乡村人际交互方式的选择性和信息的流动性。四是治理方式的改变。将数字化融入乡村治理体系，有助于乡村治理从经验式治理转向精准化治理，从少数人参与的治理转向多数人参与的治理，有助于创新推动乡村治理中自治、法治、德治和智治的"四治融合"，进而提高乡村治理的效率和效能。

基于上述讨论和分析，数字乡村建设目标的实现是应用数字技术对乡村建设进行赋能、赋权、赋智和赋利的过程（见图 1）。首先，随着云计算、移动互联网、大数据、人工智能等数字技术的快速创新与应用，数字经济不仅正成为全球经济社会发展的重要引擎，而且已加速向农业农村广泛渗透，为农业数字化生产、物流和营销等体系赋能，并衍生出诸多的乡村经济新业态和新模式。农业数字化生产不仅能够充分运用物联网实时获取农业数据，改进农业生产流程，形成全程标准化生产体系，降低农业生产成本，而且能够对农业生产全过程进行智能化、精准化控制，有效追溯农业投入、生产、流通全过程，实现农业高质量发展。

其次，乡村数字治理目标的实现是数字赋权与数字赋智相结合的过程。从数字赋权角度，依托数字平台和数字化应用，设置三务公开、意见征求、村民办事、矛盾调解、村民议事等模块，营造数字公共空间，联结脱嵌村民、在外乡贤，实现在线沟通、有效互动，打造共建共享共治的基层治理格局。在基层治理过程中，以数字化激活了乡村内生动力，激发了村民自治热情，增强了村民情感联系，发挥了数字监督作用，重构了干群信任关系。换言之，数字技术改变了乡村治理的参与结构和权力结构，串联起乡镇干部、乡贤精英、社会组织等内部资源，甚至引入了乡村外部资源，继而实现治理主体、治理资源的互联互通。从数字赋智角度，通过打造乡村数字大脑，聚焦数字乡村治理中的人、财、地要素，统一地理信息数据采集，以发现问题智能化、处理过程自动化、事件管理全流程为核心，旨在构建乡村治理数字化平台，可以有效统筹推动数据资源整合汇聚、辅助决策，动态掌握乡村生产、生活、生态发展态势。乡村数字治理平台的深度应用有效支持了政府农业农村发展决策的精准化、动态化、科学化，极大提升了基层政府的乡村治理现代化水平。

最后，借助数字化技术和信息化手段可以推动乡村公共服务、消费模式等方面实现现代化，促进农民生活在形式和内容上的数字化转型发展，满足广大农民日益增长的美好生活需要，从而为改善农村居民生活水平进行赋利，最终缩小城乡发展不平衡，实现共同富裕。其中，数字普惠金融是在数字经济情境中缓解农村居民信贷约束、改善生活水平的重要手段。作为传统金融市场的有效替代，数字普惠金融有效解决了传统征信模式下信息主体的风险信息甄别盲区问题，具有更好的地理穿透性、更强的地区覆盖度、更低的金融服务成本等特征，有助于增强金融普惠性和信贷可得性，从而可以为改善农村居民生活水平和消费能力赋利。

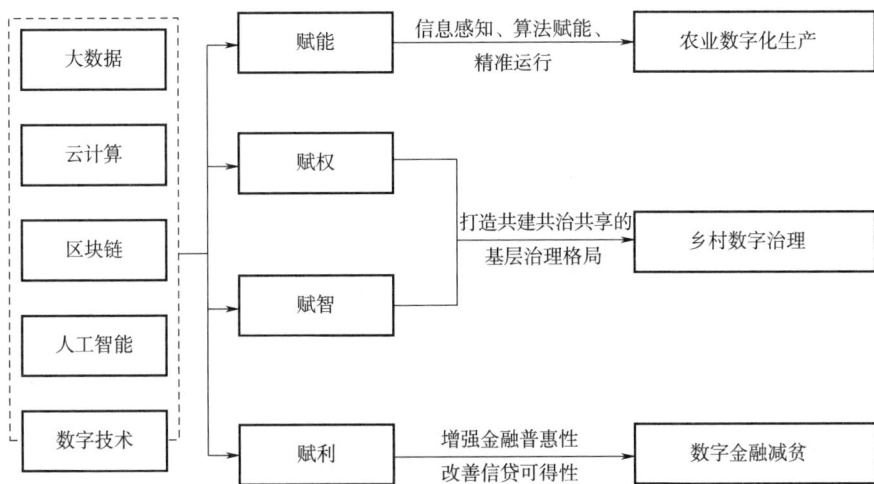

图1 数字乡村建设的实现逻辑

资料来源：徐旭初，吴彬，金建东.数字赋能乡村：数字乡村的理论与实践［M］.浙江大学出版社，2023.

（一）农业数字化生产的赋能逻辑

农业数字化生产的基础条件在于信息感知，核心在于模型算法，从而保证农业生产过程的精准运行，提升农业生产可控制性，最终获得生产效益和生态效益。数据作为感知化、物联化、智能化世界的微观构成，在生产过程中发挥重要作用。由于农业领域的特殊性，大量的农业数据以非结构化或半结构化形式存在。农业数据的非结构化或半结构化形式，使得市场、天气、病虫害、水肥、食品安全等因素对传统农业的生产经营活动产生巨大影响，进而在一定程度上造成农业在生产、消费等领域的弱质性特征，使得农业经营在市场中处于不利地位。农业数字化生产发展的技术逻辑起点，就是通过开发和建设各类农业射频识别技术设施、全球定位系统技术设施、农业传感器技术设施、遥感技术设施、市场信息感知技术设施等，将大数据技术应用于获取的大量数据上，开发出各种精准农业模型和系统，实现对农业生产经营过程中各类数据的收集、处理、运算等，从而对农业生产经营过程中的自然环境、市场环境进行全面感知和掌握，通过技术消除存在的信息不均等，为农业快速应对环境变化提供数据基础。在此基础上，通过建立相应的算法模型，对大量数据进行有效、及时、精准的运算处理，以实现农业数字化生产的精准执行，最终提升具有可控性的农业生产效能。

（二）乡村数字治理的赋权及赋智逻辑

乡村数字治理以平台、主体、空间、数据、心智和活动等基本结构要素为基础，不仅可以借助数字化技术和手段提高村民自治能力，提升公共服务，促进乡村精准治理，为乡村基层自主治理进行赋权，而且可以依托数字技术影响并改善治理结构，实现人与媒介的互联互通，重塑乡村社会关系，推动平台与数据相互依托、主体与心智交互融合，延伸和拓展乡村治理活动的公共空间，为乡村基层自主治理进行赋智。一方面，乡村数字治理通过数字技术的引介和应用，既可以实时动态捕获决策信息，及时发现和纠正决策制定和执行过程中的问题，还可以将多元主体纳入治理体系，突破时间和空间的限制，创新治理手段和治理模式，提升对多元化和个性化服务需求的辨别力，打造整体性、无缝隙、一站式的乡村数字化公共服务体系，推动乡村治理精准化、参与民主化、服务高效化和决策科学化。另一方面，乡村数字治理可以借助数字治理平台推动人与人、人与媒介、媒介与媒介的有机融合，打通治理对象、治理要素、治理资源与治理工具的有效连接，以"整体智治"改变治理理念，重组业务流程，变革服务模式，逐步完善政府体制机制建设，形塑动态、协调的组织结构，不断提升乡村基层治理效能。此外，乡村数字治理的有效开展与持续推进，需要与此相适应及匹配的政府组织文化、领导者高水平的数字心智等，以此确保实现系统的功能最大化，提升技术赋能水平。

（三）乡村数字普惠金融的赋利逻辑

乡村数字普惠金融具有成本低、覆盖广、便捷性强、开放度高等特征，能发挥数字技术和普惠金融的双重优势。一方面，乡村数字普惠金融可利用大数据、区块链、人工智能等技术，有效整合和挖掘农户的软信息和硬信息，联通各部门封闭分散的信息，提升金融资金投放的精准性，并借助大数据的独特风险防控机制改善贫困人口金融服务可得性，从而达到以有效的赋利机制增强贫困人口的自我发展能力的最终目标。同时，乡村数字普惠金融可运用大数据技术对扶贫对象、扶贫项目进行动态评估，并通过云计算、人工智能技术引导扶贫金融资金精准投放到尚需金融服务的贫困户手中或者更具经济效益的扶贫项目中，而区块链技术所构建的统一的信息链系统可以确保金融减贫各个主体间信息的有效对接，从而能够在统一协作下对贫困主体进行差异性区分，提升扶贫金融资金投放的精准性，并且使更多金融资源有效触达贫困地区，减轻金融资源空间分布的非均衡程度，在精准定位贫困人群发展需求的基础上进行个性化匹配，提升贫困人群的金融服务可得性。另一方面，乡村数字普惠金融不仅可以利用互联网平台帮助农户及时获取生产经营、经济金融和日常生活等重要的外部信息，对有关生产经营的信息进行加工处理，更准确地把握市场和政策的动态，提高自身对抗外部风险冲击的能力，而且可以跨时间、跨空间地为农村地区的相关主体提供金融服务，降低金融服务的门槛和成本。乡村数字普惠金融还可以缓解农户在资金和信息上的约束，增加农户收入及提升其风险管理能力，降低农户生计脆弱性，并利用普惠金融促进贫困地区经济发展，间接提高贫困人口的福利水平，增强减贫效果。

四、数字乡村建设的典型案例分析

随着数字乡村战略的实施，数字技术在乡村各个领域得到迅速应用和推广，全国各地积极探索数字乡村建设的机制和路径，有效地提升了乡村产业发展，促进了乡村治理体系和治理能力现代化，极大改善了乡村贫困人口生活质量，推动了乡村振兴战略的实施，助力农业农村现代化，从而为实现农业强国提供了物质基础和技术保障。

（一）案例一：安徽省长丰县"中国草莓之乡"搭上"数字列车"

1. 基本做法

长丰县利用物联网、大数据、区块链、人工智能等技术，建设草莓园区智能管理、草莓品质品牌数字管理、"数字草莓"大数据中心等数字化系统，构建长丰草莓"产业布局、病虫害识别、肥水管控、农产品质量安全追溯、销售网络"一张大图，实现草莓生产温、光、气、土、肥、药可视化和联动控制，打造草莓资源数字化、生产智能化、管理精准化、服务远程化、质量监管网络化的"五化"体系，形成可复制、可推广的数字农业应用场景模式。具体做法主要包括：

建设草莓园区智能管理系统。推进草莓大棚数字化升级，配备自动气象站、土壤环境和植物本体传感器、视频监控、水肥药一体化综合管理等设施设备，采集土壤水分、土壤温度、空气湿度、光照、二氧化碳浓度、高清图像等信息；借助大数据、图像识别、可视化等技术，依托建立的智能水肥一体化、病虫害智能化识别、草莓专家等远程服务系统，为农事管理、病虫害防御提供科学依据；实现温室大棚的自动化运行管理，包括电子屏实时 AI 识别病虫害，农民通过慧植农当家 App 实时获知信息。

建设草莓品质品牌数字管理系统。在示范区温室大棚内部安装智能巡检机器人，通过运用 AI 识别传感器和 AI 算法，对草莓生长果形、裂果、成熟度等表型信息进行动态采集；结合各类传感器采集的资源数据，利用 AI 技术构建专业的本地化草莓大数据模型，形成标准化草莓 AI 品质控制模型；通过构建统一的"长丰草莓"溯源标识，接入溯源的扫码系统，使经销商和消费者在购买农产品时可以了解该农产品的质量等级，进一步提升长丰草莓国家地理标志农产品的品牌影响力。

建设"数字草莓"大数据中心。依托建立的草莓品质品牌数字管理、草莓园区智能管理系统，对草莓资源数据进行梳理、整合、分析，为全县草莓产业优化升级提供决策参考。大数据中心采集和汇聚全县草莓基地在农业产业化、农业物联网、农产品质量安全、病虫害防控、草莓市场销售等方面的数据资源，按照安徽省农业大数据综合信息服务平台建设的数据规范要求，实施数字草莓全景数据集成。

2. 经验启示

数字农业效能的发挥依赖于大量的数据积累，因而要求一定的农业经营规模做基础。相对于规模化地块上的作业，智慧农机在细碎化地块上的作业要求更高的信息感知、运算和执行能力，因而对数字农业的技术提出更高的要求。长丰县构建了精准全覆盖的信息通信网络基础设施系统，便捷智能管理数字农业系统的推广和使用，有利于改善所在地区网络宽带的质量和服务，加速整合现有数据资源，推进草莓生产数字化建设。在农业数字化生产建设发展的过程中，当地也建立了一套更加系统的技术服务互联网农业系统，集物联网、电子商务和农业信息系统发展标准于一体，引进数字化智能农业机器系统，促进数字化作业的农业设备的普及，健全农村农业物联网系统，推动农业数字化生产发展。

我国数字乡村建设还处于完善硬件基础设施的阶段，数字农业应用的功能集成水平有待提升，尚且难以充分保障农产品市场的有效性。长丰县依托AI 识别传感器和 AI 算法等数字技术，推动农产品质量追踪溯源信息管理系统建设。当地利用数字技术能够快速、自动、准确、低成本采集和存储信息的特性，实现了对草莓种植、采收、加工、运输、销售全周期的跟踪监测，进而完善了长丰草莓品牌产业数字化平台建设。扩大数字技术在草莓品牌产业中的应用范围，为草莓生产、品牌管理、品牌营销与品牌服务提供技术支持，有利于拓宽长丰草莓国家地理标志农产品的品牌发展空间。

在实践中，农业产业数字化转型仍面临"数据烟囱"的现实制约，主要体现为时间和空间方面的信息传输不及时、不对称，这导致了数据共享与交互率低下甚至无法连接的问题比较突出，从而出现资源浪费、重复投资和效率低下的现象。长丰县加快建设草莓经营数据库，形成实时动态的全域地理信息图。从天、空、地等立体化的范围构建完善的草莓经营数据库，对生产经营各链条、各环节进行智能化的控制和精准有效的管理，为智慧农业的发展提供了有力的支撑和保障，满足现代农业发展的各项需求，保证草莓产业的科学生产、降低草莓生产成本、提高草莓产量和效果。草莓经营数据库覆盖到农业产业化、农业物联网、农产品质量安全、病虫害防控、草莓市场销售等数据资源，并运用各种精尖的数字技术对各项数据进行整合，让农业农村资源数据变得更加立体化。

（二）案例二：四川省邛崃市依托"社智在线"提升乡村数字化治理水平

1. 基本做法

邛崃市整合原本分散的"人财物"基础数据，打破信息壁垒，集成资源要素夯实治理根基。针对"人"的培养，搭建社区专职工作者管理系统，建立全市社区专职工作者基础数据库并动态更新，推进社区专职工作者队伍"选育管用退"全周期管理，提升社区专职工作者队伍管理规范化、精细化水平。针对"资"的管用，依托"社智在线"子系统"e管家"平台，线上开展"宣传动员、党组织提议、议事会民主议决、实施监督、村（居）委会组织实施、党组织开展评议"社区保障资金使用6步工作规则。在"e管家"平台上，村（居）民可以全程参与社区保障资金的项目提议、监督实施，乡村治理从"包揽式"向"参与式"逐步转变，有力提升社区保障资金使用绩效。针对"物"的归集，依托"社智在线"搭建社区基础数据库，以社区、网格为单位全面梳理归集以房屋、家庭、小区等为主要内容的社区基础信息，推动基础数据生产和收集"一个口子进、一个口子出"，实现乡村精细化治理。

邛崃市坚持以党建引领推进自治、法治、德治"三治融合"，统筹乡村治理秩序与活力的关系，营造共建共治共享局面。围绕"智治+自治"发挥群众主体作用，聚焦乡村社会矛盾纠纷量多类杂等乡村治理实际困难，依托"社智在线"探索建立社区民主协商机制，制定九步议事规则，从前期议题收集、办理到最终结果公示、评价全流程线上开展，村（居）民可以及时了解掌握民主协商每个环节，多方位、多角度评价民主协商过程和结果，以智慧手段保障解决时效、协商成效、居民参与等，有力助推民主协商透明化、规范化。围绕"智治+法治"下沉优质法律服务，依托"社智在线"优化乡村法治供给和法治应用，下沉优质法律服务资源，探索开展"直播普法"等创新模式，搭建三务公开固定线上平台，村（居）民无论何时何地都可以跟踪、监督村级重大事项进程，在线提出的疑问也会收到及时、公开的解答。围绕"智治＋德治"倡导崇德向善风尚，探索建立志愿者积分线上统计规则、奖励兑换机制，修订村（社区）志愿服务积分兑换细则，村（居）民可使用志愿积分兑换牙膏、洗衣粉等日用品或停车、洗车等服务；实施市民文明素质提升专项行动，线上宣传时代楷模、道德模范、身边好人。

邛崃市坚持以人民为中心、村（社区）为单元、信息技术为手段，打造乡村治理智慧场景。针对邻里交往场景，依托"社智在线"线上发布村（社区）活动，村（居）民对社区活动的及时掌握有利于激发其参与积极性，村（居）委会通过后台数据分析可以直观评价活动成果，实现活动发布、报名、评价及总结分析一体化，村（居）民之间地缘、业缘、趣缘关系更加紧密。针对社区服务场景，依托"社智在线"线上活动室预约功能，推动村（社区）党群服务阵地阅览室、活动室等公共空间错峰向居民开放，村（居）民可以自由选择需要使用的空间和时段。对于长期闲置的空间，村（社区）以低偿或无偿提供场地的方式，吸引社会组织、社会企业等市场主体和市场资本入驻，发展社区养老、幼儿托管等特色服务，有力提升了空间使用效率。针对安全韧性场景，依托"社智在线"，叠加智慧门磁等智能感知设备，分析各类设备数据、预警数据、风险数据，动态监测"老弱病残孕小"等弱势群体的健康情况和居家隔离观察对象等重点群体情况，提升社区应急队伍就地转化能力、物资调配能力，构建社区自救、互救、他救体系。

2. 经验启示

在实践中，政府职能部门在数据融通、服务联通、标准统一等方面缺少协同合作，数据传输通常表现为单向地向地方党委政府集中，未能在各个治理主体和部门间实现数据的多向传输和共享，"数据孤岛"现象比较严重。邛崃市依托天府市民云"社智在线"智慧系统建设，搭建乡村数字化综合治理平台，集成"人财物"等基础资源要素，推动政府业务部门数据融合、流程再造，夯实乡村治理根基。以互联互通的数字化乡村综合治理平台为基础，打破部门之间的分割状态，连接、调用各个不同部门的数据，统筹整合"各自为政"的运行系统和数据资源库，实现对本区域内人才队伍管理、资金有效使用和物品管理的全方位有效监管。

在大规模农村劳动力外流导致乡村基层组织涣散和凝聚力缺乏的情境中，基层党建引领可以有效提升乡村基层的治理能力，但基层事务纷杂造成乡村社会联结过程中资源互动和整合的难度较高。邛崃市坚持党建引领，充分发挥党组织统筹全局、协调各方的治理核心作用，以"智治"推进自治、法治、德治"三治融合"，维持乡村治理秩序，增强乡村治理活力，提供乡村优质公共服务。党的基层组织是乡村振兴的"主心骨"，是新时代加强和改进乡村治理的核心力量。基层党组织嵌入基层治理场域的目标在于激发"活力"和再造"秩序"。而数字技术可以推动党建数字化综合平台建设，有助于整合碎片化的条块信息，汇聚分散化的资源，依法依规推动党务、村务和财务等信息网上公开，促进基层党建和乡村治理的紧密结合，从而激发党员群众、普通村民等多元主体参与乡村治理的积极性和主动性，降低监督党员干部日常行为规范的成本，创新乡村治理的服务方式，提升服务的精准程度。

基层政府运行保障机制尚停留在传统政府阶段，缺乏相应的数字化管理机制，尚未构建起相适配的乡村数字化治理体系，部分具体的实践和规则尚处于摸索和改革阶段，短期内难以建立专门的法律法规。邛崃市借助信息化手段，打造乡村治理智慧场景，不断提升乡村治理品质，切实构建起共建共治共享的乡村治理格局。当地充分发挥移动互联网优势，突破时间和空间限制，借助微信群、"乡村钉"等数字治理平台设立村民议事厅、矛盾调解社等线上参事议事平台，将多元主体纳入治理体系，让脱嵌在外的务工人员、乡村精英都有机会参与乡村治理，广泛讨论村庄事务，积极建言献策，由"虚拟在场"代替"身体在场"。同时，当地借助传感器设备、智能终端、网络在线传输以及社交网络的互动等收集事件相关数据，将海量数据汇集至平台，主动挖掘大数据的潜在价值，通过对地理空间、时间分布、环境监测、社区成员行为等数据的分析以及算法的不断优化和自学习，提高预测精度，增强乡村应急管理决策目标的可预见性和可控性，有效保障应急资源配置，及时化解重大社会风险，从而为乡村应急管理及乡村安全发展提供重要的支撑。

（三）案例三：福建省永泰县数字普惠金融发展的减贫效应

1. 基本做法

永泰县人口密度偏低，地形以中低山地为主，交通运输条件欠发达，因而通过铺设物理网点提供金融服务的成本过高。特别是在一些边远乡村，几乎难以开设银行网点，这使得当地很多贫困农户很难享受金融服务，制约了其发展生产、创业投资、平滑消费等正常的资金需求。因而，当地借助大数据、云计算、人工智能、区块链等数字技术的运用，降低金融服务的供给成本，让每个有信用的个体都可以享有安全、触手可及、绿色可持续的普惠金融服务。在 2021 年永泰县全年完成新建改造 5G 通信基站 103 个，为全面拓展农村金融服务的覆盖广度搭建了基础设施。贫困农户可以在更大范围内享受更便捷的金融服务。

永泰县在省内率先联合中国人民银行和 8 家银行机构试点打造"党建 + 金融"信用体系，搭建金融普惠平台，为化解农村信贷难题、推动农村产业发展注入金融"活水"，极大降低了金融服务的使用成本。截至 2022 年 2 月，平台已录入审核 888 户信用户信息，为其中的 421 户授信总额达 2652 万元。通过这些举措，贫困农户对金融服务的需求得到激发，并能够全方位享受金融服务。此外，当地不仅可以依托数字普惠金融支持电商发展，带动当地特色产品打开销路，增加相关就业机会，提高贫困户的收入，而且在支持乡村地区小微企业、基础设施建设、教育医疗、特色农产品开发、三产融合等过程中，数字普惠金融可以带动当地区域产业和经济不断向前发展。这个过程将产生更多的就业创业机会,这使得贫困农户能够进一步实现技能升级以及扩大生产性活动,提高收入水平。

2. 经验启示

传统金融机构由于不易精准识别信誉良好的客户、信贷监管成本高昂和风险管理措施不完善,难以向"长尾群体"提供充足的信贷规模。特别是在农村信贷市场上,小农户普遍缺乏有效的抵押品和信用记录,导致大量农户面临信贷配给或信贷排斥问题。相对于传统的普惠金融,数字普惠金融具有更好的地理穿透性和更强的地区覆盖度,为边缘地区、分散农户、小微企业和社会低收入群体提供及时和有效的金融服务。永泰县借助大数据、云计算等新一代数字技术,打破时间和空间限制,降低乡村金融供给成本,使得数字金融服务可以触及乡村地区的各个角落,拓展乡村地区金融服务覆盖广度,贫困农户也能更便利地享受金融服务,缓解贫困农户金融排斥和融资约束问题。

乡村地区贫困农户长期受限于自身条件和外界条件的约束,使得其接触金融服务的机会较少,这在一定程度上造成贫困农户对金融服务的排斥。随着数字普惠金融的发展,金融市场的竞争越来越激烈,很多传统金融机构为了抢占市场,不得不从产品种类、服务方式甚至服务对象细分等方面作出改变。与传统金融模式相比,数字技术具有跨越时空的特点和公共物品的属性,促进普惠金融服务的标准化和批量化,降低需求方往返金融机构的交通运输成本和时间成本以及金融机构的运行成本,才能实现金融机构、金融服务消费者和应用平台的多方共赢模式。永泰县借助数字普惠金融具有的金融科技优势,将服务对象精准瞄向贫困人口,突破时间和空间限制,降低金融服务的使用成本,使得越来越多的农户愿意了解并使用各项金融服务,也在一定程度上激发其对金融服务的需求。此外,互联网信贷、互联网支付、互联网保险、投资理财等新产品的出现,在一定程度上可以精准满足农村居民的差异化需求,精准识别农户风险,有效促进了贫困农户的金融消费。

五、数字乡村建设面临的困境及挑战

通过对近年来各地数字乡村建设实践案例的观察可以发现，数字技术应用在乡村建设过程中已展现出诸多成效，但仍面临一些困境及挑战，极大制约了乡村数字技术扩散、渗透和惠民效应的发挥，阻碍了乡村振兴战略和数字中国战略的实施。

（一）数字乡村建设理念尚未全面树立

当前数字乡村建设尚处于起步阶段，特别是村级组织、乡镇企业和普通农户对数字乡村建设工作内涵不清晰、理解不深刻、方法不明白，主要表现在基层组织领导者、市场经营主体和普通农户缺乏对数字技术具体应用场景的认知和落地思路。第一，许多基层政府领导者缺乏数字化发展思维。部分基层组织领导者长期形成的传统治理思维和观念，不利于实现数字技术对乡村治理各领域的革新，难以有效推动数字乡村建设。第二，许多乡镇企业经营者缺乏数字化改造乡镇企业的思维。部分传统乡镇企业经营者缺乏企业数字化改造的具体思路，难以实现数字技术与企业经营的深度融合。第三，许多普通农户陷入对数字乡村建设的错误认识。部分村民不仅难以有效判断网络化信息真假，打击了其参与数字乡村建设的积极性，而且陷入了消费主义和娱乐主义陷阱，加深了其对数字乡村建设的错误认识。同时，乡村留守老人较多，接受新鲜事物比较慢，大多思想保守，这与数字乡村建设的技术门槛要求相矛盾。

（二）数字乡村建设数据共享尚未全面集成

数据的搜集、流通与整合是数字乡村建设的关键要素。但是，由于数字乡村建设实践尚处于持续探索阶段，乡村地区数字生态系统还比较脆弱，数据整合存在较大困难。数字乡村建设过程中各职能部门间数据孤岛尚未完全打通，数据要素流动存在制度障碍和标准壁垒，跨部门、跨区域、跨专业难以共享互认，缺乏统一的集成应用，这成为制约数据要素深度发挥作用的主要障碍。第一，乡村地区数据利用和共享难度大。城乡之间普遍存在的"数字鸿沟"导致乡村资源要素数字化能力不足，难以形成时效强、范围广、长序列的数据获取能力。第二，乡村地区原始数据的识别、对接和关联难度大。乡村原始数据具有碎片化、多源性和非结构性特征，需经过系统搜集和加工处理才能成为有价值的信息，但各地区和各部门在数据采集和统计过程中缺乏有效沟通，导致难以获取标准统一、统计口径和指标含义一致的数据，极大限制了不同源头的数据共享。第三，数字平台彼此独立运行不利于提升数据资源利用效率。条块分割的行政管理体制造成数字平台彼此独立运行的矛盾突出。在数据控制的惯性思维和部门本位主义影响下，许多市场主体和行政主体并未深刻认识到数据共享的红利，导致数据共享的积极性和主动性缺乏，极大降低了数据资源利用效率。

（三）数字基础设施和技术创新尚未全面应用和推广

在推进数字乡村建设过程中，数字基础设施和技术创新具有基础性和先导性作用。但乡村数字基础设施和技术创新滞后问题仍然突出，与城市相比差距依然明显。第一，数字乡村基础设施建设落后，信息系统建设覆盖不全。乡村地理位置偏远、地形环境复杂造成数字乡村基础设施建设成本较高。而数字乡村基础设施建设易受地理位置边缘性特征的影响，对外部市场要素的吸引效应偏弱，极大阻碍了数字技术在乡村地区的应用和扩散。同时，当前乡村信息系统建设主要依靠当地政府统一推进，大部分乡村缺乏主动推进信息系统建设的积极性，极易导致效率、适配性大打折扣。第二，数字乡村基础设备和技术创新不足，难以有效满足农业农村发展和农民实际需求。数字乡村建设不仅需要夯实乡村数字基础硬件设施，还应塑造智慧农业等数字产业。但是，在实践中，农业生产智能装备研发滞后，农业农村大数据创新性应用不足，乡村基础设施数字化转型技术支撑不足，农业机器人和智能农机适应性较差，极大增加了数字乡村建设的成本和推广难度。

（四）数字乡村协同发展机制尚未全面完善

当前数字乡村协同发展机制尚不完善，极大降低了乡村数字建设的推进效率。第一，数字乡村协同发展基础有待夯实。各行为主体参与数字乡村协同发展的行为分散、协同动机和积极性不强、协同经验不足，各行为主体内部和不同行为主体之间缺乏有效沟通，极易导致数字乡村建设的协同困境。以基层政府为例，数字乡村建设工作涉及职能部门众多、职能复杂、专业性强，一些重点领域存在部门间重复建设、多头研发、各自为战的情况，在一定程度上增加了基层工作负担。第二，数字乡村协同发展激励引导不足。数字技术的推广和应用对乡村发展理念、方式、工具提出了新要求，但对社会协同参与数字乡村建设的引导动员不足、激励措施缺乏有效性，极大降低了社会主体在数字乡村建设过程中的参与度和获得感。第三，数字乡村协同发展评价反馈机制欠缺。当前数字乡村协同发展不仅缺少统一评价标准，考核指标难以量化，而且缺乏对所出现问题的反馈和总结，难以及时纠正实践中发生的偏离现象。

（五）数字乡村建设资金和人才等要素资源匮乏

数字技术赋能乡村建设是一项长期性和系统性工程，需要投入大量的人力、物力和财力，因而人才、资金等要素资源是数字乡村建设的重要基础和核心推动力。但是，当前乡村数字建设面临人才匮乏和资金短缺等困境，极大限制了数字技术与乡村建设的深度融合。第一，数字乡村建设资金缺口较大且资金来源单一，难以满足乡村数字化建设的需求。数字技术具有低边际成本、高溢出效应等特征，但其有效性的发挥依赖于数字基础设施建设和数字化改造的成效。前期巨额的资金投入和漫长的回收周期导致数字乡村建设面临投资动力不足、资金缺口较大等难题。政府投入是数字乡村建设的主要资金来源，但是基层政府财力有限、资金审批和流程环节较多，很可能导致数字乡村建设资金不足。

第二，数字乡村建设人才短缺、结构失衡，难以支撑数字乡村建设的发展。人才资源是实现数字技术推动乡村建设的关键纽带，但当前乡村人才数量和质量难以满足乡村数字化改造的需要。特别是在城乡收入水平、生活水平和公共服务差距较大的环境下，大量高素质劳动力持续流向城市地区，导致乡村人才总量不足、结构失衡等问题突出。乡村留守人员趋于老龄化，学习和接受新技术、新知识、新事物的能力不足，无法匹配数字乡村建设所需要的微观主体。同时，乡村人才体系建设在分配、激励、考核、保障等方面尚有待完善，难以吸引数字技术专业人才参与数字乡村建设。

（六）数字乡村建设的政策法规体系尚未全面建立

党的十八大以来出台了一系列支持数字乡村建设的重要文件，初步形成了数字乡村建设的政策体系和制度架构，但当前数字乡村建设仍处于"自上而下"的试点探索阶段，许多政策法规仍存在诸多不确定性。第一，数字乡村立法相对滞后。数字乡村具体实践和相关规则尚在摸索和完善阶段,主要表现为网络隐私、网络安全、电子商务等领域的立法尚不完善,乡村数据开放共享、治理主体权责划分等与数字乡村建设相配套的政策法规缺乏,造成数据主体权责边界、数据产权归属、数据开放与共享标准等问题突出。第二,数字乡村建设缺乏必要的考评监督机制。在数字乡村建设过程中,缺少对各责任主体参与数字乡村建设的考评制度,难以有效监督相关工作人员的工作成效,减缓了数字乡村建设的进度。第三,数字乡村建设的评价指标体系有待完善。部分地区探索建立了数字乡村建设的地方标准,但并未形成全国统一的全面的评价指标体系,难以有效评价数字乡村建设的实施进度和建设质量。

六、数字乡村建设路径思考

针对上述困境及挑战,围绕数字乡村建设理念、数据管理、基础设施建设、协同发展机制、资金支持力度、人才队伍建设以及政策法规体系等方面,提出了数字乡村建设的未来提升路径,具体如下。

(一)重塑数字乡村建设理念,培养多元主体的数字化意识

乡村多元主体的思维更迭是数字乡村建设的首要诉求,这需要突破传统思维观念的桎梏,树立数字乡村建设的新思维和新观念。因此,要通过多种方式、多种渠道推动基层政府、乡镇企业、普通村民等多元主体认识到数字乡村建设的重要性。第一,基层政府要借助数字技术转变管理方式。基层政府要摒弃利用直觉和经验来解决数字乡村建设问题的思维定式。特别是在数字乡村建设过程中出现大量数据,基层政府可以通过对数据的整合挖掘,探索其内在的本质和联系,同时,运用数字技术理念推动数字乡村建设的实践,

主动从管理者转向服务者。第二，乡镇企业要树立数字化发展思维，积极适应并参与企业数字化改造。传统企业数字化改造是一项涉及体系建构、结构优化和能力改善的系统工程。不仅要树立数字化发展思维，构建与数字技术相适应的公司治理结构，提高生产、加工、销售等环节的经营效率，而且要在资金、人才和技术等方面给予必要支持，努力提高企业竞争力。第三，利用"线上＋线下"相结合的宣传方式，不断提高普通村民的数字化意识。线上借助微信、微博、快手等社交平台传播数字乡村建设理念，让村民了解数字乡村建设并感受数字技术在乡村建设中的应用；线下开展数字乡村建设主题的茶话会、打造数字乡村体验馆、举办数字技术应用比赛等活动，让村民在现实场景中感受数字乡村建设带来的变化。

（二）加强乡村数据管理，发挥数字技术的积极作用

数据资源管理要充分发挥数字技术在乡村建设中的积极作用，进一步完善数据采集、管理和使用等环节，努力实现数据信息共享和流程再造。基层政府、社会组织等多元主体要认识到信息自由流动的重要性，促进社会治理、公共服务数字化和智能化。第一，建立健全乡村数据标准化体系，确保数据采集的一致性。建立标准化的乡村数据收集体系，对乡村原始数据进行分类和编码，充分保证数据收集、整合等环节之间的衔接和联动，实现乡村原始数据发现、分类、筛选、派发和交办等环节的有机统一，调动和优化全样本民生数据资源，推进数据管理平台集约化运行。第二，细化乡村数据采集、审查、存储和利用规则，推动数据实现有序化管理。建立乡村数据采集专门机构，合理分配工作量并制定标准化的数据采集和审查细则。构建乡村基础数据库，分类审查、分级设置乡村数据使用权限和审批，并在数字化治理平台借助数据挖掘和可视化分析技术及时发布相关信息。第三，建立数据考核机制。重点关注乡村基层部门使用数据的效率，定期对数据使用成效、创新成果、项目建设情况等进行汇报和评价，充分挖掘数字技术处理乡村数据的

价值。要详细规定基层政府不同部门的职能，强化对数据实际利用过程的考核，明确不同部门数据提供和管理维护责任，加强数据安全管理。同时，及时研判数据使用风险，对数据应用全过程进行标准化监督，构建涵盖事前、事中、事后的监管模式。

（三）加快数字乡村基础设施建设，完善农村信息化系统

数字乡村基础设施建设是实现数字乡村建设的物质基础。第一，全面推进广电网、互联网与电信网"三网"融合。加快推进乡村地区"三网"融合，缩小城乡数字鸿沟，让普通村民享受数字技术建设成果和便捷信息服务。第二，完善数字化信息服务平台。加快构建涵盖乡村医疗、社保、养老、教育、"三资"管理、农产品加工和流通等场景的数字化服务平台，完善公路维护、水电管线等数字化管控。第三，大力推动以农业数据为核心的数字新基建。农业数字新基建不仅可以借助农业大数据云共享平台，实现农业数据采集，确保数据信息传输安全性，而且可以借助农产品可追溯平台，实现从生产、加工、流通、仓储、销售等全过程数据信息反馈，确保农产品质量可追溯，推动农产品在产销运等方面实现全链路贯通。第四，在重点地质段加快部署地质灾害隐患感知设备。地质灾害隐患感知设备是乡村地区实现产业数字化的基础，要坚持预防为主、防治结合的原则，利用先进的数字化地质灾害隐患感知监测与预报警设备，提前预知重大地质灾害，加大地质灾害监测预警力度，降低地质灾害带来的损失，为数字技术深度融入乡村建设提供保障。

（四）夯实数字乡村协同发展基础，健全评估与反馈兼备机制

在数字乡村建设过程中，各行为主体内和不同行为主体之间的协同水平直接决定了数字乡村建设效率和治理效能。第一，设计数字乡村协同发展

的合法性程序。不仅要厘清基层政府各部门权力边界，充分发挥基层政府宏观调控和监管职能，而且要因地制宜调动社会力量，推动企业和社会组织履行项目合约、完善精细化管理，还要增强普通农户参与数字乡村建设建言献策的能力和主动性。第二，引导多元主体融入数字乡村建设，多渠道激发多元主体参与积极性。基层政府要注重发挥引导和调节功能，通过提供数字化治理平台和使用柔性管理手段，鼓励多元主体协同行为。依托数字技术大力支持乡镇企业采取多种合作机制，实现村企协同发展。定期开展民主座谈会，努力将群众意见纳入数字乡村协同发展规划。第三，完善数字乡村协同发展评估与反馈机制。合理设计数字乡村协同发展评估指标体系，做好协同发展评估过程的透明度建设。构建面向"上传—下达—回应"协同全流程的数字乡村建设效果评估体系，为问题反馈、目标调整、流程修正提供方向指引。

（五）加大数字乡村资金支持力度和人才队伍建设

完善数字乡村建设要素支持机制，有序引导资金和人才等资源向乡村地区流动，全面支撑数字乡村建设。第一，提高财政资金使用效率，鼓励社会资本参与数字乡村建设。加大财政资金在支持数字乡村建设方面的转移支付力度，适度提高对乡村数字化改造的支出比重，强化对贫困地区数字乡村建设的支持，避免"另起炉灶"式的重复建设和资源浪费。通过出台更多税收优惠政策和专项信贷服务，引导优质社会资本参与乡村数字化改造，充分发挥不同社会主体的资本优势。第二，多维度强化数字乡村建设的人才支持。制定乡村吸引数字专业人才的相关政策，从育才、引才、用才等维度强化数字乡村建设的人才支持。在育才上，要积极借助网络教育资源，提高普通农户数字化知识技能，培养本地数字化人才队伍。在引才上，要充分发挥科技特派员、大学生村官等人才支持政策的作用，鼓励数字化专门人才下乡活动。在用才上，利用好培育和引进的人才资源，充分发挥数字化专门人才数据技术优势，带动当地数字乡村建设。

（六）健全数字乡村建设体制机制，完善相关制度保障

数字技术赋能乡村建设依赖于政策法规的引领和保障。第一，完善数字乡村建设政策体系。中央政府要做好数字乡村建设的顶层规划和总体部署，围绕农村经济、政治、文化、社会和生态等领域，构建数字乡村可持续发展的政策体系。基层政府要依据当地实际情况，建立与当地实际情况相适应的政策体系和保障制度。第二，完善数字乡村建设的考评机制。基层政府要加快建立数字乡村建设的监督机制，不仅可以通过成立专门监督机构，定期检查数字乡村建设的各项具体工作，而且可以通过畅通民意反映渠道，鼓励广大人民群众参与相关监督工作。同时，基层政府要建立相应的奖惩机制，积极推动数字乡村具体工作的落实。第三，建立健全科学合理的数字乡村建设评价体系。建立健全数字乡村建设评价体系可以通过先试点后推广的方式，逐步形成一套完善的评价指标体系。同时，要积极发挥多元评价主体的作用，努力将多元主体的合理建议吸纳到评价指标体系的设计中。

主要参考文献

［1］王亚华.立足国情农情走出中国特色乡村振兴之路［J］.中国农业资源与区划，2020，41（9）：1-8.

［2］赵敬丹，王鑫.乡村数字治理的内在逻辑、困境及破解——基于"理念—制度—技术"框架的分析［J］.沈阳师范大学学报（社会科学版），2022（6）：66-73.

［3］钟钰，甘林针，王芹，等.数字经济赋能乡村振兴的特点、难点及进路［J］.新疆师范大学学报（哲学社会科学版），2023，44（3）：118-127.

［4］刘烨斌，郑瑞强.数字乡村赋能乡村振兴：基本维度、现实困境与路径优化［J］.宁夏大学学报（人文社会科学版），2022，44（5）：191-200.

［5］邵梦洁.乡村数字治理的价值意蕴、现实困境与实践路径［J］.哈尔滨师范大学社会科学学报，2022（5）：68-74.

［6］郑永兰，周其鑫.乡村数字治理的三重面向：理论之维、现实之困与未来之路［J/OL］.农林经济管

理学报．

[7] 陈桂生，徐铭辰．数字乡村协同建设研究：基于 SFIC 模型的分析 [J]．中共福建省委党校（福建行政学院）学报，2022（1）：138–147.

[8] 冯朝睿，徐宏宇．当前数字乡村建设的实践困境与突破路径 [J]．云南师范大学学报（哲学社会科学版），2021，53（5）：93–102.

[9] 陈潭，王鹏．信息鸿沟与数字乡村建设的实践症候 [J]．电子政务，2020（12）：2–12.

[10] 赵成伟，许竹青．高质量发展视阈下数字乡村建设的机理、问题与策略 [J]．求是学刊，2021，48(5)：44–52.

[11] 王胜，余娜，付锐．数字乡村建设：作用机理、现实挑战与实施策略 [J]．改革，2021（4）：45–59.

[12] 沈费伟．数字乡村韧性治理的建构逻辑与创新路径 [J]．求实，2021（5）：72–84+111.

[13] 胡亮，曹艳，刘永波，等．浅析数字乡村的建设和发展模式 [J]．四川农业科技，2021（9）：68–71.

[14] 杨森，汤星雨．乡村振兴战略背景下数字乡村发展路径探究 [J]．小城镇建设，2020，38（3）：61–65.

[15] 李敢．乡村建设新进路：中外"数字乡村"研究的多元视野比照 [J]．人文杂志，2021（10）：109–114.

[16] 王盈盈，王敏．数字地理视角的乡村研究及展望 [J]．世界地理研究，2020，29（6）：1248–1259.

[17] 王铮，唐晓飞．数字县域建设支撑乡村振兴：逻辑推演和逻辑框架 [J]．预测，2020，39（4）：90–96.

[18] 夏显力，陈哲，张慧利，等．农业高质量发展：数字赋能与实现路径 [J]．中国农村经济，2019（12）：2–15.

[19] 彭超．数字乡村战略推进的逻辑 [J]．人民论坛，2019（33）：72–73.

[20] 吕普生．数字乡村与信息赋能 [J]．中国高校社会科学，2020（2）：69–79+158–159.

[21] Ono H, Zavodny M. Digital inequality: A five country comparison using microdata [J]. *Social Science Research*，2007，36（3）：1135–1155.

以县域为基本单元推进城乡融合发展[*]

在 2017 年中共中央十九届四中全会上，党中央明确提出"建立健全城乡融合发展机制体制，实现城乡融合发展"。2019 年 5 月 5 日，《中共中央 国务院关于建立健全城乡融合发展体制机制和政策体系的意见》再次强调，要通过促进城乡要素自由流动激发乡村发展内生动力。党的十九大报告进一步指出，农业农村农民问题是关系国计民生的根本性问题，必须始终把解决好"三农"问题作为全党工作的重中之重，实施乡村振兴战略。如何实现乡村振兴是一项长期的艰巨的工程，以县域为基本单元推进城乡融合发展无疑是最重要的手段之一。"十四五"规划明确指出，健全城乡融合发展体制机制，建立健全城乡要素平等交换、双向流动政策体系，促进要素更多向乡村流动，增强农业农村发展活力，推进以县城为重要载体的城镇化建设。

———————————

    * 本报告是清华大学中国农村研究院重点研究课题"以县域为基本单元推进城乡融合发展"的研究成果，报告观点仅代表课题组的看法。课题负责人：刘生龙，清华大学国情研究院、清华大学公共管理学院副教授。执笔人：刘生龙、吕指臣。

一、我国城乡融合发展的基本现状及发展趋势

随着国家对城乡融合发展的重视和支持，越来越多的地方开始将县域作为城乡融合发展的基本单位。城乡融合既是目标，也是路径和过程。与城乡统筹不同，城乡融合发展的过程更加强调城乡平等、双向流动、互促互动和全民参与。在此过程中，城与乡的产业得到高度协同、功能得到有效衔接、公共服务实现均等，进而发展为相辅相融、功能互补、和谐共生的地域空间共同体。推进城乡融合发展要以县域为基本单元，才能更有效地形成工农互促、城乡互补、全面融合、共同繁荣的新型工农城乡关系。接下来，本文梳理我国城乡融合发展的基本现状，并总结展望城乡融合发展的基本趋势。

（一）城乡发展不平衡仍然明显

经过改革开放四十多年的经济高速增长，我国已经从低收入国家转变为中等偏高收入国家，2022 年人均 GDP 已经超过 12000 美元①，接近高收入国家的边缘，城乡居民生活得到巨大的改善。进入 21 世纪以来，我国城镇化进程逐渐加速，工业化达到顶峰之后缓慢下降。从图 1 可以看到，2000—2022 年期间，我国城镇化快速发展，城镇化率从 36.22% 上升至 65.22%；与城镇化发展趋势形成鲜明对照的是，在此期间我国的工业增加值占 GDP 比重从 2000 年的 40.1% 上升至 2006 年的 42%，之后缓慢下降，2022 年下降至 33.2%②。

---

① 根据世界银行公布的数据，2021 年我国人均 GDP 现价美元是 12556 元，已经与高收入国家人均水平非常接近。

② 本文中数据主要来自 CEIC 中国经济数据库、EPS 数据库和国泰安数据库，作者根据原始数据进行整理和计算。

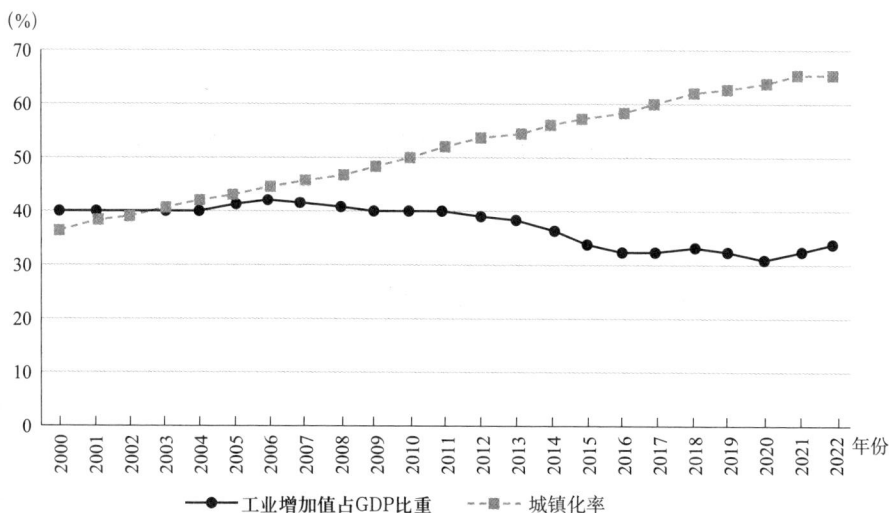

图1 2000—2022年我国工业化和城镇化发展趋势

资料来源：CEIC中国经济数据库。

随着我国进入工业化后期向后工业化过渡阶段，城镇化也进入缓慢上升时期，此时，我国城乡差距出现逐步缩小的趋势，主要体现在城乡收入差距和消费差距都有所缩小。从图2可见，2000—2009年，我国城镇人均可支配收入与农村相比呈上升趋势，2010年以来呈不断下降的趋势，而城乡居民人均消费支出从2007年之后呈下降趋势。

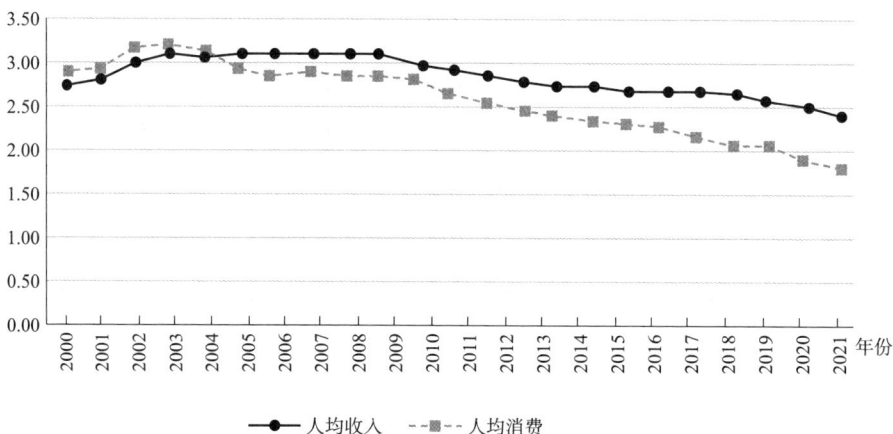

图2 2000—2021年城乡人均可支配收入比值和人均消费性支出比值

资料来源：CEIC中国经济数据库。

尽管我国城乡收入和消费差距都在缩小，但是从绝对数来看，我国城乡居民收入差距仍然很大，2022 年城镇人均可支配收入是农村的 2.45 倍，人均消费性支出是农村的 1.8 倍。我国城乡二元经济结构并没有根本性改变，农村地区发展相对城镇地区来说仍然落后。

尽管我国县域经济发展差距呈现不断缩小的趋势，但是县域层面的经济发展差距仍然非常大，说明我国县域经济发展不平衡的特点仍然十分明显。比如 2020 年内蒙古的伊金霍洛旗人均 GDP 为 28.66 万元，而 2020 年甘肃省临夏洲广河县人均 GDP 仅为 0.69 万元，两者之间相差约 41 倍。即使在同一个省市，不同区县之间也表现出巨大的发展差距，比如 2022 年广东省五华县人均 GDP 为 1.93 万元，仅仅相当于深圳人均 GDP 的十分之一左右。由此可见，我国县域经济发展差距十分巨大，这种发展差距既表现在同一个省市内不同区县之间，更表现在全国范围内不同区县之间。

（二）县域城乡发展格局多元

从城市化角度看，我国县域城乡发展格局呈现多元化特点。根据国家统计局公布的数据，2022 年底，全国城镇人口占总人口比重为 65.2%，其中一线城市如北京、上海、广州、深圳城镇化率接近 90% 或者达到 90% 以上，二线城市或者准一线城市如武汉、成都、重庆、杭州、南京、西安、合肥、天津等接近 80% 或者达到 80% 以上，三线城市城镇化率也都在 60% 以上，四线和五线城市的城镇化率相对更低。一线城市和二线城市是我国经济、科技和文化的中心，集聚了大量的高端人才和创新资源；三线城市是各种资源的汇聚地，对周边地区的带动作用也逐渐增强；四线城市和五线城市则是我国经济发展的新动力，具有巨大的潜力和发展空间。这些城市之间的互动和联动关系逐渐加强，形成了一个多元化的城市体系。

从农村经济角度看，县域城乡发展格局呈现多元化特点。在我国县域发展中，农村经济的发展也占据了重要地位。近年来，农村经济得到了各级政府的高度重视和支持，政府通过推动农业产业化、农村旅游、农村电商等发展，不仅促进了当地农村经济的发展，也提升了当地居民的生活水平和幸福感。以农村旅游为例，据中国旅游研究院发布的数据，2019 年全国农村旅游接待人数达到 44.2 亿人次，同比增长 11.4%；实现营业收入 4.3 万亿元，同比增长 12.6%[1]。这些数据反映了我国农村经济的快速发展和多元化格局。

（三）城乡居民消费呈收敛趋势但城乡差距仍然较大

从城乡居民家庭消费性支出角度看，城乡居民消费性支出自 2000 年以来大幅提升，区域间消费支出均衡性维持在稳定水平。由表 1 可知，东北地区城镇居民家庭平均每人全年消费性支出由 2000 年的 4067.12 元提升至 2021 年的 25760.47 元，增长到 6.33 倍左右；东部地区由 2000 年的 6293.48 元提升至 2021 年的 36452.33 元，增长到 5.79 倍左右；中部地区由 2000 年的 4248.74 元提升至 2021 年的 25504.00 元，增长到 6.00 倍左右；西部地区由 2000 年的 4619.67 元提升至 2021 年的 26138.77 元，增长到 5.66 倍左右。2000 年东部地区城镇居民家庭人均全年消费性支出比东北地区高出 2226.36 元，是东北地区的 1.55 倍左右；东部地区比中部地区高出 2044.74 元，是中部地区的 1.48 倍左右；东部地区比西部地区高出 1673.81 元，是西部地区的 1.36 倍左右。2021 年，东部地区城镇居民家庭人均全年消费性支出是东北地区的 1.42 倍左右；东部地区是中部地区的 1.43 倍左右；东部地区是西部地区的 1.39 倍左右。由数据分析可知，在城市层面，2000—2021 年四大区域板块间消费水平差距趋于稳定状态。[2]

---

[1] 由于 2020—2022 年受新冠疫情影响，旅游消费数据无法反映农村旅游潜力，因此采用 2019 年数据。

[2] 本文中四大区域具体划分如下：东北即是东北三省，包括黑龙江、吉林和辽宁；东部包括北京、天津、河北、山东、江苏、浙江、上海、福建、广东、海南等省份；中部是山西、河南、湖北、湖南、江西、安徽；西部包括西部大开发的十二个省份：内蒙古、宁夏、甘肃、新疆、青海、西藏、陕西、四川、重庆、云南、贵州和广西。

表1　2000—2021年城镇居民家庭平均每人全年消费性支出　　单位：元

年份	东北地区	东部地区	中部地区	西部地区
2000	4067.12	6293.48	4248.74	4619.67
2001	4394.67	6694.59	4499.39	4939.55
2002	4926.20	7444.16	4947.52	5470.95
2003	5528.40	8045.73	5345.29	5859.54
2004	6059.93	8875.35	5880.11	6433.60
2005	6780.66	9823.65	6516.54	6941.01
2006	7331.85	10829.09	7227.17	7233.01
2007	8503.10	12100.75	8327.18	8227.87
2008	9861.17	13394.74	9218.08	9294.35
2009	10956.21	14560.97	10003.06	10166.79
2010	11881.00	15951.52	11006.45	11217.11
2011	13284.81	17845.54	12531.01	12671.61
2012	14730.23	19444.95	13806.12	14143.56
2013	16041.23	21034.23	14960.08	15390.17
2014	18047.45	24176.36	16181.04	17087.02
2015	18893.80	25852.70	17438.65	18528.50
2016	20769.14	27619.30	18973.76	20026.85
2017	21566.81	29280.75	20374.87	21105.68
2018	23292.35	31462.23	22020.31	22618.03
2019	19463.23	29149.87	18504.70	17287.08
2020	22289.90	32255.57	22579.28	23633.55
2021	25760.47	36452.33	25504.00	26138.77

数据来源：CEIC中国经济数据库。

由表2可知，东北地区农村居民家庭人均全年生活消费支出由2000年的1615.75元提升至2021年的14413.97元，增长到8.92倍左右；东部地区由2000年的2480.29元提升至2021年的20108.85元，增长到8.11倍左右；中部地区由2000年的1487.93元提升至2021年的15484.55元，增长到10.41倍左右；西部地区由 2000 年的 1306.17 元提升至 2021 年的 13494.81 元，增长到 10.33 倍左右。2000 年东部地区农村居民家庭人均全年生活消费支出是东北地区的 1.54 倍左右；东部地区是中部地区的 1.67 倍左右；东部地区是西部地区的 1.90 倍左右。2021 年，东部地区农村居民家庭人均全年生活消费支出是东北地区的 1.40 倍左右；东部地区是中部地区的 1.30 倍左右；东部地区是西部地区的 1.49 倍左右。总体上，区域间农村村民消费水平差距明显缩小。

表 2　2000—2021 年农村居民家庭人均全年生活消费支出　　单位：元

年份	东北地区	东部地区	中部地区	西部地区
2000	1615.75	2480.29	1487.93	1306.17
2001	1684.17	2610.86	1561.52	1347.01
2002	1711.89	2799.55	1646.87	1400.19
2003	1787.12	3014.68	1731.29	1494.25
2004	1960.51	3346.54	1961.83	1716.21
2005	2552.19	3850.06	2272.64	1999.02
2006	2795.24	4261.26	2554.31	2175.49
2007	3183.68	4759.09	2929.15	2495.73
2008	3700.67	5271.23	3365.44	2836.29
2009	4132.73	5740.23	3604.50	3154.42
2010	4342.68	6298.60	3945.36	3528.11
2011	5348.59	7495.63	4785.70	4242.61
2012	5967.53	8375.47	5480.11	4865.33
2013	7117.43	9510.01	5951.27	5573.28
2014	7923.52	11375.02	7917.28	7202.56
2015	8682.54	12473.78	8710.53	7906.03
2016	9632.80	13566.31	9599.86	8632.18
2017	10530.19	14467.14	10296.35	9408.68
2018	11232.69	15725.10	11644.05	10285.19
2019	11993.89	17157.01	12935.62	11306.91
2020	12178.23	17037.45	13423.44	11821.38
2021	14413.97	20108.85	15484.55	13494.81

资料来源：CEIC 中国经济数据库。

由图 3 可知，自 2000 年以来，东北地区、东部地区、中部地区和西部地区城乡家庭消费支出比值大幅下降，这表明城乡家庭消费水平差距在大幅缩小，城乡消费水平呈现收敛趋势。值得注意的是，2019 年随着农村地区全面脱贫即将收官，城乡消费差距迅速缩小。而 2020 年在疫情冲击之下，城乡消费水平差距有小幅扩大的迹象，但是总体上来看，我国各区域的城乡消费水平差距都呈现缩小的趋势。东北地区、东部地区、中部地区三个区域间，城乡家庭消费支出比值比较接近，西部地区长期明显高于上述三个地区，这表明西部地区城乡消费水平差距更为显著。

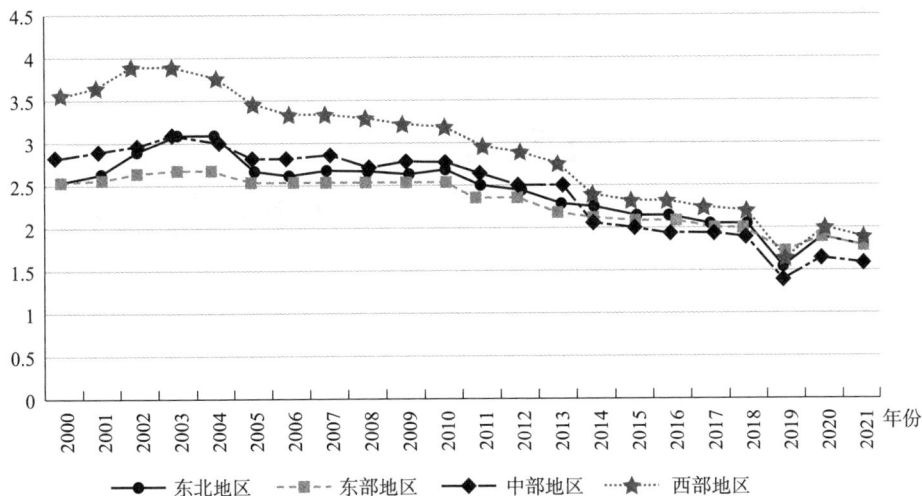

图 3　2000—2021 年分区域城乡家庭消费支出比值

资料来源：EPS（Easy Professional Superior）数据平台。

从城乡居民家庭消费结构角度看，我们用家庭食品消费支出占总消费支出比重计算了各省份各年份恩格尔系数，然后将地区分成东、中、西和东北四个区域分别计算各区域的城乡恩格尔系数。城乡恩格尔系数自 2000 年以来持续趋于下降，居民消费结构持续升级和优化，食品和耐用品消费支出占比持续下降，说明我国长期经济增长使居民生活得到了明显的改善。从图 4、图 5 可知，自 2000 年以来，东北地区、东部地区、中部地区和西部地区城镇和农村恩格尔系数都呈现下降趋势。与此同时，东北地区、东部地区、中部地区和西部地区农村恩格尔系数下降幅度都高于城镇水平，农村消费结构改善幅度更为明显。这充分表明，过去二十年，城乡消费呈现收敛趋势，而最近 10 多年，农村居民的生活水平比城镇居民改善得更多一些。此外，从区域角度来看，我国各大区域的城乡恩格尔系数都表现出随时间趋于下降的趋势，不过相比较来说，不论是城镇恩格尔系数还是农村恩格尔系数，不同区域的恩格尔系数都在最近几年里迅速趋同，说明从消费水平上来看，我国区域之间的消费差距在不断缩小。当然，如果仅仅比较城乡之间，所有区域城镇恩格尔系数明显低于农村恩格尔系数，再次说明城镇居民消费结构明显优于农村地区。从这个意义上来说，我国消费差距主要还是体现在城乡之间，而不是区域之间。

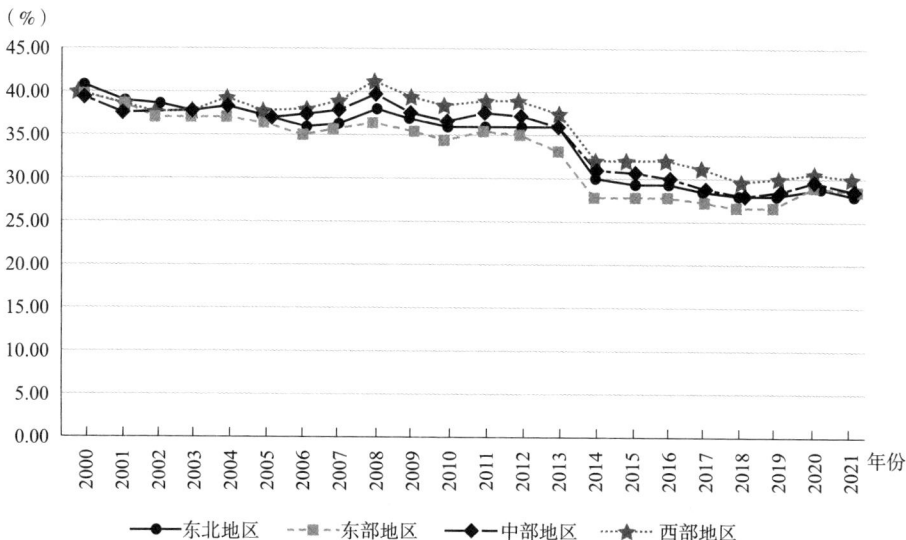

图 4　2000—2021 年分区域城镇恩格尔系数发展趋势

资料来源：EPS（Easy Professional Superior）数据平台。

（四）城乡基础设施情况

基础设施建设是促进经济增长和居民收入增加的重要手段（刘生龙、胡鞍钢，2010；2011；Gibson and Rozelle，2016）。近年来，我国持续加强在基础设施方面的投入力度，重点推进城乡基础设施均衡发展。在城市方面，大部分县

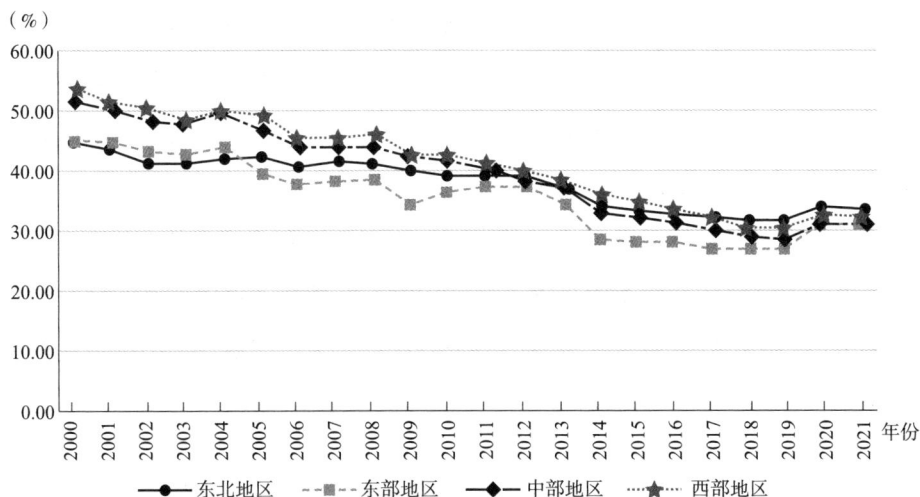

图5 2000—2021年分区域农村恩格尔系数统计图

资料来源：EPS（Easy Professional Superior）数据平台。

域城市的交通、电力、供水、电信等基础设施相对完善，为城市经济和社会发展提供了良好的基础。在农村方面，党的十八大以来，我国加大力度改善农村基础设施建设水平，投入资金逐年增加，许多地区的农村基础设施如供水、道路、通信、电力等方面已经得到了明显的改善，但与城区相比，仍有不足之处。

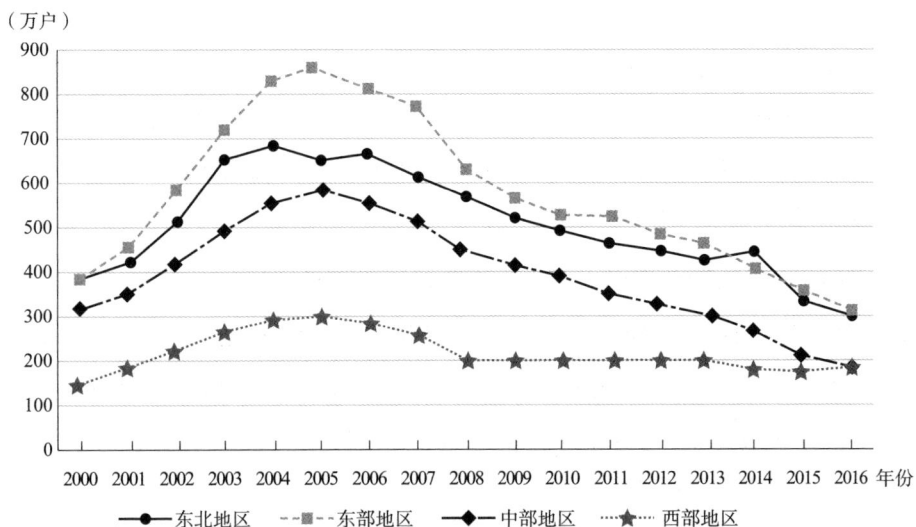

图6 2000—2016年分区域城镇住宅电话用户发展趋势

资料来源：EPS（Easy Professional Superior）数据平台。

2000—2016 年，我国城乡住宅电话数量均呈现先上升后下降的趋势，两者之间的变化具有较强的一致性（见图6、图7）①。具体而言，城乡住宅电话数量呈现上升趋势主要是因为我国基础设施建设逐步趋于完善，国民收入不断增加，城乡居民的购买能力不断提升，从而提高家庭电话普及率；出现下降趋势则主要与智能手机和农村互联网的逐渐普及有关。此外，从图7中可以看出，四大地区间的差距呈现先扩大后缩小的情况，伴随着互联网时代的到来，智能手机成为城乡居民通信消费的首选，因而家庭住宅电话规模持续萎缩，并在地区间呈现收敛态势。

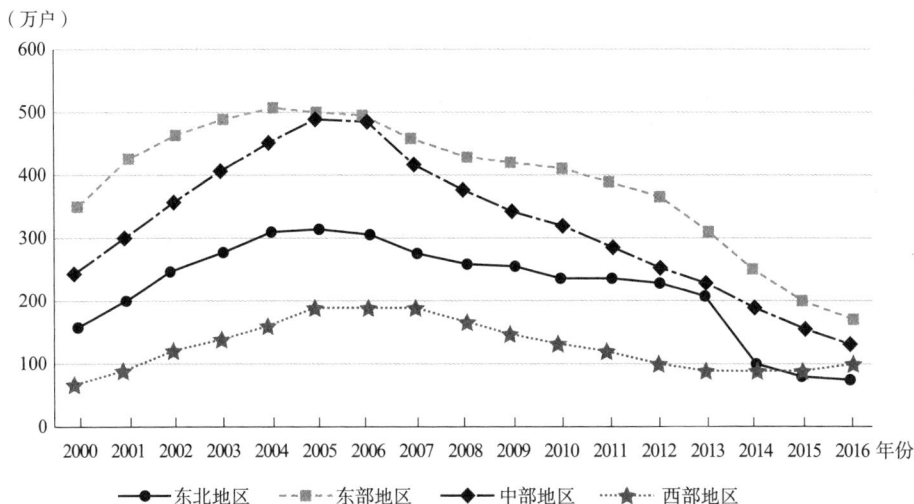

图 7　2000—2016 年分区域农村住宅电话用户发展趋势

资料来源：EPS（Easy Professional Superior）数据平台。

2016 年以后我国家庭固定电话逐渐被智能手机和互联网替代，农村家庭信息基础设施不断升级改善，截至 2022 年底，我国农村地区家庭互联网普及率达到 61.9%。当然，与城镇地区相比，城乡信息基础设施仍然存在一定的差距，2022 年底城镇互联网普及率达到 83.1%，两者差距达到 21.2 个百分点。

①　城乡电话用户数量原始数据来源于 EPS 数据库，由于随着智能手机的不断普及，固定电话用户数量在 2010 年以后逐年下降，因此 EPS 数据库不再包含 2016 年之后各省份城乡的固定电话用户数量。

从农村公路投资的视角来看，我国四大地区除东北地区外，在农村公路投资方面均呈现较为明显的上升趋势（见图8），而东北地区在2010—2019年间的农村公路投资相对平稳，这一方面是因为东北地区开发较早，基础相较于西部地区更加完善，同时也是因为东北人口净流出现象较为严重，地方缺乏财政收入支持大规模的基础设施建设。此外，四大地区在农村公路投资规模方面的差距也趋向于扩大，截至2019年，中部地区的农村公路投资已上升至最高，而东部地区基础设施由于已经较为完善，因此最近几年增势已经逐渐趋缓。

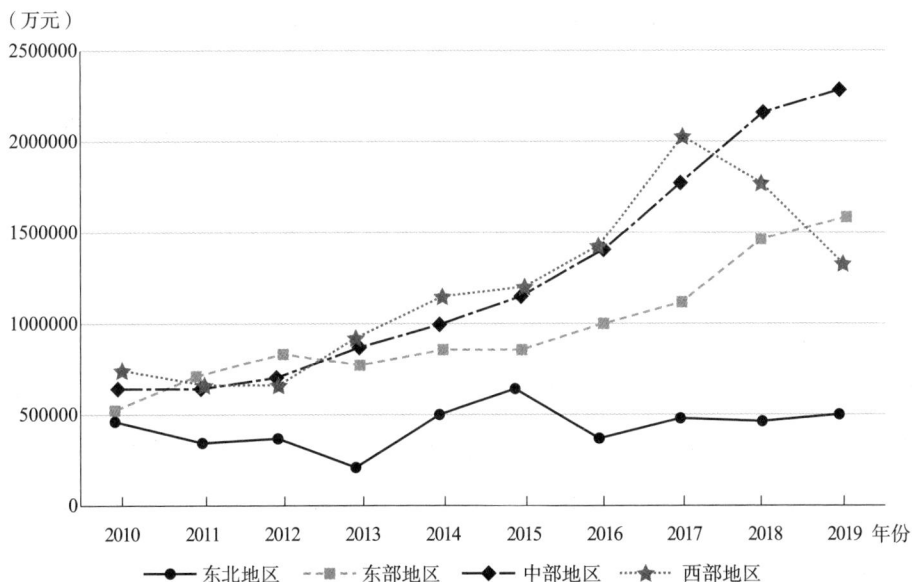

图8 2010—2019年分区域农村公路投资额发展趋势

资料来源：EPS（Easy Professional Superior）数据平台。

在农村交通方面，我国在过去20多年时间里取得了巨大的成就。截至2021年底，我国农村公路总里程已达446.6万公里，具备条件的建制村100%实现了通客车和通硬化路，为实现乡村振兴奠定了坚实的交通基础。

（五）县域农业转移人口市民化现状

随着改革开放以来，城乡二元制度藩篱的逐渐破除，中国县域农业转移人口市民化进程一直在不断推进。从生产率更低的农业向城市工业和服务业转移是促进我国经济发展的重要因素，同时也是农民增收的重要手段之一（蔡昉、王美艳，2007）。农业转移人口是指从农村地区转移到城市地区的务工人员以及他们的家庭成员。他们往往缺乏城市户籍、经济保障和基本公共服务等权利。近年来，中国政府采取了一系列措施推进农业转移人口市民化，如不断放宽城镇落户政策，加大社保、教育等公共服务保障力度，加强公共设施建设，等。

通过这些政策的推动，我国已经实现了从户籍制度到居住证制度的转变，为农业转移人口市民化提供了基础。同时，越来越多的转移人员能够享受到城市的福利和社会服务，也在一定程度上加快了中国城镇化的进程。根据国家统计局发布的数据，2021年末，中国常住人口城镇化率达到64.7%，户籍人口城镇化率达到46.7%。

尽管我国正在加速城镇化，但是从户籍人口城镇化率与常住人口城镇化率的差距可以看到，我国相当一部分城镇常住人口没有解决城镇户籍问题，农业转移人口市民化仍然面临着一些困难和挑战。比如，因为落户条件的限制，一些人员难以纳入城市户口；另外，农业转移人口的自身特点，如职业技能的短缺、教育水平低、社会保障缺失等也限制了其市民化的进程。

从图9中可以看出，2005—2020年，我国城镇化进程迅速推进，东部地区已接近75%，并且四大地区间城镇化差距也趋向缩小，就目前的城镇化率水平而言，我国中部地区和西部地区的城镇化进程仍有较大的增长空间。

县城和重点镇作为县域内城乡互动与要素流动的重要支撑，是实现就地城镇化、城乡要素优化配置与产业融合发展的基本空间地理单元，对于加快县域城镇化、优化城镇化模式起到关键作用。

2000—2020年中国县域城镇人口从2.12亿人增至3.86亿人，但其占全国城镇人口比重从46.25%降至42.87%，县域城镇化仍有较大的发展空间。以县城和重点镇为支撑推进县域城镇化，能够有效降低农民工市民化成本，是持续推进城镇化水平与质量提升、推动全域乡村振兴与城乡融合发展的关键策略,因而对进一步激发县域经济活力、投资能力与消费动力,促进生产要素的城乡有序流动、合理配置与集约利用具有特殊重要的现实意义。

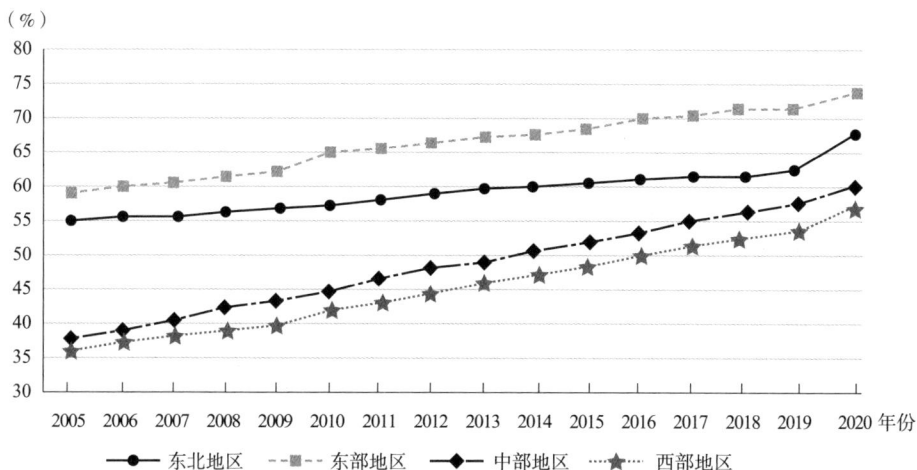

图9 2005—2020年分区域城镇化进程趋势
资料来源:EPS(Easy Professional Superior)数据平台。

(六)县域基本公共服务均等化现状

公共服务均等化是促进城乡一体化的重要手段之一(马井彪,2017;张帆等,2020)。中国县域基本公共服务均等化现状较为复杂,不同地区之间的差距依然存在,但在我国政府的持续推动下,公共服务均等化水平已经有了明显的提高。

近年来,我国采取一系列措施推进基本公共服务均等化,例如,推进城乡义务教育均衡发展、加强农村医疗卫生体系建设、改善供水、电力、交通等基础设施建设等。这些措施取得了初步成效,公共服务普及率得到提高,人民生活质量得到明显的改善。然而,目前仍存在一些问题,如不同地区之间的发展不平衡、公共服务资源的分配不均、城乡差距等。同时,在基层政府的管理和服务能力方面也存在局限性。

从图 10 可以看出，2003—2021 年，我国四大地区的乡村每万人中普通高中数量呈现先下降后平稳上升的趋势，但从图 11 可以看到，我国城镇每万人中的普通高中数量呈现明显的下降趋势。四个地区不论是城市还是乡村，

（所/万人）

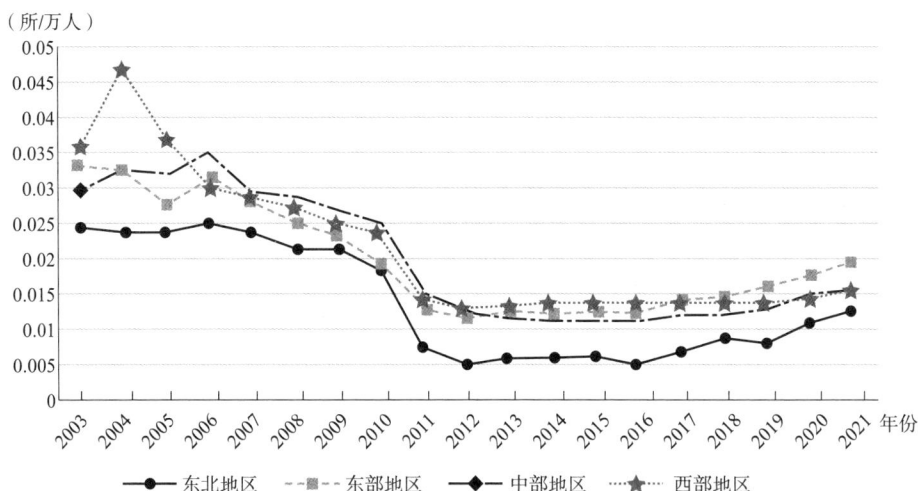

图 10　2003—2021 年分区域乡村每万人中普通高中数量

资料来源：EPS（Easy Professional Superior）数据平台。

（所/万人）

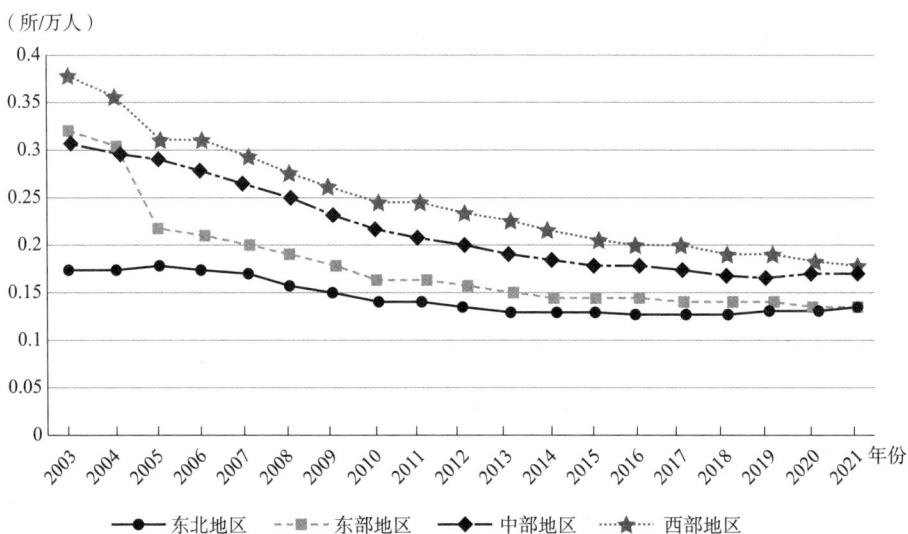

图 11　2003—2021 年分区域城镇每万人中普通高中数量

资料来源：EPS（Easy Professional Superior）数据平台。

每万人中普通高中数量都趋于接近。这主要与我国不断推进的城镇化进程有关，大量的农村人口搬迁离开农村，农村普通高中的生源也由此大量减少，其高中数量的减少是必然趋势。

从图 12 可以看到，我国每万人中农村小学数量在四大区域都呈现不断下降的趋势，这与我国城镇化过程是有紧密联系的。此外，由于生育率不断下降，小学生人数也趋于下降，因此乡村小学总量趋于下降。从图 13 可以看到，2000—2021 年，我国四大地区的每万人中城市小学数量先是明显下降，然后上升，之后趋于平稳。东部地区明显高于中部地区，中部地区明显高于西部地区，而西部地区又明显高于东北地区。这主要与我国的生育率发展趋势和人口流动趋势有关。东部地区经济较为发达，医疗教育卫生条件更好，其工资收入也更高，吸引了其他三大地区的大量劳动力前来工作与迁入，因此东部地区的入学学生更多，其城市小学数量则具有更为明显的增长趋势。

（所/万人）

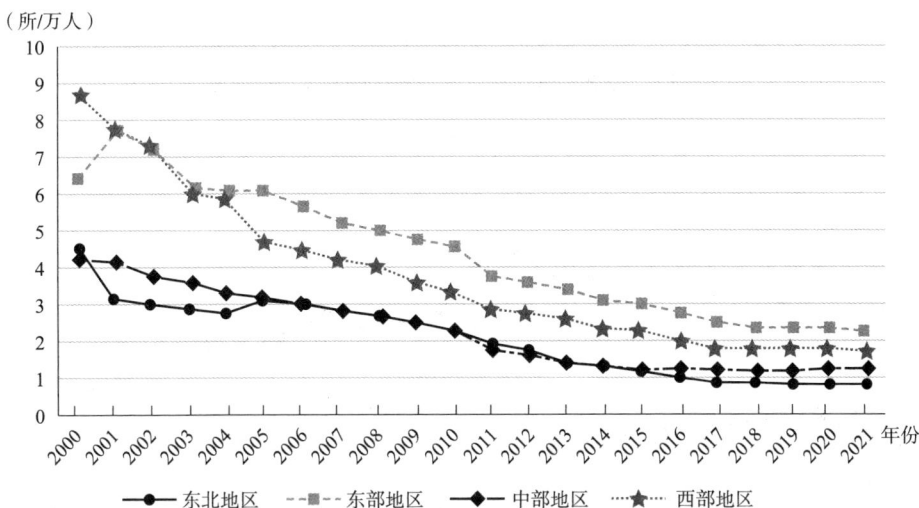

图 12　2000—2021 年分区域乡村每万人小学数量

资料来源：EPS（Easy Professional Superior）数据平台。

在师生比方面，2000—2021 年，我国四大地区的城市师生比都有较为明显的下降趋势，而乡村师生比反而呈现一定的平稳上升趋势，东北地区的上升趋势尤为明显。由此可以看出，在学校师生比层面，我国的城乡差距相对较小，甚至近些年来乡村义务教育阶段的师生比高于城镇地区。原因在于优质教育资源不断向城市集中，乡村义务教育阶段的学生流失非常严重。在城乡师生比中，东部、中部、西部地区的师生比已经较为接近，但东北地区的城乡师生比则远高于其他三个地区的师生比（见图 14 和图 15）。

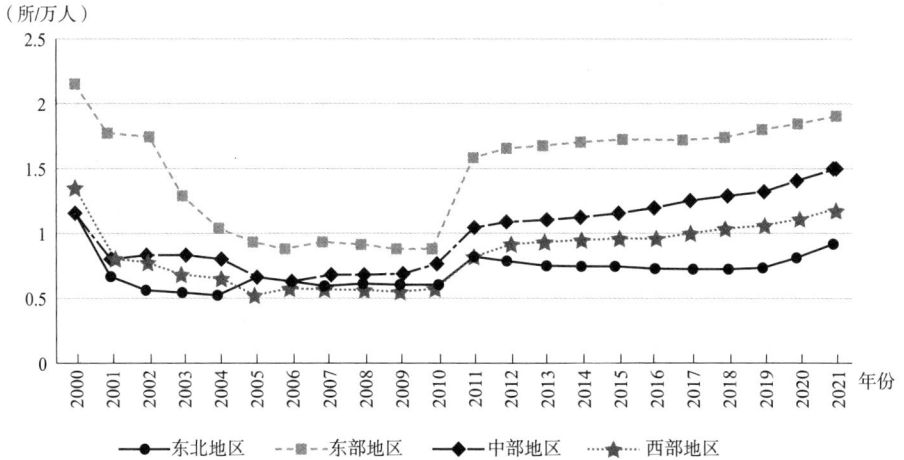

图 13　2000—2021 年分区域城镇每万人小学数量

资料来源：EPS（Easy Professional Superior）数据平台。

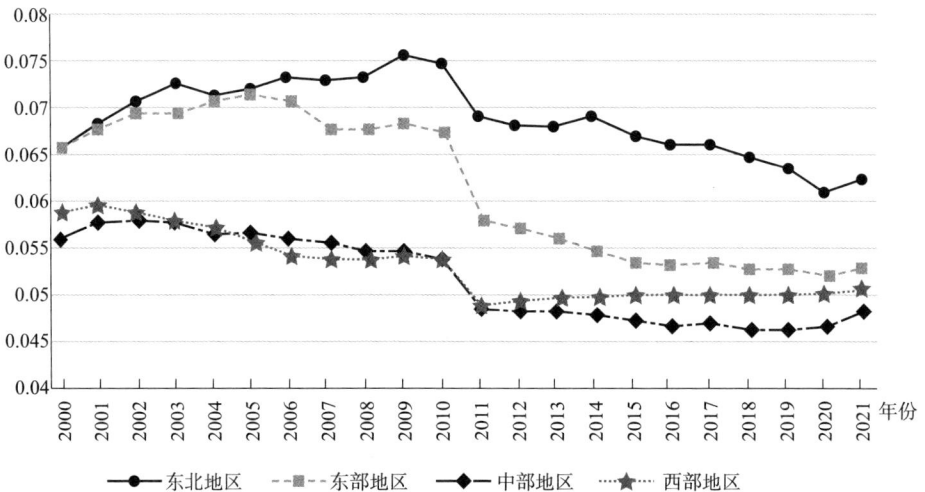

图 14　2000—2021 年分区域城市师生比

资料来源：EPS（Easy Professional Superior）数据平台。

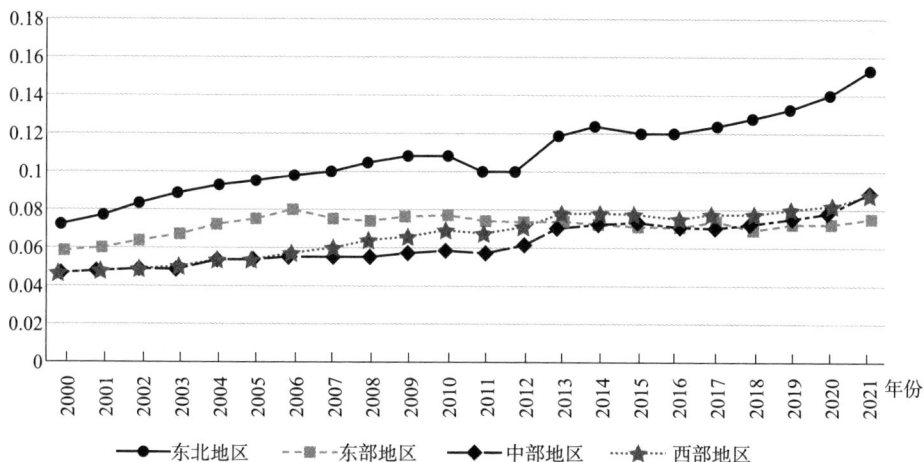

图15　2000—2021年分区域乡村师生比

资料来源：EPS（Easy Professional Superior）数据平台。

总体来说，经过多年的发展，我国城乡基础设施均等化取得了巨大的成就，但是农村地区公共服务水平仍然相对薄弱，尤其是优质的公共服务十分匮乏。从人均数量上来说，农村的公共服务设施相对城镇地区差距在不断缩小，但是从质量上来看，几乎所有重要的学校、医院、图书馆等公共设施都设立在城镇地区。

（七）城乡融合发展的未来趋势

中国城乡融合发展正朝着均衡发展、协调发展和可持续发展的方向努力。政府将继续出台政策措施，促进城乡一体化发展，提升农村经济发展水平和居民生活品质，实现全面建设社会主义现代化。具体来说，在促进城乡均衡和协调发展方面，根据《国家新型城镇化规划（2021—2035年）》要求，农业转移人口的市民化是我国新型城镇化的首要任务，也是未来我国城乡融合发展过程中的主要趋势。

伴随着农业转移人口的市民化，一方面，有助于进一步提高农村地区的劳动力素质；另一方面，也有助于推动城乡人口流动，加快我国城乡融合的发展趋势。此外，城镇基本公共服务均等化水平将进一步提升，在医疗方面，对于农村人口和农民工群体的医疗保障水平将得到进一步提升，城乡统筹人口的基本医疗保障覆盖范围将进一步扩大，根据疾病种类更加灵活调整各类医疗服务的保障标准，并进一步强化基层医疗保健服务，加强医疗保障体系的电子化建设，从而形成更加优质、高效和普惠的城乡统筹人口基本医疗保障体系。

在教育方面，对于农村教育资源建设的财政扶持力度将进一步提高，一方面，伴随着农业农村现代化建设，农村基础设施的改善能够吸引更多优质人才到农村任教，从而提升农村地区的教学水平；另一方面，伴随着农村地区的信息基础设施普及，信息化设备为农村地区开展远程在线教育提供了较大的应用空间，未来通过信息化手段发展远程线上教育，打造线上线下融合教学模式，将成为推动农村地区教育服务水平提高的重要发展趋势。

在城乡基础设施方面，随着基础设施建档制度的健全，城乡基础设施补短板和更新改造专项行动以及体系化建设将取得更明显进展，智能网联汽车、新能源汽车、智慧停车及无障碍基础设施将实现更快发展，村电网、天然气管网、热力管网等建设改造将得到更好的统筹推进，联结城乡的冷链物流、电商平台、农贸市场网络、重要农产品仓储设施和城乡冷链物流设施进一步完善，基础设施绿色化、智能化、协同化和安全化发展将成为重要趋势。

在促进城乡可持续发展方面，城乡人居环境持续改善，城乡建设评价机制进一步优化，县域城乡发展路径更加清晰，县城、中心镇、行政村基础设施和公共服务设施将得到更好的统筹布局，数字技术与农村生产生活深度融合，农村光纤网络、移动通信网络、数字电视和下一代互联网覆盖率进一步提升，智慧农业和农产品全产业链大数据建设进一步加快，绿色生态宜居的数字城乡建设成为未来重要的趋势。

二、当前我国县域城乡融合发展面临的机遇和挑战

县域城乡融合发展是当前中国经济社会发展的重要战略之一，旨在促进城乡经济一体化、社会一体化、生态一体化。随着我国全面深化改革进入新的阶段，国家新型城镇化战略、乡村振兴战略和城乡一体化战略得到贯彻实施，我国整体的城乡经济发展取得了重大成效，结合产业转移的需求，包括市场需求和消费升级，为推进我国整体的城乡融合发展提供了新的契机。同时也应看到，全球经贸不确定性增大、"双碳"目标约束、整体经济下滑、资源配置不均、政策体系不完善、发展动力不足和农村人口老龄化等给我国县域城乡融合发展带来了极大挑战。

（一）发展机遇

党的十八大以来，我国高度重视城乡融合发展，出台了一系列政策措施和规划文件，为城乡融合发展提供了政策支持和指导，如《中长期城乡融合发展规划（2016—2020年）》等。2019年，中共中央、国务院也发布了《关于建立健全城乡融合发展体制机制和政策体系的意见》，重点提出，建立健全有利于城乡要素合理配置的体制机制。坚决破除妨碍城乡要素自由流动和平等交换的体制机制壁垒，促进各类要素更多向乡村流动，在乡村形成人才、土地、资金、产业、信息汇聚的良性循环，为乡村振兴注入新动能[①]。

2022年10月16日，中共二十大报告重点强调，着力推进城乡融合和区域

---

① 《中共中央 国务院关于建立健全城乡融合发展体制机制和政策体系的意见》，中国政府网，2019年5月5日。

协调发展，推动经济实现质的有效提升和量的合理增长。健全社会保障体系，健全覆盖全民、统筹城乡、公平统一、安全规范、可持续的多层次社会保障体系，扩大社会保险覆盖面①。2022年12月16日，中央经济工作会议明确指出，多渠道增加城乡居民收入，支持住房改善、新能源汽车、养老服务等消费。要全面推进乡村振兴，坚决防止出现规模性返贫②。与此同时，可以发现，城市和农村市场之间的差异越来越小，城乡之间的市场需求日益相似。而且随着城市产业向外转移，一些企业逐渐向农村地区转移，倒逼城乡融合发展。

（二）面临挑战

虽然我国县域城乡融合发展的建设取得了一定成效，但是由于多方面限制，目前仍存在不少问题，面临诸多挑战。具体到县域层面包括资源配置不均、政策体系不完善、发展动力不足和农村人口老龄化更加严重等。

第一，资源配置不均是县域城乡融合发展的主要问题之一。在许多地方，城市获得的投资和资源优势比农村更为突出，导致县域内城乡发展不平衡（韩民春、朱森林，2015；李欢、吴文值，2019）。在中国的县域城乡融合发展中，资源配置不均是一个普遍存在的问题，具体表现为以下几个方面：首先是资金投入方面，在许多地方，城市所获得的财政支持要远远高于农村地区。城市的投资政策往往更加吸引资本和企业，而农村地区则缺乏大量的资金支持。这使得农村地区很难获得发展所需的经济支持，无法在基础设施建设和公共服务方面进行投资。其次是人才资源，城市地区有更多的高等教育机构和优质的职业发展机会，这意味着城市拥有更多的人才资源。而在农村地区，由于经济和社会条件的限制，往往难以吸引人才或留住本地的年轻人

---

① 《习近平：高举中国特色社会主义伟大旗帜 为全面建设社会主义现代化国家而团结奋斗——在中国共产党第二十次全国代表大会上的报告》，新华社，2022年10月25日。
② 《中央经济工作会议在北京举行》，光明网，2022年12月26日。

才。再次是自然资源，一些农村地区拥有得天独厚的自然资源，如美丽的自然景观和农业资源。但是由于缺乏必要的技术和资金支持，这些资源无法得到充分的利用和开发，往往处于闲置状态。最后是社会服务，城市和农村地区之间也存在巨大的差异。例如，城市拥有更先进的医疗设备和更高水平的医疗人才，而农村地区则缺乏这些资源，导致农村地区的医疗服务水平低于城市。

第二，政策体系不完善也是县域城乡融合发展的主要挑战之一。具体表现为政策协调不够、政策落实不到位、优惠政策不够和治理机制不完善等方面。政策需要由多个政府部门协调制定和实施，但现实中不同部门之间的协调不够，政策之间存在矛盾和冲突，使得政策难以落实。政策制定虽然已经出台，但由于缺乏具体的实施措施和监督机制，政策难以得到落实。例如，一些城市在发展现代农业、乡村旅游等方面取得了较好的成绩，但仍面临着缺乏政策支持和衔接的问题。这使得一些城市与周边农村的联系不够紧密，制约了县域城乡融合发展的深入推进。

第三，发展动力不足也是制约县域城乡融合发展的因素之一。从基础设施建设来看，县域地区的基础设施建设相对较弱，存在供水、供电、交通、通信等方面的不足。这对县域城乡融合发展产生了很大的影响，使其难以与周边城市相互联通，难以利用城市的产业资源和市场需求，从而制约了县域经济的发展。从人口流动角度来看，县域城乡融合发展也受到人口流动的限制。许多年轻人为了寻求更好的发展机会和更好的生活条件，选择外出务工或者移居城市，导致县域地区的人口结构老龄化，生产力下降，企业招聘困难，也减弱了县域城乡融合发展的动力。

第四，农村人口老龄化使得农村地区市场需求下降。随着城市化进程的加速，很多年轻人都涌向城市发展，导致了农村人口老龄化问题相对城镇地区来说更加严重。根据第7次全国人口普查数据，2020年我国农村地区60岁、65岁及以上老年人口占比分别为23.81%和17.72%，分别比城镇高出7.99和6.61个百分点，已进入中度老龄化阶段。而现有研究也表明我国人口老龄化和城乡倒置现象将继续加剧并持续很长时间。

农村人口老龄化的加剧会导致市场需求的逐渐下降，这是一个不容忽视的问题（封进、李雨婷，2023）。一方面，农村人口老龄化对农村地区市场需求的影响主要表现在两个方面：消费结构变化和消费能力下降。随着老年人口的增加，消费结构逐渐向基本生活需求增加，而高端消费和新兴市场需求下降的方向转变。此外，随着年龄的增长，老年人的消费能力也逐渐降低，导致农村地区整体消费水平的下降。这些因素使得农村地区的市场需求逐渐萎缩。另一方面，农村地区市场需求的下降给当地经济发展带来了一定的压力。农村地区本来就面临着许多经济发展的挑战，如资源匮乏、人口流失等。市场需求下降只会加重这些挑战，影响当地的经济发展。农村地区的经济发展不仅关系到当地居民的生计和幸福感，还对全国的经济发展和社会稳定具有重要的影响。因此，必须寻找解决农村地区市场需求下降的方案。

第五，生态环境问题日益凸显制约城乡融合发展。我国城乡融合发展面临的一个重要挑战是生态环境问题（刘玉邦，睦海峡，2020；齐心等，2023）。在农村地区，由于长期的不合理开发和利用，土地沙漠化、水资源紧缺、水土流失等问题普遍存在，这对当地的生产力和经济发展造成了巨大的负面影响。同时，城市地区的环境污染问题也严重制约了城乡融合发展。首先，生态环境问题直接影响农业生产和农民生活。农村地区的生态环境问题使得土地退化，耕地面积减少，土地资源利用率下降，导致农业生产能力下降，农产品品质下降，农民生活水平也受到影响。这些问题使得农村地区难以满足城市对农产品的需求，制约了农村地区经济的发展和城乡融合发展。其次，生态环境问题对城市地区的经济发展和社会稳定造成了威胁。城市地区的环境问题也日益凸显，空气污染、水污染等问题频发，直接影响着城市居民的生活质量和健康。此外，环境问题也会影响到城市的产业结构和发展方向，从而影响城乡融合发展。最后，生态环境问题对城乡融合发展的协调和平衡造成了难题，这是因为城乡环境问题是相互关联的，城市的环境问题也会影响到农村地区的环境。如城市废弃物的无序排放，可能对农村土壤造成严重污染；城市高污染企业废气无序排放同时也会污染邻近地区农村空气，对农村地区的农民健康、农业生产、农村生态旅游等都会带来不利影响。这就需要城乡协调发展，共同解决环境治理问题。

三、以县域为基本单元促进城乡融合发展的重要性

县域是连接城乡的枢纽，是我国经济发展的基本单元，对于中国的未来发展具有重大战略意义。作为国家经济和社会发展的基本单元，县域在城乡融合发展中发挥着重要的作用。县域具有与城市产业分工协作、经济功能互补等方面的作用，吸引科技、资本、产业等加快向县域流动。县域是乡村全面振兴的重要载体，是实现城乡融合发展的重要切入点，同时也是资源和能源供应的重要基地，是生态安全和粮食安全的重要保障。县域经济的重要性由一组数字可直观反映，以河南为例，河南省县域面积约占全省面积的85%，常住人口约占全省人口的70%，生产总值全省占比超过60%，河南省县域规模以上工业占全省的比重超过60%，全省2/3的集聚区也集中在县域范围内。实际上，县域经济也长期存在着总量大、质不高这一现实情况，县域经济发展不协调、不平衡、不充分的问题比较突出。县域经济发展有着巨大的潜力，如何挖掘这些巨大的潜力，进而促进县域经济的进一步振兴，以全面推动城乡融合发展是一项重要任务。

（一）县域是城乡融合发展的重要基础

县域是城市和农村的过渡地带，承载着城乡融合发展的重要责任。在现代化经济体系下，县域作为经济活动的主体单元，承载着大量的农村劳动力

和产业资源，也是城市向外扩张和发展的重要空间。根据国家统计局数据，2022 年 3 月末，全国县级行政区数为 2843 个。县域是城乡融合发展的重要基础，因为县域是连接城市和农村的纽带，既承担着城市向农村输送资金、技术、人才等要素的功能，也是农村向城市提供劳动力、资源和市场的桥梁。在县域层面上，城乡经济、文化、生态等各个方面的交流与融合更加紧密，同时也更容易形成共识、协调利益，这为城乡协调发展提供了更加坚实的基础。因此，加强县域治理、提升县域发展水平、推进城乡一体化发展已经成为当前中国经济社会发展的重要议题之一。

（二）县域是城乡融合发展的重要平台

县域作为城乡融合发展的平台，可以为城市和农村提供便利和服务，促进城乡要素的交流和互动。例如，县域可以为农民提供城市化服务，包括社会保障、医疗保健、教育培训等，提高农民的生活水平和获得感；同时，县域也可以为城市提供优质的农产品和劳动力资源，推动城市产业升级和转型。总而言之，县域在城乡融合发展中具有很大的潜力和优势。

（三）县域是城乡融合发展的重要载体

县域作为城乡融合发展的载体，可以促进城市和农村资源的有机整合和共享。例如，在交通基础设施建设方面，县域可以通过修建高速公路、铁路、机场等，加强城乡之间的交通联系，缩小城乡间的距离和差距。据国家统计局数据，截至 2020 年底，全国高速公路总里程达到 16.1 万公里，县级以上公路总里程超过 43 万公里，全国铁路营业里程达到 14.6 万公里。这些交通基础设施的建设，不仅方便了城市居民到乡村旅游、休闲，也使农产品更容易流向城市市场，推动城乡经济的有机衔接。

（四）县域是城乡融合发展的重要切入点

县域是城乡融合发展的重要切入点，是实现城乡融合的重要节点。通过县域的全面发展，可以实现城乡之间的资源优化和互补，缩小城乡之间的差距，推动城乡共同发展。例如，在城乡产业转型升级方面，县域可以利用自身的资源优势和特色产业，吸引外来资本和技术，促进传统产业的转型升级，培育新兴产业，提高农村经济发展水平。据国家统计局发布的数据，2020年，全国县域工业总产值达到3.29万亿元，同比增长5.7%；农村电子商务交易额达到2.11万亿元，同比增长8.6%。这些数据表明，县域在城乡融合发展中具有重要的作用和潜力。

（五）以县域为基本单元促进城乡融合发展有利于整合资源，促进经济发展

县级行政区域是农村和城市相互渗透和相互支持的重要节点。县域内的资源分配、规划和管理比较容易协调，县级政府可以整合当地的政府资源，协调相关部门之间的工作，加强对资源的整合和利用，推动城乡融合发展。例如，县域内的农村和城市可共享教育、医疗、文化、旅游等公共服务资源，促进城乡公共服务均等化。县域内的经济活动主要以小微企业为主，而这些企业通常是农村和城市融合的产物。在县域城乡融合发展的过程中，政府可以推动小微企业的发展，提高产业集聚程度，增强地方经济发展的后劲。以县域为基本单元的城乡融合发展，可以使城市和农村之间的发展更加平衡。通过建设乡村旅游、生态农业、特色小镇等，将农村变成城市居民休闲和度假的好去处，吸引城市居民到乡村旅游、消费和购买农产品，实现城乡人口、经济、文化等方面的互动。

四、以县域为基本单元推进城乡融合发展的政策建议

改革开放特别是党的十八大以来，我国在统筹城乡发展、推进新型城镇化方面取得了显著进展，但城乡要素流动不顺畅、公共资源配置不合理等问题依然突出，影响城乡融合发展的体制机制障碍尚未根本消除。要想做到城乡全面融合，乡村全面振兴，全体人民共同富裕，从县域切入是解决城乡割裂问题的关键点，这需要统筹谋划和顶层设计，打通城乡要素平等交换、双向流动的制度性通道。为此，我们提出如下政策建议：

（一）完善就近就地城镇化发展机制

一方面，制定政策和规划文件，明确就近就地城镇化发展的目标、原则和路径，提供政策指导和保障。第一，健全土地利用。加强土地利用规划和管理，合理规划和布局城镇发展用地，推动城镇化与农业保护、生态环境保护的协调发展。加强基础设施建设，优先投资和建设城镇化发展所需的基础设施，包括道路、供水、供电、通信等，提高农村地区的基础设施水平，为城镇化提供支持。第二，支持农村产业发展。加大对农村产业发展的支持力度，鼓励农村转型升级，培育农村新型产业，吸引和扶持农村企业和服务业的发展，提供就业机会和增加农民收入。增强公共服务能力，加强农村教育、医疗、文化、养老等公共服务的建设和提升，提高农村居民享受公共服务的便利性和质量，提高农民的获得感和幸福感。第三，强化农村社会治理。加强农村社会组织建设，提高农村社会治理水平，促进农民自治和社会参与，保障农村社会稳定和公共安全。加强人才引进和培养，引进和培养农村发展所需的各类人才，包括农业技术人才、创业人才、管理人才等，推动农村人

才的流动和聚集。第四，强化政策落地的监督和评估。建立健全政策落地的监督和评估机制，及时跟踪和评估政策实施效果，发现问题并及时调整和改进政策。第五，完善就近就地城镇化发展机制。促进农村地区的城镇化进程，实现城乡经济社会的协调发展，提高农民的生活品质和幸福感。同时，需要注重区域差异和特点，因地制宜地制定和落实相应的政策和措施。

另一方面，就近就地城镇化机制离不开县域城乡要素配置的融合。生产要素的双向自由流动是推动城乡融合的核心环节和重点内容。当前的城乡融合亟须以县域单元为载体，打破城乡二元结构。以县域单元作为有效载体，统筹推进农民就近城镇化和人才资本下乡。要建立健全农民就近市民化成本由政府、企业和农民等各方分担机制，实施向县域更加倾斜的财政、投资、土地、产业等政策，支持县城吸纳更多的农村人口落户。对进城落户农民的承包经营权、宅基地使用权、集体收益分配权"三权"给予充分落实保障并鼓励市场化退出。制定更加有力的财政金融、社会保障等激励政策，吸引高校毕业生、外出农民工、经商人员、教科文卫体人员等各类人才返乡入乡广泛参与乡村振兴，引导城市居民下乡消费和养老，促进人口稳定有序双向流动。搭建城市要素流入乡村的平台，真正多渠道打通城乡要素自由流动通道。

（二）推动县域基础设施向乡村延伸

当前，在通信、道路、供水、供电、信息、广播电视、防洪和垃圾污水处理等设施建设方面，城乡之间还存在着较大差异，这也制约了乡村经济发展以及生态资源优势的发挥。城乡基础设施建设事关城乡要素顺畅流动和乡村的产业发展、民生改善，迫切需要补齐乡村基础设施建设的历史欠账和短板，把公共基础设施建设重点放在乡村，逐步消除城乡之间基础设施差异。加快推动城镇基础设施向农村的延伸，鼓励将城市周边农村、规模较大的中心镇纳入城镇基础设施建设规划，坚持先建机制、后建工程，实行统一规划、统一建设、统一管护（其中统一规划主要以市县域为整体），统筹设计城乡路网和水、电、通信、污水垃圾处理等设施，实现城乡基础设施一体化发展，为乡村经济发展提供有力支撑的同时切实改善乡村的生产生活条件。此外，在保持乡村文化和风情的基础上，推动乡村生活品质和质量的提升，实现乡村高质量发展。

一方面，应加强基础设施建设，优先满足农村地区的基础设施需求。建议政府增加投入，完善农村公路、水利、电力、通信等基础设施建设，提高农村公共服务水平，为农村经济发展提供支撑。此外，政府应当积极推进城乡信息化和智能化建设，提高城乡基础设施的智能化水平。特别是在农村地区，应当加强对农村信息化和智能化建设的投入，提高农村地区的基础设施智能化水平。另一方面，在乡村建设层面，通过制定相关政策，明确支持乡村基础设施建设的方向和目标，鼓励各地加大对乡村基础设施的投资和支持力度。全面完善交通基础设施：铺设农村道路，加大对农村道路建设的投入，改善农村交通条件，提高乡村地区的交通便利性和通达性。丰富物流基础设施：建设农村物流中心，在县域内建设农村物流中心，提供物流集散、仓储、配送等服务，优化农产品的流通和市场接驳；发展农村电商平台，支持农村电商平台的发展，促进农产品的线上销售和物流配送，提高农产品的市场覆盖和销售渠道。完善网络基础设施：提供宽带网络覆盖，加大对乡村宽带网络建设的投入，推动乡村宽带网络的全面覆盖，提高农村地区的信息化水平；加强农村电子商务支持，提供电商培训和支持，鼓励农民利用网络渠道开展农产品销售和农业服务，促进农村电商的发展。完善资金支持和合作机制：加大财政对乡村基础设施建设的资金投入，引导社会资本参与乡村基础设施的建设和运营；建立政府、企业和社会组织之间的合作机制，共同推动乡村基础设施建设和运营，形成良好的合力。

（三）基于县域视角全面缩小城乡发展差距

县域经济作为完备的经济系统和资源要素的集聚地，经济结构既包括城镇又包含乡村，产业体系涵盖生产、分配、流通、消费各个环节。有效统筹县域内资源，实现资源优化配置，激发各类经济要素的发展活力，有利于促进打破城乡二元结构，夯实区域经济协调发展的根基。具体来看，制定综合性发展规划，在县域范围内制定综合性的城乡发展规划，明确发展目标、路径和重点领域，统筹城乡资源配置，推动城乡经济社会协调发展。促进产业融合发展，发挥县域的产业优势，通过发展农业产业化、农村工业化和乡村旅游等多元化产业，推动城乡产业的融合发展，促进农村经济的提质增效。加强乡村土地整治，推进农村土地整治和流转，促进土地集约利用和农业现代化发展，提高农民土地财产收益。加强县域层面的人才支持，引导和培养乡村发展所需的各类人才，包括农业技术人才、创业人才、管理人才等，提升乡村发展的创新能力和竞争力。强化乡村治理能力，加强乡村社会组织建设，提高农民自治和社会参与能力，促进乡村治理的科学化、民主化和法治化。加强政策支持和资金保障，加大对县域城乡融合发展的政策支持和资金保障，确保政策落地和实施的有效性，推动县域城乡发展的全面协调。

（四）大力推进城乡基本公共服务均等化

推动公共服务向农村延伸、社会事业向农村覆盖，优化城乡基本服务的供给模式。通过建立城乡教育资源均衡配置机制（诸如优先发展农村教育事业，建立以城带乡、整体推进、城乡一体、均衡发展的义务教育发展机制）、健全乡村医疗卫生服务体系（诸如建立和完善相关政策制度，增加基层医务人员岗位吸引力，加强乡村医疗卫生人才队伍建设）、健全城乡公共文化服务体系（诸如统筹城乡公共文化设施布局、服务提供、队伍建设，推动文化资源重点向乡村倾斜，提高服务的覆盖面和适用性）、完善城乡统一的社会保险制度（诸如完善统一的城乡居民基本医疗保险、大病保险和基本养老保险制度）、统筹城乡社会救助体系和建立健全乡村治理机制等，加快推进教育、医疗卫生、文化、社会保险、社会救助等公共服务资源向农村倾斜，让农民也能享受到丰富多元的公共服务，逐步实现城乡居民生活质量和生活品质的等值化。全面健全全民覆盖、普惠共享、城乡一体的基本公共服务体系，推进城乡基本公共服务标准统一、制度并轨。

具体来看：制定全面的城乡基本公共服务均等化规划，政府应当在县域范围内制定全面的城乡基本公共服务均等化规划，明确目标、路线、步骤和重点，确保基本公共服务均等化实施落实到位。提高农村教育、医疗、文化等公共服务水平，政府应当加大对农村教育、医疗、文化等公共服务的投入，建设更多的农村学校、医院、文化中心等公共设施，提高农村居民的受教育水平、医疗保障和文化生活质量。优化城乡人才资源配置和整合，政府应当加强城乡人才资源的对接和交流，吸引更多优秀的人才到农村从事教育、医疗、文化等领域工作，提升农村公共服务的质量和水平。开展适合农村人口的职业教育和创业培训，发展多渠道灵活就业，提升农户自我发展的内生动力和能力，提升人力资源素质。推动农村社会治理创新，政府应当加强农村社会组织建设，培育和引导农民自治组织、村民理事会等社会组织，加强农村社会治理体系建设，推动农村社会治理创新和提高公共服务的效率和质量。建立县域层面信息监测和集成平台，实现县域内互联互通、信息共享；及时收集产业信息和市场信息，运用信息手段打破城乡空间隔阂，增强供需信息对接，开展对农产品的市场预警、形势分析、技术推广等，优化农业生产、经营，提高农业产业抗风险能力。

（五）全面深化户籍制度改革

城乡融合发展格局的建立，必须依赖于劳动力的自由流动和转移，而当前的户籍制度却对此形成阻碍。应当继续引导非农村和农村人口有序向中小城市和建制镇转移，逐步满足符合条件的农村人口落户需求。一是取消农业户口与非农业户口的区分，放宽城市落户限制，逐步取消或降低城市落户的限制条件，减少户籍迁移的限制，鼓励人口自由流动，让更多的农民工和农村居民能够在城市落户并享受城市公共服务。逐步建立统一的城乡户口登记制度，进而全面实施居住证制度。剥离原有附加在户籍制度之上的不平等福利制度，将外来人口统一纳入本地各项社会管理，促进住房、医疗、子女教育、社会保障等基本公共服务均等化。二是先努力实现1亿左右农业转移人口和其他常住人口在城镇落户，进一步提高城镇化率。城乡融合发展战略的难点在于打破固有利益的藩篱，让改革开放的发展成果惠及全体人民。因此，必须赋予农民权利，尊重农民意愿，让广大农民平等地参与现代化进程，共享发展成果。

具体包括：完善社会保障制度，建立健全的社会保障体系，确保全体公民都能够享受到基本的医疗保险、养老保险和其他社会保障福利，减轻居民在户籍迁移过程中的经济负担和风险。通过经济和政策手段引导人口合理流动，避免大城市的人口过度集中，推动人口资源在不同地区的均衡配置，促进区域经济协调发展。建立统一的人口信息管理系统，加强各部门之间的数据共享和协作，提高户籍信息的准确性和及时性，为政府决策和社会管理提供科学依据。加强对户籍制度改革的宣传和教育，增强社会各界的认识和支持，促进社会舆论的理性、积极参与，形成全社会共识和共同推动改革的力量。通过这些措施改善户籍制度的不合理性，促进人口自由流动和公平竞争，推动社会公平和经济发展的良性循环。

（六）深入推进乡村振兴战略

推进城乡融合发展的同时需要乡村振兴战略的贯彻落实，党的十九大提出实施乡村振兴战略的重大历史任务。乡村振兴战略的重点是统筹农村各方面的建设，实现农村持续、协调和稳定发展。该战略的实施着眼于解决"三农"问题，让农民充分享受社会发展带来的丰硕成果。

与此同时，要加快小城镇发展，发挥小城镇连接城市、服务乡村作用。

随着城市化进程的加速，小城镇的作用越来越受到重视。小城镇不仅是城市与农村的过渡区域，也是连接城市和乡村的纽带。在推进县域内的城乡融合中，加快小城镇发展可以发挥其连接城市、服务乡村的作用。首先，小城镇可以作为城市的支撑点，为城市提供劳动力和服务。许多小城镇位于城市周边，具有便利的交通和优越的地理位置，可以吸引人才和产业向其聚集。在这样的背景下，小城镇可以充分发挥其服务城市的作用，提供城市所需的各种服务和产品。其次，小城镇也可以成为乡村发展的平台，为农民提供就业和商业机会。小城镇的规模相对较小，资源相对较为有限，因此往往更具有灵活性和创新性，可以发掘当地的资源和特色产业，开发新的商业模式和产品，带动乡村经济的发展。同时，小城镇也可以成为农产品的集散地，促进农村产业的升级和发展。因此，加快小城镇的发展对于推进县域内的城乡融合具有重要意义。政府可以加大对小城镇的支持和投入，建设更为完善的基础设施和公共服务，扶持和引导小城镇发展具有地方特色和优势的产业，为城市和乡村的发展提供更加广阔的空间和机遇。

（七）大力推动城乡要素流动

促进人口流动，建立和完善城乡居民户籍制度，逐步取消城乡户籍壁垒，让农民工和农村居民在城市落户成为可能。同时，提供良好的公共服务和社会保障制度，吸引农村居民进入城市就业和生活。此外，建立城乡土地市场，促进农村闲置土地的有效利用，吸引城市资本和技术进入农村。加强资金流动，建立健全城乡金融服务体系，支持农村金融机构的发展，提供适合农村特点的金融产品和服务。鼓励金融机构加大对农村的信贷支持，帮助农村企业和农民增加资金来源，推动农村经济发展。进一步促进技术流动，加强城乡科技创新合作，建立科技创新示范基地和农村技术推广站，为农村提供先进的农业技术和管理经验。鼓励城市科研机构和高校与农村合作，开展科技人员下乡和农民培训，促进城乡技术交流与合作。加强城乡交通运输网络的衔接，提高农产品运输和市场流通的效率。加强信息流动，推广智能化技术在农村的应用，提供农业信息服务平台，为农民提供市场信息、技术指导等支持，增强农民的信息获取能力。

加快推进农村土地制度改革，确保农民的土地承包权和经营权，鼓励土地经营权流转和规模经营，实现农村资源合理配置。农村土地流转是推动城乡融合发展的重要手段。为促进农村土地流转，实现农村资源的合理配置，需要加强政策引导和市场机制建设。政府可以通过制定税收优惠政策、提供土地流转补贴等措施，吸引城市资本进入农村地区，推进农村土地的规模化经营和现代化管理。同时，要建立健全土地流转市场机制，加强土地流转信息公开和交易规范，提高土地流转的透明度和公正性，增强流转市场的活力和吸引力。此外，需要进一步加强土地权益保护和法律监管，打击违法违规行为，保障土地流转交易的合法性和稳定性。通过政策引导和市场机制建设，可以推动农村土地流转，实现农村资源的集约化利用和合理配置，促进农村经济的发展和农民增收。

（八）重点布局县域特色、推动城乡融合发展的差异化产业

首先，要聚焦培育壮大县域富民产业，完善县乡村产业空间布局，推动县域农业产业化和一二三产业融合发展，加快推进传统农产品制造业升级改造，运用新理念、新技术、新业态不断延长农业产业链，实现种（养）植、加工、销售全链条融合发展。提高农产品加工业和农业生产性服务业发展水平，发展休闲农业、乡村旅游、民宿经济等乡村经济新业态。推动县域生态产业化和产业生态化，探索生态产品价值实现路径和生态补偿机制，增加绿色优质农产品供给，推广生产生活绿色低碳化。

其次，要通过深入调研和分析，发掘各县域的特色资源。每个县域均有独特的自然资源、人文资源和产业基础，例如特色农产品、文化遗产、旅游资源等，作为发展的基础。根据县域的特色资源和优势进行产业定位，重点

发展符合当地条件和市场需求的产业。同时，与周边地区进行合作，实现优势互补，形成完整的产业链和供应链。在县域内确定合适的产业集聚区，提供良好的基础设施和公共服务，吸引相关企业和产业链上下游企业的入驻，形成产业聚集效应。同时，注重培育本地企业，支持其成长壮大。建立城乡一体化发展机制，推动城市和农村的经济联系和资源共享。例如，鼓励城市企业投资设立农业产业园区，带动农村经济发展；推动农民合作社与城市企业合作，共同开展农产品加工和销售。

同时，要推进产业转移，促进县域一二三产业融合发展。为了推动县域城乡融合发展，应推进产业转移。政府应鼓励和支持城市企业到农村地区投资建设，为农村地区提供更多就业机会和技术支持。同时，政府还应加大对农村企业的扶持力度，帮助农村企业提高技术水平和市场竞争力，实现农村产业结构的升级和优化。此外，政府还应当在县域层面鼓励和推动一二三产业融合发展，提高农产品的附加价值。具体来说包括：①加强政策支持：县级政府可以出台一系列扶持政策，鼓励企业进行一二三产业融合发展。比如给予税收减免、财政资金支持、土地政策等优惠政策。②建立一二三产业联盟，促进产业协同发展。各行各业的企业可以通过联盟加强合作，实现资源共享，降低成本，提高效率，增强市场竞争力。③建立信息化平台，打通信息流、资金流和物流，加强产业链各个环节的衔接和协同。同时，通过互联网技术和大数据分析，对各个产业的生产流程和销售情况进行监测和分析，提高管理效率和决策能力。

主要参考文献

[1] 蔡昉，王美艳.农村劳动力剩余及其相关事实的重新考察——一个反设事实法的应用 [J].中国农村经济，2007（10）：4-12.

[2] 封进，李雨婷.人口老龄化与市场进入 [J].世界经济，2023（4）：170-191.

[3] 韩民春，朱森林.城乡卫生资源配置失衡对居民收入差距影响的实证研究 [J].中国卫生经济，2015（10）：37-39.

［4］李欢，吴文值.财政资源配置、城镇化发展与城乡居民收入差距［J］.商业经济研究，2019（5）：186–188.

［5］刘生龙，胡鞍钢.基础设施的外部性在中国的检验［J］.经济研究，2010（3）：4–15.

［6］刘生龙，胡鞍钢.交通基础设施与中国区域经济一体化［J］.经济研究，2011（3）：72–82.

［7］刘玉邦，眭海峡.绿色发展视域下我国城乡生态融合共生研究［J］.农村经济，2020（8）：19–27.

［8］马井彪.城乡公共服务均等化——破解城乡协调发展难题的突破口［J］.农村经济与科技，2017（9）：184–186.

［9］齐心，陈珏颖，刘合光.以新发展理念推进城乡融合发展：逻辑与路径［J］.经济社会体制比较，2023（3）：14–23.

［10］张帆，吴俊培，龚旻.财政不平衡与城乡公共服务均等化：理论分析与实证检验［J］.经济理论与经济管理，2020（12）：28–42.

［11］Gibson, John, and Scott Rozelle, 2003. Poverty and Access to Roads in Papua New Guinea［J］. *Economic Development and Cultural Change*. 52（1）：159–185.

［12］Shamdasani Y., 2021. Rural road infrastructure & agricultural production: Evidence from India［J］. *Journal of Development Economics*.

缩小城乡发展差距与推动共同富裕研究 *

缩小城乡发展差距是实现共同富裕的前提，共同富裕是缩小城乡发展差距的终极目标。当城乡发展差距还处于持续扩大阶段时，推进共同富裕就不具备必要条件；只有城乡发展差距处于不断缩小阶段并缩小到一定程度时，实现共同富裕才具备了充分条件。进入新时代，城乡发展差距是实现共同富裕的最大短板，农村人口数量多、农民收入水平相对偏低、基础设施不完善、公共服务供给总量不足且结构不优，是现阶段我国农村经济发展面临的基本现实，也是城乡发展差距存在的主要原因。因此，促进共同富裕最艰巨最繁重的任务仍然在农村，关键群体是农民。要充分利用中国制度优势，采取综合举措，全面缩小城乡发展差距，走城乡共同富裕之路，助力实现中国式现代化。

---

　　* 本报告是清华大学中国农村研究院重点研究课题"缩小城乡发展差距与推动共同富裕研究"的研究成果，报告观点仅代表课题组的看法。课题负责人：马晓河，中国宏观经济研究院研究员。报告执笔人：马晓河、杨祥雪。课题组其他成员刘振中、张义博、周振、周婉冰参与讨论。

一、缩小城乡发展差距与推动共同富裕的内在逻辑关系

共同富裕的实质，是在满足人民日益增长的美好生活需要的条件下，实现全民富裕、全面富裕、全域富裕、共建富裕以及渐进式富裕。推动实现共同富裕必须缩小城乡发展差距，包括城乡间的收入及消费差距、社会福利差距、教育文化差距、医疗差距、政府公共服务差距等。

（一）城乡发展差距与共同富裕的内涵

1. 城乡发展差距

城乡发展差距是经济和社会结构转型过程中的一个重大问题。所谓城乡发展差距，是指在一定的社会制度条件下，在不同发展阶段，城镇和乡村之间存在诸多差距，包括收入财产及消费差距、社会福利差距、教育文化差距、医疗差距、政府公共服务差距等。城乡发展差距带有客观性，城乡发展差距缩小具有规律性。城乡差距缩小与经济结构、社会结构以及制度结构转型密切相关。从经济属性看，城乡发展差距可以划分为两种类型：一类差距是城乡居民收入差距以及与此密切相关的生活差距，此类差距属于私人产品性质范畴，在很大程度上由市场竞争决定；另一类是社会福利差距、教育文化差距、医疗卫生差距、公共基础设施差距等，属于公共产品性质范畴，在很大程度上由政府的制度政策安排和能力决定。

一般而言，经济发展带来的"创造"与"破坏"改变着社会、经济结构，影响着收入分配。以"二元结构理论""增长极理论""核心边缘理论"为核心的非均衡发展理论指出，发展中国家在发展初期应将有限的资源集中于部分优势

区域，继而再通过扩散效应带动弱势地区发展，这也是城乡发展差距形成的主要原因之一。多数学者选择从经济属性角度对城乡发展差距进行考察，认为城乡发展差距作为一种客观存在，在不同经济发展阶段具有不同变动特点。按照库兹涅茨倒 U 形曲线（Kuznets curve）变动趋势，在经济未充分发展的阶段，收入分配将随同经济发展而趋于不平等；其后，在工业化进入后期阶段，经济得到充分发展，城乡发展差距逐步缩小，收入分配将趋于平等。也就是说，在经济发展初期，即人均国民收入处于低收入阶段，城乡之间的发展差距通常是扩大趋势；在经济发展进入中等收入阶段，城乡发展差距达到最大后开始出现缩小趋势，当经济发展接近高收入阶段时城乡发展差距迅速缩小；在完成工业化进入发达的高收入阶段后，城乡发展差距基本消除，城乡一体化融合发展基本实现。

纵观全球典型国家的发展历程，城乡发展差距一般呈现先扩大、后缩小的"倒 U 形"趋势，而人均国民收入（GNI）达到中高收入阶段发展水平后是缩小城乡发展差距、实现共同富裕的理想时期。以城乡居民收入差距为例，在美国著名经济学家库兹涅茨提出收入分配的"倒 U 形假说"后，20 世纪 70 年代，鲍克特（Paukert）和阿鲁瓦利亚利（Ahluwalia）运用 56 个国家的基本数据按照收入类型的横截面数据检验支持了"倒 U 形假说"。后来，尽管有些学者证明"倒 U 形假说"有一定局限性，但这至少能揭示和说明在许多国家或地区经济发展过程中收入差距扩大是一种普遍现象。改革开放以来，我国在确立社会主义市场经济体制的基础上，鼓励先进、促进效率、承认差距，允许一部分地区、一部分企业、一部分人收入先多一些，生活先富起来。因此在经济发展的初期，城乡地区以及群体之间收入差距出现扩大趋势；之后，随着经济发展，这种差距出现了缩小趋势。这里，我们按照世界银行划分不同类型国家的收入标准将我国经济发展划分为低收入阶段、中低收入阶段、中上等收入阶段、高收入阶段。1978—1998 年，我国人均 GNI 为 200 ~ 800 美元，属于低收入类型国家；1998 年我国人均 GNI 为 800 美元，恰好达到中低收入国家标准，此后经济迅速发展，2010 年我国人均 GNI 增加到 4340 美元，迈上中上等收入国家台阶，2021 年我国人均 GNI 为 11890 美元，十分接近高收入国家门槛值①。

图 1 是根据程永宏（2007）和国家统计局提供的中国基尼系数绘制的 1981 年以来的变动曲线。图 2 是根据国家统计局提供的数据计算的城乡居民收入比（以农民收入为 1）变动曲线。从图 1 可以看出，1978—2010 年，我国经济发展在从低收入阶段向中低收入阶段转变过程中，反映总体收入差距的基尼系数呈现扩大趋势，1983 年全国基尼系数为 0.271，到 2009 年升至 0.49，从 2010 年开始，也就是自中国跃上中上等收入国家门槛后，全国基尼系数出现缩小趋势，从 2009 年的 0.49 逐渐下降到 2021 年的 0.466。此外，图 2 显示的城乡居民收入相对差距变化趋势也有类似情况，1987 年我国城镇居民收入水平是农民的 2.13 倍，此后城乡居民收入相对差距不断扩大，到 2007 年达到 3.3 倍，而从 2010 年开始城乡居民收入相对差距出现了明显缩小趋势，从 2010 年的 3.11 倍持续缩小到 2021 年的 2.5 倍。由此可见，我国居民间收入差距无论是从总体还是城乡间变动看均呈现先扩大后缩小的"倒 U 形"变动趋势。

2. 共同富裕

共同富裕承载了较多的中国元素，是中国特色社会主义的本质要求，也是中国式现代化的重要特征。共同富裕带有战略指向性，具有政策目标性。理解共同富裕要比理解城乡发展差距复杂得多，因为它蕴含了诸多中国特色。历史上先贤达人对于共同富裕提出了诸多构想，比如老子的小国寡民、孔子的大同、墨子的尚同、陶渊明的《桃花源记》，以及近代康有为的大同社会构想、孙中山的大同之治，甚至于历代王朝更替、农民运动都是打着"人得其所、各尽其力、安居乐业"的旗号②。事实上，这些追求美好生活的构想和追

---

① 世界银行把世界各国按人均收入（GNI）分为四类：低收入国家、下中等收入国家、上中等收入国家、高收入国家。1998 年世界银行公布中低收入国家人均 GNI 标准为 761～3030 美元，当年中国人均 GNI 为 800 美元；2010 年公布中高收入国家标准为 3976～12275 美元，当年中国人均 GNI 为 4340 美元；2021 年公布高收入国家门槛值为 13205 美元，当年中国人均 GNI 为 11890 美元。

② 详见中国发展研究基金会：《中国发展报告 2021—2022：走共同富裕之路》，中国发展出版社 2022 年版，第 1–12 页。

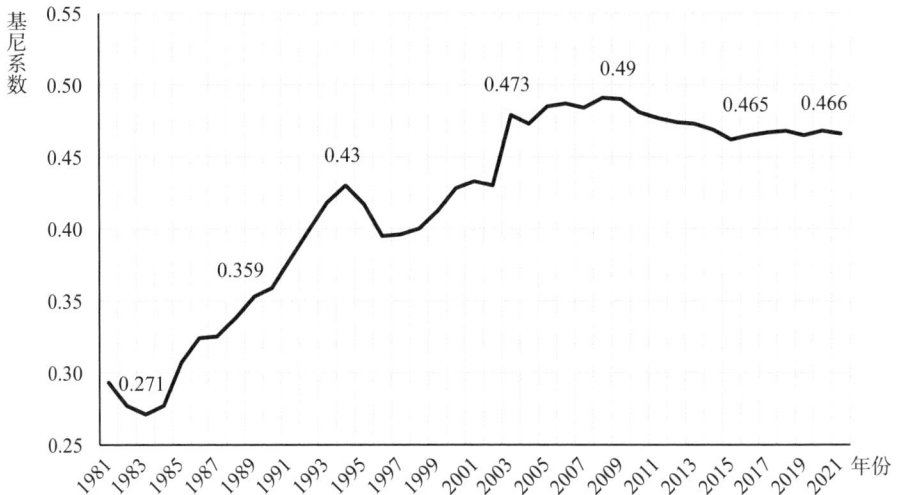

图 1 1981 年以来中国基尼系数变动

资料来源：2003 年以前数据来自程永宏（2007）；2003 年及以后数据来自国家统计局。

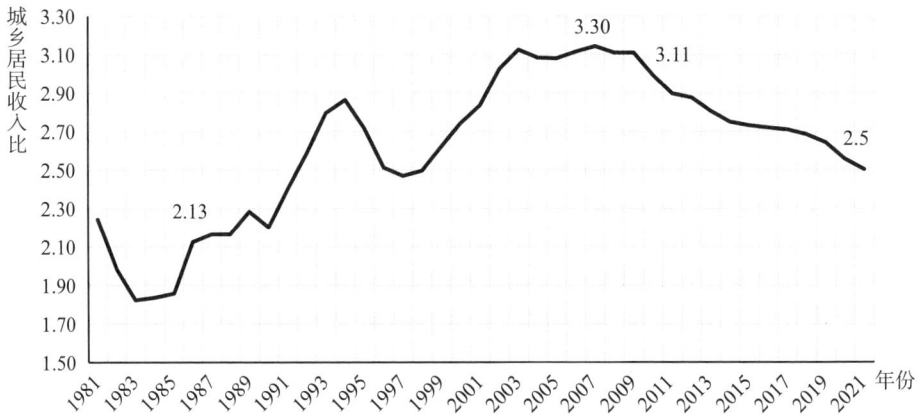

图 2 1981 年以来中国城乡居民收入比变动

资料来源：国家统计局。
注：此处将农村居民收入标准化为 1。

求，都是在缺乏现实物质基础条件下强调同富，这种通过摧毁社会财富积累机制均贫富的方式，实现的必然是"共同贫困"。真正在实践层面，是中国共产党人在迈向共同富裕道路上进行了不懈的探索。

新中国建立后，我国在探索共同富裕道路上经历了三个阶段。第一阶段，以毛泽东为代表的第一代领导集体首先提出共同富裕概念。当时提出共同富裕是想利用计划经济体制，通过进行社会主义改造，实现合作化，使全体农村人民共同富裕起来①。第二阶段是改革开放以后，以邓小平为代表的第二代领导集体提出共同富裕是中国特色社会主义的本质要求和最终目标。在实践上通过让一部分人、一部分地区先富起来，利用社会主义市场经济推进实现共同富裕。第三阶段是党的十八大以后，从先富带后富转向全面促进共同富裕。习近平总书记在新的历史条件下明确指出，我们的责任，就是要团结带领全党全国各族人民，继续解放思想，坚持改革开放，不断解放和发展社会生产力，努力解决群众的生产生活困难，坚定不移走共同富裕的道路②。《中华人民共和国国民经济和社会发展第十四个五年规划和2035年远景目标纲要》将"坚持人民主体地位，坚持共同富裕方向"作为经济社会发展必须遵循的原则，并明确提出"十四五"期间"全体人民共同富裕迈出坚实步伐"，到2035年，"人民生活更加美好，人的全面发展、全体人民共同富裕取得更为明显的实质性进展"③。经过历届党的领导集体对共同富裕思想内涵的不断丰富和实践上的不断探索，共同富裕的时代内涵更加完整清晰，实践推进更加具体、精准。

新发展阶段下，深入理解和认识共同富裕，既要考虑历史背景和发展过程，更要考虑实现共同富裕的主体对象、所涵盖的内容、要覆盖的空间，同时还要考虑实现标准、推进方式等方面。综合以上要素可以对共同富裕作以下综合概括：我国实现的共同富裕是全民富裕、全面富裕、全域富裕、共建富裕与渐进式富裕的统一，即共同富裕在主体对象上是包括了全体社会成员的全体性富裕，在涵盖内容上是物质富裕和非物质的全面性富裕，在空间上是覆盖了地区、城乡的全域性富裕，在实现标准上，是有先后、有差别的差异性富裕，在方式方法上强调的是阶段式渐进性富裕。

---

① 《毛泽东文集》第6卷，人民出版社1999年版，第437页。
② 《习近平谈治国理政》，外文出版社，2014年，第4页。
③ 《中华人民共和国国民经济和社会发展第十四个五年规划和2035年远景目标纲要》，中国政府网，2021年3月13日。

（二）城乡发展差距缩小与共同富裕实现的关系

缩小城乡发展差距是实现共同富裕的前提，共同富裕是缩小城乡发展差距的终极目标。当城乡发展差距还处于持续扩大阶段时，推进共同富裕就不具备必要条件；只有城乡发展差距处于不断缩小阶段并缩小到一定程度时，实现共同富裕才具备充分条件。实现共同富裕既要包括城镇居民更要包括农村居民，因而缩小城镇和农村之间的发展差距就是实现共同富裕的首要目标；共同富裕要实现物质与非物质的"双富裕"，这正是缩小城乡发展差距的重要内容；共同富裕要在区域空间上实现全覆盖，这是缩小城镇和农村空间发展差距、促进城乡融合发展要解决的重点问题。此外，共同富裕要求消除城乡贫富差距，实现的是有差别的富裕，不是同等富裕。从城乡发展存在的诸多差距属性看，在实现共同富裕前后，城乡发展差距的表现特点是不同的，具体从图 3 中可以看出：

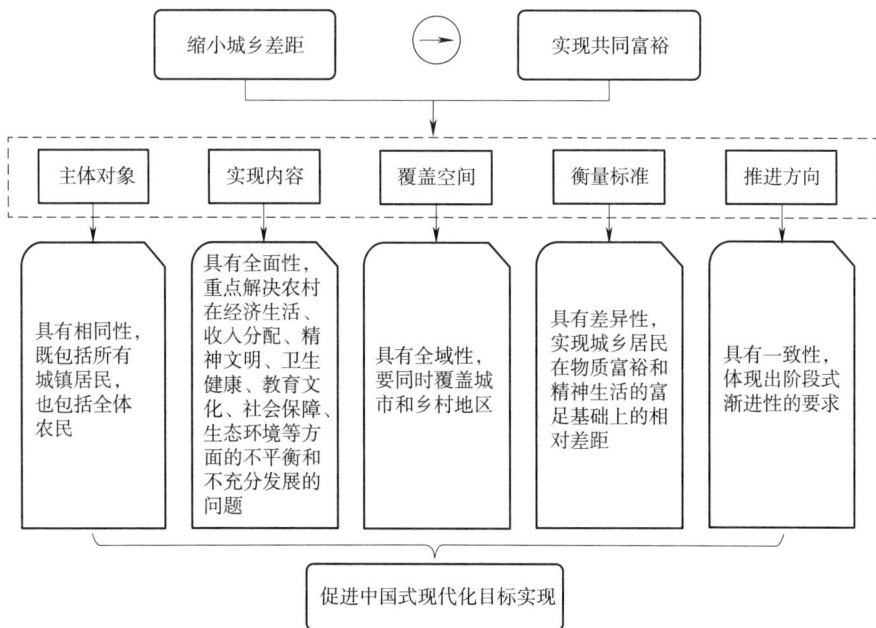

图 3　缩小城乡发展差距与推动共同富裕的内在逻辑关系

资料来源：根据相关公开资料及报告整理。

1. 在主体对象上，缩小城乡发展差距和实现共同富裕所针对的群体具有相同性

共同富裕不是少数人的富裕，是全体社会成员的普遍富裕，这既包括了所有城镇居民，也包括了全体农民。在推动共同富裕道路上，一个也不能掉队，必须是在缩小城乡发展差距的基础之上实现包括城镇居民和农村居民在内的全体社会成员的生活富裕。因此，走共同富裕道路就是要在经济社会发展过程中，不断缩小城镇居民和农村居民之间的发展差距，只有将城乡居民之间的发展差距缩小到合理程度，实现共同富裕才具备了可能性。

2. 在实现内容上，缩小城乡发展差距和实现共同富裕所包括的内容均具有全面性

共同富裕所追求的不仅仅是物质富裕，还有非物质富裕，包括了经济、政治、文化、社会、生态文明等多个方面。共同富裕的这种全面性要求与缩小城乡发展差距的内涵是一致的。缩小城乡发展差距也同样要求通过城乡融合发展，解决城乡居民在经济生活、精神文明、卫生健康、教育文化、社会保障、生态环境等方面差距过大问题。要想在高质量发展中扎实推进共同富裕，就必须坚持农业农村优先发展，重点解决农村在收入分配、经济生活、精神文明、卫生健康、教育文化、社会保障、生态环境等方面的不平衡和发展不充分问题，促进城乡发展差距实现实质性的缩小。

3. 在覆盖空间上，缩小城乡发展差距和实现共同富裕所覆盖的空间均具有全域性

共同富裕的全域性是指城市和乡村间的差距伴随城乡经济共同发展逐渐消失。共同富裕涉及所有发达和欠发达地区，消除绝对贫困后，我国还存在着大量低收入人群，这些低收入人群除了零散分布于发达地区之外，大多集中在边远落后地区、欠发达地区和农村地区。因此，走共同富裕道路就是要协调城乡发展关系，解决农业农村发展的不平衡不充分问题，确保以全面建成社会主义现代化强国的战略部署为牵引，到 2035 年基本实现农业现代化，到 21 世纪中叶建成农业强国。只有解决好城乡之间的发展差距问题，共同富裕才能在区域空间上实现全覆盖。

4. 在衡量标准上，缩小城乡发展差距和实现共同富裕所要求的标准具有差异性

共同富裕要求消除贫富差距，但其实现的是有差别的富裕，不是同等富裕，也不是同步富裕。这就意味着即使是到 2035 年我国实现了共同富裕，城镇和乡村之间仍然会存在发展差别，不过这种差别是"量"上的差距而非"质"上的差距。它不再表现为物质财富以及生活上"富裕"和"贫穷"的差距、基础设施和公共服务"有"和"没有""好"和"差"的差距，而是生活富裕程度上"高"和"低"的差别，是满足了美好生活需要之后的"多"和"少"的差别，也是"更好"和"好"的差别。

5. 在推进方向上，缩小城乡发展差距和促进共同富裕具有一致性

共同富裕强调的是渐进式实现共同富裕，即以"先富带动后富"的战略，有效解决发展不平衡不充分问题并取得实质性进展，这体现出阶段式渐进性的要求。同时，我国经济发展已经十分接近发达的高收入国家门槛，城乡发展差距也由不断扩大进入不断缩小甚至是加快缩小阶段。因此，缩小城乡发展差距和推动共同富裕是同一方向，通过城乡发展差距的不断缩小，持续地为走共同富裕道路奠定了基础、积累了条件。

总之，在当前和今后，缩小城乡发展差距与推进共同富裕在主体对象、实现内容、覆盖空间上均具有相同性，在衡量标准上具有差异性，在推进方向上具有一致性，因而两者是相互关联、互为促进的关系。这也意味着，促进共同富裕，不仅要促进城乡居民在收入分配上不断缩小差距，而且要着力缩小城乡基本公共服务差距，在城乡居民改善物质生活条件方面提供均等机会，在精神文明建设方面公平普惠，最终推动城乡融合发展，促进经济社会全面进步和中国式现代化目标实现。

二、缩小城乡发展差距与推动共同富裕的经验借鉴

缩小城乡发展差距是促进城乡融合、推动共同富裕的核心和关键所在，无论对于发达国家还是发展中国家而言，都是一个亟须解决的难题。

（一）缩小城乡发展差距促进城乡融合发展的国际经验与借鉴

1. 日本

为了缩小城乡发展差距，日本采取了以下两方面的措施：一方面，日本始终将农业作为发展核心，通过提高农产品商品化率带动当地农民收入和就业的稳定增长，确保农民的主体地位不动摇，相关法律法规的制定也均向农业农民倾斜，以保障农户与企业合作时利益分配的公平性，大力促进农户与工业企业合作。例如，日本政府在 1961 年推出国民收入倍增计划后，相继出台了《农业基本法》《农业现代化资金助成法》《十年土地改良长期计划》等一系列法规，不断加大对农业、农村、农民的政策倾斜力度，支持农业现代化，加强农村基础设施建设，促进农民增收。与此同时，为使农协具有在全国农村开展实际服务工作的经济实力，日本政府对农协实行少缴或免缴所得税、营业收益税和营业税的政策，对农协中央联合会的事业费和一些项目给予补贴，地方公共（自治）团体在辖区内提供的地方公共服务同样面向农村。另一方面，在政府引导和扶持下，通过"造村运动"加快乡村经济发展。其一，对农产品生产和农民实施补贴政策。其二，采取对农、林、牧、副、渔产品实行一次性深加工的策略，因地制宜地培育富有地方特色的农村发展模式和农产品生产基地。其三，加强农业劳动力职业培训，提升农民在农业技术、商品研发、品牌推广、营销服务等方面的综合能力，并将其贯穿于农产品产供销全过程。

长期以来，日本始终以国家财政扶持本国农业发展，对国内主要农产品生产给予巨额财政补贴，每年农业补贴总额在 4 万亿日元以上，高额农业补贴为其缩小城乡居民收入差距提供了坚强支持。1961—1978 年，日本农业预算由 1961 亿日元增加到 26624 亿日元，年均增长 16.6%；农业预算占农业总产出额的比重由 9.3% 提高到 25.7%。农林水产预算占国家预算总额的比重持续保持在 10% 左右，有些年份甚至达到 12%（张建，2015）。自 1960 年开始，日本积极推动农民向非农业领域转移，为农业实现扩大土地经营规模、提高农业劳动生产率、增加农民营农收益创造了外部条件。1961 年，日本农民户均收入 46.59 万日元，从 1963 年开始，日本农村居民家庭收入大幅增长并超过城市居民家庭，1975 年城乡居民家庭收入比更是达到了 0.75 的历史低点，并在此后的 30 余年一直保持在 0.8 左右。此外，日本为发展国民教育，国家以比欧美国家更大的力度不断加快对公共教育的投入（程又中，2008），公共教育经费占整个国民收入的 5% 以上（见表 1）。整体上，20 世纪中后期，在政府主导的供给模式下（张华、张桂文，2018），随着日本经济临近和跨进高收入门槛，不但城乡收入差距基本消除，城乡医疗养老等公共服务也逐渐均等化①，城乡发展基本实现"量"上规模扩张和"质"上有效提升。

表 1   日本政府对义务教育补贴的部分   单位：%

项目	比例
教材费	100
都道府县负担的教职员工资	50
中小学的校舍新建费	50
义务教育各类学校的校舍合并和废除等	33
产生的新建、改建费	50
就学援助费	50
义务教育各类学校的食堂新建费	5

资料来源：《比较》第 6 辑，中信出版社 2003 年版，第 196、197 页。

① 日本于 1961 年开始施行城乡一体的"国民年金制度"，1971 年，鉴于其农业特殊性，日本施行了《农业劳动者年金基金法》，要求政府对每年从事农业生产 60 天以上且自愿投保的农民补贴 20%～50% 的保费，鼓励其加入社会养老保险。并且，参保农民连续缴纳保费 20 年且年满 65 岁之后，每月最多可领到相当于大学应届毕业生月工资水平的养老金。

2. 韩国

韩国政府缩小城乡发展差距的主要内容体现在加强农村基础建设，改善居住条件和推广技术，鼓励引导农产品加工业和特色农业发展等三大方面。在加强农村基础建设方面，韩国从1968年开始实施了"增加农渔民收入特别事业"，20世纪70年代，韩国政府在农村发起了"新村运动"，主要内容即增加农民收入、开发农业基础设施、整顿农村环境、发展社会文化事业、提高保健卫生水平等（马晓河，2008）。在改善居住条件和推广技术方面，韩国于1978年出台《农业机械化促进法》，并于1984年推行"农工地区"计划，通过培育和发展互助合作型的农协，推广高产种子技术，并对各类农户提供专业服务和生产指导，促进农业机械化和农村工业化，增加农业剩余劳动力就业机会。在鼓励引导农产品加工业和特产农业发展方面，韩国政府先后设置了水利资金、扶持贫困农民自立事业资金、营农资金、农业开发资金等农村经济建设的专项资金，以及稳定农产品价格基金、促进农业机械化基金、营农后继者育成基金、农渔村地域开发基金等，另外，民间团体还设置了畜产振兴基金、蚕业振兴基金、农地基金等专项基金（马晓河等，2022），以此进一步支持农业农村发展并提升农民收入水平。

韩国政府以新农村建设为基点，致力于缩小城乡发展差距的重要举措改变了韩国落后的农业国面貌，让城乡经济重新焕发活力，城乡收入差距显著缩小并基本实现城乡融合发展（方向明、覃诚，2021）。韩国国家统计局数据显示，1970年韩国城乡居民收入比为1.31，到了1975年缩小至0.91，农户收入所得超过城市职工，此后韩国城市家庭和农村家庭收入基本维持在相近水平（见表2）。20世纪70年代后期，韩国农村已建成宽3.5米、长2~4公里的进村公路，全国98%的农户都装上了电灯，并且所有村庄都安装了简易自来水设施，村民饮水条件得到改善。1994—2016年，韩国财政教育支出比重都稳定在16%~18%左右，并且健康支出从1994年占比6.1%左右增长至2016年的13.2%，在20余年间健康支出翻了1倍（赵福昌等，2021）。总体上，通过制定一系列大力引导和支持农业农村发展的城乡政策，韩国政府调动了农民共同参与家乡建设的积极性，农民收入实现快速增长，道路桥梁水利等农业农村基础设施建设不断加强，基本公共服务水平也得到大幅提升，这有力推动了韩国城乡差距缩小与城乡融合发展①。

表 2　1970—2020 年韩国城乡居民家庭收入变化

年份	城市居民家庭收入 A（万韩元）	农村居民家庭收入 B（万韩元）	城乡居民收入比 A/B
1970	34	26	1.31
1975	79	87	0.91
1980	280	269	1.04
1985	511	574	0.89
1990	1134	1102	1.03
1993	1482	1681	0.88
1995	2289	2180	1.05
2006	3994	3230	1.24
2012	5391	3103	1.74
2013	5041	3452	1.46
2018	5721	4207	1.36
2019	5889	4118	1.43
2020	6125	4503	1.36

资料来源：韩国国家统计局。

（二）缩小城乡发展差距推动共同富裕的国内经验与借鉴

1. 浙江

2021 年，《中共中央 国务院关于支持浙江高质量发展建设共同富裕示范区的意见》出台②，浙江正式被确立为首批共同富裕示范区。2001 年，浙江扶

---

① 值得注意的是，在迈向高收入国家行列的过程中，韩国城乡居民收入差距呈现"缩小—再扩大"的变动特征，其城乡居民收入差距在 1993 年进入高收入国家行列后反而有所扩大，即虽然实现了农民整体收入提升，但其城乡居民收入的绝对差距和相对差距仍保持在相对高位。鉴于篇幅有限，且本部分以借鉴韩国缩小城乡收入差距的经验为主，因此报告不再就其呈现的城乡收入差距再次扩大趋势展开讨论，对于韩国城乡差距变动是否满足"二元平行"理论假说，有待学者进行更加深入的研究与验证。

② 《中共中央 国务院关于支持浙江高质量发展建设共同富裕示范区的意见》，中国政府网，2021 年 6 月 10 日。

贫暨欠发达地区工作会议上首次提出"山海协作"工程[①]，旨在通过"山"与"海"的对接，优化全省生产力和人口空间布局，让人口由相对落后地区向发达地区流动，资金由发达地区向相对落后地区流动，并在宏观层面促进"对流"，实现"山""海"之间的人才、资源互融互通，逐步解决城乡发展不均衡的问题，以此缩小城乡地区差距、推动城乡区域协调发展。2021 年，浙江研究起草了《浙江省"扩中""提低"行动方案》[②]，明确提出了 9 类重点关注群体，其中包括高素质农民、新就业形态从业人员、进城农民工、低收入农户、困难群体等。与此同时，浙江围绕缩小城乡基础设施建设差距、公共服务优质共享、建设共同富裕现代化等领域，确定了 28 个试点，试点地区的改革为全国推动城乡基本公共服务均等化配置提供了"浙江经验"。以杭州萧山区梅林未来乡村试点为例，在"城市大脑 + 未来村庄"的总架构下，通过加快乡村 5G 基站建设，提升农村基础设施数字化水平，目前已成为集聚萧山八个"第一"的美好生活中心。

伴随上述改革措施的施行，浙江在缩小城乡发展差距推动共同富裕方面取得了明显成效（黄祖辉、傅琳琳，2022；史清华等，2022）。从城乡收入差距看，浙江城乡居民收入倍差从 2001 年的 2.18 缩小为 2021 年的 1.94，远低于全国平均水平；从城乡基本公共服务差距看，目前浙江城乡义务教育共同体结对学校（校区）3685 所，覆盖全部乡村学校和八成的城镇公办学校；率先规划的"健康大脑 +"体系已贯通省、市、县、乡、村 5 级，上线各类数字化应用 70 余项，每日服务超 1700 万人次；全省县域内就诊率达 89.2%，基本实现二级以上医疗机构医学检查检验结果互认共享[③]；全省乡镇（街道）居家养老服务中心实现全覆盖，每万老年人拥有持证护理员人数达 18.26 名。

---

① "山海协作"工程于 2002 年正式实施，其中，"山海协作"是一种形象化的提法，"山"主要指以浙西南山区和舟山海岛为主的欠发达地区，"海"主要指沿海发达地区和经济发达的县（市、区）。

② 《浙江省"扩中""提低"行动方案》，浙江日报，2022 年 2 月 17 日。

③ 《为共同富裕奋力探路 浙江高质量发展建设共同富裕示范区一年间》，浙江省人民政府门户网站，2022 年 5 月 19 日。

现阶段，浙江已在全国率先实现了县（市、区）域范围内低保标准的城乡一体化，并在绿色发展、教育医疗、现代法治、富民惠民等多个领域走在全国前列。

2. 台湾

台湾地区在工业化进程中，农业改革、农业劳动力转移、对农教育、农村社会保障制度建设的成效突出，创造了"农业奇迹"。在推动农业深层次改革方面，20 世纪 50 年代，台湾地区开始了第一次农业土地改革，对释放农业生产力起到了积极作用，但随着台湾经济社会的发展，农业发展出现了一些新问题。因此，从 1981 年起，台湾地区进行了第二次土地改革，主要以扩大农场规模、实行农地重划、提高农产品价格等内容为主。在推动农业劳动力转移方面，台湾地区营造了适宜中小企业生存与发展的有利环境，并且受技术、资金等因素的限制，绝大多数中小企业从事劳动密集型产业，从而吸纳了众多农业剩余劳动力。在对农教育方面，台湾地区经费投入较多，通过提高务农人员和转移劳动者的专业技术水平、让农民的子女获得高等教育等手段，保证了农民能够与市民拥有同等的教育资源机会（葛立祥，2009）。在农村社会保障制度建设方面，台湾地区通过了《老年农民福利津贴暂行条例》，将中低收入户老人生活津贴纳入社会救助范围并将其标准由最低生活费用的 1.5 倍扩大至 2.5 倍，并且明确农民 65 岁后每月可领取两笔钱：一笔是老农津贴，每月折合人民币 1700 元；另一笔是退休金领取，即农民若连续 20 年每月缴保费 22 元，到 65 岁时每月可领取 5500 元的退休金；若连续缴 35 年，则每月可领退休金 8500 元，且看病实行免费政策。

从 1980 年开始，台湾地区城市居民收入与农民收入的比例就保持在 1.4 倍左右，1986—1996 年，台湾地区农民收入翻了近一倍，城乡收入差距明显缩小，并且已经与发达国家或地区的水平相当。台湾地区城乡居民收入差距的缩小与其增加对农业支持投入力度，不断调整农业发展方向，并将农业与服务业、制造业等产业融合发展密切相关。1991—2001 年，台湾地区农业劳动生产率从 1991 年的每万人 2.38 亿元上升至 2001 年的每万人 4.97 亿元，年均增长 7.64%（见图 4）。此外，机械的普及也使台湾地区土地经营规模大幅上升，2010 年其土地经营规模达 1478.41 公顷 / 千人，较 1975 年增长了近两倍，基本实现了农业现代化。

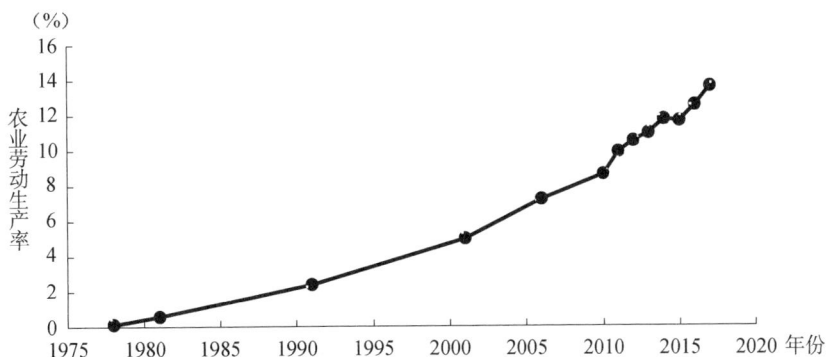

图 4　台湾地区农业劳动生产率

资料来源：Wind、农业经济资料、台湾统计年鉴。

（三）国际与国内经验借鉴分析

典型国家或地区在缩小城乡发展差距、推动城乡融合发展与实现共同富裕的进程中的做法值得借鉴。"造村运动"和"新村运动"无疑分别是日本和韩国城乡收入差距缩小并实现城乡融合发展的重要途径，而"山海协作"和"经建计划"则分别是我国浙江和台湾地区的有效实践。总结国际国内的实践经验可以发现，城乡发展差距缩小成功与否的关键在于政府对农业农村的投入支持是否充分、农业现代化步伐是否加快、农业生产条件是否得到极大改善、农业劳动生产率和土地产出率是否实现快速提高，以及农村基础设施是否迅速改善、公共服务均等化是否实现。而从结果衡量看，其城乡发展差距缩小的衡量标准是农民收入是否得到合理增长，城乡居民收入及生活差距是否得到显著缩小。

综上，我国要缩小城乡发展差距，促进乡融合与实现共同富裕，一方面，要根据国情，学习国际上支持农业发展的先进做法，加大农产品价格支持和生产者收入补贴力度，并在农业农村基础设施、物质技术装备、土地流转、农业人口转移等方面形成全方位、多举措的支持政策。另一方面，借鉴国内先进经验，加快农业改革力度，提高中小企业就业容纳能力，加大对农村医疗、教育、养老等方面的公共服务投入力度，扩大社会保障范围。同时，在经济转轨和社会转型的关键时期，应加强对农业的财政和金融支持，推动农业机械化、水利化并支持自动化和智能化设备在农业农村的应用。

三、缩小城乡发展差距实现共同富裕面临的主要问题

当前，在市场制度建设不完善和体制机制改革滞后的影响下，我国劳动力、资本、土地、技术等生产要素在城乡间自由流动面临较多的显性和隐性壁垒，造成共同富裕实现难度增加（马晓河、杨祥雪，2023）。农村经济发展相对落后、农村居民生活水平相对偏低是当下我国缩小城乡发展差距实现共同富裕最大的现实背景之一。

（一）城乡居民收入绝对差距持续扩大，共同富裕实现难度持续提升

目前，尽管城乡居民收入的相对差距不断缩小，但二者间的收入绝对差额仍在不断扩大，同时农村居民收入内部分化趋势更加显著，城乡居民之间和农村居民内部的收入分化造成共同富裕实现的难度持续攀升。2012—2022年，我国城乡居民相对收入差距从 2.88 倍缩小至 2.45 倍，但绝对收入差距从 15737.4 元扩大到 29150 元，增长了近 90%（见表 3）。此外，按五等分分组的居民人均可支配收入数据显示，2011 年农村居民高收入组家庭人均可支配收

入是低收入组的 8.39 倍，城镇居民是 5.35 倍；2021 年农村居民高收入组家庭
人均可支配收入与低收入组间的差距上升至 8.87 倍，城镇居民则上升至 6.16
倍，农村居民内部收入分化程度仍远高于城镇居民（见表 4）。

表 3　城乡居民人均可支配收入增长比较

年份	城镇居民人均可支配收入		农村居民人均可支配收入		相对差距（倍）	绝对差额（元）
	绝对数（元）	比上年增长（%）	绝对数（元）	比上年增长（%）		
2012	24126.7	9.7	8389.3	10.7	2.88	15737.4
2013	26467.0	7.0	9429.6	9.3	2.81	17037.4
2014	28843.9	6.8	10488.9	9.2	2.75	18355.0
2015	31194.8	6.6	11421.7	7.5	2.73	19773.1
2020	43833.8	1.2	17131.5	3.8	2.56	26702.3
2022	49283.0	1.9	20133.0	4.2	2.45	29150.0

资料来源：国家统计局。

表 4　按五等分（20%）分组的城乡居民人均可支配收入及差距

指标名称	2011 年		2021 年	
	农村	城镇	农村	城镇
低收入组家庭人均可支配收入（元）	2000.5	8788.9	4855.9	15597.7
高收入组家庭人均可支配收入（元）	16783.1	47021.0	43081.5	96061.6
高收入组家庭人均可支配收入 / 低收入组家庭人均可支配收入（倍）	8.39	5.35	8.87	6.16

资料来源：国家统计局。

农村的低收入者群体规模过大是造成城乡间和农村内部收入分化进而影
响城乡间共同富裕实现的重要原因。按照世界银行标准，每人每天收入低于
10 美元属于低收入人群，结合 2020 年世界银行公布的人民币与美元的比值为
4.2∶1 的购买力标准，可以得出年收入在 15330 元（月收入 1277.5 元）以下

的人群均为低收入者。以此为基础进行计算得出，2020 年我国农村居民月收入低于 1278 元的人群占 60%，即有 30587 万人属于低收入范围。其中，月收入低于 866 元以下的低收入人群占 40%，即高达 2 亿人以上。这部分人群收入水平低，并且大量存在于乡村地区，由此成为导致城乡差距大、农村内部收入分化的主要影响因素。

（二）农村基础设施建设落后于城市，农民实现共同富裕的物质基础需要夯实

当前，农村地区尽管在水电路气讯等传统基础设施方面实现了基本全覆盖，但在新型基础设施特别是新型生产基础设施方面还存在较大缺口，这成为农村产业发展的重要制约。调查数据显示，目前仅约 40% 的农产品批发市场建有冷库、约 11% 配备了冷藏车、约 13% 有陈列冷柜，农产品冷链应用覆盖率不到 20%，这与美国 90% 的覆盖率相差甚远[①]。同时，在基层财政压力扩大的影响下，乡镇教育、医疗、文化和法律等公共服务业存在结构性矛盾。总之，基础设施建设的相对落后影响了农村产业调整升级，农产品质量安全物联网应用、农村互联网金融、数字农业等发展滞后，使我国畅通城乡循环、扩大农村内需的农村物流体系建设滞后，进而造成工业品下乡、农产品进城还存在堵点和梗阻，限制了农村 5 亿多人口的消费潜力释放，最终影响城乡共同富裕实现。

（三）城乡公共服务均等化程度不高，抬高了农民实现共同富裕的基本成本

我国现有模式下城乡除了在收入水平、基础设施方面存在显著差距外，

---

① 《我国农村基础设施建设现状及存在的主要问题》，国家信息中心官网，2017 年 10 月 20 日。

在公共服务方面也存在着明显的差距，并主要表现在农业生产性服务供给不足和农民养老、医疗、教育保险水平较市民差距大且结构性矛盾突出等多个方面，这种公共服务均等化的"二元"困局同样是影响城乡共同富裕实现的重要阻碍。城乡公共服务差距形成的影响因素众多，而政府的经济赶超驱动则是主要影响因素（缪小林、高跃光，2016）。从经济增长的角度看，城市地区的公共服务投入会带来更高的经济回报（张海鹏，2019）；从建设成本的角度看，农村地区的公共服务供给成本相对城市更高（国务院发展研究中心农村部课题组，2014），这种效率上的权衡导致地方政府在提供公共服务方面具有明显的城市建设和城市产业倾向，并缺乏为农村地区提供公共服务的主动性。

（四）破除城乡二元结构的基础性制度供给不足，给实现共同富裕带来了不利影响

基础性制度供给不足和体制机制障碍是中国式现代化背景下实现共同富裕面临的新挑战。首先，户籍制度对于进一步促进劳动力流动、提高人口城镇化率的阻碍作用日益凸显。城乡居民在面对养老、就业、医疗、子女就学以及购房、购车等问题时依然难以避开户籍的划分。其次，城乡土地要素合理配置机制尚未建立，土地要素公平交换还存在诸多制度性障碍。由于城乡间有效资源互动性不足、生产要素双向自由流动受到约束、相关配套服务保障体系不完善的问题依然突出，导致城乡统一的土地交易市场形成面临重重阻碍（文丰安，2022）。最后，金融体系的支持保障不利于城乡产业融合。由于目前农村金融体制机制的短板弱项依旧存在，比如不能有效提供适宜多种农业发展需求的智慧化信贷服务，新型农业经营主体的资金缺口不能很好地得到满足，融资难阻碍着城乡产业融合发展的深入推进，等。

四、我国缩小城乡发展差距实现共同富裕面临的机遇与条件

概括地说，在"全面实施乡村振兴战略，强化以工补农、以城带乡，推动形成工农互促、城乡互补、协调发展、共同繁荣的新型工农城乡关系"的过程中，我国以缩小城乡发展差距推动共同富裕面临的机遇与条件包含第四次产业技术革命到来、国家支持能力和经济综合实力提升三大方面。

（一）第四次产业技术革命到来

进入 21 世纪以后，在能源、资源、环境和气候等危机的影响下，加之前期生产力积累成果不断释放，各种高新技术从研发到应用的进程不断加快，以信息技术、生物技术、新材料技术、新能源技术等高新技术广泛应用为代表的第四次产业技术革命正在悄无声息地形成和发展。目前，第四次产业技术革命的应用领域之一是农业产业化模式发展，并具体表现为农业信息技术引领生产方式的高效化与精准化转变、农业微生物技术促进农业资源环境协调发展、海洋农业提升农业竞争能力等，特别是伴随产业技术革命在经济整体中的快速推进，其会持续激发农业农村发展潜力释放。这在带动农业经济整体发展的同时，也对缩小城乡发展差距与推动共同富裕产生了一定的促进作用。

在产业技术革命背景下，通过重新配置农业生产要素，创新农业产业发展模式的重要性逐渐凸显。例如，通过运用先进信息技术，农业施肥、用水与疫情监测、农产品市场销售及运输各环节均能实现"少人化"甚至是"无人化"，这将大大提高农业生产的流程效率。此外，当前产业技术革命进程中

培育新品种的动植物育种和繁殖技术，以及以减轻环境污染为目标的固氮技术和生物农药技术，都是为了在现有资源、环境与耕地条件下实现农业产出与效益的提高。对于农民来说，这样的技术革命不仅实现了收入的增加，更创造了新业态和品牌效应，例如秸秆生物反应堆技术运用已使甘肃、山东等地蔬菜品牌响彻全国各地（任长秋、王钊，2017），进而从推动农业发展的角度达到了缩小城乡差距实现共同富裕的目的。

（二）国家支持能力提升

国际经验表明，一国临近高收入国家阶段时，已经具备了政策能力来支持和统筹城乡经济，构建新型城乡发展关系，以及促进城乡经济社会一体化发展。目前，我国正处于经济高质量发展转型和跨越中等收入陷阱进而迈向高收入国家的关键阶段，以国内长期经济建设的丰硕成果为基础，面对来自国内外的各种风险挑战，政府应该且有能力在这个过程中有所作为。然而，经历改革开放四十余年的经济建设，我国经济社会发展的主要矛盾已由人民日益增长的物质文化需要同落后的社会生产之间的矛盾转化为人民日益增长的美好生活需要和不平衡不充分发展之间的矛盾，这反映了我国在实现生产力水平总体发展的同时，由不均衡发展带来的结构性问题日益突出，并已然成为我国经济社会总体实现高质量发展目标的主要制约和阻碍。为此，中国共产党基于历史使命和时代发展要求，将消解城乡二元结构、实现城乡融合发展、构建新型城乡关系作为解决社会主要矛盾、实现中国式现代化的关键战略部署。

近年来，我国政府针对"三农"领域出现的突出问题发布了一系列政策文件并落实了一系列有力的政策措施，反映了其在扭转城乡二元经济格局方面做出了大量努力。2002年，党的十六大首次提出"统筹城乡经济社会发展"的概念，将解决城乡不平衡发展问题作为党和政府工作的重点内容，2007—2013年，党的相关会议和文件将工农、城乡关系一般形容为"以工促农""以城带乡"等①。2017 年，党的十九大报告首次提出实施乡村振兴战略。2021 年，《中华人民共和国国民经济和社会发展第十四个五年规划和 2035 年远景目标纲要》进一步为健全城乡融合发展体制机制作出科学规划，要求建立健全城乡要素平等交换、双向流动的政策体系，促进要素更多地向乡村流动，增强农业农村的发展活力。2022 年，党的二十大报告将着力推进城乡融合和区域协调发展作为加快构建新发展格局和推动高质量发展的重要部署，《"十四五"推进农业农村现代化规划》更是将促进农民农村共同富裕作为战略导向，提出了到 2035 年乡村全面振兴取得决定性进展的主要目标。可以看出，在缩小城乡发展差距推动共同富裕的过程中，我国政府主动作为，通过制定合理、有效的政策文件，为缩小城乡发展差距实现共同富裕奠定了坚实的基础。

（三）经济综合实力不断增强

自 1998 年我国进入下中等收入国家行列以来，经过 12 年高速增长，于 2010 年迈入上中等收入国家行列，此后又经过了 11 年快速增长，经济发展水平已经十分接近高收入国家门槛。如前所述，典型国家的发展历程表明，人均 GNI 达到上中等收入阶段发展水平后恰是实现城乡协调发展的理想时期，这意味着目前我国从上中等收入国家向高收入国家跨越的这一阶段，是农业农村加快发展的最佳阶段，也是城乡发展差距缩小的关键时期，因而推动实现共同富裕面临重要的发展条件。

从国家综合实力看，我国缩小城乡发展差距实现共同富裕面临的有利条件具体包括以下四个方面：一是经济实力与增长势头强劲。2021 年我国国

---

① 例如：2007 年党的十七大强调"统筹城乡发展，建立'以工促农、以城带乡'的长效机制"；2012 年党的十八大指出"解决好农业农村农民问题是全党工作重中之重，城乡发展一体化是解决'三农'问题的根本途径"；2013 年党的十八届三中全会则进一步强调"工农、城乡关系要'以工促农、以城带乡、工农互惠、城乡一体'"。

内生产总值（GDP）在全球经济体中名列前茅，经济规模突破 17.73 万亿美元，稳居全球第二大经济体，并且人均 GDP 为 12556 美元，首次超过世界人均 GDP 水平，与高收入国家标准只有一步之遥，这为缩小城乡差距与推动共同富裕提供了宏观经济条件。二是工业化城镇化进入成熟阶段。2021 年我国微型计算机、手机、汽车、钢材产量分别达到 4.7 亿台、16.6 亿台、2653 万辆、13.4 亿吨，继续保持世界第一，国家创新能力综合排名上升至世界第 12 位，全国常住人口城镇化率为 64.72%，城镇化达到较高水平，以工补农、以城带乡的条件进一步成熟，工农互促、城乡互补、协调发展、共同繁荣的新型工农城乡关系正在加快形成，这也有利于城乡差距缩小与共同富裕的实现。三是全面建成了小康社会。全面建成小康社会后，我国现行标准下农村贫困人口全部脱贫，农民收入水平大幅提高，农村基本经营制度得到进一步巩固完善，农村集体产权、土地制度、经营体制等改革取得突破性进展，由此为我国当前缩小城乡发展差距与推动共同富裕提供了至关重要的经验积累。四是优先解决农业农村发展不平衡和不充分问题的制度优势。"十四五"规划和 2035 年远景目标纲要提出，要增强农业综合生产能力，深化农业结构调整，丰富乡村经济业态，实施乡村建设行动，健全城乡融合发展体制机制，并部署了一批现代农业农村建设工程。党的二十大报告则进一步提出要加快建设农业强国，扎实推动乡村产业、人才、文化、生态、组织振兴。可以预期，农业强国建设规划不久将出台，届时一批致力于发展农村富民产业、加快农业农村现代化、提高农民收入、改善农村基础设施、加强公共服务供给的政策将陆续颁布，由此带来我国经济发展内源性动力不断加强，为未来进一步缩小城乡发展差距、实现共同富裕提供更多更好的条件。

五、以缩小城乡发展差距推动实现共同富裕的思路与对策

缩小城乡发展差距与推动实现共同富裕的关键在于缩小城乡居民在物质领域和非物质领域的差距，通过构建新型城乡发展关系，扎实推进宜居宜业和美乡村建设，使城乡在经济生活、卫生健康、教育文化、社会保障等领域跃上新台阶。

（一）以缩小城乡发展差距推动共同富裕的基本思路

新时代，在实现中国式社会主义现代化过程中，要以低收入人口、种粮农民为重点人群，以居民收入、公共服务、基础设施建设为重点领域，以粮食主产区、脱贫地区为重点区域，持续缩小农村居民在经济生活、卫生健康、文化教育、社会保障等方面与城镇居民之间的差距，推进包括城镇和乡村居民的共同富裕，覆盖城乡区域空间的共同富裕，实现物质与精神"双富裕"和有先后差异的渐进式共同富裕。整体上，缩小城乡发展差距和实现共同富裕需要分"三步走"：第一步，从现在到2025年，农业基础更加稳固，乡村振兴战略全面推进，农业农村现代化取得重要进展。一方面，梯次推进有条件地区率先基本实现农业农村现代化，脱贫地区实现巩固拓展脱贫攻坚成果同乡村振兴有效衔接[①]。另一方面，人民生活更为富裕，中等收入群体比例明显提高，以人为核心的新型城镇化加快推进，城乡区域发展差距显著缩小。第二步，2025—2035年，乡村全面振兴取得决定性进展，农村新型基础设施

---

① 具体参照《"十四五"推进农业农村现代化规划》（国发〔2021〕25号），中国政府网，2022年2月11日。

和公共服务的投入力度不断加大，农业农村现代化和基本公共服务均等化基本实现，居民生活水平差距显著缩小，全体人民共同富裕取得更为明显的实质性进展。第三步，2035—2050 年，乡村全面振兴，农业现代化全面实现，城乡全面融合发展，涵盖城乡全体人民的共同富裕基本实现，人民将享有更加幸福安康的生活。从以上"三步走"的思路安排出发，实现城乡共同富裕具体目标。

在城乡经济生活方面，要不断拓宽农民增收渠道，保持农村居民人均可支配收入增长与国内生产总值增长基本同步，持续缩小城乡居民收入差距。具体地，2025 年参考目标值要求：常住人口城镇化率超过 69%、户籍人口城镇化率超过 53%、城乡居民劳动生产率超过 15.3 万元每人。2035 年参考目标值要求：城乡居民收入相对比由 2.5 倍降低到 2 倍，城乡居民收入基尼系数降低到 0.4 以下，常住人口城镇化率高于 75%、户籍人口城镇化率增加到 65% 以上，城镇居民与农村居民人均消费支出超过 11000 美元。在卫生健康方面，建设养老保险全国统筹信息系统，简化社保转移接续程序，推进普通门诊费用跨省区直接结算。争取到 2025 年实现城乡居民预期寿命达到 78.5 岁，2035 年达到 80 岁以上。并且，2025 年城乡居民每千人卫生技术人员数 8 人、卫生机构床位数 7 张，2035 年城乡居民每千人卫生技术人员数相对比低于 2 倍。在教育文化方面，鼓励在人口集中流入城市扩大义务教育阶段公办学校学位供给，优化事业编制调配、增加教师编制数量。加大国家公共教育资源对农村的倾斜投放力度，支持有条件地区将未落户常住人口纳入普惠性学前教育保障范围，不断提高农村居民平均受教育年限，逐步缩小城乡之间公共教育资源配置差距。着力提高农民科技文化素质和就业技能，壮大高素质农民队伍。继续提高农村互联网普及率，争取在 2035 年实现农村互联网普及率达到 90% 以上。在社会保障方面，基本建成覆盖全民、城乡统筹、权责清晰、保障适度、可持续的多层次社会保障体系。尽量降低城乡最低生活保障水平比和城镇职工与农村居民基础养老金待遇差别，争取到 2025 年，城镇居民养老保险覆盖率提高到 97%，2035

年底，城乡基本医保覆盖率超过98%，城乡最低生活保障水平相对比低于
2倍。

（二）新时代迈向共同富裕与构建新型城乡关系的主要举措

新型城乡关系的构建要致力于打破城乡要素流动体制机制障碍，构建政
府支持缩小城乡发展差距与推动共同富裕的体制机制，协同推进城乡土地、
人力、资本、技术等要素平等自由流动。新时代迈向共同富裕与构建新型城
乡关系的主要举措包括以下七个方面。

1. 以增加农民收入为着力点，夯实农村居民实现共同富裕的物质基础

将低收入人口、种粮农民作为增加农民收入的重点人群，在政策上予以
倾斜支持。建议实施两个十年收入倍增计划：一个是从现在起，通过十年的
努力将农村现有低收入人口和粮食主产区农民的人均收入水平翻一番，另一
个是将农村居民的中等收入人群规模扩大一倍。要着力增加农村居民的经营
净收入，大力发展县域经济，支持发展县域产业，拓展农民就业渠道；要积
极增加农民的财产净收入，顺应农民转移就业新趋势，完善农村承包地和宅
基地"三权分置"改革，拓展农村集体经营性建设用地来源和使用途径，盘
活农村土地资源；要较大幅度地增加农村居民转移性收入，建议将政府包括
对农业的补贴、农民收入直接补贴、对农村居民基本医疗保险和养老保险补
贴、贫困救助等转移支付收入占农民可支配收入的比重逐步提高到20%，到
2050年进一步提高到30%。

2. 以促进农业现代化、积极发展富民产业为抓手，建立富民产业工程，增强农村实现共同富裕的内生动力

要做好农业产业培育和产业升级的有效衔接，发挥好农村地区在生态
环境、绿色发展、特色农产品生产等方面的优势，以市场为导向，以科技和
机制创新为动力，发展壮大乡村产业。建议设立农村富民产业工程和产业发
展基金，积极发展农村新业态、新产业，大力推进数字技术、智能化、智

慧农业、电商、冷链物流等在农业农村的推广使用，为年轻人返乡创业开拓空间。与此同时，要总结全国各地农民产业致富经验，实现农民长久增收致富。一是以产业融合型带动农民致富；二是以抱团协作型带动农民增收；三是以能人示范型促进共同增收；四是以绿色发展推动农民获得生态收益。

3. 以加强农村基础设施和配套服务体系建设为关键环节，补齐农村实现共同富裕的短板，促进农业高质量发展

把基础设施建设能力的提升重点放在农村，实施乡村基础设施建设提档升级行动计划，发行乡村建设专项债，推进城乡基础设施共建共享、互联互通。一是建立农业农村投入优先保障机制，增加农业农村公共投资，通过补短板、强弱项，建网络、提档次、成体系，推进城乡公共基础设施一体化。加快交通、能源、水利、互联网等设施建设，增加公共服务供给总量、优化供给结构，实现城乡制度顺畅对接。二是充分发挥税收政策的引导作用，鼓励支持社会资本积极参与农业农村基础设施建设。对于经济欠发达和贫困地区，政府可以运用税收政策鼓励和引导私人投资进入农村基础设施建设领域。

4. 以统筹完善社会保障、社会救助、慈善事业、优抚安置等基本公共服务制度为重点，积极做好城乡收入分配、教育、就业、医疗等各方面工作，更加注重向农村及欠发达地区倾斜，坚持在发展中保障和改善民生

一是提升农村基本公共服务水平，兼顾公共服务供给的数量和质量。一方面，合理拓展农村基本公共服务覆盖率，实现公共服务延伸到户，便捷获取。注重丰富供给内容和供给模式，以满足农村居民生存和发展的需要。另一方面，利用新技术探索"互联网＋基本公共服务"，建立完善农村基本公共服务信息平台，通过智能化技术改造提升农村基本公共服务供给质量。二是把县域综合服务能力建设作为城乡融合发展的重要切入点，重点发挥县城在农村和大中城市之间的桥梁作用，通过一体化让乡村分享城市优质公共资源，让城市共享农村绿色资源。三是促进基本公共服务在城乡间均等化。充分发挥我国体制优势，筹集必要公共资源，解决城乡在公共服务方面的"最后一公里差距"问题。建议进一步提高新农合报销比例和农村居民大病保险报销比例与支付限额，将农民基本养老保险最低领取标准提高到按2010年我国农村贫困标准发放，即从目前的每月100多元调整到200元以上。另外，建议新增财政补助用于设立中国粮农津贴基金，对连续种粮15年以上且满60岁的粮食主产区农民每人每月发放老农津贴200元。

5. 以加大农村职业教育培训力度为切入点，不断提高农民致富能力

通过对广大农民的教育培训，提高农民技能素质，激发农民致富的内生动力。一是完善农民教育培训体系，为农民提供长效性教育培训服务工作。加大农民培训专项支持力度，将农民教育培训经费纳入财政预算范围，提高农业科研院校、农民教育培训机构人均经费标准。二是要不断深化教育教学改革，提高农村人才培养质量。要以推动实现农业现代化发展目标为牵引，进一步推动农业教育领域改革，推动农业教育专业化、体系化发展，培育农业专业型人才，培训职业农民，在课程设置中突出前沿性、应用性和实践性。三是要不断推进"送教下乡""送技下乡""工学结合""半农半读"的人才培养模式改革，完善行业、企业全程参与专业建设和人才培养的新机制，直接面向农业农村生产一线，培养新型职业农民。

6. 以积极推进新型城镇化为外生动能，充分发挥城镇化对农村实现共同富裕的带动作用

一是发挥新型城镇化的引擎作用。以优化城镇空间布局、着力发展城市群为主要路径，以基础设施、公共服务设施建设为重点，推动城乡基础设施建设一体化。二是发挥新型城镇化对农业农村发展的带动作用。要建立健全城乡发展要素双向流动政策体系，完善城乡统一的劳动力市场；按照市场化原则，引导鼓励工商资本下乡，支持乡村振兴。三是继续推动农业转移人口市民化，建议再一次实施农业转移人口市民化一个亿的行动计划，在城乡就业、教育、住房、医疗保障等领域采取更加均等化的改革举措，让更多的农业转移人口既能"进得来"，又能"留得住"，提升其满意度和幸福感。

7. 以加快体制机制改革为驱动力，为实现共同富裕提供基础性制度安排

一是要充分发挥市场在资源配置中的决定性作用，破除城乡要素双向流动的体制机制障碍，加快构建国内统一大市场，促进要素在城乡之间双向自由流动。建立财政金融优惠政策的激励机制，引导社会资本、技术等要素下乡服务农业农村发展。二是完善医疗养老保障、社会救助、社会福利、优抚安置、住房保障在内的多层次社会保障体系，不断降低农民的生存和发展成本。三是引入数字技术、互联网技术、智能技术，构建若干农村公共服务平台，打破城乡间公共服务制度性壁垒，促进城乡公共服务的均等化。四是调整国民收入分配制度，适度提高劳动报酬在国民收入中的比重，充分发挥政府在二次分配中作用，建立对农村低收入人群转移支付的体制机制（马晓河，2021），同时还要利用好第三次分配对国民收入的调节作用，为提高农村低收入者收入、扩大中等收入群体、建立橄榄型社会提供制度保障。

主要参考文献

［1］程永宏.改革以来全国总体基尼系数的演变及其城乡分解［J］.中国社会科学，2007（4）.

［2］程又中.国外农村基本公共服务范围及财政分摊机制［J］.华中师范大学学报（人文社会科学版），2008，191（1）：10–18.

［3］方向明，覃诚.现阶段中国城乡发展差距评价与国外经验借鉴［J］.农业经济问题，2021，502（10）：32–41.

［4］葛立祥.借鉴台湾经验，缩小大陆城乡差距［J］.亚太经济，2009，153（2）：112–116.

［5］国务院发展研究中心农村部课题组.从城乡二元到城乡一体——我国城乡二元体制的突出矛盾与未来走向［J］.管理世界，2014，252（9）：1–12.

［6］黄祖辉，傅琳琳.浙江高质量发展建设共同富裕示范区的实践探索与模式解析［J］.改革，2022，339（5）：21–33.

［7］马晓河.中国的新农村建设与韩国的新村运动——2006年中韩经济合作研讨会文集［M］.中国计划出版社，2008.

［8］马晓河.要高度重视农村中低收入者问题［J］.全球化，2021（3）：5–12+134.

［9］马晓河，杨祥雪.城乡二元结构转换过程中的农业劳动力转移——基于刘易斯第二转折点的验证［J］.农业经济问题，2023，517（1）：4–17.

［10］缪小林，高跃光.城乡公共服务：从均等化到一体化——兼论落后地区如何破除经济赶超下的城乡"二元"困局［J］.财经研究，2016，42（7）：75-86.

［11］任长秋，王钏.新技术革命背景下农业产业模式研究［J］.科学管理研究，2017，35（2）：73-76.

［12］史清华，韦伟，魏霄云.共同富裕：浙江农家的努力与行动——来自浙江观察点的报告［J］.农业经济问题，2022，507（3）：29-43.

［13］文丰安.乡村振兴战略实施背景下的新型城乡关系构建：意义、困境及纾解［J］.理论学刊，2022（3）：133-140.

［14］张海鹏.中国城乡关系演变70年：从分割到融合［J］.中国农村经济，2019，411（3）：2-18.

［15］张华，张桂文.城乡基本公共服务均等化的国际经验比较与启示［J］.当代经济研究，2018，271（3）：60-65.

［16］张建.日本农业结构改革中的农协问题分析［J］.华东师范大学学报（哲学社会科学版），2015，47（2）：83-91+170.

［17］赵福昌，侯海波，宋衍蕾."十四五"时期基本公共服务保障压力与解决路径［J］.地方财政研究，2021，195（1）：13-19.

［18］中国宏观经济研究院课题组，马晓河，马建蕾，胡拥军，等.迈向高收入国家行列进程中农业现代化的思路与任务［J］.宏观经济研究，2022（6）：5-14+136.

［19］Ahluwalia M S. Inequality，poverty and development［J］. Journal of development economics，1976，3（4）：307-342.

［20］Paukert F. Income distribution at different levels of development：A survey of evidence［J］. Int'l Lab. Rev.，1973，108：97.

［21］Simon Kuznets. Economic Growth and Income Inequality［J］.The American Economic Review，1955，45（1）.

后　记

党的二十大擘画了以中国式现代化全面推进中华民族伟大复兴的宏伟蓝图，并首次提出"加快建设农业强国"。这是党中央立足全面建设社会主义现代化国家、着眼统筹"两个大局"作出的重大决策部署，明确了新时代新征程农业农村现代化的主攻方向。在2023年召开的中央农村工作会议上，习近平总书记指出，推进中国式现代化，必须坚持不懈夯实农业基础，推进乡村全面振兴。要锚定建设农业强国目标，把推进乡村全面振兴作为新时代新征程"三农"工作的总抓手。有力有效推进乡村全面振兴，以加快农业农村现代化更好推进中国式现代化建设。

本书是清华大学中国农村研究院最新科研成果的汇集。重点围绕乡村振兴、粮食安全、农业现代化、绿色农业、乡村治理、城乡融合与共同富裕等方面，为加快建设农业强国、推进农业农村现代化、推进乡村全面振兴、促进全民共同富裕，提供了具有重要决策参考价值的政策建议。

本书出版之际，我们衷心感谢本书编委会和各专题研究团队倾注的大量心血。全书的统稿和汇编整理工作由清华大学中国农村研究院工作团队完成。中国发展出版社对本书出版给予了大力支持，高质量完成了本书的编辑出版工作，保证了本书如期与读者见面。